项目资助：中国科学院发展规划局项目“2019创新发展相关战略研究”（Y9J0131601）；
国家社会科学基金重大项目“创新引领发展的机制与对策研究”（18ZDA101）

2019
国家创新发展报告

The Report on National Innovation and Development

穆荣平 陈凯华◎主编

科学出版社
北京

图书在版编目(CIP)数据

2019国家创新发展报告/穆荣平，陈凯华主编.—北京：科学出版社，2020.1

（中国创新发展报告系列）

ISBN 978-7-03-064329-2

Ⅰ. ①2… Ⅱ. ①穆… ②陈… Ⅲ. ①国家创新系统-研究报告-中国-2019 Ⅳ. ①F204 ②G322.0

中国版本图书馆 CIP 数据核字（2020）第013600号

责任编辑：侯俊琳 牛 玲 / 责任校对：韩 杨

责任印制：师艳茹 / 封面设计：有道文化

科学出版社 出版

北京东黄城根北街 16 号

邮政编码：100717

http://www.sciencep.com

中国科学院印刷厂 印刷

科学出版社发行 各地新华书店经销

*

2020年1月第 一 版 开本：720×1000 B5

2020年1月第一次印刷 印张：24 3/4

字数：300 000

定价：138.00元

《2019 国家创新发展报告》

编　委　会

丛书序

面对世界百年未有之大变局，面对新一轮技术革命和产业变革引发的机遇与挑战，面对全球政治、经济、科技、社会和环境发展引发的国际政治经济格局深刻调整，创新能力成为应对变局和把握赶超机遇的必要前提。近现代历史表明，创新发展既是发达国家维护领先地位的唯一道路，也是后发国家争取平等经济权利、实现跨越发展的唯一选择。2006 年，中国政府发布《国家中长期科学和技术发展规划纲要（2006—2020 年）》，提出“到 2020 年使我国进入创新型国家行列”的宏伟目标；2012 年，党的十八大提出实施“创新驱动发展战略”；2016 年，党的十八届五中全会提出“创新发展、协调发展、绿色发展、开放发展、共享发展”五大发展理念，创新发展居五大发展理念之首；2017 年，党的十九大进一步提出“创新是引领发展的第一动力”。中国的政策实践表明，创新发展已经成为中国应对全球大挑战、破解人口资源环境约束难题、把握发展主动权、实现可持续发展目标的必然选择。

中国科学院创新发展研究中心（以下简称中心）是中国科学院与国家发展和改革委员会联合设立的智库型研究机构，旨在开展国家（区域）创新发展、产业创新发展和企业创新发展的重大理论方法与政策管理问题研究，为国家创新发展宏观决策与管理提供研究支撑和政策咨询。自2006年成立以来，中心在国家发展和改革委员会与中国科学院有关领导的支持下，聚焦创新型国家建设中重大理论、政策与管理问题，组织开展国家自主创新能力建设、国家创新体系建设、创新驱动发展顶层设计思路、创新引领发展的机制与对策、全球竞争格局重构与中国创新发展战略、国家创新型城市建设、制造业创新能力建设、中国未来20年技术预见、国家知识产权战略与政策、国家战略性新兴产业发展、国家科技竞争力、高技术产业国际竞争力等重大研究，为国家相关领域规划和政策文件研究起草提供了重要支撑，在推动国家自主创新能力建设、国家创新型城市建设、战略性新兴产业发展和企业创新能力建设等方面有重要影响。2007年2月，中国科学院创新发展研究中心主任穆荣平在中心成立大会上提出研究出版《中国创新发展报告》，进而研究提出了国家创新发展指数、国家创新能力指数、中国制造业创新能力指数、中国区域创新能力指数等概念和测度理论方法。2009年10月，《2009中国创新发展报告》发布。2016年，中心在长期研究积累基础上，将《中国创新发展报告》扩展为《国家创新发展报告》《中国区域创新发展报告》《中国制造业创新发展报告》等组成的"中国创新发展报告系列"，力图为实施国家创新驱动发展战略和制定相关政策提供证据支撑。

《2019国家创新发展报告》分为主题报告和技术报告两部分。主题报告（第一章）聚焦"应对百年变局，重塑国家创新体系"主题，阐述全球创新发展不确定性因素影响、世界主要国家创新发展战略和政策、中国实施创新驱动发展战略进展，分析世界主要国家创新发展新格局，提出了2035年中国创新发展愿景、总体思路和政策取向。技术报告侧重中国和世界主要国家创新发展绩效监测分析，为创新发展战略选择和政策制定提供证据支撑；从科学技术发展、创新条件发展、产业创新发展、社会创新发展和环境创新发展五个维度测度世界40个主要国家的创新发展绩效，并对中国与其他金砖国家、中国与主要发达国家之间进行创新发展绩效比较分析，揭示中国国家整体创新发展水平和能力演化及其国际地位，为实施国家创新驱动发展战略和制定相关政策提供证据支撑。

《2019中国区域创新发展报告》分为主题报告和技术报告两部分。主题报告（第一章）聚焦"强化区域创新能力建设，提升区域创新发展水平"主题，阐述了中国区域创新发展新趋势新格局，分析了中国区域创新发展面临的重大问题，研究提出了面向2035年中国区域创新发展政策取向，为国家制定区域发展战略和政策提供证据支撑。技术报告从区域创新发展水平和区域创新能力两个维度，监测了中国区域创新发展绩效历史演进，并且对31个省（自治区、直辖市）的创新发展绩效历史演进进行了系统分析，为各省（自治区、直辖市）创新发展战略选择与政策制定提供证据支撑。

《2019中国制造业创新发展报告》分为主题报告和技术报告两部分。主题报告（第一篇）聚焦"创新驱动制造业数字转型，加速全球价值链重构"主题，阐述世界制造业创新发展总体态势，梳理了世界主要国家制造业创新发展政策与举措，分析了中国制造业创新发展现状与问题，提出了中国制造业创新驱动数字转型发展思路与政策取向。技术报告侧重中国制造业创新能力建设绩效，分析了中国制造业创新能力、中国制造业创新实力与创新效力演进，研究了中国制造业创新激励政策影响，深入分析了制造业部分重点产业创新能力和创新激励政策，为制造业创新发展宏观决策和政策制定提供证据支撑。

"中国创新发展报告系列"是中国科学院创新发展研究中心不断

深化对创新发展内涵外延与创新能力演进的动力机制研究，不断丰富对创新发展规律认识，推动中国创新发展政策实验，探索中国创新发展道路的阶段性研究成果，旨在发展中国创新发展理论方法，服务国家创新发展宏观决策和相关政策研究与制定，为创新发展政策学走向世界和中国创新发展政策实践做出应有的贡献。

中国科学院创新发展研究中心主任

2019 年 12 月

前　言

国家创新发展监测与评估是实施创新驱动发展战略的重要举措。为加快推进创新型国家建设，2012 年中共中央、国务院颁布《关于深化科技体制改革　加快国家创新体系建设的意见》，明确提出“建立全国创新调查制度，加强国家创新体系建设监测评估”；2016 年中共中央、国务院颁布《国家创新驱动发展战略纲要》，明确指出要加强监测评价，完善以创新发展为导向的考核机制，将创新驱动发展成效作为重要考核指标，引导广大干部树立正确政绩观，加强创新调查，建立定期监测评估和滚动调整机制。

创新监测与评估研究现已成为国内外政府、学术组织、智库普遍关注的议题。2001 年起欧盟委员会发布《欧洲创新记分牌》，2007 年起世界知识产权组织（WIPO）、康奈尔大学（CORNELL）和欧洲工商管理学院（INSEAD）联合发布《全球创新指数》，2011 年起中国科技发展战略研究院发布《国家创新指数报告》，从不同角度展示了世界主要国家的创新成效与影响。2007 年 2 月中国科学院创新发展研究中心提出研究出版《中国创新发展报告》，研究提出了国家创新发展指数、国家创新能力指数、中国制造业创新能力指数、中国区域创新能力指数等概念和测度理论方法，并于 2009 年 10 月发布了《2009 中国创新发展报告》。

在长期研究积累基础上，中国科学院创新发展研究中心组织研究并发布《2019 国家创新发展报告》(以下简称本报告)，旨在不断深化对创新能力与创新发展水平螺旋式演进动力机制和国家创新发展规律的认识，为监测国家创新发展绩效提供借鉴，为实施国家创新驱动发展战略和制定相关政策提供证据支撑。本报告保留了《2009 中国创新发展报告》对国家创新能力指数从创新实力指数和创新效力指数两个维度分析的一级指标体系，以及从创新投入、创新产出、创新条件、创新影响四个维度分析的二级指标体系，在深化对创新能力内涵外延认识的基础上调整了部分三级指标。本报告在《2009 中国创新发展报告》所采用的工业化发展指数、信息化发展指数、城市化发展指数、教育卫生发展指数、科技创新发展指数五个维度基础上，从创新是一个价值创造过程的角度，进一步抽象凝练，从科学技术发展、创新条件发展、产业创新发展、社会创新发展、环境创新发展五个维度测度创新发展，拓展了对于创新发展内涵外延的认识，对创新发展指数表征进行了调整。本报告综合考虑创新发展水平、创新能力和国家经济规模等因素，遴选世界 40 个主要国家进行国际比较。本报告对中国与其他金砖国家、中国与主要发达国家的创新发展绩效进行比较分析，揭示了中国国家整体创新发展水平和能力演化及其国际地位。

本报告由中国科学院创新发展研究中心组织研究出版，中国科学院科技战略咨询研究院和中国科学院大学公共政策与管理学院的人员研究撰写。主编穆荣平研究员负责本报告的总体设计，重要概念、指数框架、指标体系的确定，第一章主要部分的撰写；主编陈凯华研究员负责指数框架、指标体系、分析方法的确定和研究结果的呈现，以及报告研究编写的组织协调工作。具体写作分工如下：穆荣平、陈凯华、蔺洁、王婷、文皓负责第一章主题报告的撰写；穆荣平、陈凯华、李雨晨负责第二章的撰写；任志鹏、张婧婧、穆荣平负责第三章的撰写；文皓、张婧婧、穆荣平负责第四章的撰写；赵彦飞、任志鹏、蔺洁、陈凯华负责第五章的撰写；张婧婧、赵彦飞、文皓负责第六章的撰写；李雨晨、冯泽、王婷、陈凯华负责第七章的撰写；冯泽、李雨晨、马双、陈凯华负责第八章的撰写。李雨晨做了大量基础性研究工作，除了负责数据搜集、整理和计算外，还负责附录一和附录二的撰写。穆荣平和陈凯华负责报告的统稿工作。国内外相关成果对本报告中指标框架、指标体系、分析方法等主要研究工作具有重要的启发与借鉴作用，在此表示感谢。

《2019 国家创新发展报告》是中国科学院创新发展研究中心组织推出的年度发展报告。鉴于国家创新发展理论和绩效评价研究涉及学科众多以及研究团队学识的局限性，本报告一定存在许多理论方法问题值得进一步深入研究和探讨。我们衷心希望与国内外同行精诚合作，不断完善创新发展和创新能力测度理论方法研究，丰富创新发展理论，推动创新发展实践。

中国科学院创新发展研究中心主任

2019 年 12 月

摘　要

一、《2019国家创新发展报告》是面向决策、面向公众的年度报告

《2019国家创新发展报告》是中国科学院创新发展研究中心（以下简称中心）继《2009中国创新发展报告》之后，综合集成中心承担完成的“十二五”国家自主创新能力建设规划研究、“十二五”和“十三五”国家战略性新兴产业发展规划研究、国家创新型城市规划研究以及国家社会科学基金重大项目的有关成果而形成的年度发展报告。报告包括主题报告和技术报告两部分。主题报告聚焦应对百年变局，阐述中国创新发展外部环境、创新发展政策实践与重大问题、世界创新发展格局，提出中国创新发展愿景与政策取向。技术报告聚焦国家创新能力和创新发展水平测度指标体系研究，遴选世界40个主要国家进行国际比较，特别是对中国与其他金砖国家、中国与主要国家的创新发展绩效进行比较分析，揭示了中国国家整体创新发展水平和能力演化及其国际地位，为国家创新发展宏观决策和公众理解创新发展政策提供支撑。

二、《2019 国家创新发展报告》为应对百年变局研究提出国家创新发展的思路和建议

《2019 国家创新发展报告》不但为全面掌握世界主要国家创新发展绩效提供系统性的证据，而且面向我国未来创新发展的需要，提供系统性政策思路和建议。本报告聚焦应对百年变局“重塑国家创新体系”，系统分析全球创新发展面临的多重不确定性因素影响、全面概括主要国家创新发展战略和政策、回顾中国政府深入实施创新驱动发展战略和政策，提出 2035 年中国创新发展六大愿景和总体思路与目标，最后明确 2035 年中国创新发展政策取向，主要包括五个方面内容：一是推进国家创新治理体系现代化建设；二是建设开放型国家创新发展体系；三是打造区域创新发展新引擎；四是布局建设制造业创新生态系统；五是全方位推进创新发展数字转型。

三、国家创新发展指数和国家创新能力指数采用多维指数的方法测算

《2019 国家创新发展报告》延续了《2009 中国创新发展报告》的主要分析框架，从国家创新发展指数和国家创新能力指数两个方面监测评估国家创新发展绩效。国家创新发展指数从科学技术发展、创新条件发展、产业创新发展、社会创新发展和环境创新发展五个方面表征，遴选 21 个国际通用指标进行度量；国家创新能力指数从投入、条件、产出和影响 4 个方面进行考查，遴选 23 个国际通用指标进行度量。国家创新发展指数和国家创新能力指数均基于世界 40 个主要国家 2006～2015 年的数据，对标 2020 年的期望值进行分析，采用多维指数的方法进行测度。

四、采用多种方法组合，全方位、多视角分析主要国家创新发展绩效

本报告在指数结果分析阶段采用趋势分析、比较分析、格局分析等方法，多方面刻画各国创新发展绩效。采用趋势分析方法，估算 2020 年的指数值，并进行了比较；采用比较分析，将主要国家各指数值和指标得分与各国家指数 / 指标的平均值和最大值进行比较，判断各国创新发展的阶段；研究提出格局分析方法，刻画主要国家之间在不同指数值上的差异，分析主要国家两个指数构成的格局，研究指数之间以及指数与主要外部变量［国内生产总值（GDP）或人均 GDP］之间的关系。

五、中国创新能力指数排名稳步提升，但创新发展指数排名显著落后且增长缓慢，中国创新能力和发展水平的协同提升面临巨大挑战

得益于中国不断扩大的创新投资规模和不断完善的创新条件，中国创新能力指数值在世界 40 个主要国家中的排名从 2006 年的第 25 位提升至 2015 年的第 13 位，有了显著提升。其中，中国创新实力指数值在 2013 年超过日本，成为仅次于美国的创新实力大国，但与美国相比还存在巨大差距。值得指出的是，中国创新效力指数排名虽然在 2006～2015 年上升了 7 位，但 2015 年排名仅为第 29 位，创新效力成为制约中国创新能力提升的瓶颈。中国创新发展指数十年间排名始终处于第 38 位，仅高于印度和南非。创新发展指数总体格局呈现出中小型规模的发达国家领先，发达型大国相对领先，发展中国家相对落后的局面。

六、世界主要科技强国创新能力仍处于领先地位，中小型规模的发达国家创新发展水平较高

在创新能力指数方面，美国处于绝对优势地位，其他主要科技强国（如日本、德国）的创新能力指数值也处于相对领先的地位。美国、日本和德国创新能力指数的排名优势得益于其创新实力指数的良好表现。纵观报告十年观测期（2006～2015年），美国一直稳居创新能力指数排名榜首，日本、德国排名有小幅上升，法国排名有小幅下降。在创新发展指数方面，美国和德国在十年间均处于第15位左右，日本和法国则徘徊在第10位左右，创新发展指数排名较好的国家多为瑞士、瑞典等中小型规模的发达国家。

七、金砖国家创新能力指数及创新发展指数整体表现不理想，中国在金砖国家中表现相对突出

以金砖国家为代表的新兴国家，创新能力指数和创新发展指数总体而言均远逊于传统科技强国。创新能力指数方面，巴西、印度和南非的排名在十年间一直处于第30位之后，总体上是由各国创新效力指数表现不佳造成；各金砖国家的创新实力指数表现相对较好，十年间排名均处于前20位以内，主要得益于经济和人口规模优势。在创新发展指数方面，金砖五国排名在十年间均未进入前30位。

目　录

第一章

应对百年变局，重塑国家创新体系

第一节　全球创新发展面临多重不确定性因素影响

回望历史，创新发展既是发达国家维护领先地位的唯一道路，也是后发国家争取平等经济权利、实现跨越发展的唯一选择。18 世纪以来，英国通过工业革命率先走上现代化道路，德国和美国抓住第二次技术和产业革命机遇迅速崛起；西方国家通过创新发展始终保持世界科技经济发展的领先地位，把握国际政治秩序的主导权。20 世纪 70 年代以后，日本、韩国等后发国家借助第三次产业革命机遇，走上创新发展之路，实现跨越式发展，创造了“东亚奇迹”。

放眼当今，世界正面临百年未有之大变局。新一轮技术革命和产业变革正在兴起，国际政治经济格局处于深刻调整中，社会、环境等领域的全球性挑战不断涌现，全球政治、经济、科技、社会和环境发展面临多重不确定性因素影响。正确识别这些不确定性因素，对于我国应对百年变局，抓住赶超机遇，实现创新发展，建设创新型国家具有重要意义。

一、全球政治格局演变将深刻影响创新发展可持续性

当今世界正经历冷战结束以来最重大的国际政治变革。国际力量对比持续变化加剧了主要国家之间利益冲突，导致国际政治格局进入调整期，全球政治发展面临的不确定性因素不断增加，多边机制作用弱化，国际秩序重构

举步维艰，构建新型大国关系和全球治理体系面临严峻挑战。

1. 大国战略竞争日趋激烈

美国已将大国竞争作为首要关切，将中国看作“首要挑战”，中美两国围绕贸易争端、台湾问题、南海问题、网络安全等问题的战略博弈持续加剧，有可能引发基于创新能力的综合国力的对抗；北约与俄罗斯连番举行大规模军演，美国、俄罗斯相继退出《中导条约》，大国军事竞争和安全风险凸显。主要大国强势外交思维的碰撞进一步加剧了大国关系的不确定性。

2. 地缘政治博弈复杂激烈

中东局势错综复杂，多方博弈纠缠难解；美国退出伊核协议，恢复对伊严厉制裁，美伊对抗持续升级；巴以、叙利亚等问题悬而未决。朝核问题由于朝美双方互信脆弱，实质矛盾难解；东欧局势日益严峻，俄罗斯与北约就乌克兰等问题斗争尖锐。世界主要国家意识形态冲突和宗教信仰上的巨大差异深刻改变了全球地缘政治格局，宗教信仰矛盾与冲突、恐怖主义袭击事件在全球范围内频发，发展中国家争取平等发展权利面临的抑制与反抑制过程中多种矛盾交织，对全球地缘政治博弈走向和博弈各方力量的此消彼长将产生极度不确定性影响。

3. 全球治理体系和治理能力面临严峻挑战

单边霸权主义日益严重，区域双边机制逐渐盛行，传统多边治理机制呈现弱化趋势。全球治理服务供求失衡，一方面各种全球性挑战不断涌现导致全球治理需求陡增，另一方面“美国优先”战略导致美国退出巴黎气候变化协定、联合国教科文组织等多个国际组织，全球治理供给减少、赤字凸显。未来全球治理体系正面临系统性重构，将给发展中国家，特别是金砖国家为代表的新兴经济体，发展带来多重不确定性影响。

二、新科技革命正深刻影响科研范式转变和产业变革

新一轮科技革命将推动科学范式、技术范式转变，数字转型加速科学研究和管理范式以及产业发展范式的变化，新的伦理问题和风险挑战出现，给全球科技发展带来新的不确定性因素。

1. 新一轮科技革命带来科学范式和技术范式的转变

信息技术、生命科学、先进材料和制造、能源与资源、空天海洋等领域将有可能出现一系列相互联系的突破性创新，形成科学体系和技术体系的系统性突破，常规科学和技术体系的基本模式、基本结构和基本功能在未来面临挑战。学科领域发展的差异性和不平衡使得科学发现和技术突破存在不确定性。

2. 数字转型加速科学研究和管理范式转变

科学研究经历了从以记录和描述自然现象为主要特征的“实验科学”、利用模型演绎的“理论推演”、对复杂现象进行模拟仿真的“计算机仿真”的三类范式发展。随着海量数据的出现，科学研究正在向“数据密集型科学发现”——第四类范式方向发展，科学研究越来越以数据为中心进行思考、设计和实施，科学发现越来越依赖于对海量数据的收集和分析处理，科研对象、过程和扩散等越来越与数字技术融为一体[①]。

3. 新技术革命加速产业创新驱动数字转型发展

产业变革呈现出数字化、网络化、智能化基本特征，将导致人类思想观念、生活方式和生产方式发生革命性变化。新的技术轨道、主导产业和生产组织方式出现，为经济发展带来新动力和新挑战。国家产业竞争优势越来越依赖于知识生产能力的提升和知识资本的积累，创新驱动产业数字转型发展和新兴产业发展将改变世界经济格局，知识生产能力强的国家竞争优势日益显著，后发国家面临不断抬高的技术壁垒所导致的经济发展不确定性，与发达国家间差距存在进一步拉大的风险。

4. 技术发展带来新的伦理问题和风险挑战

生物医学、人工智能、大数据等技术突破性发展在提高人们生活质量和水平的同时，可能引发前所未有的技术伦理失范和风险失控。例如，2018 年的“基因编辑婴儿事件”震动了中国和全世界。人类对于新技术在未来可能产生的伦理失范和风险失控影响仍缺乏深刻的认知和充分的关切，这将对社

---

① Tansley S, Tolle K M. The fourth paradigm: data-intensive scientific discovery. Redmond, WA: Microsoft Research, 2009.

会发展产生难以预料的影响。

三、新旧经济长波交汇将深刻影响世界产业创新发展

世界经济进入新旧经济长波的交汇期，传统产业面临转型升级换代，新一轮技术革命与产业变革正在兴起，全球产业分工格局面临重塑，国际经济格局加速调整变化。

1. 世界经济进入第五轮经济长波衰退与第六轮经济长波兴起的交汇期

以信息网络、人工智能和生物技术为代表的新一轮技术革命正在兴起，突破性技术不断涌现，新技术投资热潮此起彼伏，新兴产业逐渐崛起，产业变革势不可挡，第六轮世界经济长波兴起初见端倪。带动第五轮世界经济长波的传统信息技术面临升级换代，传统信息技术产业和其他传统产业面临劳动力高级化和生产资料迭代更新等转型升级挑战，大量资本从实体经济流向虚拟经济。

2. 全球产业分工格局面临重塑

新技术革命、产业变革和数字转型将加速产业创新驱动数字转型升级和全球价值链中高端布局，通过促进生产方式的智能化和产业组织的平台化，改变产业特性和促进生产性服务业发展，推动产业从劳动密集型向知识密集型产业转变，提升数字经济比重，产业国际分工面临深度调整并将引发日趋激烈的国际竞争，追赶型国家产业升级和数字转型发展面临严峻挑战。全球贸易体系功能弱化，美国主导推行的双边贸易协定和区域贸易协定日益盛行，以世界贸易组织（WTO）为核心的多边贸易机制面临严重挑战，未来国际分工产业价值链的区域化特征进一步增强，将对全球产业分工格局产生深远影响。

3. 全球经济格局多极化趋势更加明显

全球经济增长动力已从以北美、欧盟为主向北美、欧盟与东北亚并重转变；美国仍然保持全球超级大国地位，但中国经济地位日益凸显，印度等新兴经济国家实力持续崛起，欧洲、日本仍是全球重要经济体，但相对地位将有所下降。传统产业转型升级和新兴产业孕育发展为发达经济体维持领先和

后发经济体实现赶超带来机遇和挑战。

四、数字转型深入发展正深刻影响经济社会创新发展

伴随着新一轮技术革命和产业变革，经济社会数字转型加速推进，在有效提升社会公共服务的质量、效率和覆盖范围的同时，也有可能给经济社会发展带来严峻挑战，进而对经济社会创新发展方向产生深刻影响。

1. 经济社会数字转型将有效提高社会公共服务的质量和效率

随着社会阶层不断分化和利益诉求多元化，民众社会服务需求与日俱增，公共服务供需矛盾日益突出。社会发展数字转型将有效推动公共教育、医疗健康、公共安全、社会保障等领域社会服务创新能力建设。教育发展数字转型有助于推动教育模式转变，开发低成本、高质量、广覆盖的现代远程教育网络系统，促进优质教育资源的普及共享；医疗发展数字转型有助于推动建立以用户为中心的健康服务体系，构建低成本、高质量、广惠及的现代远程医疗卫生服务体系；公共安全数字转型有助于推动公共安全管理由“以事件为中心”向“以风险为中心”转变，构建实时监测、精准防控的公共安全管理网络；社会保障数字转型有助于推动社会保障服务创新能力建设，构建一体化、标准化、广覆盖的社会保障信息网络。

2. 经济社会数字转型在带来新发展机遇的同时，也可能带来数字鸿沟、信息安全等社会问题，对国家乃至全球治理能力提出新挑战

数字技术开发和应用能力的差异将导致世界各国（地区）之间、区域之间、城乡之间和社会群体之间存在的数字鸿沟进一步拉大，进而扩大国家间、种族间和社会各阶层间发展能力的差距，带来认知差异、结构性失业、收入失衡等社会问题，导致国际国内社会矛盾的显性化，加速民粹主义思潮的蔓延。数字技术在社会领域的渗透将加速社会横向群落的发展，从网络社区产生而逐渐发展为线上线下融合的各类群落，极易加速新利益诉求的形成和社会矛盾的爆发，例如由社交网络兴起席卷法国的“黄马甲”运动就是典型例证。数字转型发展将进一步带来个人隐私泄露、政府和企业信息安全、数据管理和数据跨境流动等政府管理和全球治理新问题。

五、联合国可持续发展目标将引领全球环境创新发展

全球共同面临的气候变化、生物多样性锐减、海洋污染等生态环境问题，在对自然和人类社会进步造成极大风险的同时，也为全人类携手努力解决重大环境问题、共同走上可持续发展道路提供契机。为应对社会、经济和环境问题挑战，联合国 193 个成员国于 2015 年共同提出 17 类 169 个可持续发展目标，其中包括气候行动、保护陆地和水下生物、廉价和清洁能源等[①]。在可持续发展目标的约束下，控制污染、实现低碳转型的绿色发展正在成为主要经济体发展的重要方向。总体上看，各国落实可持续发展目标、实现绿色发展所面临的机遇与挑战并存，将对环境创新发展产生深远影响。

首先，维护国家利益与环境保护之间短期内目标冲突直接影响可持续发展目标的落实。一方面，广大发展中国家面临着如何在发展经济与保护环境中实现协调平衡的严峻挑战；另一方面，作为全球第二大碳排放国的美国出于自身考虑退出《巴黎协定》，给全球气候治理进程带来了极大的不确定性。其次，快速城市化加剧了经济发展与资源环境之间的矛盾。快速城市化面临的人口居住、环境容量、水土资源利用、耕地保护等问题，强化了资源环境承载能力的约束，使得环境创新发展成为未来城市实现“人口、资源、环境和社会的全面协调可持续发展”目标的重要支撑。再次，未来能源发展趋势将深刻影响可持续发展目标的落实。短期来看，虽然各国环境保护力度不断加大，新能源技术发展迅猛，但仍难以满足当前经济社会发展需要，传统能源的主体地位短期内难以改变。因此，传统能源清洁利用仍然是影响绿色发展的关键因素。长期来看，随着非常规油气开采技术的重大突破，油气资源供给能力显著提升，可再生能源成本大幅下降和能源系统数字转型，将显著提升能源供给能力、降低能源生产成本、提高能源使用效率，最终将对可持续发展产生重要影响。

全球政治、经济、科技、社会和环境发展面临的战略机遇与挑战以及多重不确定性因素，相互关联、相互影响，决定着全球创新发展未来走向。要共同面对世界百年未有之大变局，实现联合国提出的可持续发展目标，迫切需要世界各国从“平等、合作、互惠、共赢”的价值观出发，完善和强化全球多边合作机制，加速全球创新治理体系和能力现代化，把握技术和经济发展范式转变战略机遇，开创全球创新发展新局面。

---

① United Nations. Transforming our world: The 2030 agenda for sustainable development. General Assembly 70 session, 2015.

第二节　主要国家纷纷调整创新发展战略和政策

为了把握新技术与新产业革命机遇，应对全球创新发展面临的多重不确定性因素带来的影响，主要国家纷纷调整创新发展战略，将创新发展作为推动经济转型和社会进步的重中之重，旨在把握全球竞争主动权。美国奥巴马政府强调科技政策的顶层设计，先后颁布《美国创新战略：推动可持续增长和高质量就业》（2009 年）、《美国创新战略：确保美国的经济增长和繁荣》（2011 年），以及《美国创新战略》（2015 年）。《美国创新战略》（2015 年）强调科技创新是经济增长的核心动力，发挥政府部门对科技创新的导向作用。根据《第五期科学技术基本计划（2016—2020）》，日本内阁会议先后通过《科学技术创新综合战略 2016》《科学技术创新综合战略 2017》，以及 2018～2019 年度的《综合创新战略》，把科技创新作为推动经济再生的引擎，计划将日本建成“世界上最适宜创新的国家”。德国联邦教育与研究部持续出台《德国高技术战略》（2006 年）、《思想・创新・增长——德国 2020 高技术战略》（2010 年）、《新的高技术战略——创新为德国》（2014 年）和《高技术战略 2025》（2018 年），着力实施高技术战略，旨在把德国建设为世界领先的创新国家。

一、科学技术发展政策强调研发投入增长和新兴领域布局

1. 主要国家高度重视科学技术发展，创新投入力度不断加大，R&D 经费支出总额不断增长

美国国家科学基金会发布的《2018 科学与工程指标》[①] 指出，全球研发（R&D）经费支出总额从2000年的7220亿美元增加至2015年的1.9万亿美元。美国、日本、欧盟、英国等国家和地区的 R&D 经费支出总额和 R&D 经费强度均呈上升趋势。2000～2015 年，美国 R&D 经费支出总额从 2686 亿美元增加至 4966 亿美元，R&D 经费强度从 2.61% 提升至 2.74%；日本 R&D 经费支出总额从 988 亿美元增加至 1700 亿美元，R&D 经费强度由 2.91% 提升至

① National Science Foundation（NSF）, Science and Engineering Indicators 2018, https://www.nsf.gov/statistics/2018/nsb20181/ [2019-11-10].

3.29%；欧盟 R&D 经费支出总额由 1831 亿美元增加至 3865 亿美元，R&D 经费强度由 1.67% 提升至 1.96%；英国 R&D 经费支出总额从 251 亿美元增加至 463 亿美元，R&D 经费强度从 1.64% 提升至 1.70%。日本内阁会议通过的《第五期科学技术基本计划（2016—2020）》① 指出：希望通过政府、学术界、产业界等各方的努力，推动全社会 R&D 经费支出总额占 GDP 比重的 4% 以上，政府 R&D 经费强度达 1%。2017 年，美国参众两院通过《美国创新与竞争力法案》②，主要内容涉及扩大基础研究影响，为在联邦预算紧缩环境下最大限度地提高国家在基础研究方面的投资提供了政策基础。2017 年 2 月，德国研究与创新专家委员会在向德国总理递交的《2017 德国研究、创新和技术能力评估报告》③ 中建议，到 2025 年德国 R&D 经费强度达到 3.5%。2018 年 7 月，德国财政部长向联邦议会提交的《2019 财年联邦财政预算草案》和《2018—2022 年中期财政规划》指出，未来 4 年，德国联邦政府还将在高等教育和科研领域投入 950 亿欧元，与 2017 年的中期财政规划相比，调整增加了 40 亿欧元④。2018 年，欧盟委员会发布"地平线欧洲"（Horizon Europe）计划（第九研发框架计划）⑤ 提案，预计投资 1000 亿欧元，以通货膨胀率每年 2% 计算，"地平线欧洲"计划预算较"地平线 2020"（Horizon 2020）计划增长近 30%。同年，英国商业、能源和工业战略部发布 2017～2021 年的研究与创新资助预算分配方案，在严格控制整体公共支出的情况下，仍加大投入支持世界级的研究和创新体系，计划在 2027 年实现 R&D 经费强度达 2.4%，最终实现 3% 的增长目标⑥。

---

① 内閣府 . 第 5 期科学技術基本計画（平成 28～平成 32 年度）. http://www8.cao.go.jp/cstp/kihonkeikaku/index5.html [2019-11-10].

② 114th Congress of the United State.American Innovation and Competitiveness Act. https://www.congress.gov/bill/114th-congress/senate-bill/3084/text [2019-11-10].

③ Expertenkommission Forschung Und Innovation.Gutachten 2017. http://www.e-fi.de/fileadmin/Gutachten_2017/EFI_Gutachten_2017.pdf [2019-11-10].

④ German Federal Ministry of Finance, Draft 2019 budget and financial plan to 2022: forward looking, fair and responsible.https://www.bundesfinanzministerium.de/Content/EN/Pressemitteilungen/2018/2018-07-27-2019-budget.html [2019-11-10].

⑤ European Commission. Decision of The European Parliament and Of The Council on Establishing The Specific Programme Implementing Horizon Europe: The Framework Programme for Research and Innovation. https://ec.europa.eu/commission/sites/beta-political/files/budget-may2018-horizon-europe-decision_en.pdf [2019-11-10].

⑥ Department for Business, Energy and Industrial Strategy. The Allocation of Funding for Research and Innovation 2017—2021. https://assets.publishing.service.gov.uk/government/uploads/system/uploads/attachment_data/file/731507/research-innovation-funding-allocation-2017-2021.pdf [2019-11-10].

2. 主要国家敏锐把握新兴学科前沿，除了集中资助物理学、能源、生命健康科学、材料科学等领域外，重点在人工智能、量子科学、第五代移动通信（5G）、数据分析和机器人等数字技术领域布局

2018年，美国白宫管理与预算办公室发布的《2020财年政府研究与开发预算优先事项》[①]备忘录提出美国研发优先领域，为各部门制定2020财年的预算提供指南，这些领域包括：计算能力发展、人工智能、量子信息科学、先进的通信网络等。同年7月，日本综合科学技术创新会议（CSTI）发布第2期战略性创新推进计划（SIP）[②]，年度预算为325亿日元，主要对基于大数据和人工智能的网络空间基础技术、物理空间数字数据处理技术、与物联网社会相对应的网络物理安全、自动驾驶、利用光和量子的社会5.0实现技术、智能生物、智能医疗和智能物流等12个领域进行资助。2017年10月，欧盟委员会发布《地平线2020工作计划（2018—2020）》[③]提出300亿欧元投资的执行方案，集中力量投资少量战略优先领域以支持欧盟政策重点。这些领域包括：5G、高性能计算、人工智能、机器人、大数据、物联网等数字技术与其他技术领域创新的融合，以及网络安全和解决数字转型的社会影响等。2018年7月，法国国家科研署公布的2019年行动计划[④]将资助项目按学科领域进行了重新归类，由47个具体方向归类为环境科学、能源与材料科学、信息科学等七大领域，并将人工智能、量子技术等内容纳入到信息科学领域。2018年10月，德国联邦教育与研究部发布《高技术战略2025》[⑤]，明确提出未来7年研究和创新政策的跨部门任务和重点领域，将生物技术、人工智能等领域的未来技术发展、培训和继续教育紧密衔接，旨在推动技术革命和研发创新，确保德国制造业的优势地位。2018年11月，德国联邦教育与研究

① Office of management and budget, the White House. Memorandum for the heads of executive departments and agencies：FY 2020 Administration Research and Development Budget Priorities. https://www.whitehouse.gov/wp-content/uploads/2018/07/M-18-22.pdf [2019-11-10].

② 日本内閣府综合科学技术创新会议 . 戦略的イノベーション創造プログラム（SIP）第 2 期 . https://www8.cao.go.jp/cstp/gaiyo/sip/20180413sippd-1.pdf [2019-11-10].

③ European Commission. Horizon 2020 Work Programme from 2018 to 2020. http://europa.eu/rapid/press-release_MEMO-17-4123_en.htm [2019-11-10].

④ Agence Nationale de la Recherche（ANR）. L’Agence Nationale de la Recherche Publie son Plan D’action 2019. http://www.agence-nationale-recherche.fr/informations/actualites/detail/lagence-nationale-de-la-recherche-publie-son-plan-daction-2019/ [2019-11-10].

⑤ Bundesministerium für Bildung und Forschung（BMBF）. Die Hightech-Strategie 2025. https://www.bmbf.de/pub/Forschung_und_Innovation_fuer_die_Menschen.pdf [2019-11-10].

部正式推出国家层面的人工智能发展战略[①]，计划 2025 年前在联邦层面投入 30 亿欧元用于实施该战略，打响“人工智能德国制造”品牌。

二、产业创新发展政策聚焦数字化、网络化和智能化转型

主要国家将制造业作为产业政策调整的核心，数字化、网络化和智能化转型成为聚焦的政策主题。2018 年 6 月，日本经济产业省发布的《日本制造业白皮书（2018）》[②] 指出，为了进一步提高日本制造业的劳动生产率，不仅仅要通过机器人、信息技术、物联网等技术的灵活应用和工作方式变革达到业务的效率提升和优化，更重要的是要通过灵活运用数字技术获得新的附加值。2018 年 9 月，法国总理公布了法国政府利用数字技术促进工业转型的方案[③]，提出实施加速向“未来工业”转型的行动计划，预计政府投入 5 亿欧元，以设备采购税收优惠和补贴等方式支持所有中小企业和工业部门实现全面的数字化升级。该计划提出的九大未来工业包括新能源、智慧交通、未来医药、智慧物联网、数字安全、智慧食品等。2018 年 10 月，美国先进制造技术委员会发布的《美国先进制造业领导力战略》[④] 提出未来制造智能系统、先进材料和加工技术、医疗产品、集成电路设计与制造、粮食与农业制造等五个方面的战略着力点，并在未来制造智能系统战略着力点下，提出了智能和数字制造、先进的工业机器人、人工智能基础设施、制造业的网络安全等优先发展事项。2017 年 3 月，英国政府发布的《工业发展战略绿皮书》[⑤] 指出，2020～2021 年英国政府将追加研发资金 47 亿英镑，支持智能灵活和清洁的能源技术、机器人和人工智能、卫星和空间技术、先进的医疗保健和医学技术、制造工艺和新型材料、生物技术和合成量子生物学技术，以及超级

① Bundesministerium für Bildung und Forschung（BMBF）. Strategie Künstliche Intelligenz der Bundesregierung. https://www.bmbf.de/files/Nationale_KI-Strategie.pdf [2019-11-10].

② 経済産業省. 2018 年版ものづくり白書 .http://www.meti.go.jp/report/whitepaper/index_mono.html [2019-11-10].

③ Premier Ministre. Transformation industrielle par le numérique: des mesures pour les ETI et les PME. https://www.gouvernement.fr/partage/10527-transformer-notre-industrie-par-le-numerique [2019-11-10].

④ Advanced Manufacturing National Program Office. Strategy for American Leadership in Advanced Manufacturing.,https://www.manufacturing.gov/news/announcements/2018/10/strategy-american-leadership-advanced-manufacturing [2019-11-10].

⑤ The Government of the United Kingdom. Building Our Industrial Strategy-Green Paper. https://assets.publishing.service.gov.uk/government/uploads/system/uploads/attachment_data/file/611705/building-our-industrial-strategy-green-paper.pdf [2019-11-10].

计算、高级建模和5G移动网络在内的革命性数字技术。

三、社会创新发展政策着力公共服务治理体系和能力建设

主要国家以创新引领社会发展，着力推动公共服务体系和能力现代化。《美国创新战略》（2015年）① 将教育技术作为九大战略领域之一。为取得教育领域新技术突破，2016年美国财政预算投入5000万美元资助教育高等研究计划署（ARPA-ED）；为增加接受优势STEM教育的机会，促进STEM人才性别、民族结构合理化，2016年美国财政预算对STEM教育投入30亿美元，比2015年增加3.8%。基础设施建设方面，美国政府加大对宽带、无线网络、电信技术的创新投资，以促进新一代网络的发展，推动数字化基础设施在区域内合理分布，从而改善数字化网络的质量和服务。《美国创新战略》（2015年）还指出要建设创新型政府服务大众，提升政府解决社会问题的能力，推动社会创新。日本内阁会议审议通过的《第五期科学技术基本计划（2016—2020）》② 提出深化和推进“社会5.0”战略，提出可持续增长和区域自主发展、确保国家及国民安全和实现丰富优质生活、积极应对全球性课题和为世界发展做出贡献三大任务，并设定了13项重要的政策课题。2016年3月，德国联邦经济和能源部发布《数字战略2025》③，确定了德国迈向“数字德国”的10项具体行动，包括建设千兆宽带网络，推动智能网络在主要基础设施领域的应用，加强数据安全，实现中小学教育、双轨制职业教育、高等教育、职业培训等各阶段的数字化教育等。2018年，德国联邦教育和研究部发布的《高技术战略2025》④ 强调“服务于人的研究和创新”，布局了12项具体任务；其中，在健康和护理领域，实施“国家十年”抗癌计划，为个性化医疗开发数字化解决方案；在促进经济增长和创造就业方面，加强高素质专业人才的

---

① National Economic Council and Office of Science and Technology Policy. A Strategy for American Innovation，https://obamawhitehouse.archives.gov/sites/default/files/strategy_for_american_innovation_october_2015.pdf [2019-11-10].

② 内閣府. 第5期科学技術基本計画（平成28～平成32年度）；https://www8.cao.go.jp/cstp/kihonkeikaku/5honbun.pdf [2019-11-10].

③ Bundesministerium für Wirtschaft und Energie（BMWi）. Digitale Strategie 2025. http://www.bmwi.de/BMWi/Redaktion/PDF/Publikationen/digitale-strategie-2025,property=pdf,bereich=bmwi2012,sprache=de,rwb=true.pdf [2019-11-10].

④ Bundesministerium für Bildung und Forschung（BMBF）. Die Hightech-Strategie 2025. https://www.bmbf.de/pub/Forschung_und_Innovation_fuer_die_Menschen.pdf [2019-11-10].

培养和继续教育；在公共安全领域，开发全新的整体 IT 安全解决方案等。

四、环境创新发展政策关注经济社会绿色低碳环保可持续

1. 主要国家将新能源发展纳入国家发展战略，并不断调整能源政策以保障能源供给和实现可持续发展

美国奥巴马政府提出节能增效、新能源开发、智能电网研发和应对气候变化四大政策支柱；特朗普政府突显“美国优先”理念，将能源出口当作一种政策工具和地缘政治武器。日本的能源政策强调能源的安全性与稳定性、经济性和环保性。日本在《第四次能源基本计划》① 中明确了核能作为“准国产”能源的特性，《第五次能源基本计划》② 首次将可再生能源定位为 2050 年的主力能源，举政府之力推进日本能源转型。德国通过《能源战略 2050》和《可再生能源法案》(2017 年版)、《电力市场法案》、《能源数字转型法案》三大修正案等一揽子能源法案，确立了可再生能源的优先调度地位，借此转变了对核电、煤电等传统模式的依赖。作为引领全球新能源发展的地区，欧盟于 2010 年、2011 年、2014 年、2015 年先后出台《2020 能源战略》《2050 能源战略路线图》《2030 能源和气候政策框架绿皮书》《欧洲能源联盟战略框架》，其能源战略和政策的重点正在转向低碳、智能、高效的现代能源体系，以便于降低欧盟对进口石油和天然气的依赖，帮助欧盟成员国实现能源多元化。

2. 主要国家加强对环境污染防治，将环境保护置于经济社会发展的首位

2018 年 1 月，英国环境、食品和农村事务部发布《绿色未来：英国改善环境的未来25年计划》③，要求英国农业、林业、土地利用和渔业采取将环境置

① Foreign and Commonwealth Office of The Government of the United Kingdom. Japan's New Energy Plan: Less Nnuclear but not Zero. https://www.gov.uk/government/publications/japans-new-energy-plan-less-nuclear-but-not-zero-april-2014/japans-new-energy-plan-less-nuclear-but-not-zero-april-2014. [2019-11-10].

② 経済産業省 . 第 5 次エネルギー基本計画 . http://www.enecho.meti.go.jp/category/others/basic_plan/pdf/180703.pdf [2019-11-10].

③ Department for Environment. Food & Rural Affairs, A Green Future: Our 25 Year Plan to Improve the Environment https://assets.publishing.service.gov.uk/government/uploads/system/uploads/attachment_data/file/693158/25-year-environment-plan.pdf [2019-11-10].

于首位的发展方式，将建立新的政策制定机构，并制定一套新的环境原则来支持政策制定；制定一套评估未来 25 年目标进展情况的指标，并于 2022 年开始开展第二次“国家生态系统评估”计划。同年 8 月，英国环境、食品与农村事务部发布空气污染治理新战略——《洁净空气战略》①，承诺到 2025 年，让英国居住在颗粒物污染水平超标地区的人口数减少一半，同时为了实现“零碳道路战略”（Road to Zero Strategy），英国不仅将采取更严格的措施来管制车辆排放，还将对多种其他排放来源进行更严格管理，例如对家庭使用的火炉进行管理，限制污染严重的化石燃料和燃烧效率不高的火炉等供暖设备在市场上销售等。

3. 主要国家对减少碳排放目标提出了更高要求，并认为政策和技术创新是实现目标的关键因素

2016 年 4 月，日本政府综合科技创新会议发布的《能源环境技术创新战略2050》②指出，实现日本到2050年全球温室气体排放减半和构建新型能源体系的目标，需要重点推进能源系统集成管理系统、创新制造工艺、新一代蓄电池和氢燃料制备、存储和使用、新一代光伏发电、新一代地热发电、二氧化碳循环利用等技术领域的创新。2016 年 11 月，德国联邦环境、自然保护、建筑和核安全部发布《德国2050年气候行动计划》③，重申了到2050年温室气体排放量比 1990 年下降 80%～95% 的目标，提出了 2030 年在能源、建筑、交通、工业、农业和林业等领域的总体目标，例如到 2030 年，可再生能源在建筑部门能源消耗中所占份额将增加至 25%～30%，所有农业土地中将有 20% 用于有机耕作等。2018 年 7 月，英国交通部发布题为《零之路：迈向更清洁的公路运输和实现英国工业战略的下一步》④的报告，宣布启动了“零碳道路战略”，指出英国将在 2030 年前有望实现 50%～70% 的新售汽车和 40% 的新售货车的超低排放，在 2040 年前停止使用常规汽油和柴油的新售汽车、货车。

---

① Department for Environment, Food & Rural Affairs and Public Health England, et al. New Clean Air Strategy has been launched by Environment Secretary Michael Gove.https://consult.defra.gov.uk/environmental-quality/clean-air-strategy-consultation/user_uploads/clean-air-strategy-2018-consultation.pdf [2019-11-10].

② 内閣府総合科学技術・イノベーション会議.「エネルギー・環境イノベーション戦略（案）」の概要. http://www8.cao.go.jp/cstp/siryo/haihui018/siryo1-1.pdf [2019-11-10].

③ Federal Ministry for the Environment, Nature Conservation and Nuclear Safety. Umsetzung des Aktionsprogramms Klimaschutz 2020.https://www.bmu.de/vorgang/umsetzung-des-aktionsprogramms-klimaschutz-2020/ [2019-11-10].

④ Department for Transport. Road to Zero Strategy. https://www.gov.uk/government/news/government-launches-road-to-zero-strategy-to-lead-the- world-in-zero-emission-vehicle-technology. [2019-11-10].

第三节 中国政府深入实施创新驱动发展战略

2012年，中国提出实施“创新驱动发展战略”。2015年，中共中央、国务院发布《关于深化体制机制改革加快实施创新驱动发展战略的若干意见》；2016年，发布《国家创新驱动发展战略纲要》，从改革和发展两个角度全面推进创新驱动发展战略实施。2017年，党的十九大报告明确提出，到2035年基本实现社会主义现代化，到2050年建成富强民主文明和谐美丽的社会主义现代化强国。这两个目标涉及科学技术、经济、社会和环境发展的能力与水平，以及区域协调发展与城乡统筹，对于深入实施创新驱动发展战略提出更高、更宽、更迫切的要求。

一、全面推进创新发展体制机制改革

为落实创新驱动发展战略，中共中央、国务院统筹部署了一系列创新改革重大举措。2015年9月，中共中央办公厅、国务院办公厅印发《深化科技体制改革实施方案》(中办发〔2015〕46号)，系统部署包括建立技术创新市场导向机制、构建更加高效的科研体系、改革人才培养评价和激励机制、健全促进科技成果转化的机制、建立健全科技和金融结合机制、构建统筹协调的创新治理机制、推动形成深度融合的开放创新局面、营造激励创新的良好生态、推动区域创新改革等10方面143项具体改革举措①。这些重大改革举措极大地释放了全社会的创新活力，为实现经济社会的可持续发展提供持久动力。同月，中共中央办公厅、国务院办公厅印发《关于在部分区域系统推进全面创新改革试验的总体方案》(中办发〔2015〕48号)，在京津冀、上海、广东、安徽、四川、武汉、西安、沈阳8个区域开展重大改革举措的先行先试，力争通过3年努力，改革试验区域在市场公平竞争、知识产权、科技成果转化、金融创新、人才培养和激励、开放创新、科技管理体制等方面取得一批重大改革突破，每年向全国范围复制推广一批改革举措和重大政策②。

① 中华人民共和国中央人民政府. 中共中央办公厅 国务院办公厅印发《深化科技体制改革实施方案》. http://www.gov.cn/guowuyuan/2015-09/24/content_2938314.htm [2019-11-10].

② 中华人民共和国中央人民政府. 中共中央办公厅 国务院办公厅印发《关于在部分区域系统推进全面创新改革试验的总体方案》. http://www.gov.cn/zhengce/2015-09/07/content_2926502.htm [2019-11-10].

目前，国务院已经批准向全国 8 个试验区推广 30 项举措。

（1）在科技金融方面，明确推广“以关联企业从产业链核心龙头企业获得的应收账款为质押的融资服务”“面向中小企业的一站式投融资信息服务”“贷款、保险、财政风险补偿捆绑的专利权质押融资服务”“区域性股权市场设置科技创新专板”“基于‘六专机制’的科技型企业全生命周期金融综合服务”“推动政府股权基金投向种子期、初创期企业的容错机制”“以协商估值、坏账分担为核心的中小企业商标质押贷款模式”“创新创业团队回购地方政府产业投资基金所持股权的机制”8 项改革举措。

（2）在创新创业政策环境方面，明确推广“专利快速审查、确权、维权一站式服务”“强化创新导向的国有企业考核与激励”“事业单位可采取年薪制、协议工资制、项目工资等灵活多样的分配形式引进紧缺或高层次人才”“事业单位编制省内统筹使用”“国税地税联合办税”5 项改革举措。

（3）在外籍人才引进方面，明确推广“鼓励引导优秀外国留学生在华就业创业，符合条件的外国留学生可直接申请工作许可和居留许可”“积极引进外籍高层次人才，简化来华工作手续办理流程，新增工作居留向永久居留转换的申请渠道”2 项改革举措。

（4）在军民融合创新方面，明确推广“军民大型国防科研仪器设备整合共享”“以股权为纽带的军民两用技术联盟创新合作”“民口企业配套核心军品的认定和准入标准”3 项改革举措。

（5）在知识产权保护方面，明确推广“知识产权民事、刑事、行政案件‘三合一’审判”“省级行政区内专利等专业技术性较强的知识产权案件跨市（区）审理”“以降低侵权损失为核心的专利保险机制”“知识产权案件审判中引入技术调查官制度”“基于‘两表指导、审助分流’的知识产权案件快速审判机制”5 项改革举措。

（6）在科技成果转化方面，明确推广“以事前产权激励为核心的职务科技成果权属改革”“技术经理人全程参与的科技成果转化服务模式”“技术股与现金股结合激励的科技成果转化相关方利益捆绑机制”“‘定向研发、定向转化、定向服务’的订单式研发和成果转化机制”4 项改革举措。

（7）在管理体制创新方面，推广“允许地方高校自主开展人才引进和职称评审”“以授权为基础、市场化方式运营为核心的科研仪器设备开放共享机制”“以地方立法形式建立推动改革创新的决策容错机制”3 项改革举措。

二、科学技术发展政策体系逐步完善

现代化强国建设需要强大的科技创新能力支撑。为提高我国科技创新能力，国家在科技创新重点领域部署了一系列重大举措。2016年7月，国务院印发《“十三五”国家科技创新规划》（国发〔2016〕43号），提出到2020年国家综合创新能力世界排名进入前15位，R&D经费强度达到2.5%的发展目标，并对“十三五”期间的科技发展进行部署：一是面向2030年部署了包括航空发动机及燃气轮机、深海空间站、量子通信与量子计算、脑科学与类脑研究、国家网络空间安全、深空探测及空间飞行器在轨服务与维护系统、种业自主创新、煤炭清洁高效利用、智能电网、天地一体化信息网络、大数据、智能制造和机器人、重点新材料研发及应用、京津冀环境综合治理、健康保障等15个科技创新重大科技项目；二是围绕现代农业、信息、先进制造、新材料、清洁能源、现代交通技术与装备、生物、食品制造、现代服务等十大领域构建现代产业技术体系；三是围绕生态环保、资源循环利用、人口健康、新型城镇化、公共安全与社会治理等五大领域构建支撑民生改善和可持续发展的技术体系；四是围绕深空、深海、深地、深蓝发展保障国家安全和战略利益的技术体系①。

为提升国家自主创新能力，夯实自主创新的物质基础，国家对中长期重大科技基础设施建设做出部署。《国家重大科技基础设施建设中长期规划（2012—2030年）》（国发〔2013〕8号）提出，到2030年，要基本建成布局完整、技术先进、运行高效、支撑有力的重大科技基础设施体系，并明确在能源、生命、地球系统与环境、材料、粒子物理和核物理、空间和天文、工程技术等7个科学领域优先布局建设重大科技基础设施②。《国家重大科技基础设施“十三五”规划》（发改高技〔2016〕2736号）明确提出，优先布局建设空间环境地基监测网（子午工程二期）、大型光学红外望远镜、极深地下极低辐射本底前沿物理实验设施、大型地震工程模拟研究设施、聚变堆主机关键系统综合研究设施、高能同步辐射光源、硬X射线自由电子激光装置、多模态跨尺度生物医学成像设施、超重力离心模拟与实验装置、高精度地基

---

① 中华人民共和国中央人民政府网站.国务院印发《“十三五”国家科技创新规划》. http://www.gov.cn/xinwen/2016-08/08/content_5098259.htm [2019-11-10].

② 中华人民共和国中央人民政府网站.国务院印发《国务院关于印发国家重大科技基础设施建设中长期规划（2012—2030年）的通知》. http://www.gov.cn/zwgk/2013-03/04/content_2344891.htm [2019-11-10].

授时系统等10个重大科技基础设施[①]。2017年，为进一步优化国家科技创新基地布局，《国家科技创新基地优化整合方案》（国科发基〔2017〕250号）提出，按照科学与工程研究、技术创新与成果转化、基础支撑与条件保障三类布局建设国家科技创新基地建设发展体系。科学与工程研究类国家科技创新基地包括国家实验室和国家重点实验室，技术创新与成果转化类国家科技创新基地包括国家工程研究中心、国家技术创新中心和国际临床医学研究中心，基础支撑与条件保障类国家科技创新基地包括国家科技资源共享服务平台、国家野外科学观测研究站[②]。

在国际科技合作方面，为加快以全球视野谋划和推动创新，深度融入全球创新体系，2017年我国《"十三五"国际科技创新合作专项规划》（国科发外〔2017〕118号）提出实施9项重点任务[③]，包括：①深化对外科技合作，助力构建以合作共赢为核心的新型国际关系；②推进"一带一路"建设，开创与沿线国家科技创新互联互通新局面；③加大对外开放，构建面向全球的科技创新合作体系；④积极参与并牵头组织国际大科学计划和大科学工程，提升我国科技国际影响力；⑤丰富完善科技援助内涵与方式，提升科技援外层次；⑥加快培育满足新形势需求的科技创新合作人才队伍，全面提升人才国际化水平；⑦优化形成覆盖创新全链条的国际科技合作平台网络；⑧发挥区域优势，推动构建深度融合的区域科技创新互利合作共同体；⑨推动企业科技创新走出去，助力大众创业、万众创新。

自2008年《国家知识产权战略纲要》颁布以来，知识产权强国建设稳步推进。2014年，《深入实施国家知识产权战略行动计划（2014—2020年）》（国办发〔2014〕64号）提出"到2020年，知识产权法治环境更加完善，创造、运用、保护和管理知识产权的能力显著增强"的发展目标，组织实施包括促进知识产权创造运用支撑产业转型升级、加强知识产权保护营造良好市场环境、强化知识产权管理，提升管理效能、拓展知识产权国际合作4方面16项

① 中华人民共和国国家发展和改革委员会．关于印发国家重大科技基础设施建设"十三五"规划的通知．https://www.ndrc.gov.cn/xxgk/zcfb/tz/201701/t20170111_962863.htm [2019-11-10].

② 中华人民共和国科学技术部网站．科技部 财政部 国家发展改革委关于印发《国家科技创新基地优化整合方案》的通知．http://www.most.gov.cn/mostinfo/xinxifenlei/fgzc/gfxwj/gfxwj2017/201708/t20170824_134589.htm [2019-11-10].

③ 中华人民共和国科学技术部．科技部关于印发《"十三五"国际科技创新合作专项规划》的通知．http://www.most.gov.cn/mostinfo/xinxifenlei/fgzc/gfxwj/gfxwj2017/201705/t20170512_132771.htm [2019-11-10].

行动，实施知识产权信息服务工程、知识产权调查统计工程、知识产权人才队伍建设工程三大基本工程①。2016 年，国务院印发《“十三五”国家知识产权保护和运用规划》(国发〔2016〕86 号)，提出实施深化知识产权领域改革、严格实行知识产权保护、促进知识产权高效运用三大任务，部署包括完善知识产权法律制度、提升知识产权保护水平、提高知识产权质量效益、加强知识产权强省强市建设、加快知识产权强企建设、推动产业升级发展、促进知识产权开放合作等 7 项重点工作，以及实施加强知识产权交易运营体系建设、加强知识产权公共服务体系建设、加强知识产权人才培育体系建设、加强知识产权文化建设等 4 个重大专项②。

三、创新创业发展政策环境逐步优化

“大众创业、万众创新”是激发社会创新潜能和创业活力，培育经济和社会发展新动力的有效途径。近年来，国务院颁布了一系列文件，不断改革完善相关体制机制，极大地优化了创新创业政策环境。为构建普惠性政策扶持体系，2015 年 6 月，国务院发布《关于大力推进大众创业万众创新若干政策措施的意见》(国发〔2015〕32 号)，从创新体制机制、优化财税政策、搞活金融市场、扩大创业投资、发展创业服务、建立创业创新平台、激发创造活力、拓展城乡创业渠道、加强统筹协调等 9 方面提出 30 项具体政策举措③。为进一步系统性优化创新创业生态环境，强化政策供给，2017 年 7 月，国务院印发《关于强化实施创新驱动发展战略进一步推进大众创业万众创新深入发展的意见》(国发〔2017〕37 号)，从加快科技成果转化、拓宽企业融资渠道、促进实体经济转型升级、完善人才流动机制、创新政府管理方式等 5 方面 39 项举措④。2018 年 9 月，国务院发布《关于推动创新创业高质量发展打造“双创”升级版的意见》(国发〔2018〕32 号)，提出创新创业环境升

① 中华人民共和国中央人民政府 . 国务院办公厅关于转发知识产权局等单位《深入实施国家知识产权战略行动计划（2014—2020 年》的通知 . http://www.gov.cn/zhengce/content/2015-01/04/content_9375.htm [2019-11-10].

② 中华人民共和国中央人民政府 . 国务院知识产权战略实施工作部际联席会议办公室关于印发《“十三五”国家知识产权保护和运用规划重点任务分工方案》的通知 . http://www.gov.cn/xinwen/2017-08/24/content_5220034.htm [2019-11-10].

③ 中华人民共和国中央人民政府 . 国务院关于大力推进大众创业万众创新若干政策措施的意见 . http://www.gov.cn/zhengce/content/2015-06/16/content_9855.htm [2019-11-10].

④ 中华人民共和国中央人民政府 . 国务院印发《关于强化实施创新驱动发展战略进一步推进大众创业万众创新深入发展的意见》. http://www.gov.cn/xinwen/2017-07/27/content_5213766.htm [2019-11-10].

级、创新创业发展动力升级、创业带动就业能力升级、科技创新支撑能力升级、创新创业平台服务升级等政策措施，打造“双创”升级版，推动大众创业、万众创新适应我国从高速增长向高质量发展的经济发展阶段[①]。

为进一步推进大众创业创新，加快形成双创新高地，国务院陆续出台了一系列文件促进创新创业平台建设。2015年9月，国务院印发《关于加快构建大众创业万众创新支撑平台的指导意见》（国发〔2015〕53号），提出了支持“众创、众包、众扶、众筹（四众）”等大众创业万众创新支撑平台发展的具体措施[②]。2016年5月，国务院办公厅印发《关于建设大众创业万众创新示范基地的实施意见》（国办发〔2016〕35号）[③]，确定了首批共28个双创示范基地，包括北京市海淀区等17个区域示范基地、清华大学等4个高校和科研院所示范基地、海尔集团公司等7个企业示范基地。同时，文件明确支持在双创基地先行先试6项改革举措，包括拓宽市场主体发展空间、强化知识产权保护、加速科技成果转化、加大财税支持力度、促进创业创新人才流动、加强协同创新和开放共享等。2017年6月，国务院办公厅印发《关于建设第二批大众创业万众创新示范基地的实施意见》（国办发〔2017〕54号），又批复建设92个双创示范基地，从更大范围、更深层次推进大众创业、万众创新[④]。

四、产业创新发展政策体系逐步形成

我国已经基本建成门类齐全、独立完整的产业体系，但制造业仍然大而不强，在创新能力、产业结构、资源利用效率、信息化程度、质量效益方面差距明显。为全面提升中国制造业的发展质量和水平，2015年5月，国务院发布《中国制造2025》（国发〔2015〕28号），这是我国实施制造强国战略第一个十年的行动纲领。《中国制造2025》提出了2025年迈入制造强国行列、2035年中国制造业整体达到世界制造强国阵营中等水平、新中国成立一百年时综合实力进入世界制造强国前列的“三步走”战略目标。围绕实现制造强

---

① 中华人民共和国中央人民政府．国务院印发《关于推动创新创业高质量发展打造“双创”升级版的意见》. http://www.gov.cn/xinwen/2018-09/26/content_5325522.htm [2019-11-10].

② 中华人民共和国中央人民政府．国务院印发《关于加快构建大众创业万众创新支撑平台的指导意见》. http://www.gov.cn/xinwen/2015-09/26/content_2939239.htm [2019-11-10].

③ 中华人民共和国中央人民政府．国务院印发《关于建设大众创业万众创新示范基地的实施意见》. http://www.gov.cn/xinwen/2016-05/12/content_5072748.htm [2019-11-10].

④ 中华人民共和国中央人民政府．国务院印发《关于建设第二批大众创业万众创新示范基地的实施意见》. http://www.gov.cn/xinwen/2017-06/21/content_5204342.htm [2019-11-10].

国的战略目标，《中国制造 2025》部署了 9 项战略任务和重点，明确了要实施制造业创新中心建设工程、智能制造工程、工业强基工程、绿色制造工程和高端装备创新工程等五大工程[①]。2016年5月，国务院发布《关于深化制造业与互联网融合发展的指导意见》(国发〔2016〕28 号)，部署深化制造业与互联网融合发展，协同推进“中国制造 2025”，加快制造强国建设[②]。

以互联网、大数据、云计算、人工智能为代表的新一代信息技术与传统产业结合，不断催生新业态、新模式。为助力传统产业转型升级和新兴产业蓬勃发展，政府密集出台了一系列政策文件。2015 年出台的《关于促进云计算创新发展培育信息产业新业态的意见》(国发〔2015〕5 号)提出，到 2017 年形成云计算在重点领域应用深化、产业链条基本健全，服务创新、技术创新和管理创新协同推进的云计算发展格局[③]。2015年颁布实施的《关于积极推进“互联网 +”行动的指导意见》(国发〔2015〕40 号)提出，到 2018 年基本形成互联网与经济社会各领域的融合发展进一步深化，网络经济与实体经济协同互动发展的格局[④]。2015年发布的《国务院关于促进大数据发展行动纲要的通知》(国发〔2015〕50 号)明确提出，到 2017 年年底前形成跨部门数据资源共享共用格局，2018 年年底前建成国家政府数据统一开放平台，从而实现以数据流引领技术流、物质流、资金流、人才流，影响并促进生产组织方式创新[⑤]。这些文件的出台，有效地促进了产业创新发展，为经济增长不断提供动力支撑。2016 年 12 月，国务院发布了《“十三五”国家战略性新兴产业发展规划》(国发〔2016〕67 号)和《“十三五”国家信息化规划》(国发〔2016〕73 号)，对新兴产业发展做出长远部署。2017 年 7 月，国务院印发《新一代人工智能发展规划》(国发〔2017〕35 号)，提出“三步走”发展目标：到 2020 年人工智能总体技术和应用与世界先进水平同步；到 2025 年人工智能基础理论实现重大突破，部分技术与应用达到世界领先水平；到 2030

① 中华人民共和国中央人民政府 . 国务院关于印发《中国制造 2025》的通知 . http://www.gov.cn/zhengce/content/2015-05/19/content_9784.htm [2019-11-10].

② 中华人民共和国中央人民政府 . 国务院印发《关于深化制造业与互联网融合发展的指导意见》. http://www.gov.cn/xinwen/2016-05/20/content_5075192.htm [2019-11-10].

③ 中华人民共和国中央人民政府 . 国务院印发《关于促进云计算创新发展培育信息产业新业态的意见》. http://www.gov.cn/xinwen/2015-01/30/content_2812165.htm [2019-11-10].

④ 中华人民共和国中央人民政府 . 国务院关于积极推进“互联网 +”行动的指导意见 . http://www.gov.cn/zhengce/content/2015-07/04/content_10002.htm [2019-11-10].

⑤ 中华人民共和国中央人民政府 . 国务院关于印发促进大数据发展行动纲要的通知 . http://www.gov.cn/zhengce/content/2015-09/05/content_10137.htm [2019-11-10].

年人工智能理论、技术与应用总体达到世界领先水平，成为世界主要人工智能创新中心。这为构筑我国人工智能发展的先发优势，全面支撑科技、经济、社会发展和国家安全提供了政策保障①。

五、社会创新发展政策体系逐步建立

随着我国经济的高质量发展，人们对教育公平、健康生命、安全宜居、智能便捷等提出了更高的要求，社会创新发展的核心作用日益突出。近年来，我国社会创新发展政策不断完善，在教育信息化、人口健康、公共安全、城市建设等领域出台了一系列举措。2016 年 12 月，科技部印发《“十三五”国家社会发展科技创新规划》，对“十三五”期间社会领域创新做出全面部署，提出在生物技术、人口健康技术、海洋开发保护技术、生态环境质量改善技术、资源高效开发利用技术、全球气候变化应对技术、防灾减灾技术、新型城镇化技术、公共安全技术、文体事业支撑技术等 10 个社会发展技术领域，加强基础研究和共性关键技术研究。在国家科技重大专项方面，推进大型油气田及煤层气开发、水体污染控制与治理、重大新药创制和传染病防治等 4 个社会发展科技创新领域重大专项②。

在教育信息化领域，政府发布了《国家中长期教育改革和发展规划纲要（2010—2020 年）》《国家教育事业发展“十三五”规划》《教育信息化十年发展规划（2011—2020 年）》《教育信息化“十三五”规划》等规划文件，对教育信息化做出全面部署。2018 年 4 月，教育部印发《教育信息化 2.0 行动计划》（教技〔2018〕6 号），提出教育信息化从 1.0 时代进入 2.0 时代，到 2022 年基本实现“三全两高一大”的发展目标：教学应用覆盖全体教师、学习应用覆盖全体适龄学生、数字校园建设覆盖全体学校，信息化应用水平和师生信息素养普遍提高，建成“互联网 + 教育”大平台③。

在人口健康领域，2017 年 10 月，习近平总书记在中共十九大报告中提

① 中华人民共和国中央人民政府．国务院印发《新一代人工智能发展规划》．http://www.gov.cn/xinwen/2017-07/20/content_5212064.htm [2019-11-10].

② 中华人民共和国科学技术部．科技部关于印发《“十三五”国家社会发展科技创新规划》的通知．http://www.most.gov.cn/mostinfo/xinxifenlei/fgzc/gfxwj/gfxwj2016/201703/t20170315_131996.htm [2019-11-10].

③ 中华人民共和国教育部．教育部关于印发《教育信息化 2.0 行动计划》的通知．http://www.moe.gov.cn/srcsite/A16/s3342/201804/t20180425_334188.htm [2019-11-10].

出“实施健康中国战略”。《“健康中国 2030”规划纲要》提出三步走发展目标：2020 年主要健康指标居于中高收入国家前列；2030 年主要健康指标进入高收入国家行列；2050 年建成与社会主义现代化国家相适应的健康国家。同时，该规划还提出完善政产学研用协同创新体系，推动医药创新和转型升级：加强专利药、中药新药、新型制剂、高端医疗器械等创新能力建设，推动治疗重大疾病的专利到期药物实现仿制上市；大力发展生物药、化学药新品种、优质中药、高性能医疗器械、新型辅料包材和制药设备，推动重大药物产业化，加快医疗器械转型升级，提高具有自主知识产权的医学诊疗设备、医用材料的国际竞争力①。

在智慧城市建设方面，基于物联网、大数据、云计算等技术智慧城市建设是新型城镇化建设的重要内容。2012 年，住房和城乡建设部发布《国家智慧城市试点暂行管理办法》和《国家智慧城市（区、镇）试点指标体系（试行）》，启动智慧城市试点，并分别于 2012 年、2013 年、2014 年（联合科技部）启动了 90 个、103 个、84 个城市（区、县、镇）作为智慧城市试点。2014年，八部委②联合印发《关于促进智慧城市健康发展的指导意见》（发改高技〔2014〕1770 号），提出：到 2020 年，建成一批特色鲜明的智慧城市，聚集和辐射带动作用大幅增强，综合竞争优势明显提高，在保障和改善民生服务、创新社会管理、维护网络安全等方面取得显著成效，包括公共服务便捷化、城市管理精细化、生活环境宜居化、基础设施智能化、网络安全长效化。2018 年，国家标准化管理委员发布《智慧城市顶层设计指南》（GB/T 36333—2018），规定了智慧城市顶层设计的总体要求、基本过程及需求分析、总体设计、架构设计、实施路径设计等。2019 年，科技部启动“物联网与智慧城市关键技术及示范”重点专项，涉及 11 项内容：① 智慧城市物联泛在接入网关及平台应用示范；② 智慧城市网络信息安全综合免疫关键技术与应用示范；③ 国家中心城市数据管控与知识萃取技术和系统应用；④ 基于边缘智能协同的物联终端系统与应用；⑤ 面向绿色生态城市的一体化综合管理服务系统与应用；⑥ 面向城市公共服务的高效融合与动态认知技术和平台；⑦ 面向城市精准管理的新型群智感知技术及应用；⑧ 智能化

① 中华人民共和国中央人民政府 . 中共中央 国务院印发《“健康中国”2030 规划纲要》. http://www.gov.cn/xinwen/2016-10/25/content_5124174.htm [2019-11-10].

② 八部委包括：国家发展和改革委员会、工业和信息化部、科学技术部、公安部、财政部、国土资源部、住房和城乡建设部、交通运输部。

城市基础设施管控及联网关键技术与应用；⑨ 面向智慧生活的安全可信智能物联平台与融合服务；⑩ 互联网 + 政务大数据透明管理与智能服务平台；⑪ 高置信城市信 - 物融合系统关键技术开发与应用。

第四节　世界主要国家创新发展呈现新格局

本报告提出从创新发展指数和创新能力指数两个维度监测评估创新发展绩效。静态地看，创新发展指数反映的是创新驱动经济、社会、环境发展和科学技术自身发展的结果；动态地看，创新能力指数反映的是创新驱动经济、社会和环境发展的动力强弱，绩效主要体现在国家创新发展指数和国家创新能力指数两个方面的变化。国家创新发展体现在科学技术、创新条件、产业创新、社会创新、环境创新等 5 个方面；国家创新能力指数包括创新实力指数和创新效力指数。

一、世界主要国家创新发展格局稳中有变

本报告从创新发展指数和创新能力指数两个维度监测创新发展绩效，选择 40 个国家（GDP 占世界各国 GDP 总量的比例为 87%，人口共占世界总人口的比例为 61%）分析世界主要国家创新发展格局演进。

（一）2015 年世界主要国家创新发展格局

综合考虑国家创新发展指数和创新能力指数的排名，如表 1-1 所示，世界创新发展总体格局可以分为创新引领型国家、创新先进型国家、创新追赶型国家、非常规创新追赶型国家等四类[①]。2006 和 2015 年世界主要国家创新发展基本格局如图 1-1 和图 1-2 所示。

① 综合考虑 2015 年创新发展指数和创新能力指数排名的聚类结果，兼顾规模大的经济体创新发展的不均衡性，区分创新发展指数排名领先与创新能力指数排名领先的差异性，将 40 个国家分为四类。

表 1-1 主要国家创新能力指数和创新发展指数的值与排名及变化

国家	国家创新能力指数					国家	国家创新发展指数				
	2015 年		2006 年		排名变化		2015 年		2006 年		排名变化
	值	排名	值	排名			值	排名	值	排名	
美国	76.23	1	78.47	1	0	瑞士	62.63	1	53.73	1	0
日本	65.56	2	58.42	3	↑1	丹麦	55.08	2	48.62	4	↑2
瑞士	63.32	3	62.26	2	↓1	新加坡	55.02	3	48.42	5	↑2
韩国	58.20	4	46.59	5	↑1	瑞典	54.47	4	49.94	2	↓2
德国	45.33	5	44.44	7	↑2	爱尔兰	53.90	5	43.96	8	↑3
爱尔兰	43.27	6	33.86	13	↑7	荷兰	52.90	6	48.89	3	↓3
瑞典	43.09	7	47.95	4	↓3	挪威	49.83	7	44.17	7	0
丹麦	42.87	8	40.63	8	0	法国	49.28	8	43.96	9	↑1
荷兰	41.26	9	44.69	6	↓3	日本	48.78	9	43.92	10	↑1
英国	39.10	10	37.61	10	0	英国	48.55	10	43.89	11	↑1
芬兰	38.96	11	40.22	9	↓2	比利时	47.80	11	40.24	15	↑4
新加坡	38.30	12	35.02	12	0	芬兰	47.75	12	44.82	6	↓6
中国	38.09	13	14.86	25	↑12	韩国	46.68	13	41.25	13	0
法国	37.72	14	35.96	11	↓3	以色列	45.58	14	39.54	17	↑3
挪威	32.10	15	30.54	14	↓1	美国	45.43	15	42.93	12	↓3
以色列	32.06	16	30.20	15	↓1	德国	45.08	16	40.96	14	↓2
奥地利	31.03	17	28.32	16	↓1	奥地利	44.78	17	38.59	18	↑1
土耳其	30.12	18	19.70	22	↑4	新西兰	44.07	18	40.01	16	↓2
比利时	28.57	19	24.85	20	↑1	澳大利亚	42.94	19	36.85	19	0
新西兰	27.24	20	27.57	17	↓3	西班牙	41.12	20	33.86	22	↑2
澳大利亚	26.93	21	25.59	19	↓2	加拿大	40.98	21	36.10	21	0
加拿大	26.57	22	26.17	18	↓4	意大利	40.58	22	36.85	20	↓2
意大利	25.61	23	24.01	21	↓2	希腊	40.39	23	33.66	24	↑1
西班牙	22.58	24	16.44	23	↓1	捷克	35.77	24	29.54	27	↑3
智利	18.59	25	9.12	33	↑8	智利	35.67	25	26.68	28	↑3
捷克	17.87	26	11.20	30	↑4	葡萄牙	35.60	26	30.97	26	0
希腊	17.36	27	11.89	28	↑1	匈牙利	34.12	27	33.68	23	↓4
葡萄牙	16.97	28	11.26	29	↑1	马来西亚	33.90	28	32.05	25	↓3
匈牙利	16.47	29	15.80	24	↓5	阿根廷	31.54	29	26.22	29	0
俄罗斯	15.42	30	12.09	27	↓3	波兰	30.90	30	25.51	32	↑2
波兰	14.56	31	9.73	32	↑1	斯洛伐克	30.69	31	24.38	33	↑2
马来西亚	13.24	32	12.75	26	↓6	土耳其	30.63	32	23.73	34	↑2
罗马尼亚	13.19	33	5.57	36	↑3	巴西	30.49	33	25.77	31	↓2

续表

国家	国家创新能力指数					国家	国家创新发展指数				
	2015 年		2006 年		排名变化		2015 年		2006 年		排名变化
	值	排名	值	排名			值	排名	值	排名	
斯洛伐克	11.27	34	10.41	31	↓ 3	墨西哥	29.80	34	25.87	30	↓ 4
墨西哥	10.14	35	4.52	37	↑ 2	俄罗斯	27.90	35	23.00	35	0
南非	9.79	36	5.65	35	↓ 1	罗马尼亚	27.70	36	21.37	37	↑ 1
巴西	8.83	37	6.54	34	↓ 3	泰国	26.35	37	22.75	36	↓ 1
阿根廷	6.62	38	4.13	38	0	中国	25.77	38	17.55	38	0
印度	3.51	39	1.24	40	↑ 1	南非	23.46	39	17.46	39	0
泰国	1.47	40	2.86	39	↓ 1	印度	14.70	40	10.12	40	0

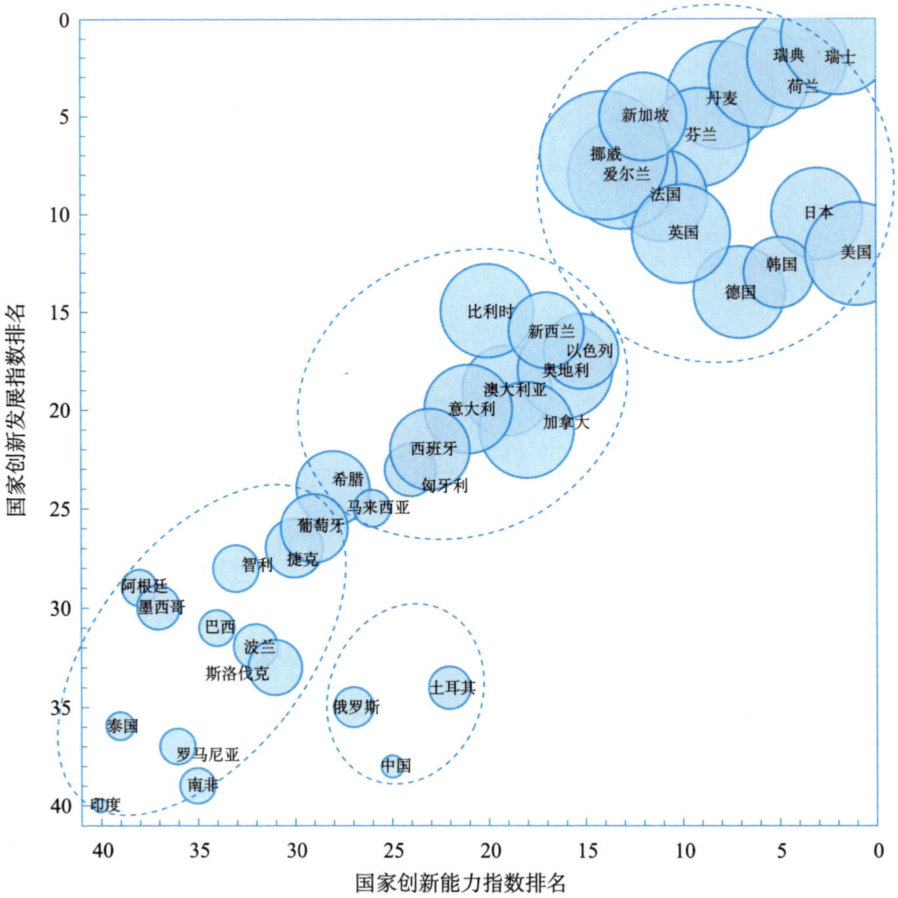

图 1-1　2006 年世界主要国家创新发展绩效格局（气泡大小表征国家人均 GDP）

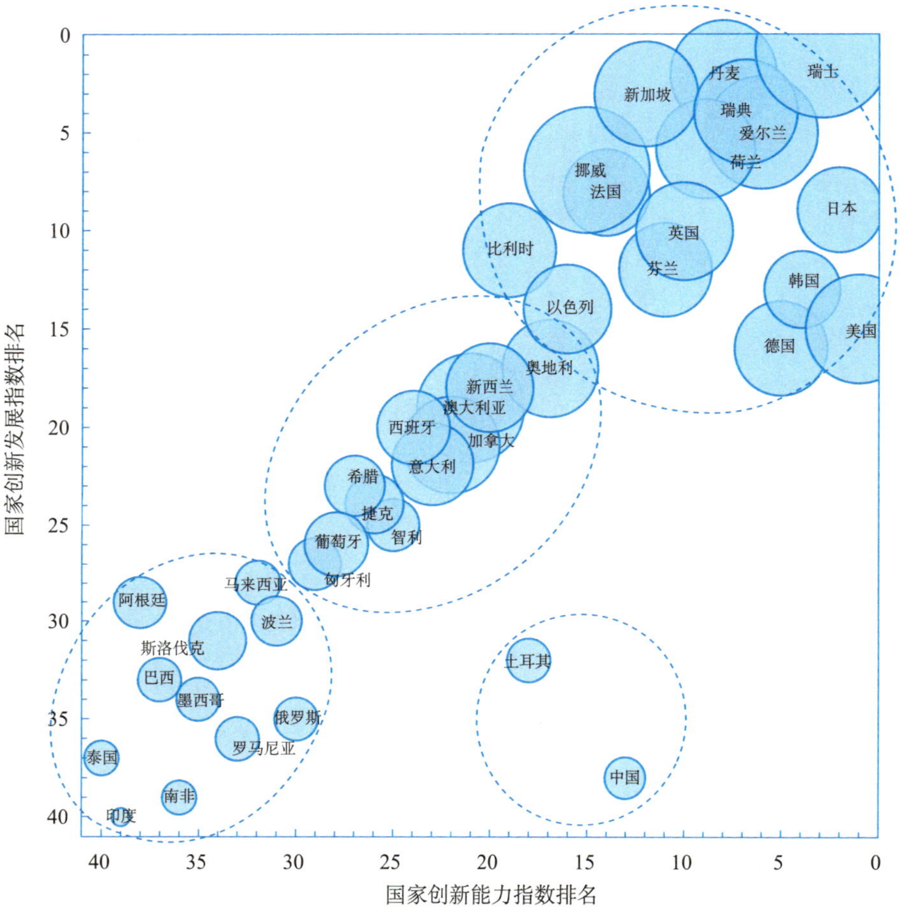

图 1-2　2015 年世界主要国家创新发展绩效格局（气泡大小表征国家人均 GDP）

1. 创新引领型国家

创新引领型国家具有创新发展水平高、创新能力强的基本特征，也包括创新能力超强、创新发展水平中上水平国家。2015 年共有 16 个国家进入创新引领型国家行列，既包括美国、英国、法国、德国、日本等世界创新型经济大国，也包括瑞士、瑞典、韩国、新加坡、挪威、荷兰、以色列、爱尔兰、芬兰、丹麦、比利时等经济规模不大但高度发达的经济体。与 2006 年相比，2015 年仅有比利时和以色列是新进入创新引领型国家行列的国家，2006～2015 年，比利时创新发展指数排名从第 14 位提升到第 11 位，以色列从第 17 位提升到第 14 位。

2. 创新先进型国家

创新先进型国家为创新发展水平较高和创新能力较强国家。2015 年创新先进型国家包括奥地利、新西兰、澳大利亚、加拿大、西班牙、意大利、希腊、捷克、智利、葡萄牙、匈牙利等 11 个国家，其中，与 2006 年相比，捷克、智利、葡萄牙是新进入创新先进型国家行列的国家。

3. 创新追赶型国家

创新追赶型国家为创新发展水平相对较低和创新能力相对较弱的国家。2015 年创新追赶型国家包括马来西亚、波兰、斯洛伐克、俄罗斯、阿根廷、巴西、墨西哥、罗马尼亚、南非、泰国、印度等 11 个国家，其中，马来西亚从 2006 年的创新先进型国家行列跌入创新追赶型国家行列。

4. 非常规创新追赶型国家

非常规创新追赶型国家为创新发展水平指数排名和创新能力指数排名严重偏离的国家，包括中国和土耳其两个国家。2015 年，中国创新能力排名第 13 位，创新发展水平排名第 38 位；土耳其创新能力排名第 22 位，创新发展水平排名第 34 位。

（二）世界主要国家创新发展格局演化

2006～2015 年，主要国家创新发展格局相对稳定，个别国家创新发展位势发生变化，如图 1-1 和图 1-2 所示。

1. 从国家类型变化来看，四种类型的国家数量基本稳定，只有 7 个国家发生了变化

比利时和以色列两个国家进入“创新引领型国家”行列，捷克、智利和葡萄牙等三个国家进入“创新先进型国家”行列。马来西亚从“创新先进型国家”跌入了“创新追赶型国家”行列，俄罗斯从“非常规创新追赶型国家”进入了“创新追赶型国家”行列。

2. 从国家创新能力指数来看，创新能力强的国家数量基本稳定

国家创新能力指数名列前 10 位的国家（美国、日本、瑞士、韩国、德国、爱尔兰、瑞典、丹麦、荷兰、英国）总体比较稳定，只有爱尔兰为新进入前 10 位的国家。国家创新能力指数名列前 15 位国家（美国、日本、瑞士、

韩国、德国、爱尔兰、瑞典、丹麦、荷兰、英国、芬兰、新加坡、中国、法国、挪威）总体也比较稳定，只有中国是新进入国家。2006～2015年，中国创新能力指数排名上升了12位，提升最快，智利和爱尔兰随后，分别上升了8位和7位。

3. 从国家创新发展指数来看，创新发展水平高的国家数量基本稳定

国家创新发展指数名列前10的国家（瑞士、丹麦、新加坡、瑞典、爱尔兰、荷兰、挪威、法国、日本、英国）总体比较稳定，只有英国为新进入前10位的国家。国家创新发展指数名列前15位的国家（瑞士、丹麦、新加坡、瑞典、爱尔兰、荷兰、挪威、法国、日本、英国、比利时、芬兰、韩国、以色列、美国）中，只有以色列是新进入国家。2006～2015年，中国创新发展指数值提升速度名列第一，印度创新发展指数值提升速度也名列前茅。

二、创新发展引领高质量发展的总体方向

创新发展是指创新驱动经济、社会、环境发展和科学技术自身发展。创新发展是创新成为发展主要驱动力的一种发展阶段（水平），也是一个以实现创新成为发展主要驱动力为目标的一种发展方式。创新发展绩效既体现在创新驱动经济、社会、环境发展和科学技术自身发展水平的变化，也体现在科技、经济、社会和环境发展协调程度的变化。

1. 创新发展引领高质量发展的总体方向

从目标角度看，高质量发展是指经济、社会和环境系统发展达到相对高的水平。从过程角度看，高质量发展是指以实现经济、社会和环境系统高水平发展为目标的一种发展方式。从创新角度看，创新是引领发展的第一动力，创新发展是一个发展动力变革过程，在实现经济、社会和环境系统高水平发展目标的同时，实现国家科学技术发展能力、财富可持续创造能力、普惠可持续公共服务能力、生态环境可持续发展能力的系统提升，其中人均GDP水平是发展质量评价的重要指标。

2. 国家创新绩效与国家人均GDP成正比

从创新发展指数和创新能力指数两个维度监测创新发展绩效，可以发

现：一个国家的人均 GDP 与其创新发展绩效成正比，即创新发展指数和创新能力排名高的国家通常人均 GDP 排名也高。

3. 创新引领型国家属于高质量发展国家

创新引领型国家不仅具有创新发展水平高、创新能力强两个基本特征，而且具有人均 GDP 高的特征，属于高质量发展的国家。2015 年创新引领型国家中，瑞士、瑞典、新加坡、挪威、荷兰、以色列、爱尔兰、芬兰、丹麦、比利时、美国、英国、法国、德国、日本等国人均 GDP 普遍高于创新先进型国家。值得关注的是，韩国和以色列人均 GDP 均低于 4 万美元。

4. 创新先进型国家属于较高质量发展的国家

创新先进型国家不仅具有创新发展水平较高和创新能力较强两个基本特征，而且具有人均 GDP 较高的特征，属于较高质量发展的国家。2015 年，奥地利、新西兰、澳大利亚、加拿大、西班牙、意大利、希腊、捷克、智利、葡萄牙、匈牙利等创新先进型国家人均 GDP 普遍高于创新追赶型国家。值得关注的是，澳大利亚、加拿大和奥地利三个国家人均 GDP 超过 4 万美元，达到创新引领型国家普遍的人均 GDP 水平；其中，奥地利介于创新引领型国家和创新先进型国家分类临界点，澳大利亚和加拿大属于资源型大国。此外，匈牙利、智利两国人均 GDP 低于创新追赶型国家中的斯洛伐克。

5. 创新追赶型国家属于向高质量发展方向转型的国家

创新追赶型国家不仅创新发展水平较低、创新能力较弱，而且人均 GDP 也相对较低，属于需要向高质量发展方向转型的国家。2015 年，马来西亚、波兰、斯洛伐克、俄罗斯、阿根廷、巴西、墨西哥、罗马尼亚、南非、泰国、印度等 11 个创新追赶型国家中，印度、泰国、南非和罗马尼亚等 4 国的人均 GDP 不足 1 万美元，只有斯洛伐克人均 GDP 高于匈牙利、智利两个创新先进型国家。

6. 非常规创新追赶型国家属于非对称转型发展国家

非常规创新追赶型国家具有创新发展水平指数排名和创新能力指数排名严重偏离的特征。2015 年中国创新能力排名第 13 位，创新发展水平排名第 38 位，指数排名位差为 25；土耳其创新能力排名第 18 位，创新发展水平排名第 32 位，指数排名位差为 14。中国和土耳其人均 GDP 均不足 1 万美元，与创新追赶型国家经济发展水平相当。

三、创新能力与创新发展水平螺旋式上升

国家创新能力决定了国家创新发展水平演进的方向，创新能力强意味着创新驱动经济、社会、环境发展的力度大。同等经济规模条件下，创新能力强的国家带动创新发展水平提升的速度快、空间大。

1. 创新能力与创新发展水平协调发展趋势明显

创新引领型、创新先进型和创新追赶型国家的数据表明，创新发展指数和创新能力指数排名总体呈现趋于协调的螺旋式上升趋势，经济规模相对小的发达经济体创新发展指数排名总体高于创新能力指数排名，经济规模较大的发达经济体创新能力指数排名总体高于创新发展指数排名，如图 1-3 和图 1-4 所示。

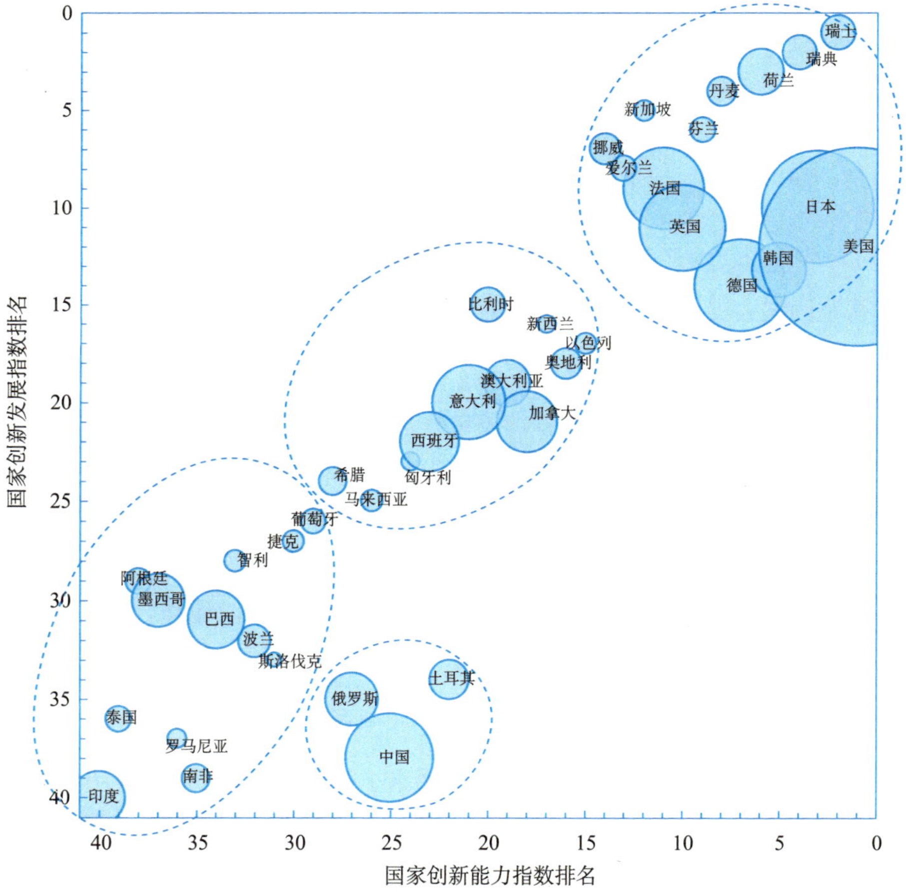

图 1-3　2006 年世界主要国家创新发展绩效格局（气泡大小表征国家 GDP）

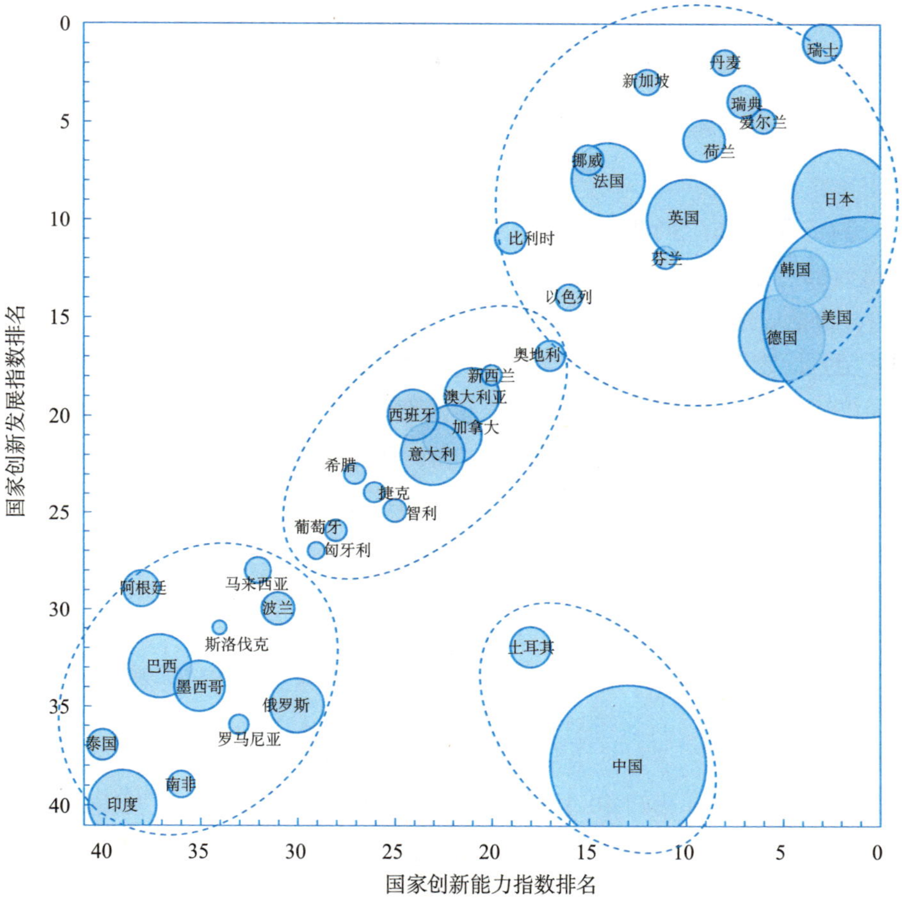

图 1-4　2015 年世界主要国家创新发展绩效格局（气泡大小表征国家 GDP）

2. 创新引领型国家中创新发展指数排名与经济规模排名负相关

2015 年，16 个创新引领型国家中，经济规模小的发达国家创新发展指数排名通常高于国家创新能力指数排名，如瑞士（3，1）①、瑞典（7，4）、新加坡（12，3）、挪威（15，7）、荷兰（9，6）、以色列（16，14）、爱尔兰（6，5）、丹麦（8，2）、比利时（19，11）；只有芬兰（11，12）例外，创新发展指数排名低于国家创新能力指数排名。经济规模大的发达国家创新能力指数排名通常高于国家创新发展指数排名，如美国（1，15）、日本（2，9）、德国（5，16）；英国（10，10）属于均衡发展国家，两个指数排名相同；只有

① 括号内第一个数字为国家创新能力指数排名，第二个数字为国家创新发展指数排名，下同。

法国（14，8）是例外，国家创新能力指数排名低于国家创新发展指数排名。国家创新发展指数和国家创新能力指数排名位差小于4的有7个国家。

3. 创新先进型和追赶型国家创新发展指数与创新能力指数排名正相关

2015年，11个创新先进型国家中，国家创新发展指数排名和国家创新能力指数排名之间总体上呈现协调发展态势，其中9个国家两个指数排名位差小于3，包括奥地利（17，17）、新西兰（20，18）、澳大利亚（21，19）、加拿大（22，21）、意大利（23，22）、捷克共和国（26，24）、智利（25，25）、葡萄牙（28，26）、匈牙利（29，27）。值得注意的是，创新先进型国家的创新发展指数排名不低于创新能力指数排名。2015年11个创新追赶型国家中，创新发展指数排名和创新能力指数排名总体上也呈现出协调发展态势，7个国家创新发展指数排名与国家创新能力指数排名差距均不大于3，如波兰（31，30）、斯洛伐克（34，31）、墨西哥（35，34）、罗马尼亚（33，36）、南非（36，39）、泰国（40，37）、印度（39，40）；只有俄罗斯（30，35）、马来西亚（32，28）、巴西（37，33）、阿根廷（38，29）4个国家的指数排名位差大于3。

4. 中国和土耳其是创新追赶势能和潜力最大的国家

2015年，在所选的40个国家中，只有4个国家的创新发展指数排名和创新能力指数排名位差超过10。其中，中国和土耳其两个国家的创新发展指数排名和创新能力指数排名位差超过10，创新能力指数排名远高于创新发展指数排名，显示出较大的创新追赶势能和较大的创新追赶潜力。中国创新能力排名第13位，创新发展水平排名第38位，指数排名位差达25；土耳其创新能力排名第18位，创新发展水平排名第32位，指数排名位差达14。如果采用中国2017年数据，其他国家仍然采用2015年数据，中国创新能力指数排名为第9位，中国创新发展指数排名为第37位，指数位差达28。

四、大国创新效力演进决定全球竞争格局

创新能力取决于创新实力和创新效力，前者取决于创新活动规模，后者取决于创新活动的效率与效益。一个国家创新活动规模通常与一个国家经济规模成正比，一个国家创新活动效率与效益通常与一个国家（地区）经济、社会和环境发展的系统化发达程度成正比。在国家版图不变的条件下，一个

国家的创新效力将决定一个国家的创新发展方式和创新能力变化的方向。因此，大国创新效力快速提升将引领全球创新发展格局的演进方向，大国创新效力决定全球竞争格局。

经济规模大（以国家 GDP 衡量）的国家，创新实力指数排名通常较高，创新实力前 10 位国家中，有 8 个国家为创新引领型国家，只有中国和印度例外（图 1-5）。2015 年，美国、中国、日本、德国、韩国、英国、法国、荷兰、印度、瑞士位居创新实力指数排名前 10 位，其中，美国、中国、日本、德国、英国、法国、印度等 7 国创新实力指数排名与经济规模排名一致，韩国、荷兰和瑞士的创新实力指数排名高于其经济规模排名，韩国、瑞士创新实力指数排名低于其创新效力指数排名。

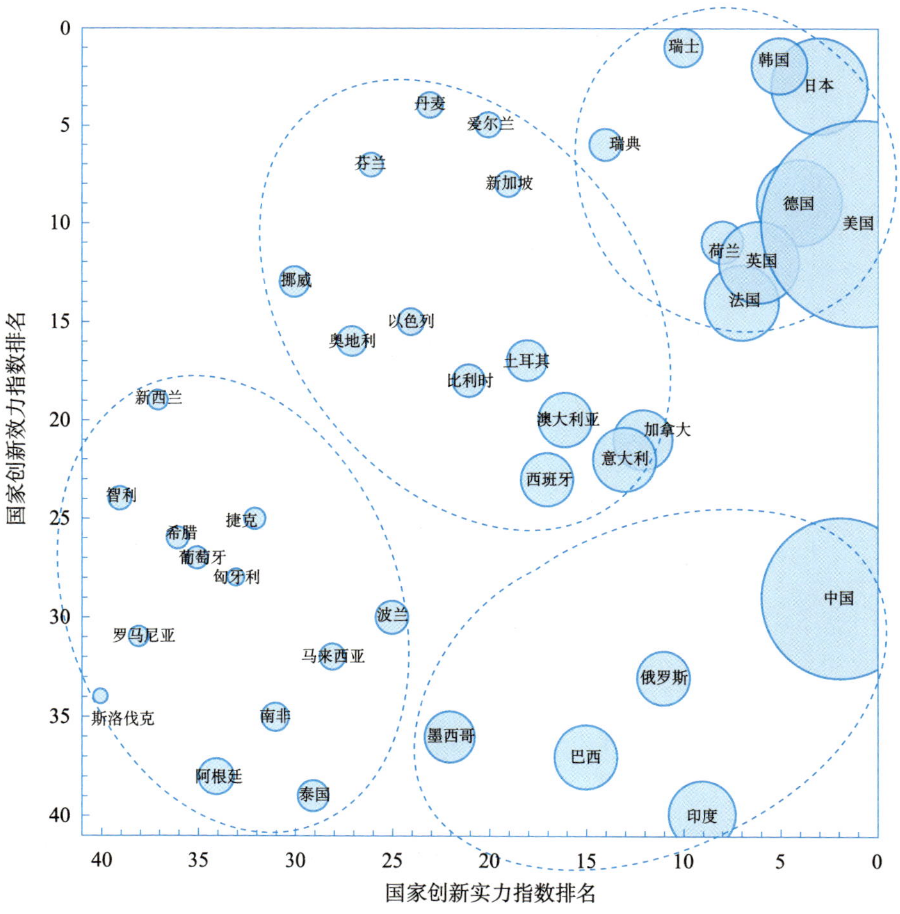

图 1-5 2015 年世界主要国家创新能力格局（气泡大小表征国家 GDP）

经济发达（以人均 GDP 衡量）的国家，通常其创新效力指数排名较高，创新效力前 10 位国家均为创新引领型国家（图 1-6）。2015 年，瑞士、韩国、日本、丹麦、爱尔兰、瑞典、芬兰、新加坡、德国、美国位居国家创新效力指数排名前 10 位，其中，瑞士、丹麦、爱尔兰、瑞典、芬兰、新加坡等 6 个规模相对小且发达的国家创新效力指数排名高于其经济规模排序；日本、德国、美国等经济规模大且发达的国家创新效力低于创新实力指数排名和经济规模排名。创新追赶型国家创新效力指数排名普遍比较低，2015 年，中国、巴西、印度、俄罗斯和南非等金砖国家创新效力指数分别排在第 29、第 37、第 40、第 33 和第 35 位。

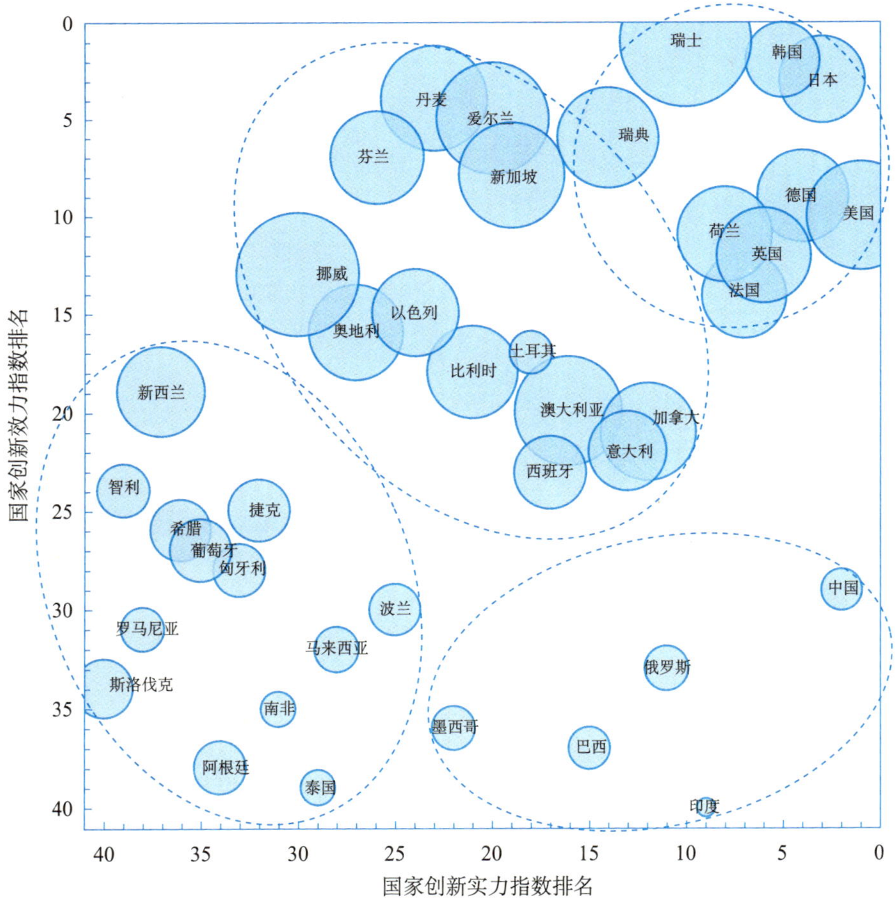

图 1-6　2015 年世界主要国家创新能力格局（气泡大小表征国家人均 GDP）

值得指出的是，虽然2015年中国创新实力指数排名已经仅次于美国，但是创新实力指数值不足美国的60%，差距仍然巨大。

五、中国创新发展绩效持续稳定向好

中国创新发展绩效总体呈现创新能力快速提升，创新发展水平缓慢提升的基本特征。

1. 中国创新发展水平持续提升

2006～2015年，中国创新发展指数值从17.55上升至25.77，与40个国家的平均值40.22仍然有显著差距；中国创新发展指数排名虽然停留在第38位，但是创新发展指数值增速名列40个国家之首，未来创新发展水平提升潜力巨大。2006～2015年，中国科学技术发展指数从2.40上升至10.76，名列第29位，显著低于40个国家的平均值（21.86）。创新条件发展指数从2006年的10.87增长至2015年的28.30，名列第37位，显著低于40个国家的平均值（43.06）。2015年，中国产业创新发展指数增长至29.69，名列第30位，比2006年（24.89）提升2位，但是仍然显著低于40个国家的平均值（39.24）。2006～2015年，中国社会创新发展指数排名稳居第38位。2015年，中国环境创新发展指数名列第34位，比2006年下降2位。

2. 中国创新能力显著增强，主要贡献来自创新实力的快速提升

2006～2015年，中国创新能力显著提升，创新能力指数排名从2006年的第25位上升至2015年的13位，上升12位。同期，中国创新实力指数排名由第3位上升至第2位，虽然排名仅上升1位，但是创新实力指数值从13.56上升至43.06，增幅巨大；中国创新效力指数排名由第36位上升至第29位，创新效力指数值从8.31上升至18.05，增幅较大，但是与创新引领型国家相比仍然有很大差距。

需要指出的是，中国创新能力快速提升不是依靠创新效力提升，而是依靠中国创新活动规模快速扩大，特别是创新经费和创新人员投入的快速扩张。2006～2015年，中国创新投入实力指数、创新条件实力指数、创新产出实力指数和创新影响实力指数全面改善。创新投入实力指数值从34.25上升至62.01，稳居世界第2位；创新条件实力指数值从12.24增加到60.45；创

新产出实力指数值从 5.99 提升至 44.75，排名从第 7 位上升至第 2 位；创新影响实力指数值从 8.23 上升至 17.13，指数排名从第 5 位上升至第 4 位。

第五节 2035 年中国创新发展愿景与总体思路

一、中国创新发展成效与主要问题

1. 近年来中国科技创新成就斐然

（1）航空航天领域。2015 年，暗物质粒子探测卫星“悟空号”成功发射，取得引领性原创成果重大突破。2016 年，“墨子号”量子科学实验卫星成功发射。2017 年，“天舟一号”发射成功，实现了对空间站货运补给；“慧眼”硬 X 射线调制望远镜卫星探测到引力波；“北斗”导航系统三代卫星成功发射，距组网更进一步；“风云四号”实现了气象卫星更新换代。2018 年 5 月，“嫦娥四号”中继星“鹊桥”成功发射，成为世界首颗地球轨道外专用中继通信卫星，可实现对月球着陆器和巡视器的中继通信覆盖①。2018 年 10 月，中国国产大型水陆两栖飞机“鲲龙”AG600 在湖北荆门漳河机场成功实现水上首次起降，这是中国首个自主研制的大型特种用途飞机，也是世界最大的水陆两栖飞机②。

（2）信息和通信技术领域。2017 年 5 月，我国成功构建世界首台光量子计算机，在基于光子的量子计算机研究方面取得突破性进展。2018 年，新一代“E 级超算”“天河三号”原型机首次亮相，其运算速度达到百亿亿次。同年，中国科学家与奥地利科学家合作，首次实现了 7600 公里距离的洲际量子密钥分发③，“墨子号”具备实现洲际量子保密通信的能力。

（3）健康和医药技术领域。2018 年 1 月，中国科学家首次成功以体细胞

① 胡潇潇 . 首颗地球轨道外专用中继通信卫星开启探月新征程 . http://tech.sina.com.cn/2018-05-21/doc-ihaturft5211224.shtml [2018-05-21].

② 邓媛雯，戴海滨 . 国产大型水陆两栖飞机“鲲龙”AG600 水上首飞成功 . http://www.chinanews.com/gn/2018/10-20/8655110.shtml. [2018-10-20].

③ 新华网 .“墨子号”量子卫星成功实现洲际量子密钥分发 . http://www.xinhuanet.com/2018-01/22/c_1122294463.htm [2018-01-22].

克隆出两只猕猴“中中”和“华华”[①]，成功突破了现有技术无法克隆灵长类动物的世界难题。2018年3月，中国科学家和美国科学家合作，成功培育出世界首例亨廷顿舞蹈病基因敲入猪[②]，在国际上首次建立了与人神经退行性病的突变基因相似的大型动物模型。2018年8月，中国科学家“创造”了世界首例单条染色体真核细胞，这是“人造生命”领域的重大突破，中国也成为继美国之后第二个具备真核基因组设计与构建能力的国家。

（4）海洋探测与开发领域。2018年3月，中国首次在南海构建了国际最大规模的区域潜标观测网，完成了多尺度海洋动力过程的长期连续观测工作[③]。同年，中国第六代深水半潜式钻井平台“海洋石油982”成功下水[④]，“海燕-X”在马里亚纳海沟附近海域成功深潜至8213米创造了水下滑翔机工作深度的世界纪录[⑤]，“潜龙三号”在南海首次海试创下中国自主潜水器深海航程最远纪录[⑥]，中国第一艘自主建造的极地科学考察破冰船“雪龙”2号在上海下水[⑦]，中国自主研制的第一艘载人潜水器的母船——“深海一号”顺利下水[⑧]。

2. 近年来中国企业创新水平不断提高

（1）企业研发规模和水平不断提高。2008～2018年，中国企业研发支出占全社会支出比例从73.3%增至77.4%[⑨]，企业技术创新主体地位进一步提高。

（2）企业技术创新能力显著提升。2018年，我国有专利申请企业较2017年新增6.0万家，对国内发明专利申请增长的贡献率达到73.2%。企业在国

---

① Liu Zhen et al. Cloning of Macaque Monkeys by Somatic Cell Nuclear Transfer. Cell, 2018,172(4):881-887.

② Sen Yan et al. A Huntingtin Knockin Pig Model Recapitulates Features of Selective Neurodegeneration in Huntington's Disease. Cell, 2018, 73(4):989-1002.

③ 李华昌，崔雪芹．我国建成国际规模最大的区域潜标观测网 .http://news.sciencenet.cn/htmlnews/2018/3/406817.shtm [2018-03-25].

④ 梁盛，张超．中国第六代深水半潜式钻井平台“海洋石油982”入籍湛江 .http://finance.chinanews.com/gn/2018/04-04/8483554.shtml [2018-04-04].

⑤ 张建新 .3619.6公里！国产水下滑翔机“海燕”再次刷新续航里程纪录 .http://www.xinhuanet.com/politics/2018-12/26/c_1123909341.htm [2018-12-26].

⑥ 李丽云．“潜龙三号”：深潜无人自主潜水器中的“高分学霸”.http://digitalpaper.stdaily.com/http_www.kjrb.com/kjrb/html/2018-05/07/content_393761.htm [2018-05-07].

⑦ 张享伟．首艘“中国造”极地破冰船“雪龙二号”在上海下水 .http://www.chinanews.com/gn/2018/09-10/8623539.shtml [2018-09-10].

⑧ 国际船舶网．我国首艘载人潜水器母船“深海一号”下水． http://www.eworldship.com/html/2018/NewShipUnderConstrunction_1208/145278.html [2018-12-08].

⑨ 根据国家统计局公布的2008年和2018年全国科技经费投入统计公报数据计算得出。

内发明专利申请中所占比重为64.3%，较2017年提高1.1个百分点。国内企业有效发明专利5年以上维持率达74.0%，较2017年提高3.1个百分点[①]。美国商业专利数据库统计数据显示，2018年中国企业获得美国专利商标局授权共计12 589件，仅次于德国，占比达4%，专利数量比2017年增长12%，是拥有美国专利数量最多的5个国家（地区）之一。

（3）高技术企业规模不断扩大。2018年，我国高技术制造业增加值比上年增长11.7%，占规模以上工业的比重达到13.9%[②]。2018年，我国战略性新兴产业增加值比上年增长8.9%。

（4）创新型领军企业快速成长。根据欧盟工业研发投入记分牌数据显示，2006年我国仅有10家企业上榜全球研发投入2000强，且排名均在百名以外；2018年，我国有438家企业进入全球R&D投入2500强，跻身百强企业的有11家。其中，华为公司R&D投入以113亿欧元位居世界第5位，占企业营业额的14.7%，远高于三星公司的7.2%和苹果公司的5.1%。中车、华为、阿里巴巴、华大基因等创新领军企业推动我国轨道交通、核电、移动通信、移动互联网应用、基因测序服务等高端产业走在世界前列。

3. 近年来中国创新创业向高质量发展

（1）政府创业服务水平不断提升。随着大众创业万众创新不断向纵深推进，国内营商环境持续改善，世界银行发布的《2018营商环境报告》显示，2018年中国实施改革的数量居东亚太平洋地区之首，全球排名第46位，相较2017年上升32位，尤其在“开办企业”方面进展显著。营商环境的改善大大降低了市场准入的门槛，新企业开办时间大幅压缩：北京将新企业开办时间缩短为5天，上海市“一窗通”服务平台也将时间缩短为5天，广州“四大项一天联办服务专窗”最快只需1天。

（2）创新创业活动更加活跃。从创业数量上来看，2018年，全国新登记企业670万户，平均每天新增1.84万户[③]。创业投资方面，Crunchbase的数据显示，截至2018年10月中国风险投资的总额达到了创纪录的938亿美元，

① 国家知识产权局．国家知识产权局2018年主要工作统计数据及有关情况新闻发布会．http://www.sipo.gov.cn/twzb/gjzscqj2018nzygztjsjjygqkxwfbk/index.htm [2019-01-10].

② 国家统计局．2018年国民经济和社会发展统计公报．http://www.stats.gov.cn/tjsj/zxfb/201902/t20190228_1651265.html [2019-02-28].

③ 国家市场监督管理总局．2018年全国市场主体发展基本情况．http://www.samr.gov.cn/zhghs/tjsj/201902/t20190228_291539.html [2019-02-28].

领跑全球，比美国同期高出22亿美元①。创新创业平台建设方面，2018年，全国纳入科技部“火炬统计”的各类众创空间6959家，科技企业孵化器数量4849家，比2017年增长19.3%；在孵企业达到206 024家，比2017年增长16%②。创业企业竞争力大幅提升，2017年国家高新区瞪羚企业数量达到2857家，科技活动投入强度达到6.98%③。根据PitchBook统计，2018年全球新增加74家独角兽企业，中国上榜企业包括美莱、曹操专车、斗鱼、趣头条、游侠汽车等20家企业，数量占比27%，涉及企业服务、共享出行、汽车行业、网络社交等领域。

尽管中国创新发展成效显著，但是整体上中国与发达国家相比仍然存在较大差距。一方面，前瞻性基础研究水平和前沿引领技术开发水平与发达国家存在巨大差距，表现在“诺奖级”成果少。另一方面，企业技术创新能力与发达国家先进水平存在较大差距，知识产权国际贸易使用费逆差巨大，关键零部件、关键材料、系统软件等严重依赖进口，企业有研发活动和研发机构的比例低，国家技术标准发展滞后，在规范产品市场准入、淘汰落后产品和技术、引领制造业转型升级方面的作用不强。

二、2035年中国创新发展六大愿景

综合考虑国家中长期发展目标、全球技术革命与产业变革趋势，以及中国创新发展现状与问题，本报告认为2035年中国科技、经济、社会和环境发展水平将显著提升，创新发展呈现一片生机勃勃景象，主要体现在6个发展愿景：创新全球化、制造智能化、服务数字化、城乡一体化、消费健康化、环境绿色化。

1. 创新全球化

创新全球化主要体现在创新活动的全球化、创新活动利益相关者的全球化、创新活动所需资源的全球化、创新活动产生影响的全球化、创新活动行为治理的全球化等五个方面。

---

① ChinaKnowledge. China ranks first in 2018 global venture capital with USD 93.8 bln. https://www.chinaknowledge.com/News/DetailNews?id=81176 [2018-10-19].

② 科学技术部火炬高技术产业开发中心 . 2018 火炬统计手册（科技企业孵化器和众创空间部分）.http://www.chinatorch.gov.cn/kjfw/tjsj/201912/9557665c3be244fd83f4c9a975b933ab.shtml [2019-12-09].

③ 中国瞪羚 .《国家高新区瞪羚企业发展报告 2018》在京发布 . http://www.chinagazelle.cn/news/detail/e9a532aacca54c8f9cc373cb4f8422ec [2018-08-28].

（1）从创新活动全球化角度看，科学价值、技术价值、经济价值、社会价值和文化价值创造活动将突破国界，价值创造活动的国际化特征日益显著。

（2）从创新活动利益相关者全球化角度看，科学技术研究开发机构、高等院校全球化发展将快速拓展，跨国公司本土化将加速。

（3）从创新活动所需资源全球化角度看，各类价值创造活动全球化将引发全球创新资源跨境流动，引领带动国家科技计划全球化开放，使创新资源全球化配置成为创新发展政策的出发点和落脚点。

（4）从创新主体发展的全球化角度看，大学、科研院所、企业等创新主体的国际交流与合作网络将日益广泛和深入，知识共创、知识共享发展模式将引领多层次创新发展命运共同体的发展方向。

（5）从创新治理的全球化角度看，创新应对全球可持续发展大挑战和新技术革命带来的重大不确定性将深刻影响人类社会发展环境和国际竞争格局，迫切需要强化全球创新治理体系和治理能力建设，规制创新全球化活动，引领创新全球化发展方向。

2. 制造智能化

制造智能化主要体现在制造产品技术、制造工艺技术、制造网络、制造装备产品、制造管理和服务等 5 个方面的智能化发展趋势。

（1）从技术发展角度看，推进信息技术与制造技术融合发展，加速制造技术创新过程数字转型。

（2）从制造工艺角度看，加速制造工艺网络化数字转型，实现生产制造过程的智能化。

（3）从制造网络化角度看，建立具备自我改善功能的智能工业网络，实现数据、硬件、软件与智能的流动和交互，实现设备控制、工艺优化、分析决策等智能化。

（4）从制造产品角度看，加速制造装备和产品的智能化发展，为制造网络化和技术开发数字转型提供支撑。

（5）从制造管理和服务角度看，加速产品制造全生命周期管理精细化管控和服务数字转型，实现网络化、数字化驱动的制造智能化发展。

3. 服务数字化

服务数字化主要体现在新一轮技术革命和产业变革驱动和基本实现社会主义现代化目标引领下，推进公共医疗卫生、公共教育、公共安全、社会保障等公共服务业数字转型发展，推进公共服务治理体系和治理能力现代化，使公共服务突破年龄、性别、地域、语言障碍进入寻常百姓家。

（1）医疗卫生服务数字化意味着服务范式从以医院为中心向以病人为中心转变，构建国民健康信息系统和临床资源数据库以及公共卫生监测预警体系。

（2）公共教育服务数字转型意味着服务范式从学校为中心向以学生为中心转变，推进教育资源数字化、网络化、平台化，形成低成本、高质量、广覆盖、破坏性公共教育服务体系，提升教育服务能力和水平。

（3）公共安全服务数字转型意味着公共安全服务范式从应急救援为中心向预防预警为中心转变，加强地质灾害、生态环境灾害、公共卫生事件、公共安全和网络安全等数字化监测、预警能力，形成功能齐全、反应灵敏、运转高效的预警网络。

（4）社会保障服务数字转型意味着社会保障服务范式从区域社会保障服务向跨区域一体化社会保障服务转变，需要加强社会保障服务数字化服务平台，构建覆盖全国、城乡一体的社会保障服务网络。

4. 城乡一体化

城市化是人类生产、生活方式由乡村型向城市型转变的历史过程，是人才、技术和资金等创新要素集聚和高级化的过程，奠定了人类社会现代化坚实的物质基础。城乡一体化主要体现在城乡产业融合发展、城乡公共服务一体化发展、城乡环境可持续发展、城乡社会保障多元发展等方面。

（1）城乡产业融合发展意味着城乡产业分工协作和乡村三次产业融合发展为支撑的各层级城市圈化融合发展，城乡收入差别呈现缩小趋势。

（2）城乡公共服务一体化发展意味着乡村人口集聚与公共服务能力显著提升和基本公共服务均等化水平提高，特别是医疗卫生、公共教育、公共安全、公共交通数字化服务能力与水平显著提升。

（3）城乡环境协调可持续发展意味着城市环境保护和治理一体化，构建功能齐全、反应灵敏、运转高效的数字化环境监测、预警网络，建设城乡统筹环境治理能力。

（4）城乡社会保障多元发展意味着城乡社会保障服务规范化、标准化和信息化水平显著提升，城乡社会保障多元服务平台更加适应城乡居民需求变化，最终形成城乡一体多层次全方位的社会保障服务体系。

5. 消费健康化

消费健康化主要体现在公众消费理念的健康化发展趋势、国内消费驱动的经济结构健康化发展趋势和居民消费支出结构的健康化发展趋势。

（1）公众消费理念的健康化发展趋势表现在公众消费趋于价值理性，从“满足生存和安全需要”转变为“满足自身情感需求”和“满足自我价值实现需求”，对于消费产品和服务提出新的要求，越来越强调资源节约型和可持续消费。

（2）国内消费驱动的经济结构健康化发展趋势体现在经济发展模式从出口依赖型转变为国内居民消费主导型发展模式，国内居民消费能力和水平提升将与国内产业结构调整呈现良性互动发展格局。

（3）居民消费支出结构的健康化发展趋势体现在健康成为影响居民消费行为的主导价值观，健康成为引领产品和服务设计的主线，个体健康和社会健康消费支出突破了年龄、性别、职业界线，健康消费价值理念深刻影响各行各业、各年龄段、各个消费群体的消费支出，文化、体育、娱乐、旅游、度假、教育等非物质类消费支出呈现快速上升趋势并占据重要地位。

6. 环境绿色化

环境绿色化主要体现在发展理念绿色化、生产环境绿色化、生活环境绿色化、自然环境绿色化，是生产发展、生活富裕、生态良好的文明发展方向。

（1）发展理念绿色化主要体现在城乡居民发展理念从注重经济发展向注重经济、社会和环境和谐发展转变，越来越多的人认识到绿水青山就是金山银山，保护生态环境就是保护生产力，改善生态环境就是发展生产力。

（2）生产环境绿色化体现在生产过程的绿色化，推进以节能、降耗、减污为目标的绿色生产技术和管理技术创新，实施工业生产全过程污染控制，实现对环境污染源头的有效控制，发展绿色经济。

（3）生活环境绿色化主要体现在倡导资源节约型、环境友好型生活方式上，自觉从衣、食、住、行各方面做出绿色选择，厉行全面节约和高效利用资源的生活方式。

（4）自然环境绿色化主要体现在尊重自然、顺应自然、保护自然的发展方式和环境治理模式上，需要加强国际合作，保护生物多样性和恢复生态系统服务功能，积极应对全球性气候变化、能源与资源短缺等挑战。

三、2035 年中国创新发展总体思路与目标

全球政治格局变化、新技术革命与产业变革、新旧经济长波交汇、数字转型等重大变革性因素必将深刻影响世界主要国家创新发展战略和政策，决定全球创新发展方向和创新发展动力形成机制。创新是引领发展的第一动力，创新能力决定创新发展水平提升的速度，创新效力提升决定创新能力提升的潜力，并最终决定全球创新发展格局的演化方向。世界主要国家创新发展实践表明，国家创新发展绩效（创新发展指数和创新能力指数）与国家人均 GDP 正比。创新能力强意味着创新驱动经济、社会、环境发展的力度大，从而带动创新发展水平快速提升。世界主要国家创新发展实践表明，大国创新效力提升将引领全球创新发展格局的演进方向，大国创新效力决定全球竞争格局。因此，中国创新发展道路必须始终将创新能力建设放在首位，逐步从以创新活动规模扩张为基础的创新实力提升为主向以创新效益和效率为基础的创新效力提升为主的方向转变。

1. 2035 年中国创新发展总体思路

贯彻落实创新、协调、绿色、开放、共享的发展理念，实施创新驱动发展战略，聚焦“创新全球化、制造智能化、服务数字化、城乡一体化、消费健康化、环境绿色化”等 2035 年创新发展六大愿景，推进国家创新治理体系与治理能力现代化，坚持“全球视野、以人为本、系统布局、创新发展”原则，从国家创新体系与能力建设出发，优化创新发展制度文化环境，布局建设北京全国科技创新中心、上海具有全球影响力的国际科技创新中心、粤港澳大湾区国际科技创新中心，强化国家战略科技力量，培育开放创新都市圈和创新型城市群，强化企业为主体、市场为导向、产学研深度融合的技术创新体系，支持创新创业和创新基础设施建设，激发创新主体活力，建设更安全、更放心、更便利、更舒适、更健康、更幸福社会，为 2035 年进入创新型国家前列和基本实现社会主义现代化奠定坚实基础。

2. 2035 年中国创新发展目标

2035 年中国创新发展总体目标为：国家科技竞争力进入世界前 5，国家创新能力进入世界前 3，国家创新发展水平达到中等发达国家，形成一批有全球影响力的科技创新中心，总体进入创新先进型国家行列。

2035 年中国创新发展具体目标包括以下 6 个方面。

（1）国家创新治理体系与治理能力现代化水平显著提高，创新制度文化环境基本能够适应创新发展需要。

（2）国家实验室体系基本形成，国家战略科技力量显著增强。

（3）涌现一批世界一流研究型大学和世界一流科研院所，原始创新能力显著提升。

（4）涌现一批企业进入世界 R&D 支出 100 强企业，产业创新能力和国际竞争力显著增强，部分产业进入全球价值链中高端，形成一批世界级产业创新集群。

（5）公共服务部门数字转型成效显著，高质量、低成本、广覆盖公共服务体系得到社会认可，基本公共服务均等化基本实现。

（6）创新驱动绿色发展成效显著，生态环境根本好转，"美丽中国"目标基本实现。

第六节　2035 年中国创新发展政策取向

为了实现 2035 年发展目标，中国创新发展政策取向主要包括五个方面内容：一是推进国家创新治理体系现代化；二是建设开放型国家创新发展体系；三是打造区域创新发展新引擎；四是布局建设制造业创新生态系统；五是全方位推进创新发展数字转型。

一、推进国家创新治理体系现代化

推进国家创新治理体系现代化，必须以《中共中央关于坚持和完善中国特色社会主义制度、推进国家治理体系和治理能力现代化若干重大问题的决定》为指导，聚焦 2035 年国家创新发展愿景和目标，着力加强以下五个方面工作。

1. 建立“以人民为中心”的核心价值体系

深化中央到地方各级党组织和政府组织管理体制机制改革，将核心价值体系作为国家创新治理体系改革与发展的出发点和落脚点，广泛团结社会各界积极参与创新治理，着力建设一个更安全、更放心、更便利、更舒适、更健康、更幸福的社会。

2. 基于核心价值体系提出国家创新发展愿景与目标

在政府与市场主体达成共识基础上提出国家创新发展愿景，并从科技发展、经济发展、社会发展和环境发展等方面提出创新发展目标。

3. 明确目标导向的国家创新治理体系行为主体分工与合作机制

厘清各级政府事权和政府与市场边界，强化政府维护市场秩序和服务创新主体的功能，扩大企业事业单位自主权，建立全球创新发展命运共同体。

4. 建立健全创新发展政策法规体系

制定《创新发展基本法》，从规范科学价值、技术价值、经济价值、社会价值和文化价值等价值创造活动需求出发，完善创新发展政策体系和事关知识产权创造、运用和保护的法律法规，形成创新发展政策法规体系。

5. 健全创新发展决策体制机制

以创新发展目标为导向，建立健全多层次全方位创新发展决策咨询机构与创新发展决策机构之间的动态合作工作机制，统筹创新发展规划和资源配置政策，激发各类创新主体活力。

二、建设开放型国家创新发展体系

建设开放包容型国家创新发展生态体系，必须聚焦 2035 年基本实现现代化目标，以维护和保障国家安全为战略基点，以把握新技术革命、产业变革和数字转型历史机遇为主攻方向，明确国家创新体系内部功能定位和各类创新主体使命，以调整优化创新资源配置为主要抓手，持续推动科技创新开放合作，强化创新主体能力建设，推动科学技术研究、产业创新发展、社会创新发展、环境创新发展的数字转型，营造有利于充分激发创新创业主体活力的制度文化环境，重点关注以下五个方面工作。

1. 着力建设定位清晰的国家实验室体系

按照国家总体安全观的总体要求，发挥新型举国体制优势，统筹部署国家实验室建设，明确其保障国家安全之使命。

2. 着力建设特色优势鲜明的国家研究实验体系

强化世界一流大学和科研院所创新能力建设，把握世界科学技术融合发展趋势，满足经济、社会和环境创新发展的源头技术需求。

3. 着力建设系统高效的国家产业创新体系

加快技术价值和经济价值创造能力建设，支持创新型行业领军企业主导的创新联合体发展，满足产业创新发展需要。

4. 建设空间布局合理的区域创新体系

支持建设一批综合性国家科学中心和有全球影响力的国际科技创新中心，优化国家战略科技力量空间布局，支持创新型城市（城市圈）建设，支撑区域高质量发展。

5. 建设制度健全有效的区域创新创业服务体系

强化创新创业服务能力建设，营造全社会支持创新创业的政策环境，支持基于创新的创业，促进社会服务领域和环境发展领域创新创业，发展战略型新兴产业，培育引领型战略产业。

三、打造区域创新驱动发展新引擎

打造区域创新驱动发展引擎必须聚焦现代化强国目标和高质量发展要求，充分认识区域创新发展失衡、产业创新发展不充分和区域一体化发展滞后的制约因素，着力建设综合性国家科学中心、有全球影响力的科技创新中心、创新型城市群（都市圈），重点关注以下三个方面问题。

1. 建设一批综合性国家科学中心

在建设上海张江、北京怀柔、粤港澳大湾区、安徽合肥等综合性国家科学中心的同时，在武汉、成都、西安等中西部城市再布局建设一批综合性国家科学中心，建设世界一流重大科技基础设施集群、世界一流前沿科学交叉研究平台、世界一流大学和世界一流科研机构，着力提升前瞻性基础研究水平和关键共性技术、前沿引领技术、现代工程技术、颠覆性技术创新能力，培育原始创新策源地。

2. 建设一批有全球影响力科技创新中心

在建设北京全国科技创新中心、上海具有全球影响力的科技创新中心、粤港澳大湾区国际科技创新中心的同时，在重庆、武汉、成都、西安等建设一批区域性科技创新中心，强化关键共性技术、前沿引领技术、现代工程技术、颠覆性技术创新能力，着力支撑创新型行业领军企业发展，支撑产业价值链向中高端跃升，打造国家创新发展新引擎。

3. 建设一批创新型城市群（都市圈）

建设杭州、南京、合肥、长沙、济南、沈阳、青岛、大连、宁波等国家创新型城市，带动一大批各具特色、优势互补、充满活力的区域创新型城市，形成一批特色鲜明的创新型城市群或者创新型都市圈，强化创新型城市群（都市圈）区域创新枢纽功能，推动产业创新发展，社会服务创新发展和环境创新发展，形成创新型城市群和创新型都市圈相得益彰新格局。

四、布局建设制造业创新生态系统

面向新一轮科技革命与产业变革，布局建设一批创新资源集聚、组织运行开放、治理结构多元的综合性制造业技术创新平台，打造制造业技术创新枢纽，构建创新创业和新兴产业创新发展的生态系统，重点关注以下四个方面问题。

1. 组建一批制造业技术创新中心

聚焦全球前沿引领技术和关键核心技术研发与应用，加大前瞻性基础研究、前沿引领技术开发支持力度，引导企业加大基础研究投入，协同推进前沿引领技术、现代工程技术和颠覆性技术创新，夯实制造业技术基础，引领国家制造业创新发展方向。

2. 布局一批重大科技项目

聚焦经济社会发展和国家安全的重大需求，在新材料、信息技术、人工智能、智能制造、新能源、生物等技术领域布局一批重大科技项目，突破产业核心技术瓶颈，保障战略产业安全。

3. 构建新型产业技术转移平台

聚焦未来技术革命和产业变革方向，加强全球技术转移、技术扩散与技术商业化能力建设，跨越技术开发与产业化之间的“死亡之谷”。

4. 以“平等合作、互惠共赢”价值观打造制造业技术创新命运共同体

全方位支持创新型行业龙头企业国际化发展，构建全球技术创新体系和生产体系，推动制造业技术创新与产业发展高效对接，探索制造业创新发展新模式，提升制造业创新驱动数字转型发展能力和国际竞争力。

五、全方位推进创新发展数字转型

全方位推进创新发展数字转型必须聚焦科技发展、产业创新发展、社会创新发展和环境创新发展的数字转型，注重以节能、环保、绿色、健康、安全等技术标准引领经济社会数字转型，应对数字鸿沟、信息安全等问题对国家乃至全球治理体系与治理能力提出的新挑战，重点关注以下四个方面问题。

1. 推进科技发展数字转型

加强数字技术对科学研究活动的支撑，推动数据密集型科学发现，加强重点领域技术创新，推进科研基本范式转变；加强重大科技基础设施开放共享服务平台和高水平数字化国际科技合作平台建设，依托各类平台构建跨领域、跨区域、跨主体的产学研价值共创网络。

2. 推进产业发展数字转型

加快工业互联网、机器人、增材制造、人工智能等智能制造关键技术发展整合，推动生产制造系统数字化、网络化和智能化转型，推进智能制造服务的平台化、生态化发展；推动农业发展方式数字转型，实现农业资源的优化利用；推进服务业数字转型，推动贸易模式、商业模式、金融服务模式创新。

3. 推进社会发展数字转型

推动医疗发展数字转型，建立“以用户为中心”的数字化健康服务模式；推动教育发展数字转型，建立“以受教育者为中心”的数字化教育服务模式；推动社会保障服务数字转型，建立“以服务对象为中心”的数字化社会保障服务模式；推动公共交通服务数字转型，建立“以出行者为中心”的数字化公共交通服务模式；推动公共安全服务数字转型，建立“以风险管控为中心”公共安全服务模式。

4. 推进环境发展数字转型

推动以“节能、降耗、减污”为目标的生产过程数字转型，实施工业生产全过程污染控制数字化。推动以“资源节约、环境绿色”为目标的生活方式数字转型，倡导绿色数字化生活方式。推动以“尊重自然、顺应自然、保护自然”为目标的环境治理模式数字转型，积极应对全球性气候变化、能源与资源短缺等挑战。

第二章

国家创新发展绩效监测评估思路与方法

第一节　国家创新发展和发展绩效的内涵和外延

2012 年 11 月中国共产党十八大将"创新驱动发展"确立为国家战略，标志着创新发展已成为国家发展政策议程的重大问题。2003 年 12 月中国科学院向中央提交了《创新促进发展 科技引领未来——关于我国科技发展的战略思考》[①]报告，厘清了创新与发展的关系。2009年中国科学院创新发展研究中心发布了《2009 中国创新发展报告》，提出创新发展的定义[②]：创新发展是指创新驱动的发展，既体现了创新促进经济、社会发展的结果，也体现了科技创新能力自身的演进。

创新发展绩效内涵通常是指创新驱动发展的绩效，主要包括创新作为发展动力驱动经济、社会、环境发展以及科学技术自身发展所取得的绩效。本文认为，创新发展绩效还应该从创新驱动发展的"动力机制"角度思考，将创新发展绩效内涵从注重创新驱动发展的结果拓展到兼顾创新驱动发展动力提升，将创新能力建设绩效纳入创新发展绩效，体现了对创新发展动力源的可持续性的关注。因此，国家创新发展绩效既体现在国家创新驱动经济、社会和环境发展水平以及科学技术发展水平的提升上，也体现在国家创新能力建设的绩效上。

---

① 报告题目由本报告主编穆荣平提出，该报告后被收录至《2005 科学发展报告》中。

② 该定义是由《2009 中国创新发展报告》的主要执笔人穆荣平提出。

创新发展内涵外延。一方面，创新发展的内涵随着我们对于“创新”的内涵认识的深化而不断丰富，从创新是一个经济发展过程拓展到一个价值（包括科学价值、技术价值、经济价值、社会价值和文化价值）创造过程，体现了创新增值循环的系统观的形成。另一方面，创新发展的内涵随着我们对于“发展”内涵认识的深化而不断拓展，从创新驱动经济发展拓展到创新驱动社会发展和创新驱动环境发展以及科学技术自身的发展，体现了对创新在解决社会发展和环境发展问题的重要作用的关注。

创新能力内涵外延。国家创新能力是指一个国家在一定发展环境和条件下，从事科学价值、技术价值、经济价值、社会价值和文化价值创造的能力，涉及科学发现、技术发明、科技成果商业化和产业化以及创新扩散和社会服务推广活动。一方面，从创新能力结构上看，创新能力可以从创新实力和创新效力两个方面予以表征；创新实力主要体现创新活动规模的影响，创新效力主要体现创新活动效率的影响。另一方面，从创新能力形成过程看，创新能力可以从创新投入、创新条件、创新产出和创新影响等四个方面予以表征；创新投入能力、创新条件能力表征了包括人财物等创新资源的动员能力，是创新能力形成的必要基础，创新产出能力表征了科学价值和技术价值创造的能力，创新影响能力表征了创新驱动经济价值和社会价值创造的能力，涉及产业创新、社会服务创新、环境创新活动。值得指出的是，区分国家创新实力和效力有利于判断创新发展政策取向，区分创新投入、创新条件、创新产出和创新影响等四个方面能力演进有利于把握创新政策问题。

本报告认为，创新型国家是指国家创新发展水平高和国家创新能力强的国家。创新发展绩效是判断创新型国家发展阶段的重要依据，即：创新型国家的发展阶段不仅决定于国家创新能力建设水平，也取决于国家创新发展水平的高低。历史经验表明，一个国家的创新能力可以通过高强度增加创新投入在相对短的时间内得到显著提升，一个国家创新发展水平的提升则是一个渐进积累的过程，需要长期不懈的努力。后发国家向创新型国家成功转型的过程，通常是“创新能力快速提升，创新发展水平逐步提高”的历史过程，常常表现为创新能力绩效好于创新发展绩效，或者说创新能力提升快于创新发展水平提升。

第二节 国家创新发展绩效评估思路

（一）国家创新发展绩效评估程序

本报告在测度国家创新发展水平和国家创新能力时，依次采用了评估问题界定、评估框架构建、指标体系构建、基础数据收集与样本选择、缺失数据处理、指标度量、数据标准化、权重确定、指数集成、结果分析等十步骤①来评估，如图 2-1 所示。每一个步骤都经过反复交流、精心设计最后确定每一步骤重点工作以及解决方法（具体介绍详见附录二）。

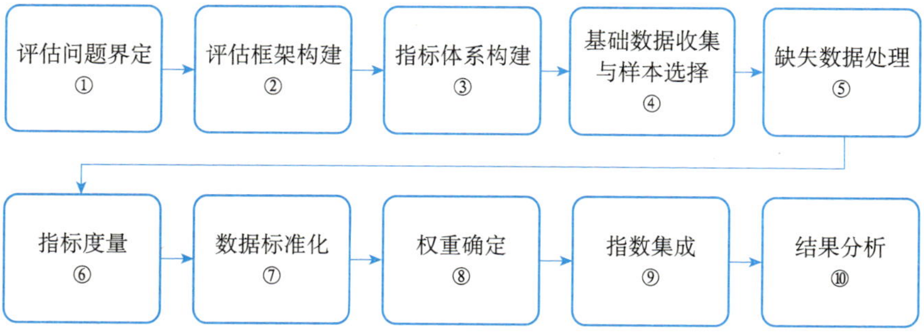

图 2-1 十步骤方法

（二）国家创新发展绩效评估框架

加强国家创新发展绩效的监测评估对支撑创新驱动发展战略的实施具有重要的实践价值。由于国家创新发展绩效是一个综合性的概念，认清一国的创新发展绩效有利于综合把握国家创新发展水平和创新能力，具有很强的现实意义和政策参考价值。中共中央、国务院于 2016 年颁布的《国家创新驱动发展战略纲要》明确提出加强创新发展的监测评价，建议完善以创新发展为导向的考核机制，将创新驱动发展绩效作为重要考核指标，引导广大干部树立正确政绩观，加强创新调查，建立定期监测评估和滚动调整机制。

想要科学、全面测度国家创新发展绩效，必须综合评估国家创新发展水平和国家创新能力，与时俱进地建立一套科学的国家创新发展绩效评价指标

① 该步骤是在国家自然科学基金项目（项目编号 71874179）“多维创新指数的全过程构建及在创新发展质量测度中的应用研究”资助下研究提出。

体系与评价方法。根据创新发展的内涵，本报告采用多维创新指数的方法进行分析。根据穆荣平提出的创新发展价值理论，在创新发展水平方面，从科学技术的发展、促进创新发展的条件、产业创新的发展、社会创新的发展、生态环境的发展等 5 个方面，构建科学技术发展指数、创新条件发展指数、产业创新发展指数、社会创新发展指数、环境创新发展指数；在创新能力方面，从创新实力和创新效力 2 个方面进行考量，并分别从投入－条件－产出－影响四个角度构建了创新投入实力、创新条件实力、创新产出实力、创新影响实力，以及创新投入效力、创新条件效力、创新产出效力、创新影响效力共 8 个子指数，从不同维度评价创新能力，评估框架见图 2-2。

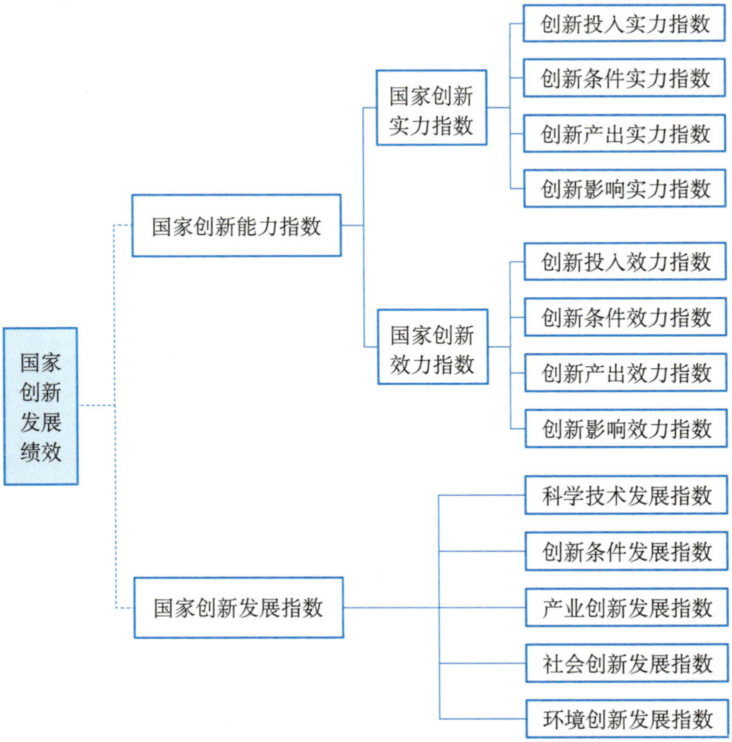

图 2-2　国家创新发展绩效监测评估框架

（三）国家创新能力评价指标体系

国家创新能力评价指标体系由国家创新实力评价指标体系和国家创新效力指标评价体系两部分构成。

1. 国家创新实力评价指标体系

本报告选取规模和总量指标度量国家创新实力。从经费投入和人员投入两方面进行考虑，选取 R&D 经费支出额和研究人员数度量创新投入实力指数；根据可应用的专利总数、通信发展水平，选取有效专利拥有量和互联网用户数度量创新条件实力指数；从科学研究和技术应用研究两个产出方面进行考虑，选取国际期刊论文被引量、本国居民专利授权量和 PCT 专利申请量度量创新产出实力指数；从知识成果转化等方面选取知识产权使用费收入和高技术产品出口额度量创新影响实力指数。如表 2-1 所示。

表 2-1 国家创新实力评价指标体系

一级指数	二级指数	三级指标	单位
国家创新实力指数	创新投入实力指数	R&D 经费支出额	百万美元
		研究人员数	人·年
	创新条件实力指数	有效专利拥有量	项
		互联网用户数	百万人
	创新产出实力指数	国际期刊论文被引量	次
		本国居民专利授权量	项
		PCT 专利申请量	项
	创新影响实力指数	知识产权使用费收入	百万美元
		高技术产品出口额	百万美元

数据来源：世界银行、世界知识产权组织、科睿唯安 InCites 数据库。

2. 国家创新效力评价指标体系

本报告选取比值型指标来度量国家创新效力，选取 R&D 经费强度、每百万人口中研究人员数、研究人员人均 R&D 经费度量创新投入效力指数；选取每百万人有效专利拥有量、每百人互联网用户数度量创新条件效力指数；选取每百万研究人员国际期刊论文被引量、每百万美元 R&D 经费国际期刊论文被引量、每百万研究人员本国居民专利授权量、每百万美元 R&D 经费本国居民专利授权量、每百万研究人员 PCT 专利申请量、每百万美元 R&D 经费 PCT 专利申请量对创新产出效力指数进行度量；选取知识产权使用费收支比、单位能耗对应的 GDP 产出、高技术产品出口额占制成品出口额的比重对创新影响效力进行度量，如表 2-2 所示。

表 2-2　国家创新效力评价指标体系

一级指数	二级指数	三级指标	单位
国家创新效力指数	创新投入效力指数	R&D 经费强度	%
		每百万人口中研究人员数	人・年 / 百万人
		研究人员人均 R&D 经费	百万美元 /（人·年）
	创新条件效力指数	每百万人有效专利拥有量	项 / 百万人
		每百人互联网用户数	户 / 百人
	创新产出效力指数	每百万研究人员国际期刊论文被引量	次 /（百万人·年）
		每百万美元 R&D 经费国际期刊论文被引量	次 / 百万美元
		每百万研究人员本国居民专利授权量	项 /（百万人·年）
		每百万美元 R&D 经费本国居民专利授权量	项 / 百万美元
		每百万研究人员 PCT 专利申请量	项 /（百万人·年）
		每百万美元 R&D 经费 PCT 专利申请量	项 / 百万美元
	创新影响效力指数	知识产权使用费收支比	%
		单位能耗对应的 GDP 产出	美元 / 千克石油当量
		高技术产品出口额占制成品出口额的比重	%

（四）国家创新发展评价指标体系

本报告选取均量和强度指标用于度量国家创新发展水平。选取每百万人 R&D 经费支出额、每百万人口中研究人员数、每百万研究人员国际期刊论文被引量、每百万研究人员本国居民专利授权量、每百万研究人员 PCT 专利申请量、知识产权使用费收入占 GDP 的比重等 6 项指标度量科学技术发展；选取教育公共开支总额占 GDP 的比重、每百万人有效专利拥有量、每百人互联网用户数作为创新条件发展指数的三级指标；选取能反映产业发展情况的高技术产品出口额占制成品出口额的比重、服务业附加值占 GDP 的比重、服务业从业人员占就业人总数的比重、就业人口人均 GDP 等 4 项指标度量产业创新发展指数；选取城镇人口占总人口的比重、医疗卫生总支出占 GDP 的比重、公共医疗卫生支出占医疗总支出的比重、出生人口预期寿命、高等教育毛入学率等 5 项指标度量社会创新发展指数；选取单位能耗对应的 GDP 产出、单位 CO_2 对应的 GDP 产出、人均 CO_2 排放量等 3 项指标度量环境创新发展指数，如表 2-3 所示。

表 2-3 国家创新发展指数评价指标体系

一级指数	二级指数	三级指标	单位
国家创新发展指数	科学技术发展指数	每百万人 R&D 经费支出额	百万美元 / 百万人
		每百万人口中研究人员数	人·年 / 百万人
		每百万研究人员国际期刊论文被引量	次 /（百万人·年）
		每百万研究人员本国居民专利授权量	项 /（百万人·年）
		每百万研究人员 PCT 专利申请量	项 /（百万人·年）
		知识产权使用费收入占 GDP 的比重	%
	创新条件发展指数	教育公共开支总额占 GDP 的比重	%
		每百万人有效专利拥有量	项 / 百万人
		每百人互联网用户数	户 / 百人
	产业创新发展指数	高技术产品出口额占制成品出口额的比重	%
		服务业附加值占 GDP 的比重	%
		服务业从业人员占就业总数的比重	%
		就业人口人均 GDP	美元
	社会创新发展指数	城镇人口占总人口的比重	%
		医疗卫生总支出占 GDP 的比重	%
		公共医疗卫生支出占医疗总支出的比重	%
		出生人口预期寿命	岁
		高等教育毛入学率	%
	环境创新发展指数	单位能耗对应的 GDP 产出	美元 / 千克石油当量
		单位 CO_2 对应的 GDP 产出	美元 / 吨
		人均 CO_2 排放量	吨 / 人

数据来源：世界银行、世界知识产权组织、科睿唯安 InCites 数据库、世界经济论坛。

第三章
国家创新能力指数

第一节　中国与典型国家[①]创新能力指数排名演化

2006～2015 年，中国创新能力指数排名有较大提升，由 2006 年的第 25 位稳步上升至 2015 年的第 13 位，2015 年排名超过法国。中国一直是金砖国家中创新能力指数排名表现最好的国家，也是唯一逐年上升的国家。其他金砖国家中，俄罗斯和巴西的创新能力指数排名在十年间出现了一定程度的下降，南非和印度的排名基本不变，远低于中国。发达国家的创新能力普遍相对较好，美国、日本、韩国、德国、英国等创新型国家的创新能力排名总体稳定在前 10 位，且十年间未出现明显下降趋势。如图 3-1 所示。

中国创新能力指数排名的提升在很大程度上得益于中国创新实力指数名列前茅且稳中有升，创新效力指数快速提升。

创新实力方面，2006～2015 年，中国创新实力指数排名始终保持在前 3 的位置，且分值稳步上升。2015 年，中国创新实力指数值为 43.06，与 2006 年的 13.56 相比提升了 217.41%。2006～2015 年，中国创新实力指数年均增长率达到 13.69%。其中，创新投入实力指数、创新条件实力指数和创新产出实力指数在十年间快速提升。以创新投入实力指数为例，2015 年中国创新投入实力指数排在第 2 位，指数值为 62.01，相较 2006 年的 34.25 有显著提升。

① 典型国家指的是世界主要科技强国和金砖国家。

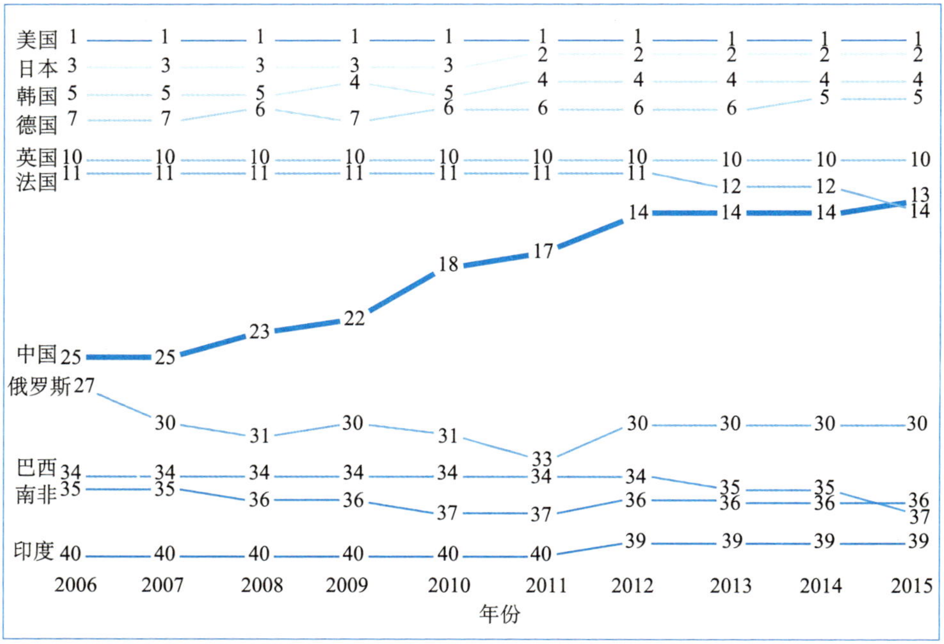

图 3-1　中国与典型国家创新能力指数排名

创新效力方面，2006～2015 年，中国的创新效力指数排名从第 36 位上升至第 29 位。2015 年中国创新效力指数值为 18.05，与 2006 年的 8.31 相比，有显著提升。2006～2015 年，中国创新效力指数年均增长率达到 9.01%。其中，创新投入效力指数、创新条件效力指数和创新产出效力指数进步相对较大。例如，2015 年中国创新投入效力指数值为 22.58，排在第 23 位，相较 2006 年的 10.21 有显著提升，排名上升了 7 位。

第二节　主要国家创新能力指数排名比较

2015 年创新能力指数排名前十的国家是美国、日本、瑞士、韩国、德国、爱尔兰、瑞典、丹麦、荷兰、英国；中国排第 13 位，俄罗斯、南非、巴西和印度等其他金砖国家分别排第 30、第 36、第 37 和第 39 位。如图 3-1 所示。

2006～2015 年，创新能力指数排名前 10 的国家序列变化不大，美国在十年间稳居第 1 位，日本、韩国、德国等国排名小幅上升，仅芬兰跌出前 10。爱尔兰从 2006 年的第 13 位上升至 2015 年的第 6 位。同期，得益于规模优势，中国创新能力指数排名从 2006 年的第 25 位上升至 2015 年的第 13 位，成为金砖国家中排名上升最快的国家，印度仅从 2006 年的第 40 位上升至 2015 年的第 39 位，俄罗斯、巴西和南非等其他金砖国家排名小幅下降。如图 3-2 所示。

2006～2010 年，创新能力指数排名前 10 的国家排名波动相对较小，仍然以美国、瑞士、日本、瑞典、韩国、荷兰、德国、丹麦、芬兰、英国等发达国家为主，如图 3-3 所示。中国同期创新能力指数排名从 2006 年的第 25 位上升至 2010 年的第 18 位，进步了 7 位。其他金砖国家中，俄罗斯从 2006 年的第 27 位跌落至 2010 年的第 31 位；巴西在 2006 年和 2010 年均保持在第 34 位；南非从 2006 年的第 35 位跌落至 2010 年的第 37 位；印度在 2006 年和 2010 年均处于第 40 位。

2011～2015 年，创新能力指数排名前 10 的国家中，爱尔兰进步较为明显，从 2011 年的第 12 位上升至 2015 年的第 6 位，其他国家波动相对较小。同期中国创新能力指数排名的进步较为明显，从 2011 年的第 17 位上升至 2015 年的第 13 位，进步了 4 位。其他金砖国家依旧表现不佳，俄罗斯、南非和印度排名虽均有小幅增长，但 2015 年排名分别仅为第 30 位、第 36 位和第 39 位，巴西创新能力指数的排名则从 2011 年的第 34 位下降至 2015 年的第 37 位。如图 3-4 所示。

排名	2006年	2015年
1	美国	美国
2	瑞士	日本
3	日本	瑞士
4	瑞典	韩国
5	韩国	德国
6	荷兰	爱尔兰
7	德国	瑞典
8	丹麦	丹麦
9	芬兰	荷兰
10	英国	英国
11	法国	芬兰
12	新加坡	新加坡
13	爱尔兰	中国
14	挪威	法国
15	以色列	挪威
16	奥地利	以色列
17	新西兰	奥地利
18	加拿大	土耳其
19	澳大利亚	比利时
20	比利时	新西兰
21	意大利	澳大利亚
22	土耳其	加拿大
23	西班牙	意大利
24	匈牙利	西班牙
25	中国	智利
26	马来西亚	捷克
27	俄罗斯	希腊
28	希腊	葡萄牙
29	葡萄牙	匈牙利
30	捷克	俄罗斯
31	斯洛伐克	波兰
32	波兰	马来西亚
33	智利	罗马尼亚
34	巴西	斯洛伐克
35	南非	墨西哥
36	罗马尼亚	南非
37	墨西哥	巴西
38	阿根廷	阿根廷
39	泰国	印度
40	印度	泰国

图 3-2　2006 年和 2015 年主要国家创新能力指数排名

排名	2006年	2010年
1	美国	美国
2	瑞士	瑞士
3	日本	日本
4	瑞典	瑞典
5	韩国	韩国
6	荷兰	德国
7	德国	荷兰
8	丹麦	芬兰
9	芬兰	丹麦
10	英国	英国
11	法国	法国
12	新加坡	爱尔兰
13	爱尔兰	新加坡
14	挪威	以色列
15	以色列	挪威
16	奥地利	奥地利
17	新西兰	澳大利亚
18	加拿大	中国
19	澳大利亚	加拿大
20	比利时	比利时
21	意大利	新西兰
22	土耳其	意大利
23	西班牙	土耳其
24	匈牙利	西班牙
25	中国	匈牙利
26	马来西亚	捷克
27	俄罗斯	智利
28	希腊	葡萄牙
29	葡萄牙	希腊
30	捷克	马来西亚
31	斯洛伐克	俄罗斯
32	波兰	斯洛伐克
33	智利	波兰
34	巴西	巴西
35	南非	罗马尼亚
36	罗马尼亚	墨西哥
37	墨西哥	南非
38	阿根廷	阿根廷
39	泰国	泰国
40	印度	印度

图 3-3　2006 年和 2010 年主要国家创新能力指数排名

排名	2011年	2015年
1	美国	美国
2	日本	日本
3	瑞士	瑞士
4	韩国	韩国
5	瑞典	德国
6	德国	爱尔兰
7	荷兰	瑞典
8	丹麦	丹麦
9	芬兰	荷兰
10	英国	英国
11	法国	芬兰
12	爱尔兰	新加坡
13	新加坡	中国
14	挪威	法车
15	以色列	挪威
16	奥地利	以色列
17	中国	奥地利
18	澳大利亚	土耳其
19	比利时	比利时
20	加拿大	新西兰
21	新西兰	澳大利亚
22	意大利	加拿大
23	土耳其	意大利
24	西班牙	西班牙
25	匈牙利	智利
26	捷克	捷克
27	智利	希腊
28	希腊	葡萄牙
29	葡萄牙	匈牙利
30	马来西亚	俄罗斯
31	波兰	波兰
32	斯洛伐克	马来西亚
33	俄罗斯	罗马尼亚
34	巴西	斯洛伐克
35	罗马尼亚	墨西哥
36	墨西哥	南非
37	南非	巴西
38	阿根廷	阿根廷
39	泰国	印度
40	印度	泰国

图 3-4　2011 年和 2015 年主要国家创新能力指数排名

第四章

国家创新实力指数

第一节　中国创新实力分析

一、中国创新实力指数分析

（一）创新实力指数值演进

在两个五年规划期内（2006～2015年），中国创新实力指数值稳步上升，与40个国家创新实力指数平均值相比优势不断增加，但与40个国家创新实力指数最大值相比仍有较大增长空间，年增长率整体呈震荡下降态势。2015年中国创新实力指数值为43.06，与2006年指数值13.56相比提升了217.65%，与2015年创新实力指数最大值72.27（美国）之间仍存在显著差距。2006～2015年，中国创新实力指数值年均增长率达到13.69%。“十一五”期间，中国创新实力指数值由2006年的13.56上升至2010年的24.06，年均增长率为15.41%；“十二五”期间，中国创新实力指数值由2011年的28.54上升至2015年的43.06，年均增长率为10.83%，2013～2015年期间的年增长率均低于10%。如图4-1所示。

（二）创新实力指数趋势

在两个五年规划期内（2006～2015年），中国创新实力指数值总体呈现快速上升趋势，增长速度显著高于40个国家平均值的增长速度，相对

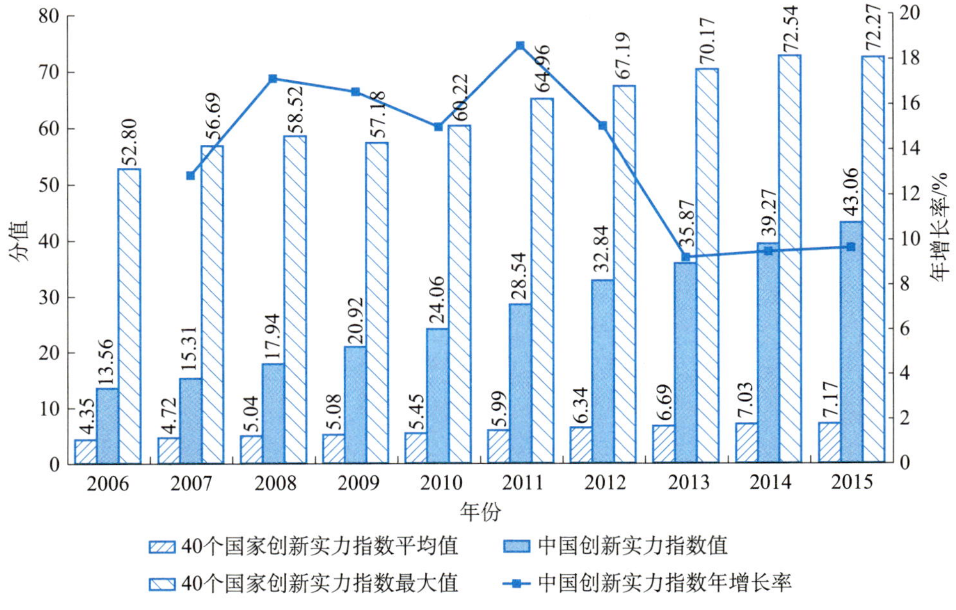

图 4-1 中国创新实力指数发展情况与国际比较（2006～2015 年）

于 40 个国家创新实力指数平均值的领先幅度逐渐增大，如图 4-2 所示。为刻画中国创新实力指数未来发展趋势，本报告基于 2006～2015 年的指数值，在比较各类预测模型的拟合优度后，最终选择使用对数模型对中国创新实力指数值和 40 个国家创新实力指数平均值进行拟合，拟合曲线如

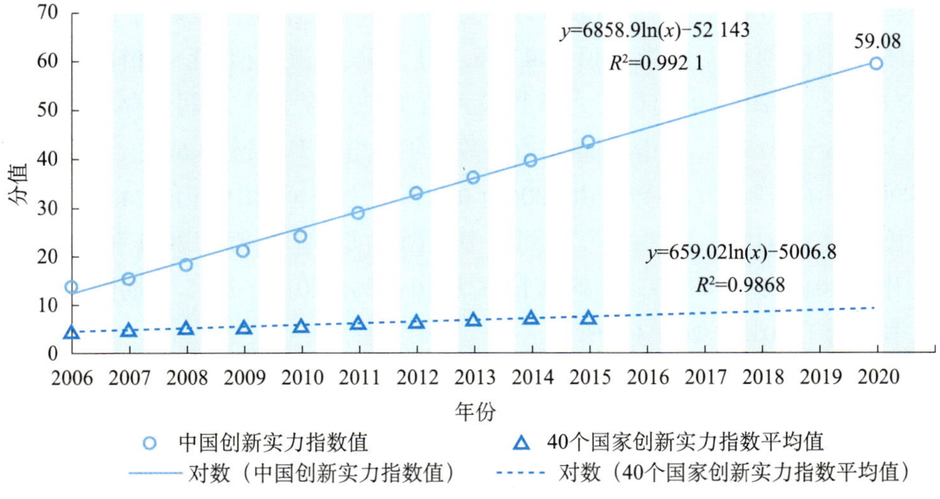

图 4-2 中国创新实力指数值面向 2020 年的趋势分析

图 4-2 所示。从趋势分析图可以看出，中国创新实力指数值曲线位于 40 个国家创新实力指数平均值曲线的上方，且有更快的增长速度。如果保持拟合曲线所呈现的趋势，中国创新实力指数值仍将持续增长，且与 40 个国家创新实力指数平均值的距离逐渐增大。根据拟合的公式估算，中国创新实力指数值在 2020 年将达到 59.08，远高于 40 个国家创新实力指数平均值。

二、中国创新实力分指数分析

创新实力指数由创新投入实力指数、创新条件实力指数、创新产出实力指数、创新影响实力指数构成。

2015 年，中国创新投入实力指数排名第 2 位，指数值为 62.01，远超 40 个国家的平均值（7.85），相较 2006 年（指数值 34.25）有显著提升。美国 2015 年创新投入实力指数排名第 1 位，指数值为 76.75；2006 年美国同样排名第 1，指数值为 60.44。十年间，中美之间在创新投入实力上的差距在逐年缩小，两国创新投入实力指数值比值已从 2006 年的 0.57 上升至 2015 年的 0.81。

2015 年，中国创新条件实力指数超过美国，成为排名第 1 位的国家，指数值为 60.45，远高于 40 个国家的平均值（7.03），相较 2006 年（指数值 12.24）进步十分显著，排名提升了 2 位；美国创新实力指数排名 2012 年退居第 2 位，2015 年指数值为 52.98。“十一五”和“十二五”期间，中国创新条件实力发展取得了显著的进步，主要得益于中国的规模优势。

2015 年，中国创新产出实力指数排名处于第 2 位，指数值为 44.75，高于 40 个国家的平均值（7.47），相较 2006 年的指数值（5.99）有大幅度提升，排名提升了 5 位；指数值最高的仍然是美国，值为 73.05，十年以来，中美之间在创新产出实力上的差距逐渐缩小，两国创新产出实力指数值的比值从 2006 年的 0.11 上升 2015 年的 0.61。这说明，在“十一五”和“十二五”期间，中国在创新产出实力上的进步十分可喜。

2015 年，中国创新影响实力指数排名第 4 位，指数值为 17.13，高于 40 个国家的平均值（6.51），相较 2006 年（指数值 8.23）有小幅进步，排名提升了 1 位；美国 2006 年以来一直是创新影响实力指数排名最高的国家，2015 年指数值为 81.36。由此可见，过去十年间，相对于其他创新实力分指数，中国创新影响实力指数进步较为缓慢，与美国的差距还在进一步拉大。如图 4-3 和图 4-4 所示。

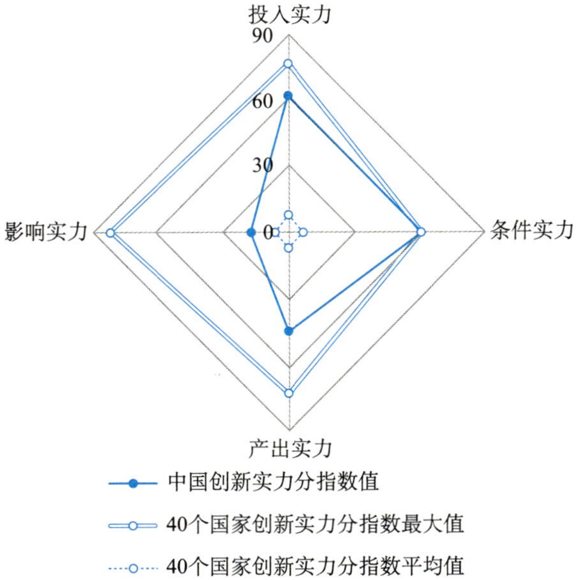

图 4-3　中国创新实力分指数值与 40 个国家的最大值、平均值比较（2015 年）

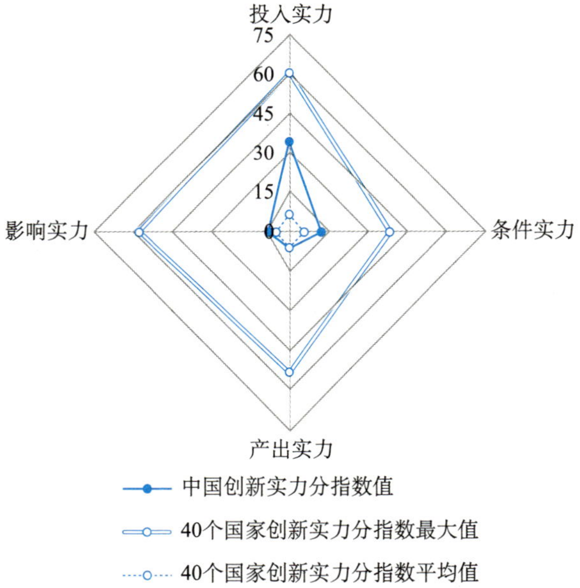

图 4-4　中国创新实力分指数值与 40 个国家的最大值、平均值比较（2006 年）

（一）创新投入实力指数值演进

在两个五年规划期内（2006～2015 年），中国创新投入实力指数值稳步上升，远高于 40 个国家的平均值，但与最大值（美国）相比还存在一定差距，年增长率呈震荡上升态势。2015 年中国创新投入实力指数值为 62.01，与 2006 年指数值 34.25 相比提升了 81.03%，但与 2015 年的最大值 76.75（美国）相比还存在一定差距。2006～2015 年，中国创新投入实力指数年均增长率达到 6.82%。“十一五”期间，中国创新投入实力指数值由 2006 年的 34.25 上升至 2010 年的 39.99，年均增长率 3.95%，其中 2007 年的增长率为十年间的最低值（2.72%），2008～2010 年期间的年增长率均低于 5%；“十二五”期间，中国创新投入实力指数值由 2011 年的 45.45 上升至 2015 年的 62.01，年均增长率为 8.08%，约为“十一五”期间年均增长率的 2 倍。十年间，中国创新投入实力指数增长率呈现先增长后下降的变化趋势，2011 年的增长率达到最大值（13.64%）。如图 4-5 所示。

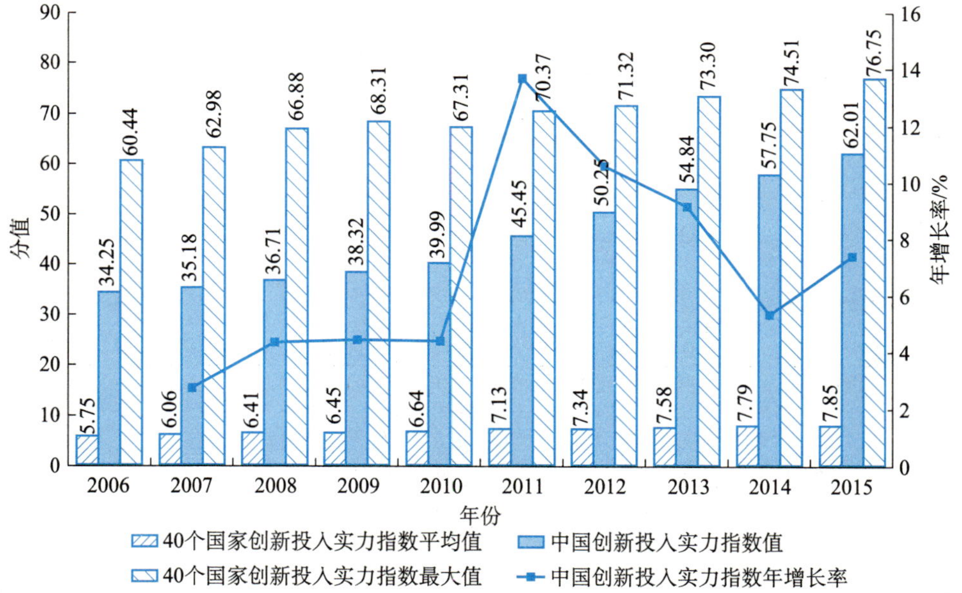

图 4-5　中国创新投入实力指数发展情况与国际比较（2006～2015 年）

（二）创新条件实力指数值演进

在两个五年规划期内（2006～2015 年），中国创新条件实力指数值稳步上升，远高于 40 个国家的平均值，与最大值之间的差距不断缩小，2013 年排名上升为第 1 位，年增长率整体呈先小幅上升后大幅下降的态势。自 2013 年起，中国创新条件实力指数值稳居第 1 位。2015 年，中国创新条件实力指数值为 60.45，与 2006 年（指数值 12.24）相比提升了 393.87%。2006～2015 年，中国创新条件实力指数年均增长率达到 19.42%。“十一五”期间，中国创新条件实力指数值由 2006 年的 12.24 上升至 2010 年的 33.93，年均增长率为 29.03%；“十二五”期间，中国创新条件实力指数值由 2011 年的 39.04 上升至 2015 年的 60.45，年均增长率为 11.55%，不到“十一五”期间年均增长率的 1/2。如图 4-6 所示。

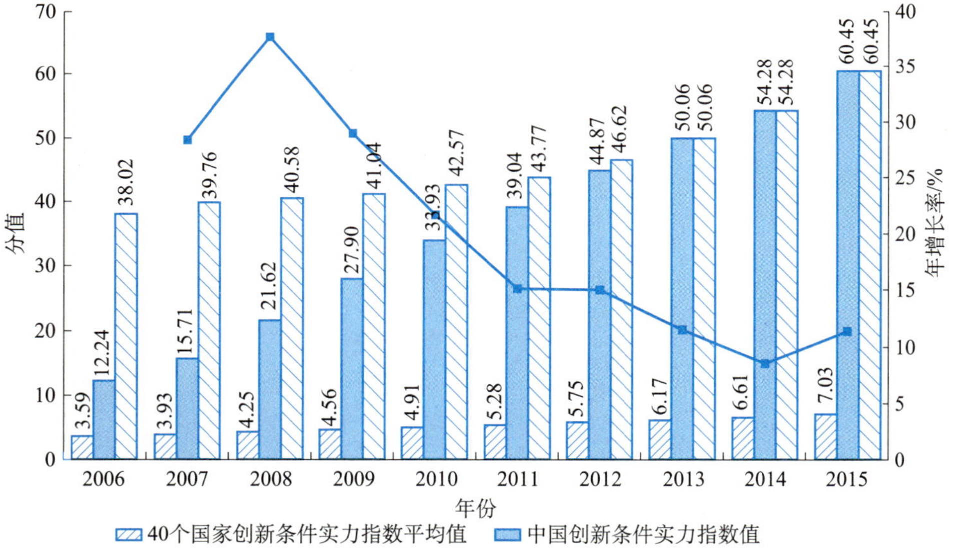

图 4-6 中国创新条件实力指数发展情况与国际比较（2006～2015 年）

（三）创新产出实力指数值演进

在两个五年规划期内（2006～2015 年），中国创新产出实力指数值稳步上升，与 40 个国家的平均值相比领先幅度不断增加，但与 40 个国家最大值之间还存在较大差距；2011～2015 年，年增长率呈震荡下降态势。2015

年中国创新产出实力指数值为 44.75，与 2006 年（指数值 5.99）相比提升了 647.08%，但与 2015 年创新产出实力指数最大值 73.05（美国）相比还存在较大差距。2006～2015 年，中国创新产出实力指数年均增长率达到 25.04%。“十一五”期间，中国创新产出实力指数值由 2006 年的 5.99 上升至 2010 年的 18.36，年均增长率为 32.32%，年增长率变化幅度较小；“十二五”期间，中国创新产出实力指数值由 2011 年的 24.77 上升至 2015 年的 44.75，年均增长率为 15.93%，约为“十一五”期间年均增长率的 1/2。如图 4-7 所示。

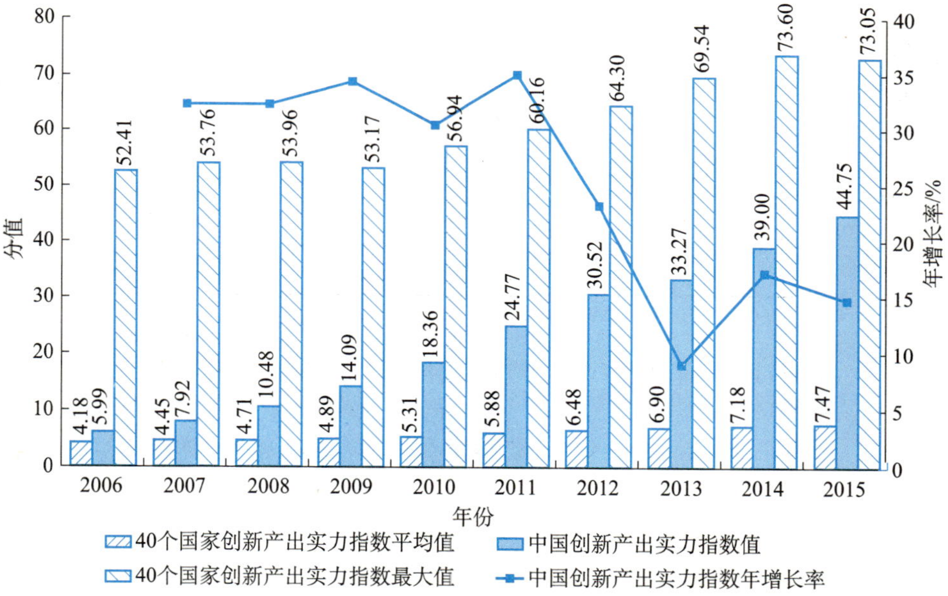

图 4-7　中国创新产出实力指数发展情况与国际比较（2006～2015 年）

（四）创新影响实力指数

在两个五年规划期内（2006～2015 年），中国创新影响实力指数值整体保持小幅上升，与 40 个国家的平均值相比有一定优势，但与 40 个国家最大值相比仍存在巨大差距，年增长率整体呈下降态势。2015 年中国创新影响实力指数值为 17.13，与 2006 年（指数值 8.23）相比提升了 108.14%，但还不到 2015 年最大值 81.36（美国）的 1/4。2006～2015 年，中国创新影响实力指数年均增长率达到 6.82%。“十一五”期间，中国创新影响实力指数值由 2006 年的 8.23 上升至 2010 年的 12.57，年均增长率为 11.17%；“十二五”期间，中国创新影响实力指数值由 2011 年的 14.03 上升至 2015 年的 17.13，年均增长率为 5.12%，不到“十一五”期间年均增长率的 1/2，年增长率由 2011 年的 11.64% 一直下滑至 2015 年的 -0.39%，这也是十年间年增长率唯一的负值。如图 4-7 所示。

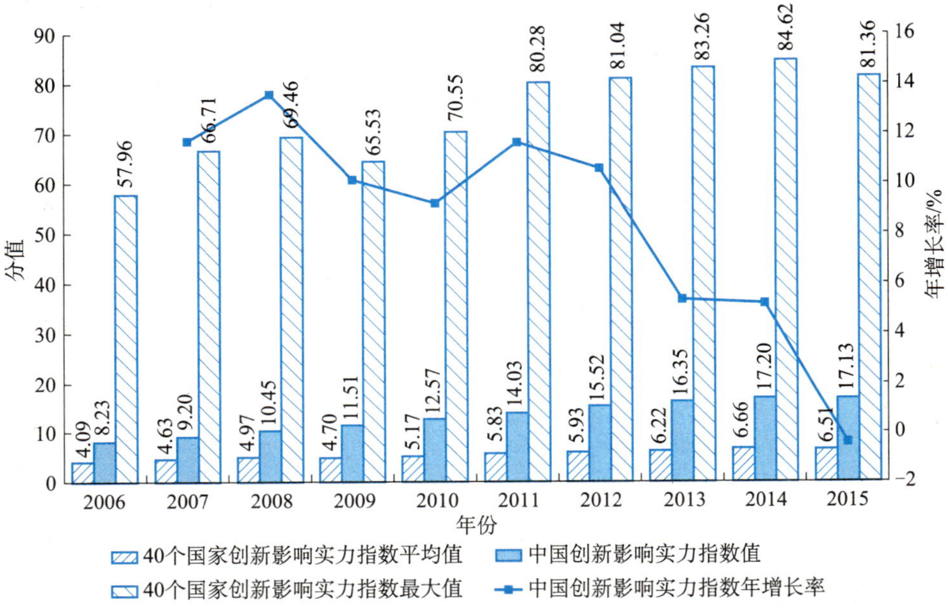

图 4-8 中国创新影响实力指数发展情况与国际比较（2006～2015 年）

第二节 主要国家创新实力分析与比较

一、主要国家创新实力指数分析

（一）创新实力指数值比较

1. 主要国家创新实力指数值对比

国家创新实力指数排名呈现出“一超多强”的基本格局。2015 年美国创新实力最强，创新实力指数值为 72.27；中国名列第 2 位，创新实力指数值为 43.06；日本名列第 3 位，创新实力指数值为 33.05。分列第 4 位到第 8 位的国家依次为德国、韩国、英国、法国、荷兰，指数值依次为 16.43、15.04、12.28、11.74、10.46。印度和瑞士分别名列第 9 位、第 10 位，但创新实力指数值均低于 10，分别为 6.52 和 6.17。如图 4-9 所示。2010 年主要国家的国家

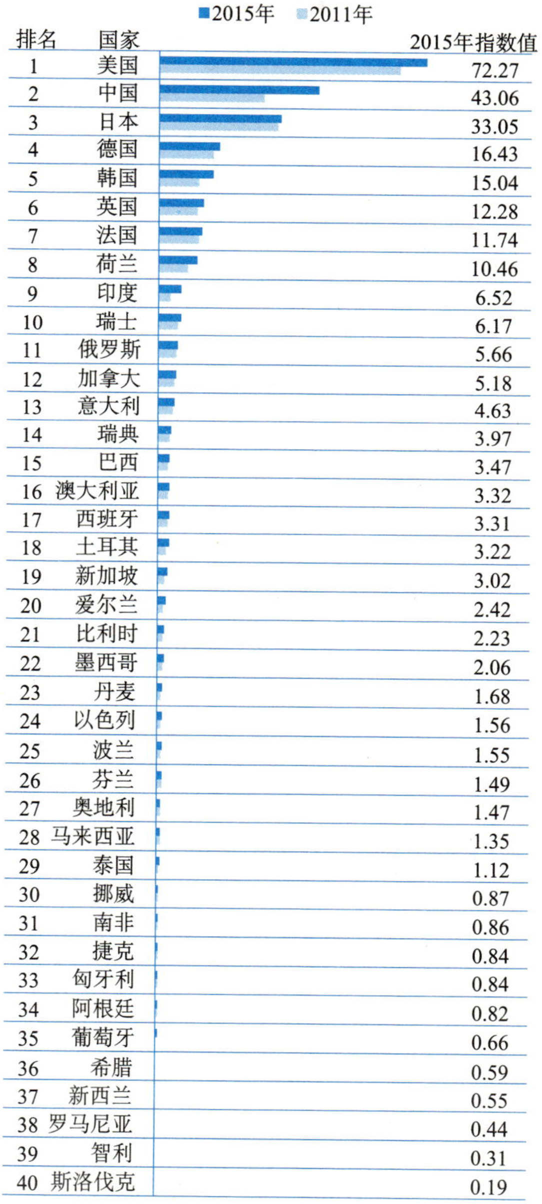

图 4-9　主要国家创新实力指数（2011 年、2015 年）

创新实力指数表明，美国创新实力最强，创新实力指数值为 60.22；日本名列第 2 位，创新实力指数值为 29.75；中国名列第 3 位，创新实力指数值为 24.06；创新实力指数名列第 4 位到第 10 位的国家依次为德国、英国、法国、韩国、荷兰、俄罗斯、瑞士，指数值依次为 13.46、10.32、10.18、9.41、7.18、4.89、4.84，如图 4-10 所示。对比 2006 年和 2015 年的指数值可以看出，

图 4-10 主要国家创新实力指数（2006 年、2010 年）

2015 年中国创新实力指数在 40 个国家中排名上升 1 位，超过日本，名列第 2 位，但与美国相比仍然有较大差距，创新实力指数值为美国的 59.58%。如图 4-11 所示。

图 4-11 主要国家创新实力指数（2006 年、2015 年）

2. 主要国家创新实力指数及其分指数值排名

2015 年创新实力指数排名前 10 的国家分别是：美国、中国、日本、德国、韩国、英国、法国、荷兰、印度、瑞士。其中，以发达国家为主，中国和印度两国虽不是发达国家，但由于人口和经济体量的相对优势，在创新实力指数的排名中也有良好表现。如表 4-1 所示。

表 4-1　主要国家创新实力指数及其分指数排名对比

国家	创新实力指数		创新投入实力指数		创新条件实力指数		创新产出实力指数		创新影响实力指数	
	2015年	2006年	2015年	2006年	2015年	2006年	2015年	2006年	2015年	2006年
美国	1	1	1	1	2	1	1	1	1	1
中国	2	3	2	2	1	3	2	7	4	5
日本	3	2	3	3	3	2	3	2	3	2
德国	4	4	4	4	6	4	5	3	5	6
韩国	5	7	5	8	5	5	4	4	9	9
英国	6	5	8	6	8	6	6	5	6	4
法国	7	6	7	7	7	7	7	6	7	7
荷兰	8	8	15	16	26	22	10	9	2	3
印度	9	16	9	10	4	13	16	20	28	31
瑞士	10	12	18	18	16	16	11	11	8	8
俄罗斯	11	9	6	5	9	9	15	12	27	30
加拿大	12	10	11	9	12	10	9	10	14	14
意大利	13	11	13	12	14	11	8	8	16	11
瑞典	14	13	16	15	21	15	14	13	11	12
巴西	15	17	10	13	10	8	20	23	30	28
澳大利亚	16	15	12	14	15	12	13	14	31	26
西班牙	17	14	14	11	17	17	12	15	22	24
土耳其	18	19	17	23	13	23	24	29	13	13
新加坡	19	18	29	28	28	26	25	25	10	10
爱尔兰	20	26	35	35	20	19	28	28	12	17
比利时	21	21	21	21	38	39	17	18	15	16

续表

国家	创新实力指数		创新投入实力指数		创新条件实力指数		创新产出实力指数		创新影响实力指数	
	2015年	2006年	2015年	2006年	2015年	2006年	2015年	2006年	2015年	2006年
墨西哥	22	24	28	25	11	14	33	32	21	19
丹麦	23	22	25	24	25	20	18	19	19	22
以色列	24	23	19	17	34	29	22	17	25	25
波兰	25	28	20	20	19	18	23	24	29	33
芬兰	26	20	27	19	27	24	21	16	20	18
奥地利	27	25	22	22	37	34	19	21	23	20
马来西亚	28	27	23	34	24	21	35	40	17	15
泰国	29	30	24	33	23	28	38	38	24	21
挪威	30	29	30	26	35	33	26	22	32	29
南非	31	32	36	31	18	25	32	26	37	36
捷克	32	33	31	29	36	35	30	33	26	27
匈牙利	33	31	34	36	39	38	36	31	18	23
阿根廷	34	36	26	27	22	32	34	35	36	38
葡萄牙	35	34	32	30	29	27	27	34	38	32
希腊	36	35	33	32	30	30	29	30	40	37
新西兰	37	37	37	38	32	31	31	27	35	34
罗马尼亚	38	38	38	37	31	37	39	37	33	39
智利	39	39	40	40	33	36	37	36	39	40
斯洛伐克	40	40	39	39	40	40	40	39	34	35

中国创新实力指数排名相对较好，2015年位居40个国家的第2位，相较2006年上升了1位；各项分指数（包括创新投入实力指数、创新条件实力指数、创新产出实力指数和创新影响实力指数）的排名在2015年均进入前5，其中创新条件实力指数表现最好，位列第1；创新产出实力指数位列第2，较2006年上升了5位。

金砖国家中，2015 年巴西、印度、俄罗斯的创新实力指数表现均相对较好，分别排在第 15 位、第 9 位和第 11 位，但南非表现相对较差，仅排在第 31 位。对比来看，法国、德国、日本、韩国、英国和美国的创新实力指数表现相对较好，2015 年均排名前 10，且与 2006 年相比未见明显波动。

在分指数排名上，金砖国家中仅有中国一国表现能与美国、日本、德国、英国等发达国家水平相当，而巴西、印度、俄罗斯、南非等国均在创新能力分指数上有明显的弱项，制约了这些国家创新实力指数排名的提升。以俄罗斯为例，2015 年俄罗斯创新实力指数排在第 11 位，但其创新影响实力指数仅排在第 27 位，成为俄罗斯创新实力指数的一大短板。美国、日本和英国等发达国家创新实力各分指数的表现相对较为均衡，未见明显短板。

（二）主要国家创新实力指数值增长率

2006～2015 年，创新实力指数年均增长率排名前 10 位的国家依次是印度、中国、智利、爱尔兰、阿根廷、罗马尼亚、泰国、土耳其、捷克、南非。新兴国家创新实力指数年均增长率普遍高于发达国家。增长最快的国家是印度，年均增长率达 15.95%。中国年均增长率排名第 2 位，为 13.96%。智利（13.34%）、爱尔兰（12.32%）、阿根廷（11.26%）、罗马尼亚（11.09%）和泰国（10.09%）的年均增长率均在 10% 以上。美国和日本创新实力指数年均增长率较低，分别为 3.55% 和 3.45%。如图 4-12 所示。

中国和印度的创新实力指数在第一个五年（2006～2010 年）与第二个五年（2011～2015 年）的增速都表现强劲；中国创新实力指数在第一个五年的年均增长率为 15.41%，第二个五年为 10.83%；印度创新实力指数在第一个五年的年均增长率为 15.21%，第二个五年达到 16.42%。主要发达国家第二个五年的年均增长率明显低于第一个五年。例如，美国 2006～2010 年的年均增长率为 3.34%，2011～2015 的年均增长率下降到 2.7%；日本则分别为 5.12% 和 0.64%。个别国家创新实力指数在第二个五年中出现了负增长，如芬兰（-1.99%）；匈牙利（-1.14%）。与第一个五年相比，大部分主要国家的创新实力年均增长率在第二个五年中有所下降。

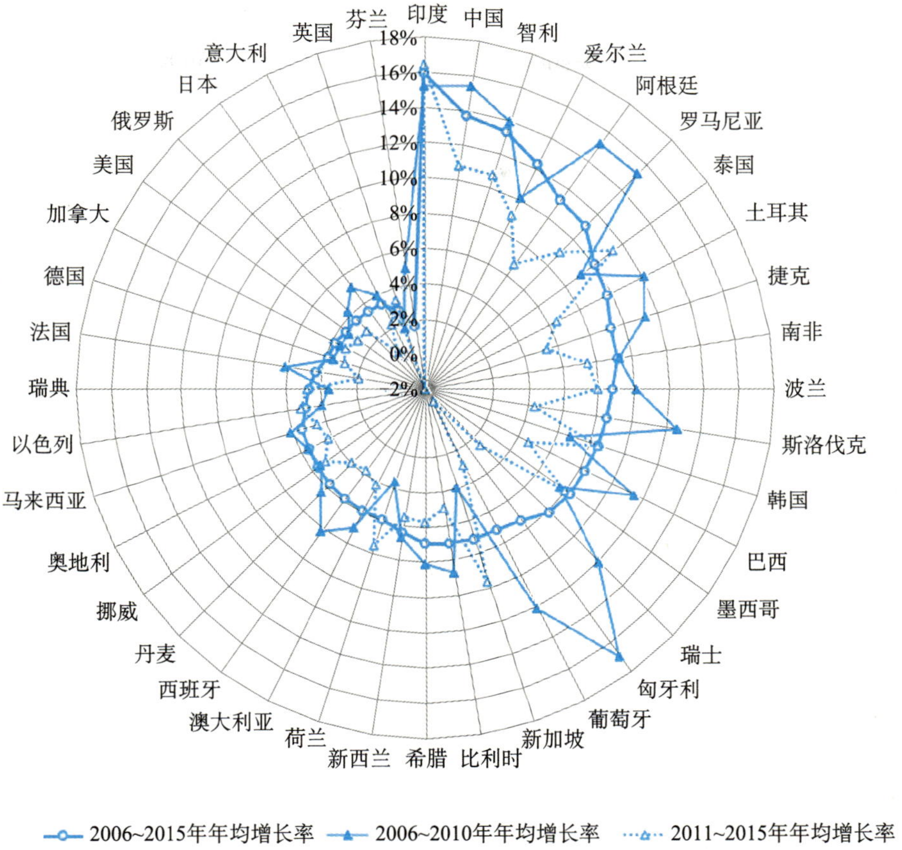

图 4-12 国家创新实力年均增长率（2006～2015 年）

注：图中国家以 2006～2015 年年均增长率由高到低顺时针排序。

（三）中国创新实力指数三级指标得分对比与演进

2015 年中国创新实力指数三级指标中，除知识产权使用费收入外，其他指标得分均显著高于 40 个国家相应指标得分的平均水平。其中，研究人员数、互联网用户数、本国居民专利授权量、高技术产品出口额 4 个指标得分均为 40 个国家中最高水平。知识产权使用费收入指标得分仅为 0.82，不到同期 40 个国家的平均值（6.33）的 1/7，与同期得分最大值（95.98）相差甚远，拉低了中国 2015 年创新实力指数值。如图 4-13 所示。

中国创新实力指数各指标在 2006～2015 年期间取得了显著的进步。其中 R&D 经费支出额、有效专利拥有量、国际期刊论文被引量及 PCT 专利申请量指标得分较2006年均有明显提升，互联网用户数和本国居民专利授权量为40个国家指标得分的最大值；知识产权使用费收入指标得分从2006年的0.15上升到2015年的0.82，虽然分值变化较小，但增速较快。如图4-14所示。

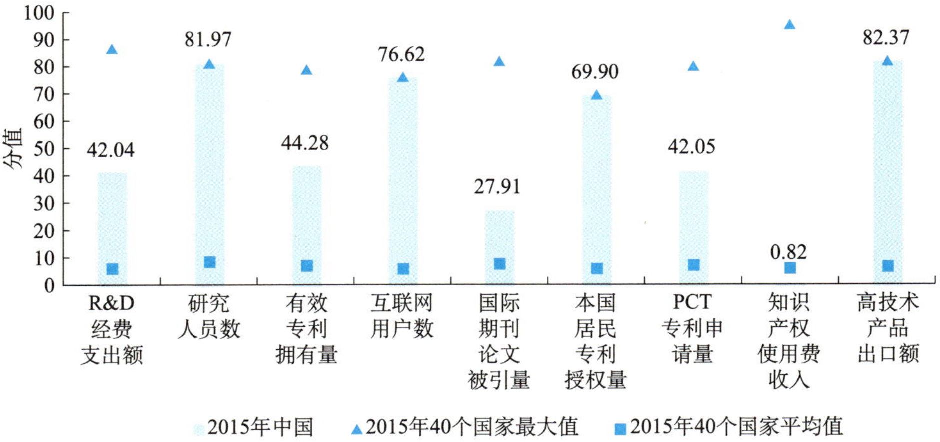

图4-13 中国创新实力指数三级指标得分对比（2015年）

注：图中所显示数据标签为中国创新实力指数三级指标得分。

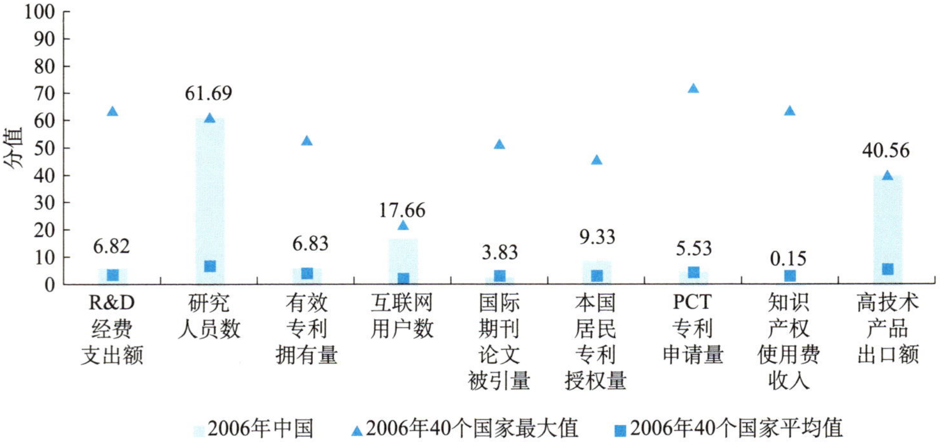

图4-14 中国创新实力指数三级指标得分对比（2006年）

注：图中所显示数据标签为中国创新实力指数三级指标得分。

总体来看，中国的人口和经济总量相对较大，在多数创新实力指数三级指标上存在较大优势。中国2006～2015年各创新实力指数三级指标均有明显进步，但在表征质量的指标上，如国际期刊论文被引量和PCT专利申请量等指标得分上与 40 个国家的最大值相比仍存在较大差距。

二、主要国家创新实力分指数分析与比较

（一）创新投入实力指数

1. 主要国家创新投入实力指数值对比

2015 年，美国、中国和日本创新投入实力名列前 3，指数值分别为 76.75、62.01 和 31.47；德国、韩国、俄罗斯、法国、英国分列第 4 位到第 8 位，指数值分别为 18.10、14.86、12.54、12.12、11.19；印度和巴西分列第 9 位、第 10 位，指数值依次为 7.30 和 6.30；排名前 10 的国家之间创新投入实力差距相对显著，美国与中国实力超群，其余国家相对较弱，如图 4-15 所示。与“十一五”末的 2010 年相比，2015 年中国创新投入实力增长迅速，创新投入实力指数值增加了 22.02，与美国之间的差距由 27.32 缩小到 14.74，在 40 个国家中排名稳居第 2 位，如图 4-16 所示；与 2006 年相比，2015 年中国创新投入实力指数值增加 27.76，增长速度最快，表明“十一五”和“十二五”期间国家创新能力建设成效显著，如图 4-17 所示。

2. 主要国家创新投入实力指数值年均增长率比较

2006～2015 年，创新投入实力指数年均增长率排名前 10 位的国家依次为智利、马来西亚、泰国、土耳其、韩国、阿根廷、瑞士、新加坡、中国、匈牙利。智利作为增长最快的国家，年均增长率达 27.55%。中国排第 9 位，年均增长率为 6.8%。美国的年均增长率为 2.69%，日本为 0.07%，俄罗斯为 0。罗马尼亚和芬兰则出现负增长。

从创新投入实力指数五年的年均增长率来看，第一个五年（2006～2010 年）年均增长率最高的国家是智利，为 30.45%；第二个五年（2011～2015 年）年均增长率最高的国家是泰国，为 21.69%。中国第二个五年的创新投入实力指数年均增长率（8.08%）较第一个五年（3.95%）有明显提高。主要大国第二个五年的年均增长率表现欠佳，如美国创新投入实力指数在第二个五年的年均增长率（2.19%）低于第一个五年（2.73%）；日本在第二个五年出现了负增长（-2.91%）。如图 4-18 所示。

图 4-15 主要国家创新投入实力指数（2011 年、2015 年）

图 4-16 主要国家创新投入实力指数（2006 年、2010 年）

图 4-17 主要国家创新投入实力指数（2006 年、2015 年）

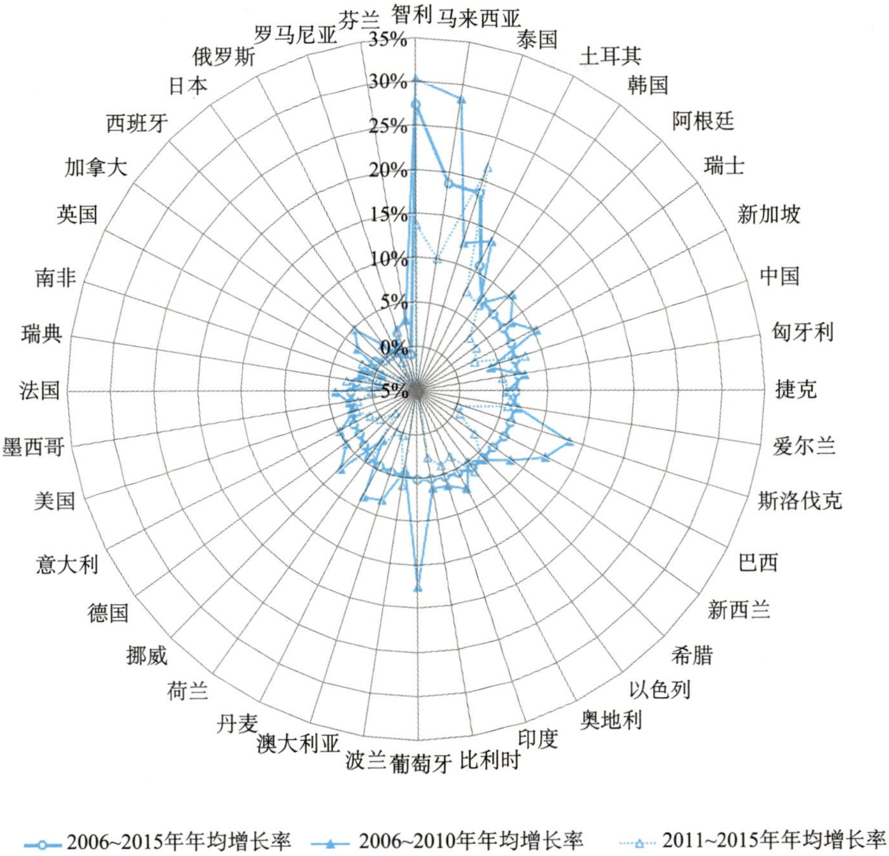

图 4-18　国家创新投入实力指数年均增长率（2006～2015 年）

注：图中国家以 2006～2015 年年均增长率由高到低顺时针排序

（二）创新条件实力指数

1. 主要国家创新条件实力指数值对比

2015 年主要国家创新条件实力指数排名中，中国、美国居前 2 位，指数值分别为 60.45 和 52.98；日本名列第 3 位，指数值为 35.59；印度、韩国、德国、法国和英国分列第 4 位到第 8 位，指数值均超过 10，依次为 19.57、16.12、12.91、10.83 和 10.10；俄罗斯和巴西分列第 9 位、第 10 位，指数值均低于 10，分别为 8.79 和 7.22；创新条件实力指数排名前 10 的国家中，中国、美国和日本创新条件实力超群，其余国家创新条件实力相对较弱，如图 4-19 所示。与“十一五”末的 2010 年相比，2015 年中国创新条件实力指数增长迅速，指数值增加了 26.52，创新条件实力超过美国，在 40 个国家中排名第 1，如图 4-19 和图 4-20 所示。与 2006 年相比，2015 年中国创新条件实力指数值增加了 48.21，表明“十一五”和“十二五”期间中国创新条件建设成效显著，如图 4-21 所示。

图 4-19 主要国家创新条件实力指数（2011 年、2015 年）

图 4-20　主要国家创新条件实力指数（2006 年、2010 年）

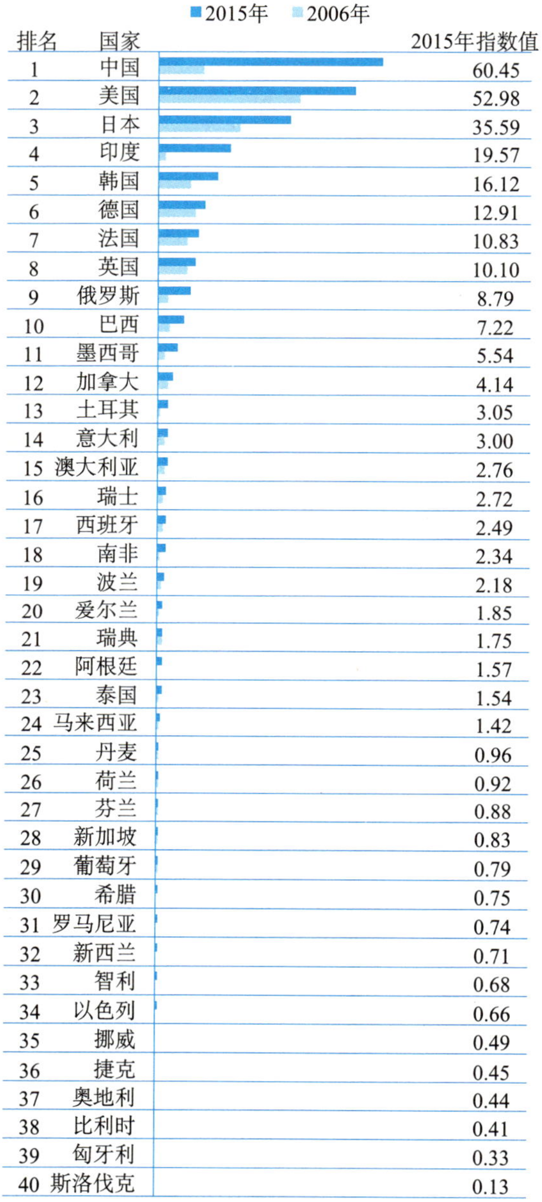

图 4-21　主要国家创新条件实力指数（2006 年、2015 年）

2. 主要国家创新条件实力指数值年均增长率比较

2006～2015 年，创新条件实力指数年均增长率排名前 10 的国家依次为印度、中国、阿根廷、土耳其、南非、墨西哥、俄罗斯、罗马尼亚、泰国、智利。其中印度增速最快，年均增长率为 29.28%；中国排名第 2 位，年均增长率为 19.42%。排名前 10 的其他国家年均增长率均超过了 10%，包括南非和俄罗斯等金砖国家。另外一个金砖国家——巴西的年均增长率为 8.97%，位居第 11 位。创新条件实力较强的发达国家，如美国、日本、德国的创新条件实力年均增长率较低，分别为 3.75%、5.48%、2.75%，丹麦和瑞典则出现了负增长。

从创新条件实力指数五年的年均增长率来看，第一个五年（2006～2010 年）和第二个五年（2011～2015 年）年均增长率最高的国家均为印度，分别为 31.05%、27.14%。中国在第二个五年的年均增长率（11.55%）相较第一个五年（29.03%）有较大幅的下降。总体而言，大部分新兴国家第一个五年的年均增长率要高于第二个五年，大部分发达国家第二个五年的年均增长率高于第一个五年。例如，美国第一个五年的年均增长率为 2.86%，第二个五年为 4.89%；日本第一个五年的年均增长率为 5.10%，第二个五年为 5.53%；德国第一个五年的年均增长率为 2.91%，第二个五年为 3.06%。如图 4-22 所示。

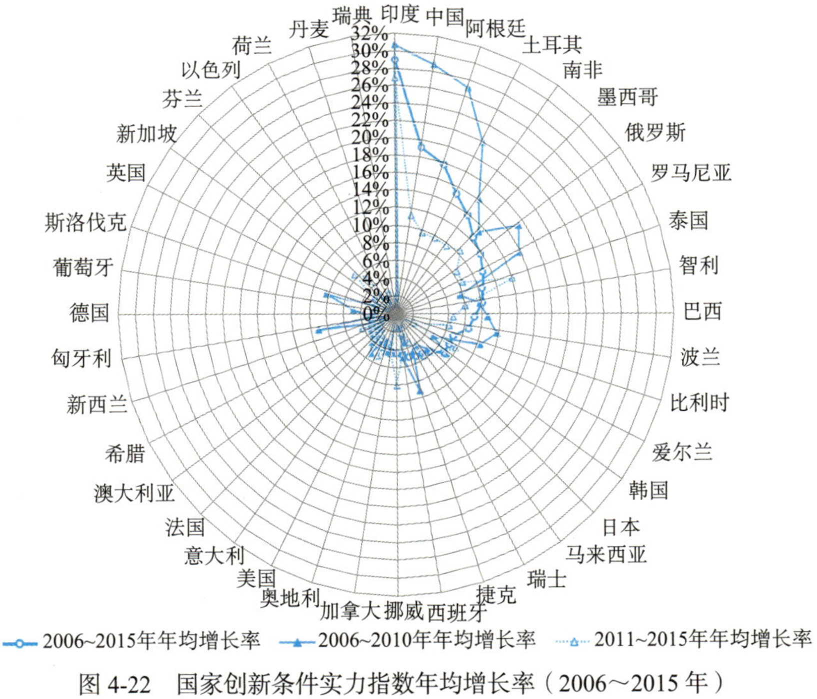

图 4-22　国家创新条件实力指数年均增长率（2006～2015 年）

注：图中国家以 2006～2015 年年均增长率由高到低顺时针排序。

（三）创新产出实力指数

1. 主要国家创新产出实力指数值对比

2015 年，美国创新产出实力指数值为 73.05，名列第 1 位；中国、日本、韩国、德国、英国、法国分列第2位到第7位，指数值分别为44.75、40.19、21.94、19.61、12.78、11.54；意大利、加拿大和荷兰分列第8位、第9位和第10位，指数值均低于10，依次为7.30、6.95和6.17；排名前10的国家中，美国实力超群，中国和日本创新产出实力接近，其余国家产出实力与前3位国家相差较远，如图4-23所示。与“十一五”末2010年相比，

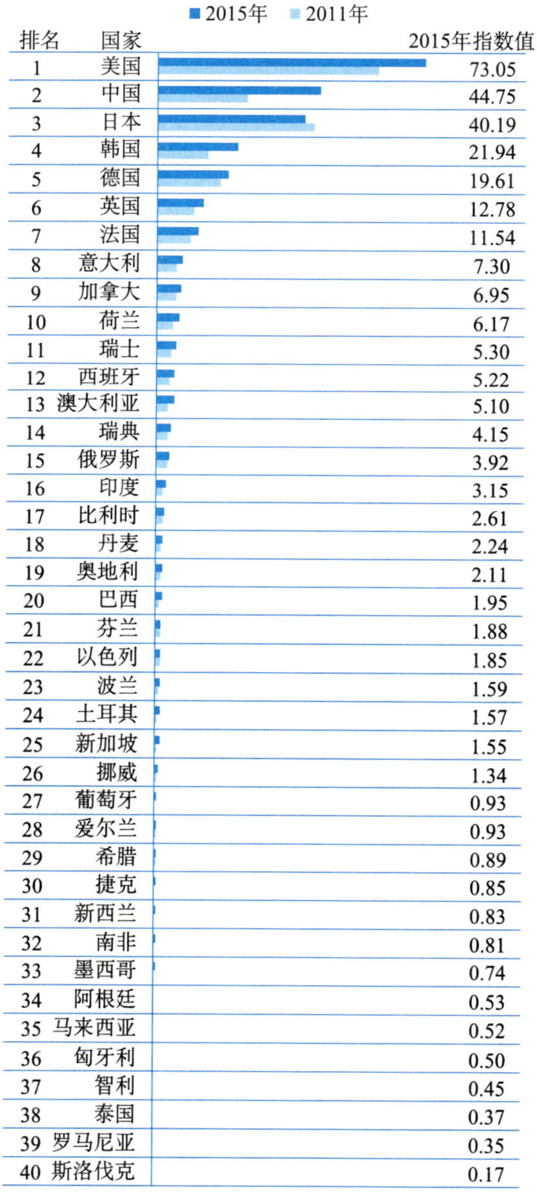

图4-23 主要国家创新产出实力指数（2011年、2015年）

2015 年中国创新产出实力指数增长迅速，其值增加了 26.39，与美国之间的差距由 38.58 缩小到 28.30，在 40 个国家中排名超过日本，位居第 2 位；与 2006 年相比，2015 年中国创新产出实力指数值增加了 38.76，表明“十一五”和“十二五”期间中国创新产出丰硕，取得显著的成果。如图 4-24 和图 4-25 所示。

图 4-24 主要国家创新产出实力指数（2006 年、2010 年）

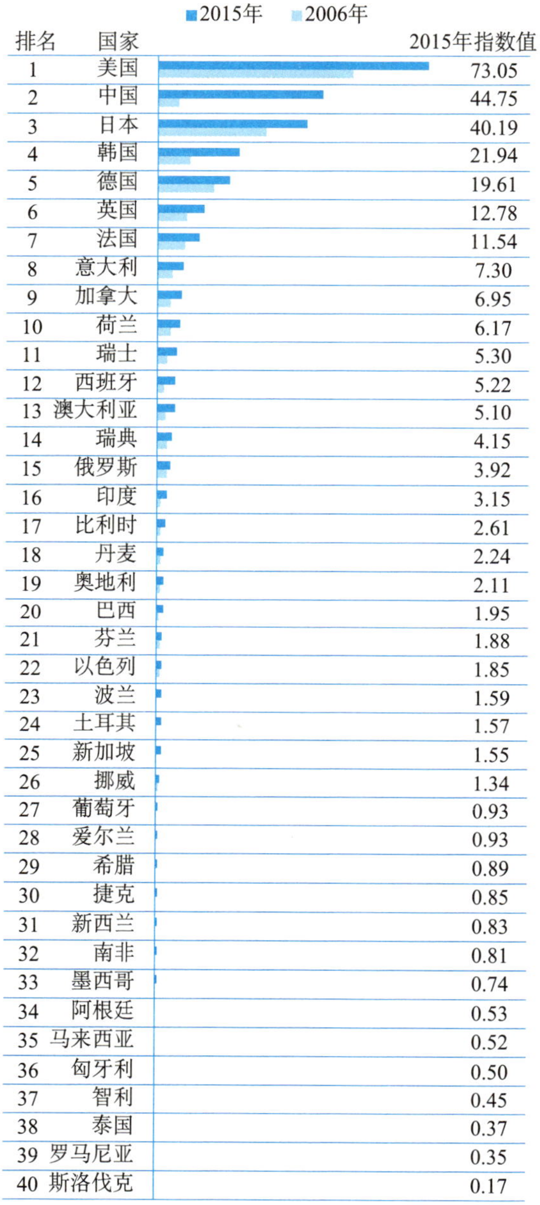

图 4-25　主要国家创新产出实力指数（2006 年、2015 年）

2. 主要国家创新产出实力指数值年均增长率比较

2006～2015 年，创新产出实力指数年均增长率排名前 10 的国家依次是马来西亚、中国、泰国、智利、土耳其、葡萄牙、罗马尼亚、斯洛伐克、新加坡、捷克。其中增长最快的国家是马来西亚，年均增长率达 33.88%。中国居第 2 位，年均增长率为 25.04%。共有 18 个国家的年均增长率超过 10%，包括巴西、印度、韩国等。主要大国，如美国、日本、德国等国的增长则较慢，其中美国的年均增长率为 3.76%，日本为 3.51%，德国为 2.58%。

从创新产出实力指数五年的年均增长率来看，第一个五年（2006～2010 年）年和第二个五年（2011～2015 年）年均增长率最高的国家均为马来西亚，分别为 56.11%、20.93%。中国在“十二五”期间的年均增长率相较“十一五”期间有较大幅度下降，分别为 32.32%、15.93%。其他创新产出实力指数高的发达国家，如美国、韩国、德国在第二个五年的年均增长率要高于第一个五年，日本在第二个五年甚至出现了负增长。如图 4-26 所示。

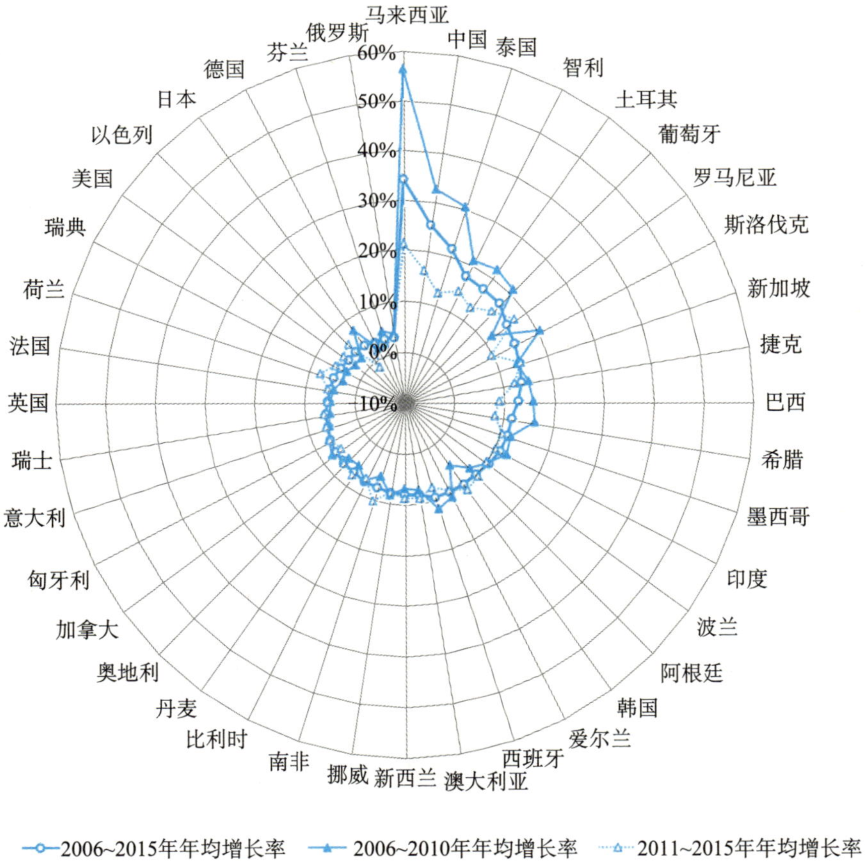

图 4-26 国家创新产出实力指数年均增长率（2006～2015 年）

注：图中国家以 2006～2015 年年均增长率由高到低顺时针排序。

（四）创新影响实力指数

1. 主要国家创新影响实力指数值对比

2015 年，美国创新影响实力指数值为 81.36，位列第 1；荷兰、日本、中国、德国、英国、法国、瑞士分列第 2 位到第 8 位，指数值分别为 25.81、25.27、17.13、14.48、13.98、12.31、11.53；韩国和新加坡分列第 9 位、第 10 位，指数值均低于 10，依次为 7.56 和 7.07；排名前 10 的国家中，美国创新影响实力超群，呈“单极”领先格局，其余国家创新影响实力与其相差甚远，如图 4-27 所示。与“十一五”末的 2010 年相比，2015 年中国在 40 个国家中排名稳居第 4 位，创新影响实力指数值增加了 4.56，与排名第 3 位的日本之间的差距逐渐缩小，但与美国之间的差距依然很大；与 2006 年相比，2015 年虽然中国创新影响实力指数值增加了 8.90，但仍然低于日本、荷兰、美国同期增加值，分别为 9.06、11.15、23.40。如图 4-28 和图 4-29 所示。

2. 主要国家创新影响实力指数值年均增长率比较

2006～2015 年，创新影响实力年均增长率排名前 10 的国家依次是罗马尼亚、波兰、印度、爱尔兰、俄罗斯、斯洛伐克、西班牙、捷克、瑞士、阿根廷。罗马尼亚年均增长率名列第 1，达 29.13%，但是创新影响实力指数排名倒数第二。中国年均增长率排名第 13 位，为 8.49%。年均增长率超过 10% 的国家一共有 9 个，包括印度（15.51%）和俄罗斯（11.74%）。创新影响实力指数值高的国家（如美国、日本和英国）的年均增长率相对较低，分别为 3.84%、5.06%、1.81%。

从创新影响实力指数五年的年均增长率来看，第一个五年（2006～2010 年）和第二个五年（2011～2015 年）年均增长率最高的国家分别为罗马尼亚（58.28%）和波兰（12.1%）。中国在第一个五年的年均增长率（11.7%）要高于第二个五年（5.12%）。总体而言，大部分国家第二个五年的年均增长率低于第一个五年，美国在第二个五年的年均增长率仅为 0.33%。此外，还有 11 个国家在第二个五年中出现了负增长。如图 4-30 所示。

图 4-27　主要国家创新影响实力指数（2011 年、2015 年）

图 4-28 主要国家创新影响实力指数（2006 年、2010 年）

图 4-29　主要国家创新影响实力指数（2006 年、2015 年）

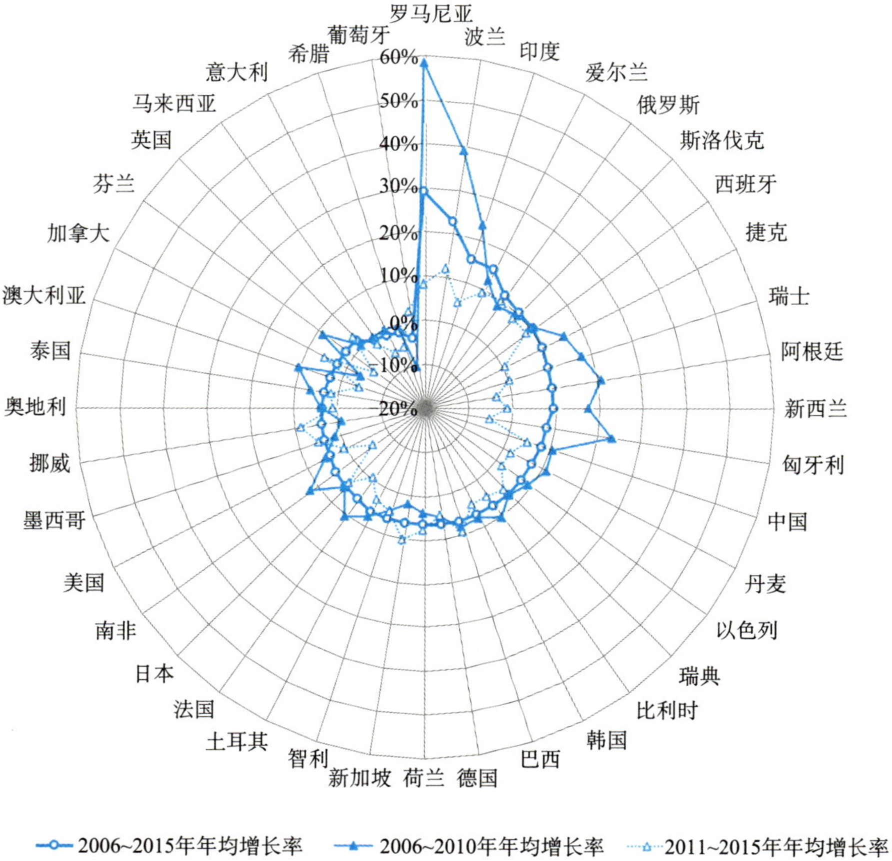

图 4-30 国家创新影响实力指数年均增长率（2006～2015 年）

注：图中国家以 2006～2015 年年均增长率由高到低顺时针排序。

第五章
国家创新效力指数

第一节　中国创新效力分析

一、中国创新效力指数分析

（一）创新效力指数值演进

在两个五年规划期内（2006～2015年），中国创新效力指数值稳步上升，虽然一直低于40个国家的平均值，但是与平均值的差距不断缩小，与40个国家创新效力指数最大值的差距先增大后减小，年增长率整体呈震荡下降态势，如图5-1所示。2015年中国创新效力指数值为18.05，与2006年（指数值8.31）相比增加了117.21%，与2015年创新效力指数最大值48.13（瑞士）相比仍然存在较大的差距。2006～2015年，中国创新效力指数年均增长率达到9.01%。“十一五”期间，中国创新效力指数值由2006年的8.31上升至2010年的13.16，年均增长率为12.20%，2009年的增长率为十年间的最高值16.09%。“十二五”期间，中国创新效力指数值由2011年的14.50上升至2015年的18.05，年均增长率为5.62%，约为“十一五”期间年均增长率的0.46。2013年的增长率为十年间的最低值2.93%。

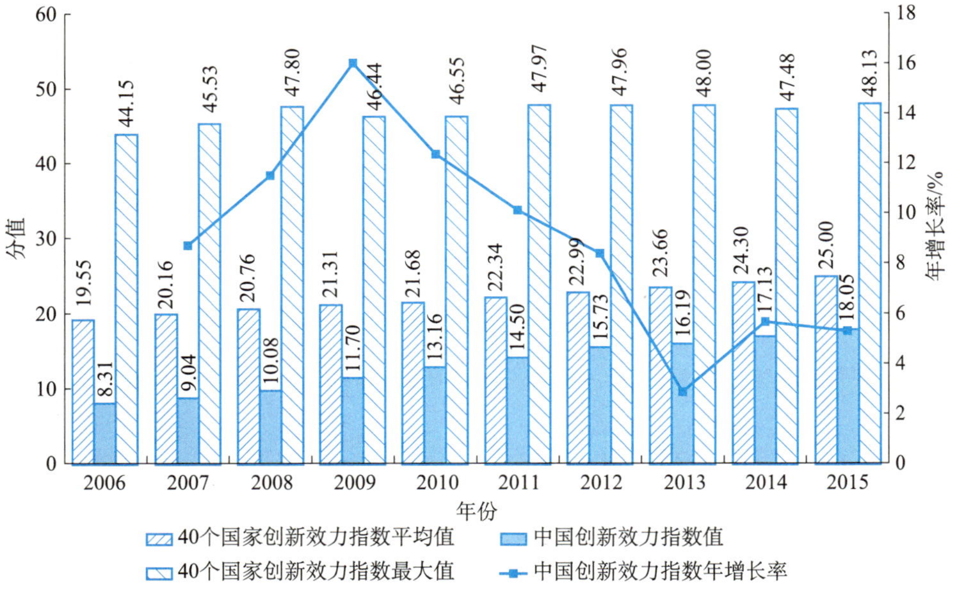

图 5-1 中国创新效力指数发展情况与国际比较（2006～2015 年）

（二）创新效力指数趋势

在两个五年规划期内（2006～2015 年），中国创新效力指数值呈快速上升趋势，虽然低于 40 个国家的平均值，但增长速度显著高于 40 个国家平均值的增长速度，差距逐年缩小。为刻画未来中国创新效力指数发展趋势，本报告基于 2006～2015 年的指数值，在比较各类预测模型的拟合优度后，最终选取对数模型对中国创新效力指数值和 40 个国家创新效力指数平均值进行拟合，拟合曲线如图 5-2 所示。如果保持拟合曲线呈现的趋势，中国创新效力指数值仍将持续增长，且与 40 个国家创新效力指数平均值的差距在逐渐缩小。根据拟合的公式估算，中国创新效力指数值在 2020 年将达到 24.58。

二、中国创新效力分指数分析

创新效力指数由创新投入效力指数、创新条件效力指数、创新产出效力指数、创新影响效力指数构成。中国创新效力分指数值与 40 个国家的最大值、平均值比较如图 5-3 和图 5-4 所示。

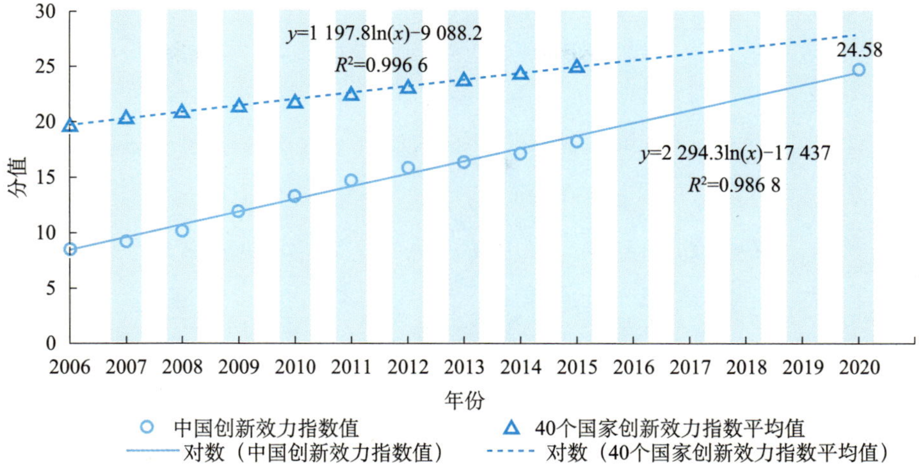

图 5-2　中国创新效力指数值面向 2020 年的趋势分析

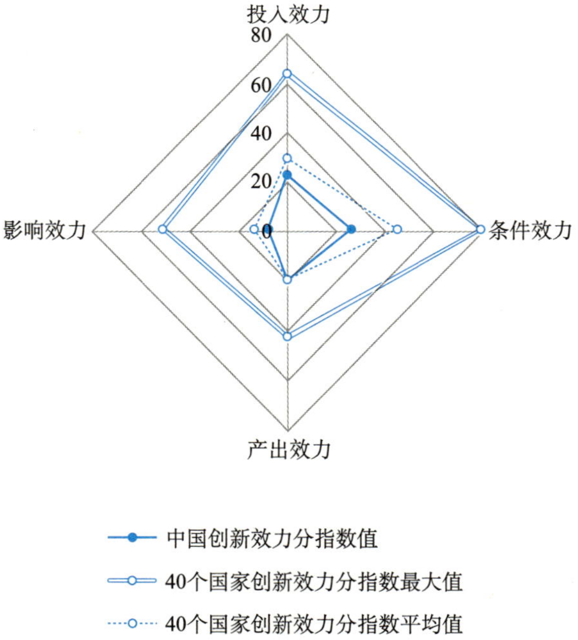

图 5-3　中国创新效力分指数值与 40 个国家的最大值、平均值比较（2015 年）

注：创新投力效力指数简化为投入效力，创新条件效力指数简化为条件效力，创新产出效力指数简化为产出效力，创新影响效力指数简化为影响效力。余同。

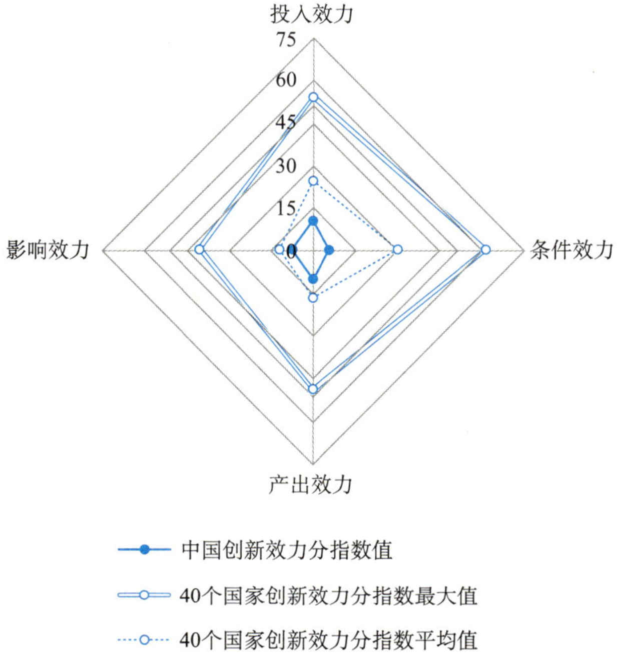

图 5-4　中国创新效力分指数值与 40 个国家的最大值、平均值比较（2006 年）

2015 年，中国创新投入效力指数排名第 23 位，指数值为 22.58，低于 40 个国家的平均值（29.21），相较 2006 年（指数值 10.21）有所进步，排名上升了 7 位；位列第 1 的国家是瑞士，指数值为 63.11；2006 年瑞士同样排名第 1 位，指数值为 53.70。总体来看，中国创新投入效力指数与 40 个国家的平均值尚有一定差距，远低于排名第 1 位的瑞士。但是 2006～2015 年，中国创新投入效力有一定进步，与 40 个国家平均值的差距在缩小。

2015 年，中国创新条件效力指数排名第 38 位，指数值为 26.04，低于 40 个国家的平均值（44.35），相较 2006 年（指数值 5.11）有较大提升，但排名没有变化；位列第 1 的国家是爱尔兰，指数值为 78.49。2006 年排在第 1 位的国家则是瑞典，指数值为 61.22，40 个国家的平均值为 30.36。总体来看，2006～2015 年，中国创新条件效力指数与 40 个国家平均值的差距略有缩小，却仍存在明显差距。中国虽在创新条件实力上表现突出，但在创新条件效力上表现不佳。

2015 年，中国创新产出效力指数排名第 25 位，指数值为 19.42，略低于 40 个国家的平均值（20.31），相较 2006 年（指数值 10.34）已有所进步，排名上升了 7 位；位列第 1 的国家是瑞士，指数值为 42.87；2006 年排在第 1 位的国家同样是瑞士，指数值为48.65，40个国家的平均值为16.53。总体来看，虽然中国创新条件效力指数与排名第1位的瑞士还存在一定差距，但是十年以来，已与40个国家的平均值接近，与最大值的差距也明显缩小。

2015年，中国创新影响效力指数排名第32位，指数值为8.33，低于40个国家的平均值（13.99），相较2006年（指数值7.13）有小幅提升，但排名下降了2位；排名第1位的国家是土耳其，指数值为51.65，2006年排名第1位的国家同样是土耳其，指数值为40.30，40个国家的平均值为11.98。总体来看，2006～2015年，中国创新影响效力指数值提升幅度很小，与40个国家的平均值之间的差距进一步拉大。

（一）创新投入效力指数值演进

在两个五年规划期内（2006～2015年），中国创新投入效力指数值稳步上升，且一直低于40个国家的平均值，与平均值的差距先增大后减小，与40个国家最大值国家瑞士的差距震荡减小，年均增长率整体呈震荡下降态势，如图5-5所示。2015年中国创新投入效力指数值为22.58，与2006年（指数值10.21）相比增加了121.16%，约为2015年创新投入效力指数最大值

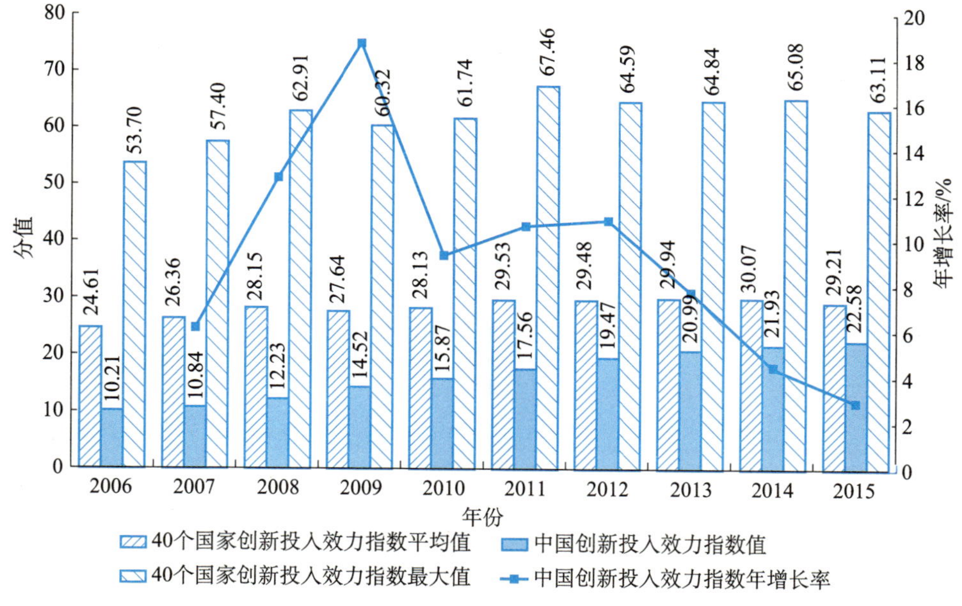

图5-5　中国创新投入效力指数发展情况与国际比较（2006～2015年）

63.11（瑞士）的 1/3。2006～2015 年，中国创新投入效力指数年均增长率达到 9.21%。“十一五”期间，中国创新投入效力指数值由 2006 年的 10.21 上升至 2010 年的 15.87，年均增长率为 11.65%，2009 年的增长率为十年间的最高值 18.73%。“十二五”期间，中国创新投入效力指数值由 2011 年的 17.56 上升至 2015 年的 22.58，年均增长率为 6.49%，2015 年的增长率为十年间的最低值 2.95%。

（二）创新条件效力指数值演进

在两个五年规划期内（2006～2015 年），中国创新条件效力指数值稳步上升，但仍一直低于 40 个国家的平均值，与 40 个国家平均值的差距震荡减小，年增长率整体先小幅增长后大幅下降，如图 5-6 所示。2015 年中国创新条件效力指数值为 26.04，与 2006 年（指数值 5.11）相比增加了 409.59%，约为 2015 年创新条件效力指数最大值 78.49（爱尔兰）的 1/3。2006～2015 年，中国创新条件效力指数年均增长率达到 19.85%。“十一五”期间，中国创新条件效力指数值由 2006 年的 5.11 上升至 2010 年的 16.82，年均增长率

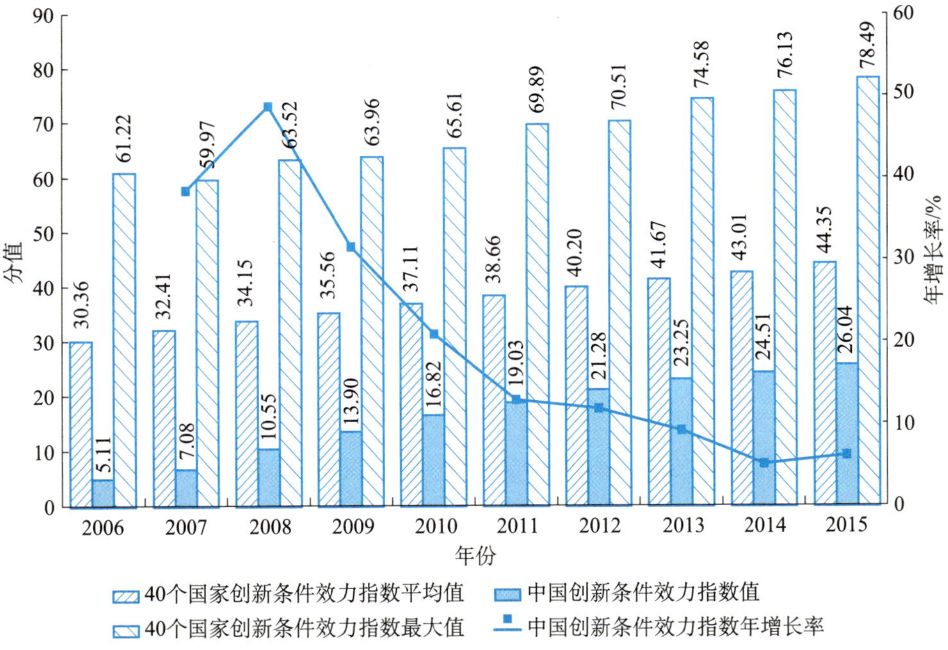

图 5-6 中国创新条件效力指数发展情况与国际比较（2006～2015 年）

为 34.73%，2008 年增长率为十年间的最高值 49.00%；“十二五”期间，中国创新条件效力指数值由 2011 年的 19.03 上升至 2015 年的 26.04，年均增长率为 8.17%，不到“十一五”期间年均增长率的 1/4，年增长率一直下降至 2014 年的 5.40%，这也是十年间年增长率的最低值。

（三）创新产出效力指数值演进

在两个五年规划期内（2006～2015 年），中国创新产出效力指数值除了在 2013 年出现下降外，其他年份均在增长，虽然一直低于 40 个国家平均值，但是与 40 个国家平均值的差距震荡减小，年增长率整体呈震荡变化态势，如图 5-7 所示。2015 年中国创新产出效力指数值为 19.42，与 2006 年（指数值 10.34）相比增加了 87.81%，不到 2015 年创新产出效力指数最大值 42.87（瑞士）的 1/2。2006～2015 年，中国创新产出效力指数年均增长率为 7.26%。“十一五”期间，中国创新产出效力指数值由 2006 年的 10.34 上升至 2010 年的 14.71，年均增长率为 9.22%，2010 年的增长率为十年间的最高值 15.55%；“十二五”期间，中国创新产出效力指数值由 2011 年的 16.51 上升至 2015 年的 19.42，年均增长率为 4.15%，不到“十一五”期间的 1/2。

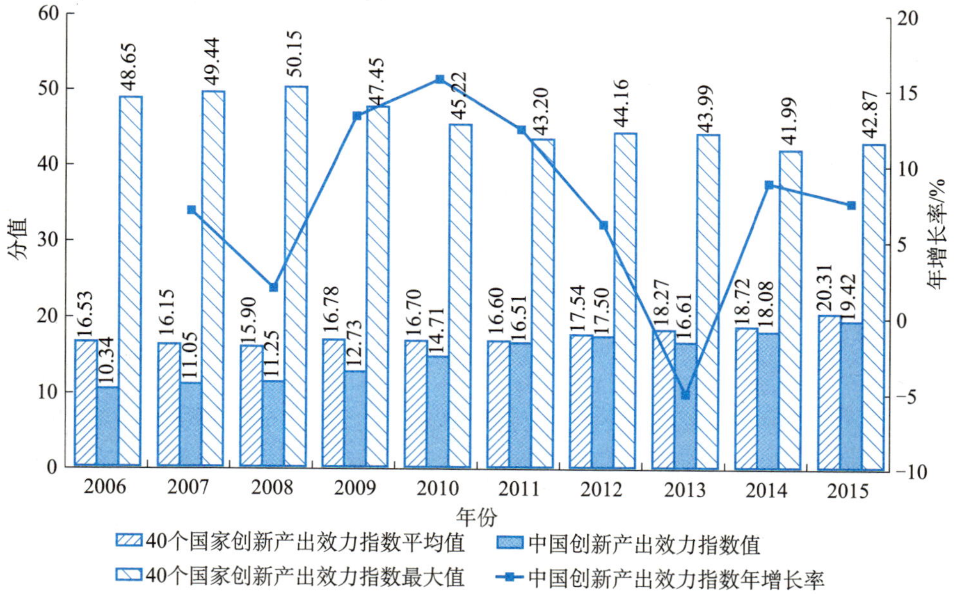

图 5-7 中国创新产出效力指数发展情况与国际比较（2006～2015 年）

2013年中国创新产出效力指数增长率为十年间的最低值-5.09%，也是年增长率的唯一负值，原因主要有两个。一是中国每百万研究人员本国居民专利授权量由2012年的102 781.90件/（百万人·年）下降至2013年的97 084.95件/（百万人·年）。这是由于中国本国居民专利授权量由2012年的143 808件下降至2013年的143 535件；而研究人员数由2012年的1 399 157人·年上升至2013年的1 478 447人·年。二是中国每百万美元R&D经费本国居民专利授权量由2012年的0.87件/百万美元下滑至2013年的0.74件/百万美元，主要是由于R&D经费的快速增长，中国R&D经费由2012年的165 056百万美元上升至2013年的193 553百万美元，增长率为17.27%。

（四）创新影响效力指数值演进

两个五年规划期内（2006～2015年），中国创新影响效力指数值呈缓慢上升态势，且一直低于40个国家的平均值，与40个国家平均值的差距震荡减小，年增长率震荡上升，如图5-8所示。2015年中国创新影响效力指数值为8.33，与2006年（指数值7.13）相比增加了16.83%，约为2015年创新影响效力指数最大值51.65（土耳其）的1/6。2006～2015年，中国创新影响效

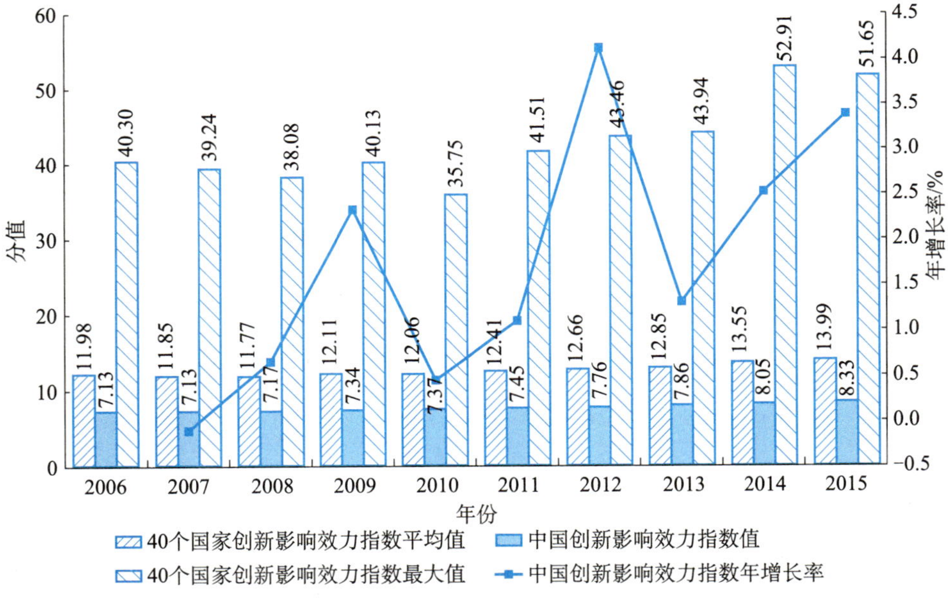

图5-8 中国创新影响效力指数发展情况与国际比较（2006～2015年）

力指数年均增长率为 1.73%。“十一五”期间，中国创新影响效力指数值由 2006 年的 7.13 上升至 2010 年的 7.37，年均增长率为 0.82%，其中 2007 年的增长率为十年间的最低值（-0.12%），也是年增长率的唯一负值；“十二五”期间，中国创新影响效力指数值由 2011 年的 7.45 上升至 2015 年的 8.33，年均增长率为 2.81%，是“十一五”期间的 3 倍多，其中 2015 年的增长率为十年间的最高值 3.37%。

第二节 主要国家创新效力分析与比较

一、主要国家创新效力指数分析

（一）创新效力指数值比较

1. 主要国家创新效力指数值

2015 年国家创新效力指数排名前 5 的国家分别是瑞士、韩国、日本、丹麦和爱尔兰，创新效力指数值分别为 48.13、41.52、39.78、36.30 和 36.30；瑞典、芬兰、新加坡、德国、美国分列第 6 到第 10 位，创新效力指数值分别为 35.62、33.81、32.81、32.54、32.49；前 10 位国家间创新效力差别相对较小；2015 年，中国创新效力指数值为 18.05，在 40 个国家中名列第 29 位，与韩国、日本、美国的差距较大，约为韩国的 43.47%，日本的 45.37%，美国的 55.56%，如图 5-9 所示。与“十一五”末的 2010 年相比，2015 年中国创新效力指数在 40 个国家中排名由第 32 位上升到第 29 位；与 2006 年相比，2015 年中国创新效力指数值增加了 9.74，仅次于土耳其（9.93），指数值增量在 40 个国家中排名第 2 位，表明“十一五”和“十二五”期间中国创新效力提升很大。如图 5-10 和图 5-11 所示。

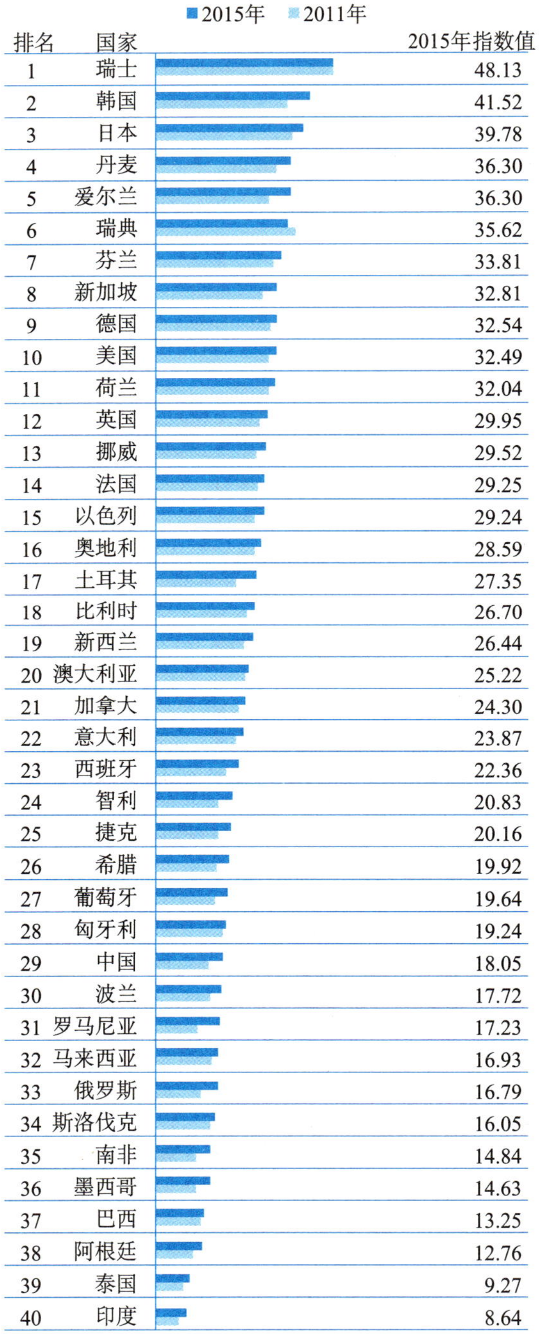

图 5-9 主要国家创新效力指数（2011 年、2015 年）

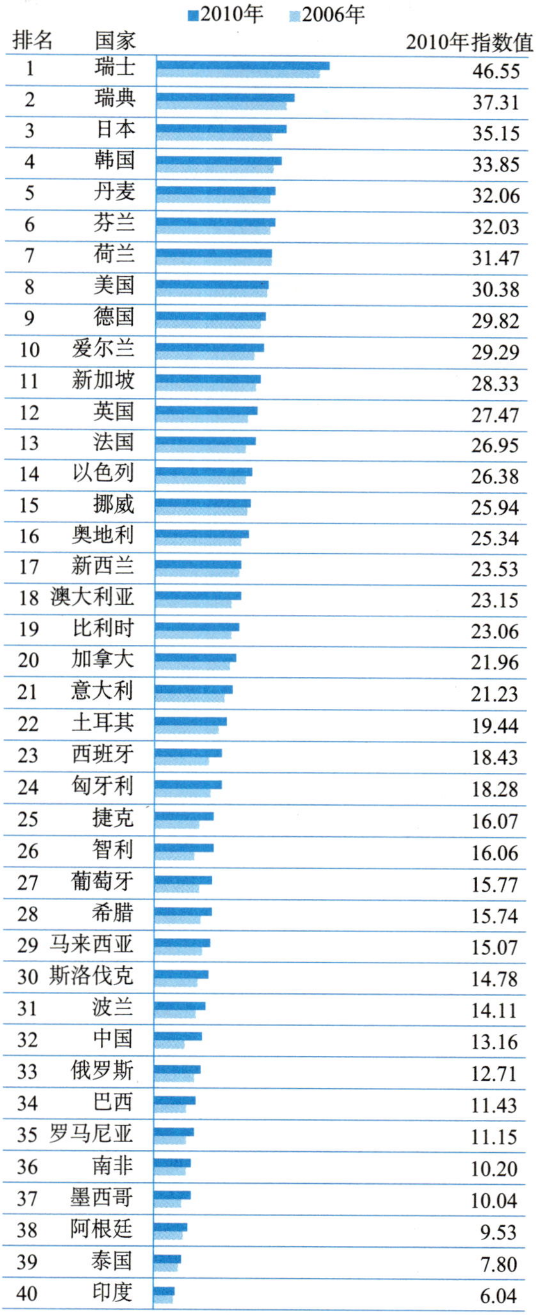

图 5-10　主要国家创新效力指数（2006 年、2010 年）

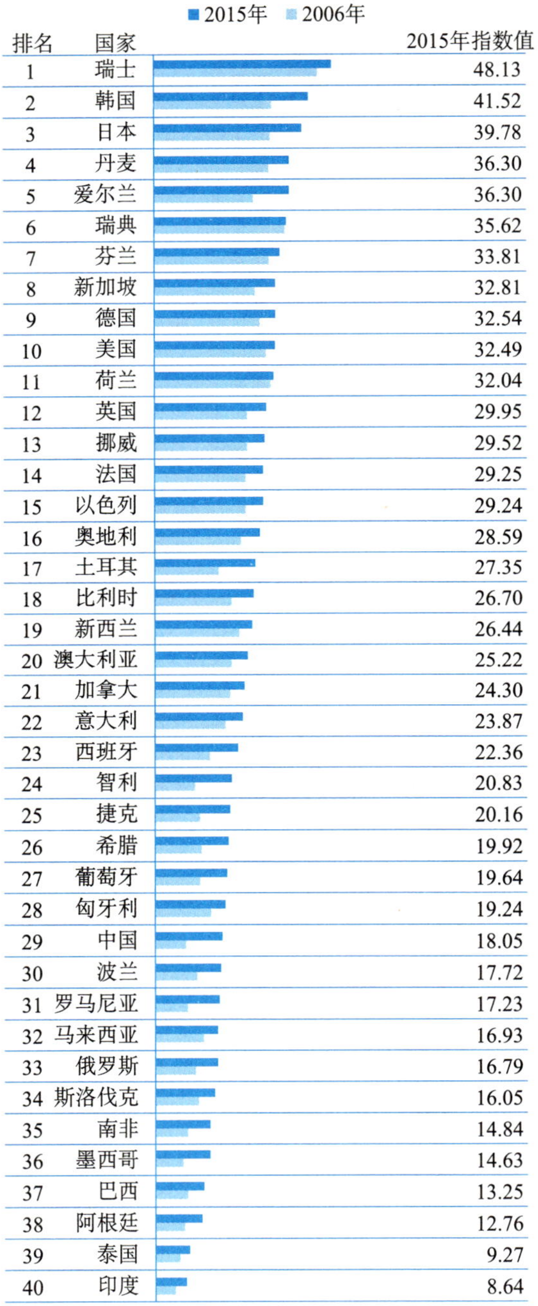

图 5-11 主要国家创新效力指数（2006 年、2015 年）

2. 主要国家创新效力指数及其分指数值排名

2015年创新效力指数排名前10的国家分别是瑞士、韩国、日本、丹麦、爱尔兰、瑞典、芬兰、新加坡、德国、美国。前10位的国家中，仅美国的经济体量和人口规模相对较大，其他均为规模较小的发达国家。如表5-1所示。

表5-1　主要国家创新效力指数及其分指数排名对比

国家	创新效力指数		创新投入效力指数		创新条件效力指数		创新产出效力指数		创新影响效力指数	
	2015年	2006年	2015年	2006年	2015年	2006年	2015年	2006年	2015年	2006年
瑞士	1	1	1	1	2	2	1	1	2	3
韩国	2	3	3	10	3	4	2	3	24	17
日本	3	5	6	5	4	7	4	5	8	11
丹麦	4	6	5	7	5	3	12	11	5	8
爱尔兰	5	11	17	19	1	6	16	17	4	5
瑞典	6	2	4	2	7	1	6	7	13	9
芬兰	7	7	9	3	6	5	9	9	15	19
新加坡	8	10	12	13	13	10	23	25	3	2
德国	9	9	10	9	11	11	10	4	9	16
美国	10	8	7	6	16	13	14	10	7	4
荷兰	11	4	15	16	17	14	3	2	16	10
英国	12	12	18	18	9	12	19	19	6	6
挪威	13	13	14	11	10	8	24	22	11	13
法国	14	14	16	14	12	15	20	16	10	12
以色列	15	15	2	4	19	23	31	13	12	15
奥地利	16	16	8	8	18	18	22	15	20	20
土耳其	17	22	34	32	36	36	32	35	1	1
比利时	18	19	11	17	20	19	17	14	22	23
新西兰	19	17	22	22	8	9	7	6	36	29
澳大利亚	20	18	13	12	15	17	28	24	34	32

续表

国家	创新效力指数		创新投入效力指数		创新条件效力指数		创新产出效力指数		创新影响效力指数	
	2015年	2006年	2015年	2006年	2015年	2006年	2015年	2006年	2015年	2006年
加拿大	21	20	19	15	14	16	21	27	38	34
意大利	22	21	21	20	31	28	8	8	17	18
西班牙	23	24	24	21	22	22	13	29	23	27
智利	24	31	36	36	32	30	5	21	31	28
捷克	25	28	20	23	21	24	33	34	28	35
希腊	26	26	30	29	25	29	18	28	25	22
葡萄牙	27	27	25	24	24	26	27	37	26	25
匈牙利	28	23	26	27	27	25	30	20	18	14
中国	29	36	23	30	38	38	25	32	32	30
波兰	30	30	32	33	29	27	26	23	30	38
罗马尼亚	31	33	40	38	35	32	15	26	19	33
马来西亚	32	25	29	35	28	21	37	39	14	7
俄罗斯	33	32	28	25	26	35	29	12	39	39
斯洛伐克	34	29	31	31	23	20	34	30	33	37
南非	35	34	37	26	37	39	11	18	40	40
墨西哥	36	38	33	34	33	34	36	38	21	24
巴西	37	35	27	28	34	31	40	40	27	26
阿根廷	38	37	35	39	30	33	39	31	35	31
泰国	39	39	39	40	39	37	38	36	29	21
印度	40	40	38	37	40	40	35	33	37	36

中国的创新效力指数排名相对靠后，2015年排在40个国家的第29位，相较2006年上升了7位，增长幅度相对较大；各项分指数排名差异相对较大，2015年创新投入效力指数排在第23位，创新产出效力指数排在第25位，创新条件效力指数和创新影响效力指数仅分别排在第38位和第32位。对比来看，2006～2015年，中国的创新效力指数有较大提升。未来应重点关注创新条件效力指数和创新影响效力指数，力争通过提升这两项分指数的排名，进而提升创新效力指数的排名。

2015年，金砖国家中，仅有中国创新效力指数排名进入前30。巴西、印度、俄罗斯和南非分别排在第37位、第40位、第33位和第35位，表现均相对较差。巴西、俄罗斯和南非在十年间排名略下降，印度2006年和2015年均排在第40位。对比来看，德国、日本、韩国和美国的创新效力指数排在40个国家的前10位，法国和英国则分别位列第14位和第12位。英国、美国等发达国家创新效力指数的排名不如创新实力指数排名靠前，但相对较为稳定，没有产生较大波动。在创新效力指数排名中，瑞士、丹麦等发达程度相对较高且人口和经济体量相对较小的国家表现相对较好，此类国家的创新实力指数排名不占优势，但其创新效力指数优势明显，远超中国等经济体量大的发展中国家。

在具体分指数上，大部分金砖国家均有1～2个分指数呈现短板。以巴西为例，2015年巴西创新投入效力指数和创新影响效力指数均排在40个国家中的第27位，但创新产出效力指数仅排在第40位，极大地制约了巴西创新效力指数排名的提升。发达国家各分指数的排名较为均衡。以美国为例，2015年美国创新投入效力指数、创新条件效力指数、创新产出效力指数、创新影响效力指数的排名分别为第7位、第16位、第14位和第7位；虽然排名相对较为均衡，但仍然可以看出创新条件效力指数和创新产出效力指数是美国创新效力指数发展的短板。

（二）主要国家创新效力指数值年均增长率比较

2006～2015年，40个国家的创新效力指数均呈现不同程度的增长。年均增长率排名前10的国家依次是中国、罗马尼亚、墨西哥、智利、南非、印度、捷克、阿根廷、葡萄牙、土耳其，中国年均增长率达9.01%。美国、日本和德国的年均增长率相对较低，分别为0.81%、2.74%、1.54%。总体来看，新兴国家创新效力增长率普遍高于发达国家。

从创新效力指数五年的年均增长率来看，中国2006～2010年的年均增长率是12.2%，在40个国家中增长最快；2011～2015年，中国的年均增长率为5.62%，年均增长率最高的国家是罗马尼亚，为10.52%。相比第一个五年，第二个五年中国的年均增长率有较为明显的下降。美国在第一个五年期间几乎没有增长，年均增长率为0.13%，第二个五年的年均增长率为1.62%；日本和德国第二个五年的年均增长率要低于第一个五年，日本第一个五年的年均增长率为1.88%，第二个五年为1.24%，德国则分别为3.02%和1.27%。如图5-12所示。

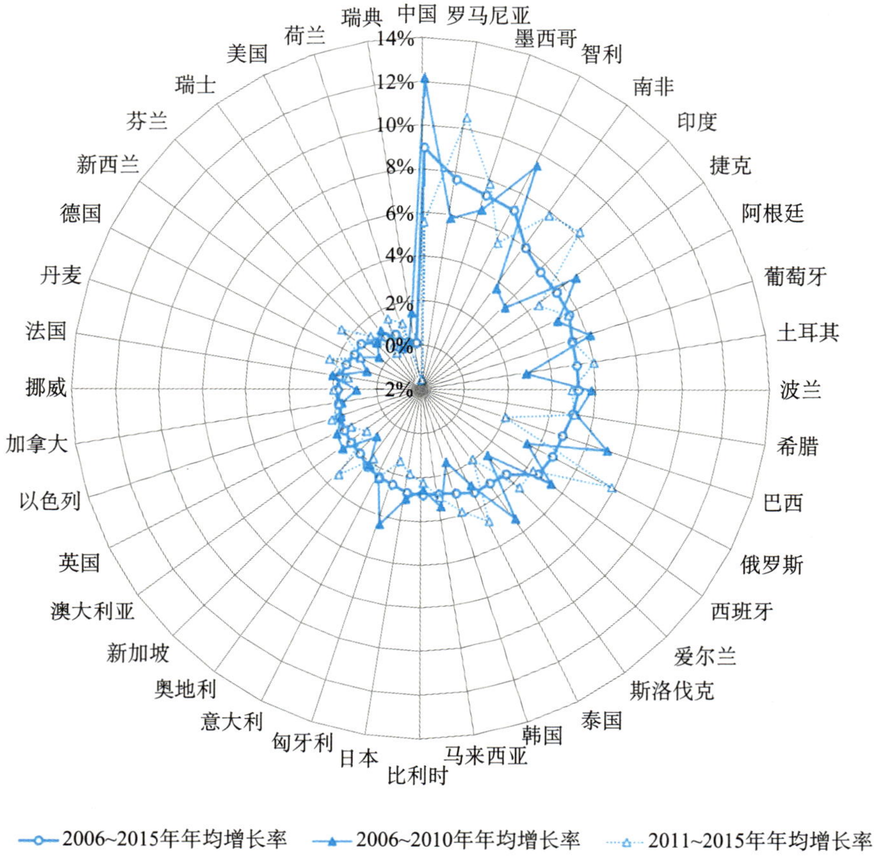

图 5-12 国家创新效力年均增长率（2006～2015 年）

注：图中国家以 2006～2015 年年均增长率由高到低顺时针排序。

（三）中国创新效力指数三级指标得分对比与演进

2015 年中国创新效力指数三级指标除 R&D 经费强度、每百万研究人员本国居民专利授权量、每百万美元 R&D 经费本国居民专利授权量、每百万美元 R&D 经费 PCT 专利申请量、高技术产品出口额占制成品出口额的比重 5 项指标得分高于相应指标 40 个国家平均值外，其他指标得分均低于 40 个国家的平均值，部分指标得分与 40 个国家平均值的差距明显，如图 5-13 所示。

相较 2006 年创新效力指数三级指标，2015 年中国大部分创新效力指数三级指标均有一定程度的进步，如图 5-14 所示。在两个五年规划期内（2006～2015 年），R&D 经费强度指标得分从 2006 年的 22.60 增加到 2015 年的 36.28，超过 40 个国家的平均值；每百万人口中研究人员数得分与 40 个国家平均值的差距由 2006 年的 19.13 扩大至 2015 年的 24.17。2006～2015 年，每百万人有效专利拥有量和每百人互联网用户数指标得分有较大进步，且这两个指标得分与 40 个国家平均值的差距也在进一步缩小。每百万研究人员国际期刊论文被引量指标得分从 2006 年的 40 个国家最低水平上升到 2015 年的 7.48，每百万美元 R&D 经费国际期刊论文被引量指标得分从 2006 年的 2.09 上升到 2015 年的 2.84，这两个指标得分虽然有所增长，但仍然远低于 40 个国家平均值。知识产权使用费收支比仍是中国的一大短板，得分仅仅从 2006 年的 0.12 上升到 2015 年的 0.23，显著低于 40 个国家的平均值。

总体来看，2006～2015 年，中国创新效力指数三级指标得分均有较大提升，但每百万人口中研究人员数、知识产权使用费收支比等指标得分与 40 个国家的平均值相比存在较大差距，是中国创新效力的短板。

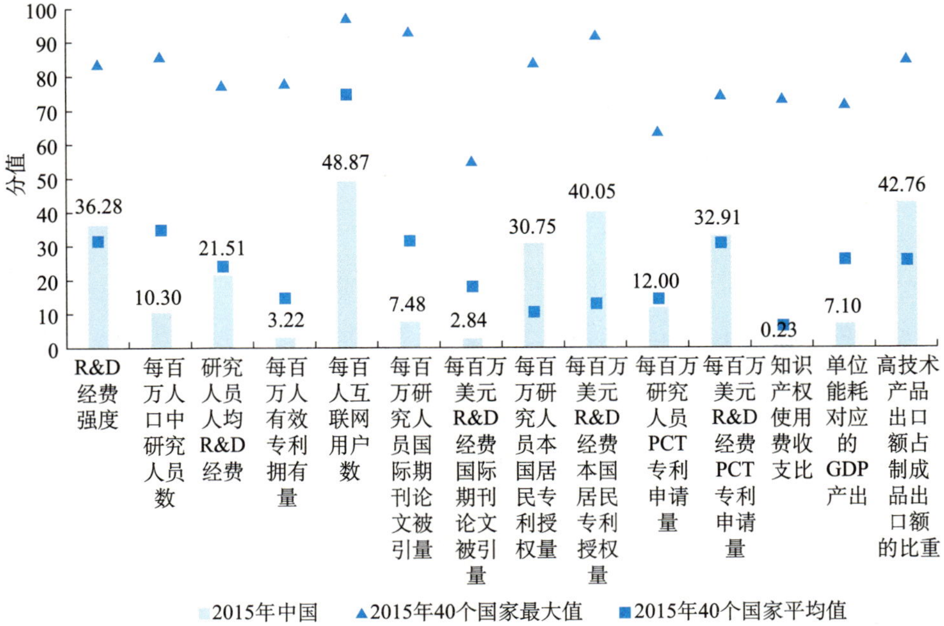

图 5-13 中国创新效力指数三级指标得分对比（2015 年）

注：图中所显示数据标签为中国创新效力指数三级指标得分。

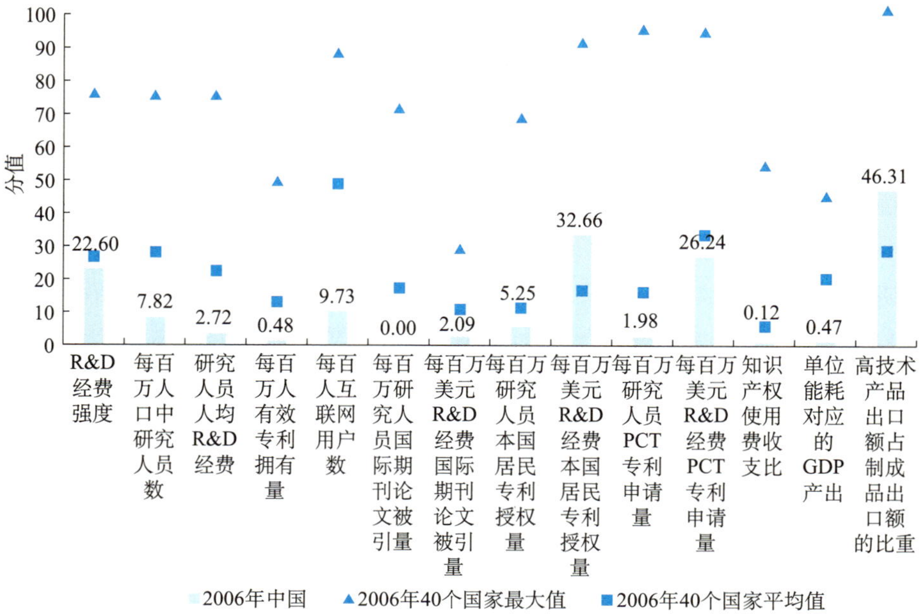

图 5-14 中国创新效力指数三级指标得分对比（2006 年）

注：图中所显示数据标签为中国创新效力指数三级指标得分。

二、主要国家创新效力分指数分析与比较

（一）创新投入效力指数

1. 主要国家创新投入效力指数值对比

2015 年瑞士的创新投入效力指数排名第 1，指数值为 63.11，以色列和韩国分列第 2 位和第 3 位，指数值分别为 58.71 和 56.42；瑞典、丹麦、日本、美国、奥地利、芬兰和德国依次名列第 4 位到第 10 位，指数值分别为 52.45、52.42、49.77、49.49、49.42、47.50 和 45.33；排名前 10 的国家间创新投入效力差别不大；2015 年，中国的创新投入效力指数值为 22.58，在 40 个国家中居第 23 位，与韩国、日本、美国的差距较大，分别为韩国的 40.02%，日本的 45.37%，美国的 45.63%，如图 5-15 所示。与“十一五”末的 2010 年相比，2015 年中国创新投入效力指数排名由第 26 位上升到第 23 位，创新投入效力指数值增加了 6.71，如图 5-15 和图 5-16 所示；与 2006 年相比，2015 年中国创新投入效力指数值增加了 12.37，仅次于韩国指数值增量（20.91），指数值增量在 40 个国家中排名第 2 位，表明“十一五”和“十二五”期间中国创新投入效力提升比较明显，如图 5-17 所示。

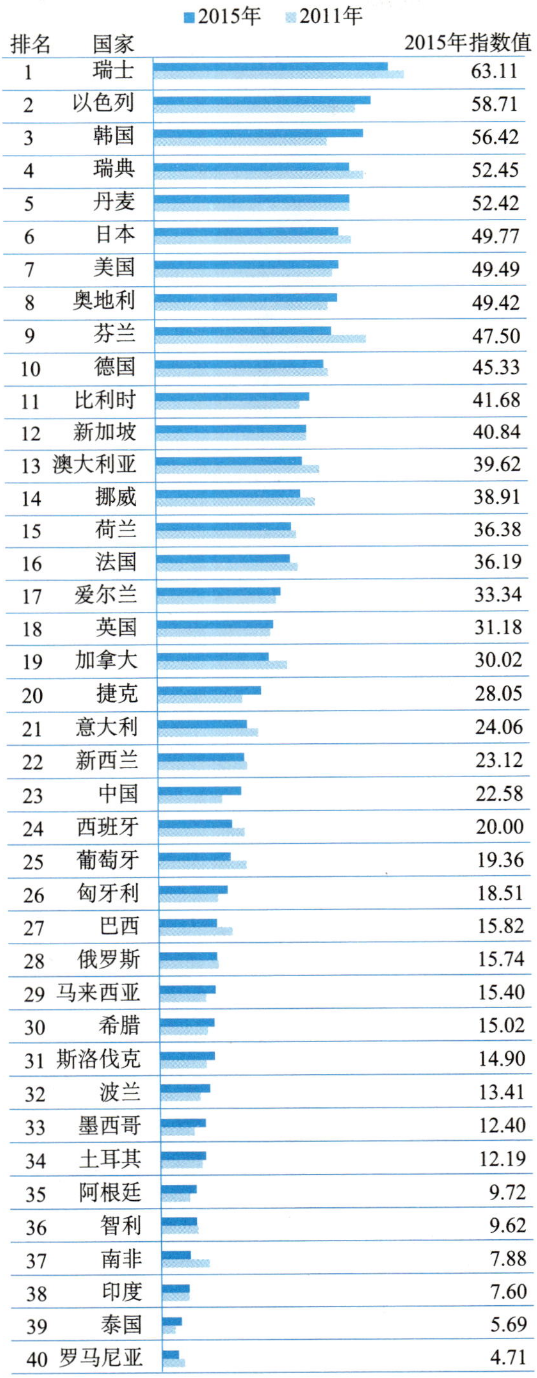

图 5-15 主要国家创新投入效力指数（2011 年、2015 年）

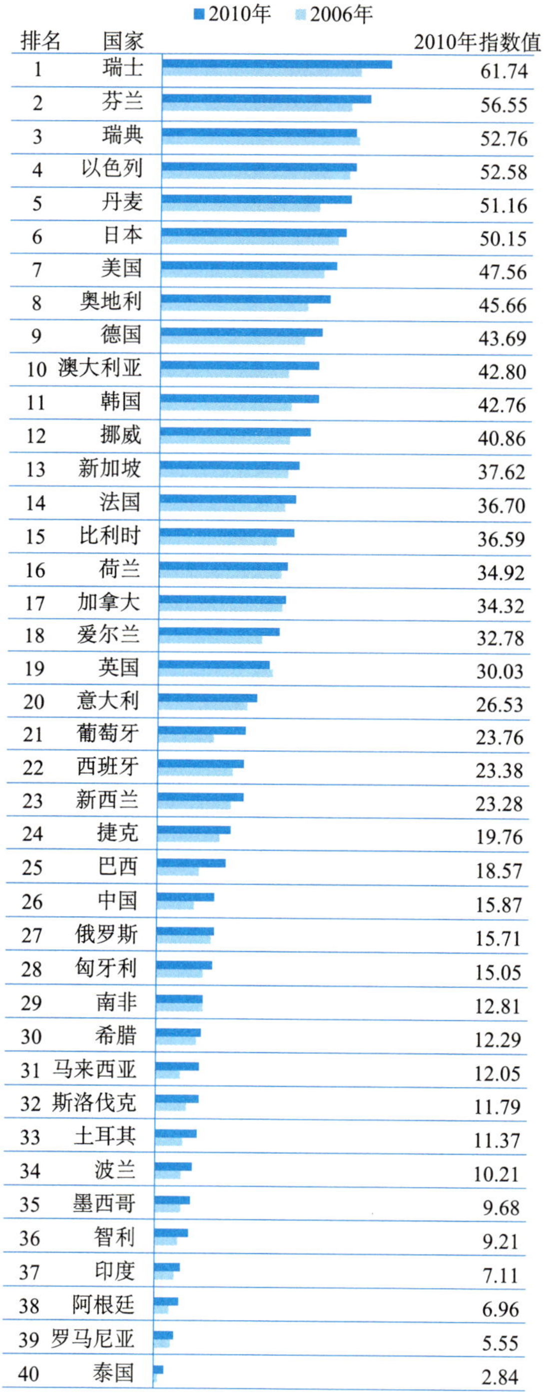

图 5-16 主要国家创新投入效力指数（2006 年、2010 年）

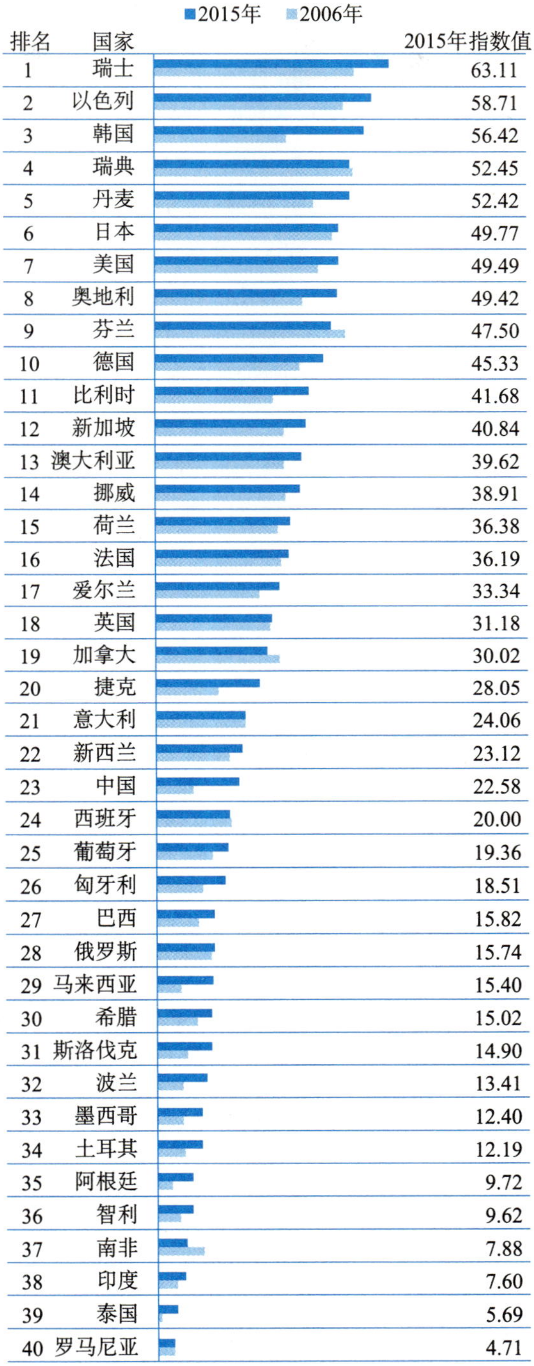

图 5-17 主要国家创新投入效力指数（2006 年、2015 年）

2. 主要国家创新投入效力指数值年均增长率比较

2006～2015 年，创新投入效力指数值年均增长率排名前 10 的国家依次是泰国、马来西亚、阿根廷、中国、波兰、斯洛伐克、墨西哥、捷克、土耳其、韩国，其中泰国年均增长率达 16.67%。中国的年均增长率为 9.21%，排第 4 位。大多数国家的创新投入效力指数年均增长率在 5% 以下。美国的创新投入效力指数值年均增长率为 1.26%，日本为 0.42%，德国为 1.65%，英国为 0.09%；意大利、瑞典、西班牙、芬兰、加拿大和南非出现负增长。

从创新投入效力指数五年的年均增长率来看，中国 2006～2010 年的年均增长率是 11.65%，2011～2015 年的年均增长率为 6.49%，第一个五年的年均增长率要高于第二个五年。泰国在两个五年中的年均增长率都是最高的，分别为 18.88% 和 11.75%。大部分国家第二个五年的年均增长率都要低于第一个五年。美国第一个五年的年均增长率为 1.83%，第二个五年为 0.7%；日本两个五年的年均增长率分别为 1.14% 和 −1.67%；德国、印度、巴西、南非等 21 个国家创新投入效力指数值在第二个五年出现了负增长。如图 5-18 所示。

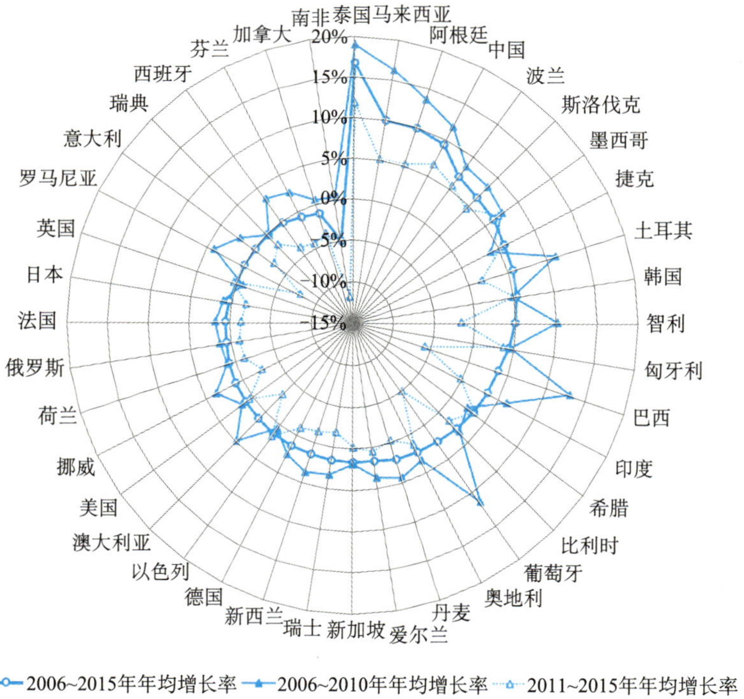

图 5-18 国家创新投入效力指数年均增长率（2006～2015 年）

注：图中国家以 2006～2015 年年均增长率由高到低顺时针排序。

（二）创新条件效力指数

1. 主要国家创新条件效力指数值对比

2015 年，爱尔兰、瑞士和韩国的创新条件效力指数排名前 3 位，指数值分别为 78.49、73.43 和 72.07；日本、丹麦、芬兰、瑞典、新西兰、英国和挪威分列第 4 位到第 10 位，指数值分别为 68.70、62.09、59.59、59.52、57.42、56.57 和 55.10；排名前 10 的国家之间创新条件效力指数差别较小。2015 年，中国创新条件效力指数值为 26.04，在 40 个国家中居第 38 位，仅高于泰国和印度，与韩国、日本、美国的差距较大，分别为韩国的 36.14%，日本的 37.91%，美国的 52.77%，如图 5-19 所示。与“十一五”末的 2010 年相比，2015 年中国创新条件效力指数排名由第 36 位下降到第 38 位，指数值仅增加了 9.22，如图 5-19 和图 5-20 所示；与 2006 年相比，2015 年中国创新条件效力指数值增加了 20.94，指数值增量在 40 个国家中排名第 6 位，表明在“十一五”和“十二五”期间，中国创新条件效力提升明显，但排名仍比较靠后，如图 5-21 所示。

2. 主要国家创新条件效力指数值年均增长率比较

2006～2015 年，创新条件效力指数年均增长率排名前 10 的国家依次是印度、南非、中国、俄罗斯、阿根廷、土耳其、墨西哥、泰国、罗马尼亚、巴西。印度作为增长最快的国家，年均增长率达 45.23%。中国创新条件效力指数年均增长率为 19.85%，在 40 个国家中居第 3 位。年均增长率排名前 10 的国家均为发展中国家，其中有五个金砖国家。金砖五国在创新条件效力指数增长上表现突出。国家创新条件效力水平较高的发达国家，其年均增长率基本都在 5% 以下，其中美国为 1.53%、日本为 4.18%，德国为 2.43%，瑞典则出现了负增长。

从创新条件效力指数五年的年均增长率来看，印度和南非在第一个五年（2006～2010 年）和第二个五年（2011～2015 年）期间表现均十分强劲，年均增长率均在两位数以上。中国创新效力指数表现良好，第一个五年年均增长率远高于第二个五年，分别为 34.73% 和 8.17%。大部分发展中国家第二个五年的年均增长率都低于第一个五年；主要发达国家两个五年的年均增长率变化不大，如美国分别为 1.31%、2.49%，日本分别为 4.04%、4.52%，德国分别为 3.30%、2.14%。如图 5-22 所示。

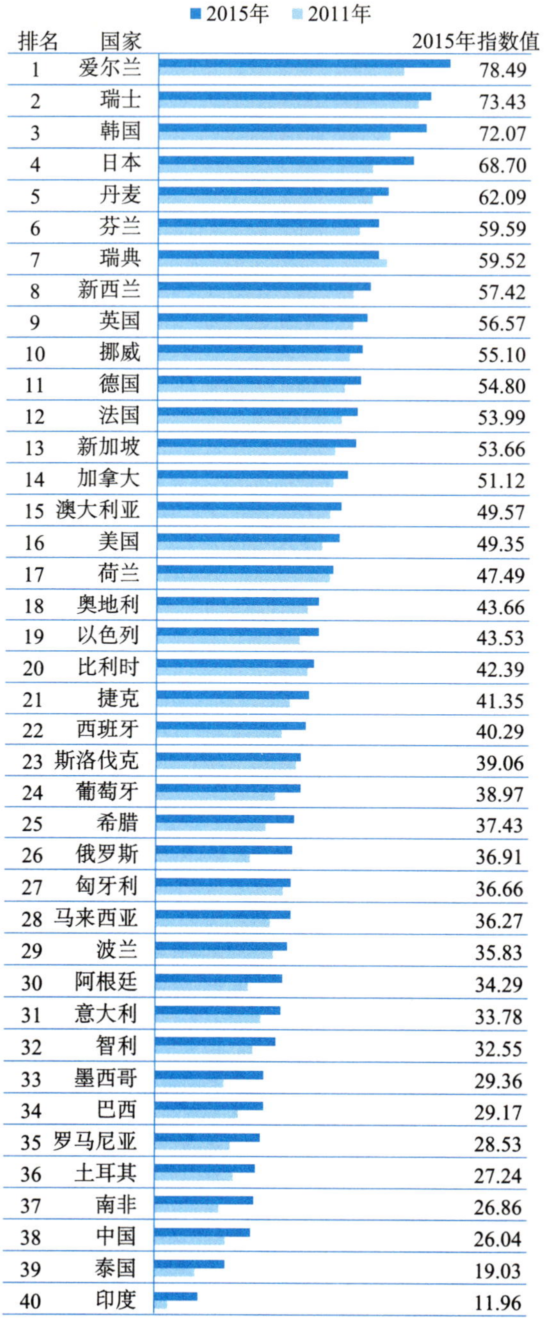

图 5-19 主要国家创新条件效力指数（2011 年、2015 年）

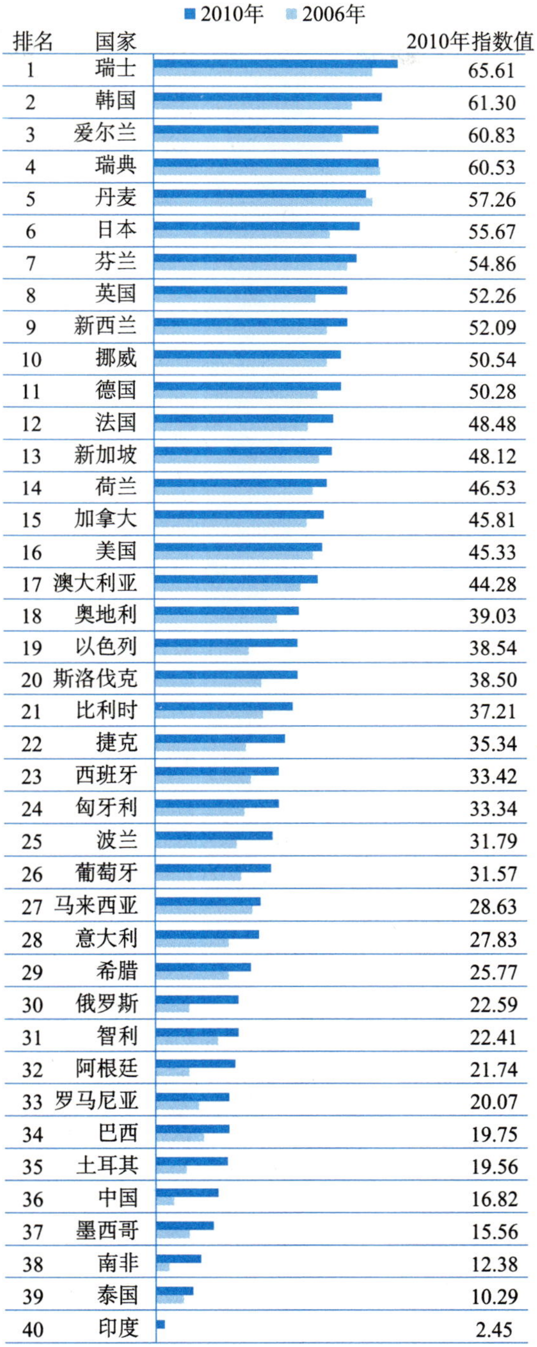

图 5-20　主要国家创新条件效力指数（2006 年、2010 年）

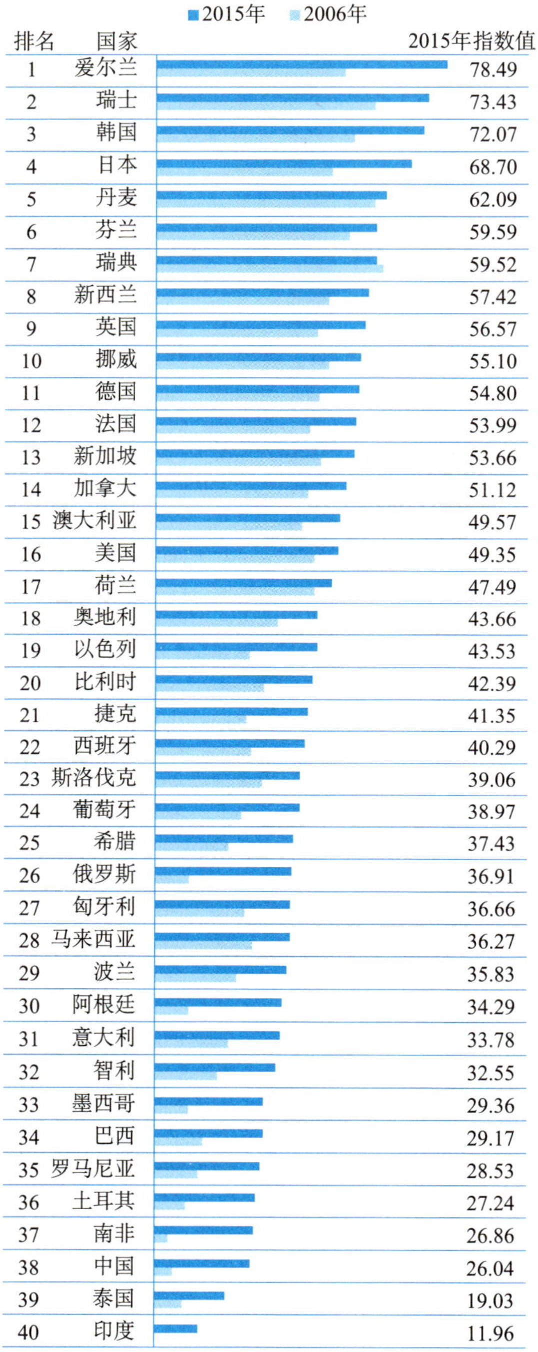

图 5-21 主要国家创新条件效力指数（2006 年、2015 年）

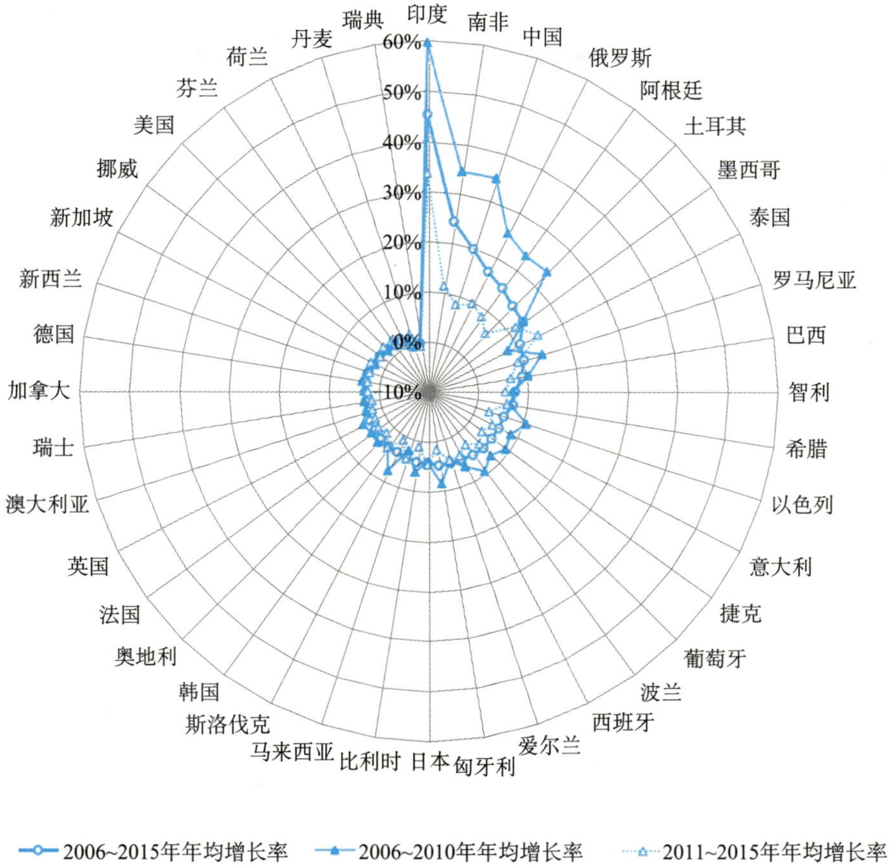

图 5-22　国家创新条件效力指数年均增长率（2006～2015 年）

注：图中国家以 2006～2015 年年均增长率由高到低顺时针排序。

（三）创新产出效力指数

1. 主要国家创新产出效力指数值比较

2015 年瑞士、韩国、荷兰、日本和智利的创新产出效力指数排名前 5，指数值分别为 42.87、41.60、36.13、34.76 和 32.91；瑞典、新西兰、意大利、芬兰和德国的创新产出效力指数分列第 6 位到第 10 位，指数值分别为 28.19、27.16、27.12、26.42 和 24.31；前 10 位国家间的创新产出效力差别不大。2015 年，中国创新产出效力指数值为 19.42，在 40 个国家中居第 25 位，与韩国、日本的差距较大，分别为韩国的 46.68%，日本的 55.87%，如图 5-23 所示。与“十一五”末的 2010 年相比，2015 年中国创新产出效力指数排名由第 21 位下降到第 25 位，指数值增加了 4.71，如图 5-23 和图 5-24 所示；与 2006 年相比，2015 年中国创新产出效力指数值增加了 9.09，指数值增量在 40 个国家中排名第 6 位，表明“十一五”和“十二五”期间中国创新产出效力提升明显，如图 5-25 所示。

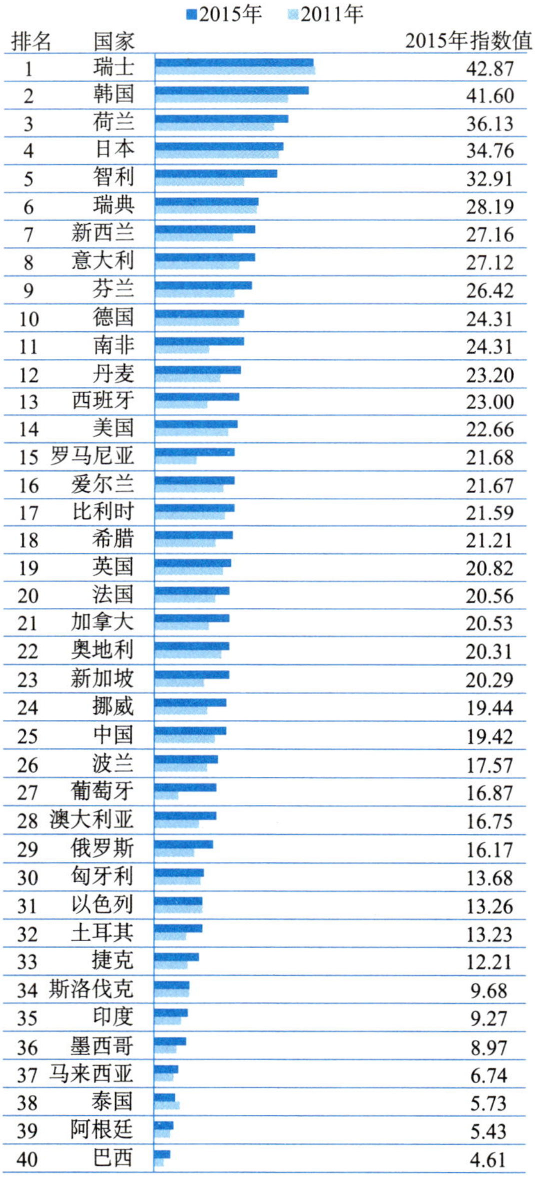

图 5-23 主要国家创新产出效力指数（2011 年、2015 年）

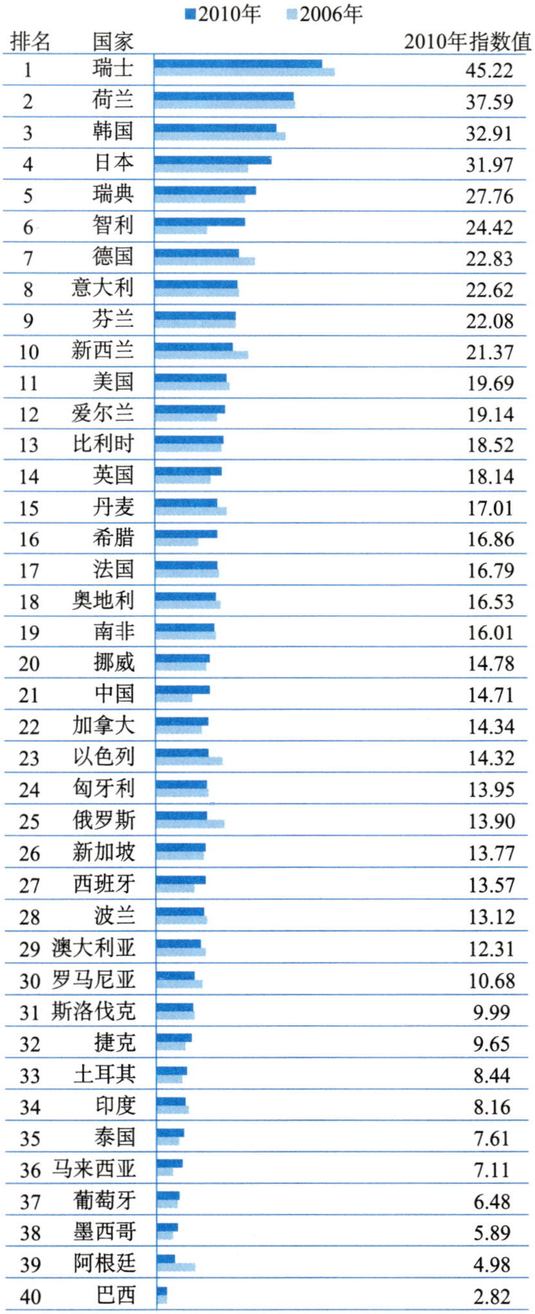

图 5-24　主要国家创新产出效力指数（2006 年、2010 年）

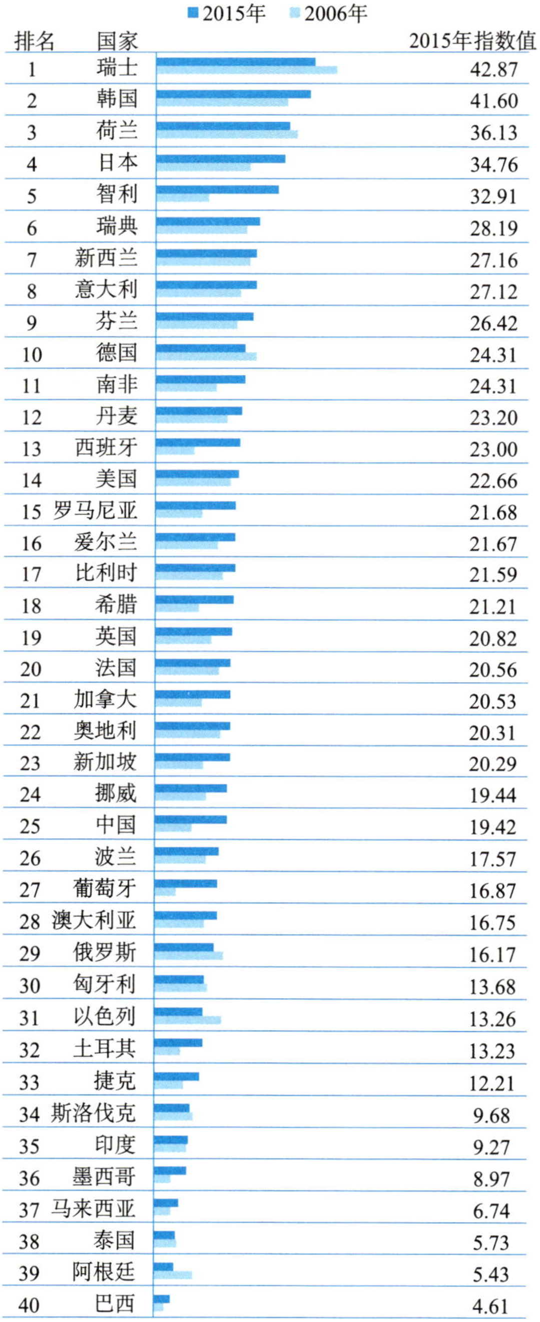

图 5-25 主要国家创新产出效力指数（2006 年、2015 年）

2. 主要国家创新产出效力指数值年均增长率比较

2006～2015 年，创新产出效力指数年均增长率排名前 10 的国家依次是葡萄牙、智利、西班牙、墨西哥、中国、土耳其、希腊、罗马尼亚、加拿大、巴西。葡萄牙年均增长率为 12.27%，排名第 1。中国的年均增长率为 7.26%，排名第 5。美国、日本、韩国、印度的年均增长率相对较低，分别为 1.16%、3.55%、1.74%、0.28%。有 9 个国家出现了负增长，分别为荷兰、匈牙利、斯洛伐克、德国、瑞士、泰国、俄罗斯、以色列、阿根廷。

从创新产出效力指数五年的年均增长率来看，中国 2006～2010 年的年均增长率为 9.22%，2011～2015 年为 4.15%。第一个五年年均增长率最高的国家是智利，为 14.33%；第二个五年年均增长率最高的国家是葡萄牙，为 25.77%。美国、德国、韩国、印度和俄罗斯等国在第一个五年出现了负增长，第二个五年的年均增长率恢复到 5% 以下，俄罗斯甚至出现了 10.1% 的年均增长。如图 5-26 所示。

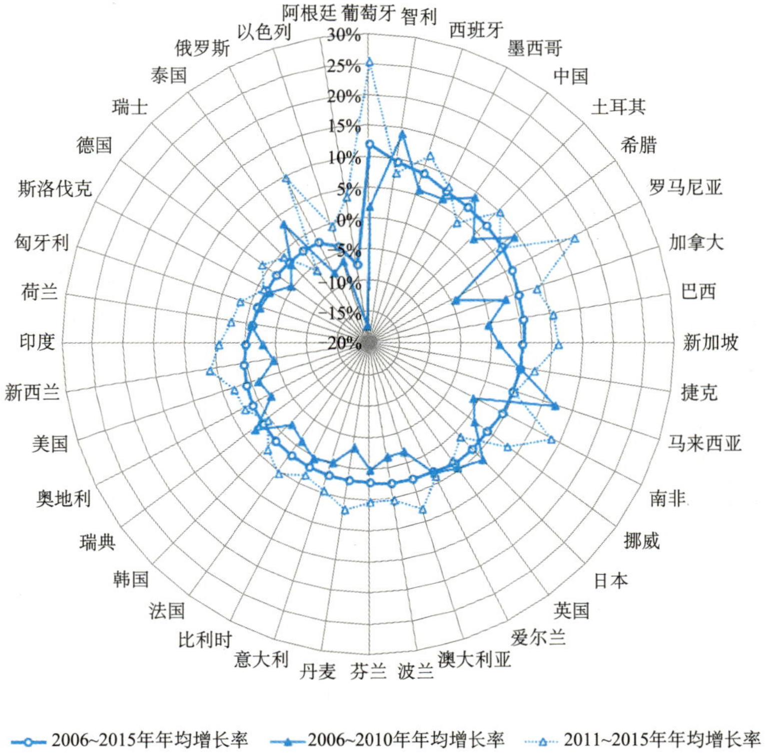

图 5-26　国家创新产出效力指数年均增长率（2006～2015 年）

注：图中国家以 2006～2015 年年均增长率由高到低顺时针排序。

（四）创新影响效力指数

1. 主要国家创新影响效力指数值比较

2015 年土耳其创新影响效力指数排名第 1，指数值为 51.65；瑞士、新加坡、爱尔兰、丹麦、英国、美国、日本、德国和法国分列第 2 位到第 10 位，指数值分别为 26.52、26.08、24.79、21.48、20.53、19.73、18.87、17.40 和 16.80；排名前 10 的国家中，土耳其领先优势显著，其余 9 国的创新影响效力差距较小，如图 5-27 所示。2015 年，中国的创新影响效力指数值为 8.33，在 40 个国家中居第 32 位，与美国、日本的差距较大，分别为美国的 42.22%、日本的 44.14%。与“十一五”末的 2010 年相比，2015 年中国创新影响效力指数排名下降 1 位，指数值仅增加了 0.96，如图 5-27 和图 5-28 所示；与 2006 年相比，中国创新影响效力指数值仅增加了 1.19，指数值增量在 40 个国家中排名第 24 位，增幅比较小，如图 5-29 所示。

2. 主要国家创新影响效力指数年均增长率比较

2006～2015 年，创新影响效力指数年均增长率排名前 10 的国家依次是罗马尼亚、波兰、俄罗斯、斯洛伐克、捷克、德国、西班牙、以色列、印度、丹麦，其中既有发达国家也有发展中国家。增长最快的是罗马尼亚，年均增长率为 9.91%。中国创新影响效力指数的年均增长率非常低，仅为 1.73%，排名第 18 位。德国的年均增长率较高，达 4.18%，排名第 6 位；日本的年均增长率也高于中国，达 2.59%，排名第 13 位。总体来看，一半以上国家的年均增长率都在 2% 以下，有 10 个国家出现负增长，其中包括美国和韩国，年均增长率分别为 -1.26%、-0.51%。

从创新影响效力指数五年的年均增长率来看，中国 2006 ～2010 年和 2011～2015 年的年均增长率分别为 0.82%、2.81%。由此可见，相较第一个五年，中国第二个五年的年均增长率有所提升。第一个五年增长最快的国家是罗马尼亚，年均增长率为 12.81%；第二个五年增长最快的国家是俄罗斯，年均增长率为 15.25%。美国在两个五年期间都出现了负增长，第一个五年的年均增长率为 -2.92%，第二个五年为 -0.02%。日本和韩国在第一个五年也出现负增长，分别为 -0.6% 和 -2.43%，但在第二个五年期间恢复了增长，年均增长率分别为 4.92%、1.65%。如图 5-30 所示。

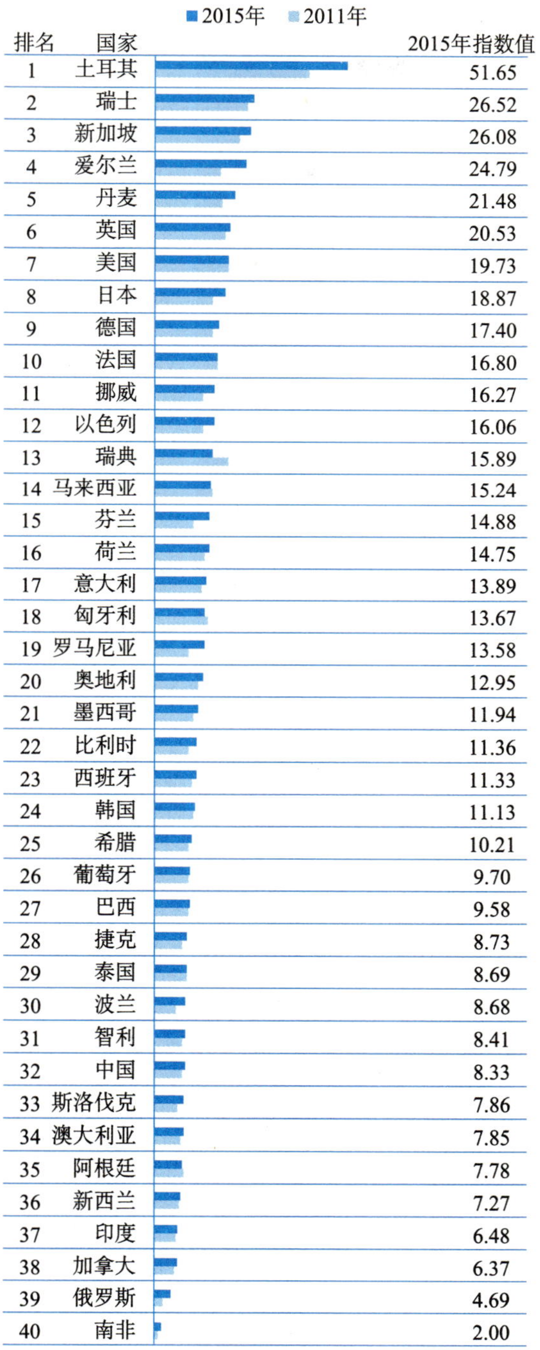

图 5-27 主要国家创新影响效力指数（2011 年、2015 年）

图 5-28 主要国家创新影响效力指数（2006 年、2010 年）

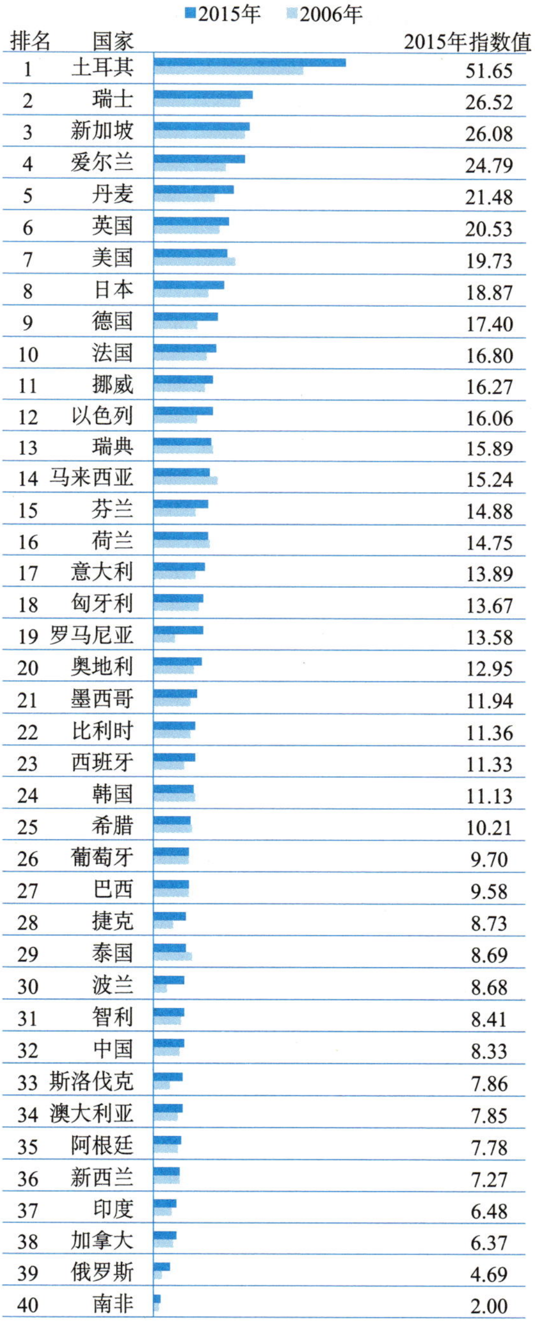

图 5-29 主要国家创新影响效力指数（2006 年、2015 年）

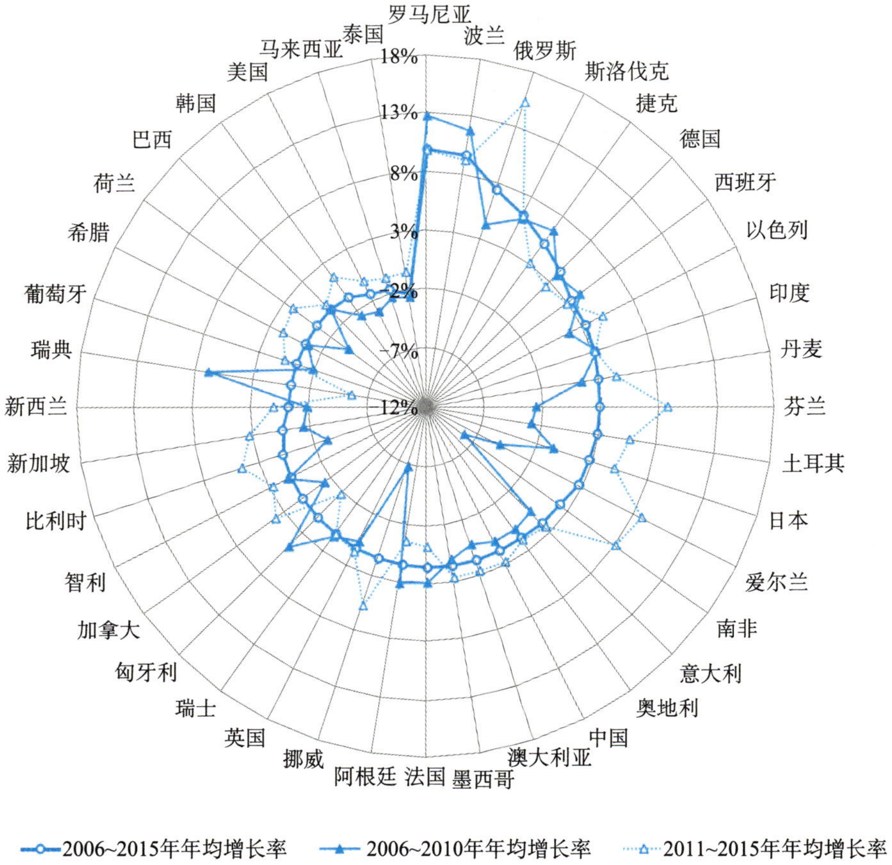

图 5-30 国家创新影响效力指数年均增长率（2006～2015 年）

注：图中国家以 2006～2015 年年均增长率由高到低顺时针排序。

第六章

国家创新发展指数

第一节　中国创新发展水平分析

一、中国创新发展指数演进与发展趋势

本报告分析 2006～2015 年中国创新发展指数演进，拟合预测 2020 年中国创新发展指数值。

（一）创新发展指数演进

两个五年规划期内（2006～2015 年），中国创新发展指数值稳步上升，但一直低于 40 个国家的平均值，与平均值之间的差距震荡减小，年增长率震荡下降，如图 6-1 所示。2015 年中国创新发展指数值为 25.77，与 2006 年指数值 17.55 相比提升了 46.88%，超过 2015 年创新发展指数最大值 62.63（瑞士）的 1/3。2006～2015 年，中国创新发展指数年均增长率为 4.36%。“十一五”期间，中国创新发展指数值由 2006 年的 17.55 上升至 2010 年的 21.33，年均增长率为 5.00%，2009 年的增长率为十年间的最高值 6.64%；“十二五”期间，中国创新发展指数值由 2011 年的 22.36 上升至 2015 年的 25.77，年均增长率为 3.62%，2013 年、2014 年的增长率均低于 3%。

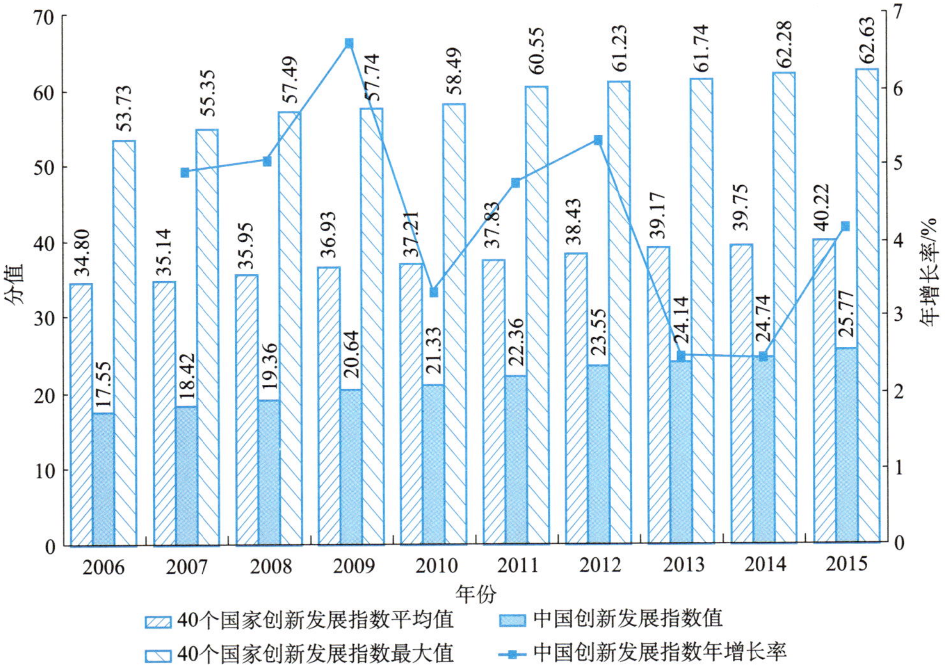

图 6-1　中国创新发展指数发展情况与国际比较（2006～2015 年）

（二）创新发展指数发展趋势

2006～2015 年，中国创新发展指数值呈稳定增长趋势，虽然低于 40 个国家的平均值，但增长速度略高于 40 个国家平均值的增长速度。为刻画中国创新发展指数未来发展趋势，本报告基于 2006～2015 年的指数值，通过对各类预测模型拟合优度的比较，最终选取对数模型对中国创新发展指数值和 40 个国家创新发展指数平均值进行拟合，拟合曲线如图 6-2 所示。如果保持拟合曲线呈现的趋势，中国创新发展指数值将持续增长，且与 40 个国家平均值之间的差距逐渐缩小。根据拟合的公式估算，中国创新发展指数值在 2020 年将为 30.45，仍低于 2006 年 40 个国家的平均值。

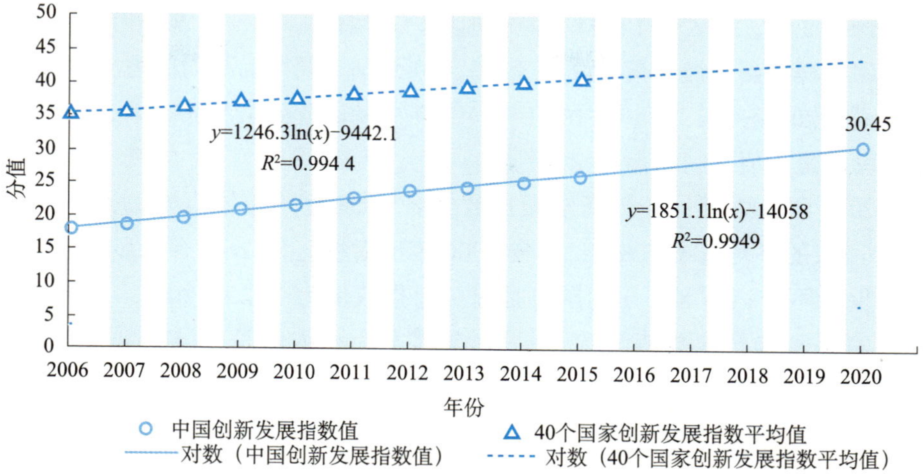

图 6-2　中国创新发展指数值面向 2020 年的趋势分析

二、中国创新发展指数分析

创新发展指数由科学技术发展指数、创新条件发展指数、产业创新发展指数、社会创新发展指数、环境创新发展指数构成。

2015 年，中国科学技术发展指数排名第 29 位，指数值为 10.76，低于 40 个国家的平均值（21.86），相较 2006 年（指数值 2.40）有明显提升，排名上升了 8 位。2015 年，排名第 1 的国家是瑞士，指数值为 62.29。2006 年排名第 1 的国家同样是瑞士，指数值为 52.44，40 个国家的平均值为 15.64。总体而言，2006～2015 年，中国科学技术发展指数值有所提升，但仍低于 40 个国家的平均值，与 40 个国家最大值之间的差距并没有缩小。

2015 年，中国创新条件发展指数排名第 37 位，指数值为 28.30，低于 40 个国家的平均值（43.02），相较 2006 年（指数值 10.87）有大幅提升，排名上升了 2 位；排名第 1 的国家是爱尔兰，指数值为 69.04。2006 年排名第 1 位的国家是丹麦，指数值为 60.94，40 个国家的平均值为 32.58。总体来看，2006～2015 年，中国创新条件发展指数值与 40 个国家平均值之间的差距虽有所缩小，但仍然较大。

2015 年，中国产业创新发展指数排名第 30 位，指数值为 29.69，低于 40 个国家的平均值（39.24），相较 2006 年（指数值 24.89）有小幅提升，排名上升了 2 位；排名第 1 的国家是新加坡，指数值为 83.53。2006 年排名第 1 的国家同样是新加坡，指数值为 85.53，40 个国家同期的平均值为 37.67。总体来看，2006～2015 年，中国的产业创新发展指数值虽有所上升，但与 40 个国家的最大值之间仍存在较大差距。

2015 年，中国社会创新发展指数排名第 38 位，指数值为 37.55，低于 40 个国家的平均值（59.80），相较 2006 年（指数值 25.26）有明显提升，但排名保持不变；排名第 1 的国家是荷兰，指数值为 78.29。2006 年排名第 1 的国家是瑞典，指数值为 72.08，40 个国家的平均值是 54.13。总体来看，2006～2015 年，中国社会创新发展指数与 40 个国家平均值之间的差距虽然有所缩小，但仍然较大。

2015 年，中国环境创新发展指数排名第 34 位，指数值为 21.91，低于 40 个国家的平均值（36.87），相较 2006 年（指数值 24.42）略有下降，排名下降了 2 位；排名第 1 的国家是瑞士，指数值为 76.14。2006 年，排名第 1 的国家同样是瑞士，指数值为 56.58，40 个国家的平均值为 30.90。总体来看，中国环境创新发展指数表现有所退步，与 40 个国家平均值之间的差距进一步拉大。如图 6-3 和图 6-4 所示。

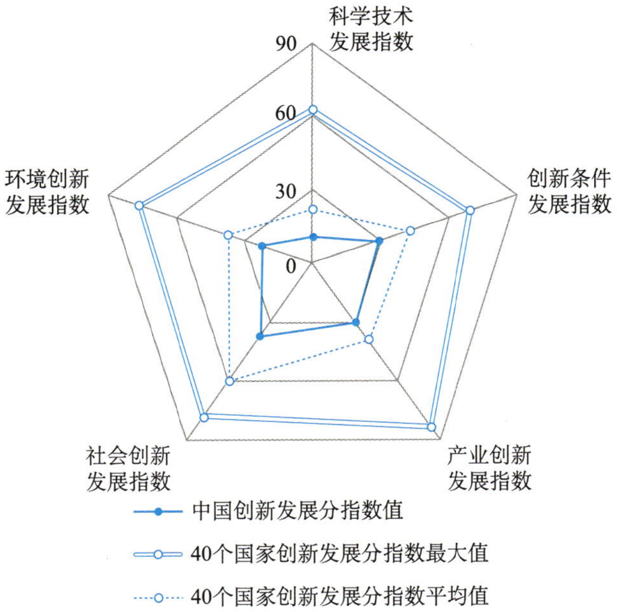

图 6-3　中国创新发展分指数值与 40 个国家的最大值、平均值比较（2015 年）

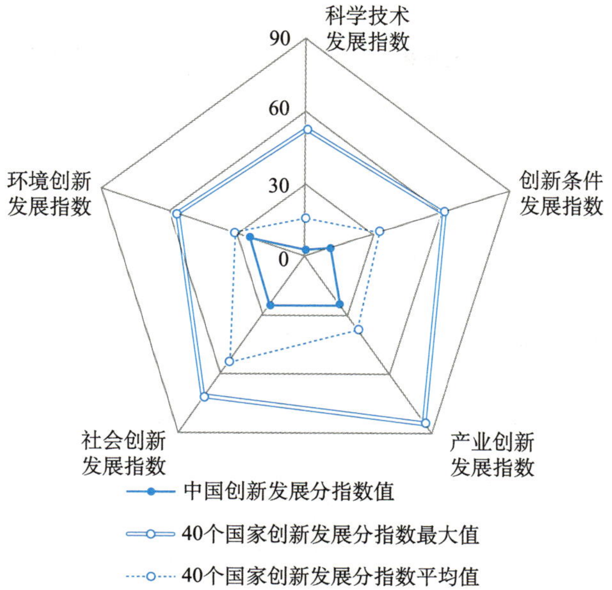

图 6-4 中国创新发展分指数值与 40 个国家的最大值、平均值比较（2006 年）

（一）科学技术发展指数值演进

两个五年规划期内（2006～2015 年），中国科学技术发展指数值稳步上升，但仍一直低于 40 个国家的平均值，年增长率震荡下降。2015 年中国科学技术发展指数值为 10.76，与 2006 年（指数值 2.40）相比增加了 348.33%，约为 2015 年科学技术发展指数最大值 62.29（瑞士）的 1/6。2006～2015 年，中国科学技术发展指数年均增长率为 18.15%。“十一五”期间，中国科学技术发展指数值由 2006 年的 2.40 上升至 2010 年的 5.92，年均增长率为 25.35%，2009 年的增长率为十年间的最高值 28.32%；“十二五”期间，中国科学技术发展指数值由 2011 年的 7.33 上升至 2015 年的 10.76，年均增长率为 10.09%，不到“十一五”期间的 1/2，2013 年和 2015 年的增长率均低于 10%。其中，2013 年中国科学技术发展指数增长率出现大幅下滑，下降至十年间的最低值 4.15%，主要是因为中国每百万研究人员本国居民专利授权量由 2012 年的 102 781.90 件 /（百万人·年）下降至 2013 年的 97 084.95 件 /（百万人·年）。如图 6-5 所示。

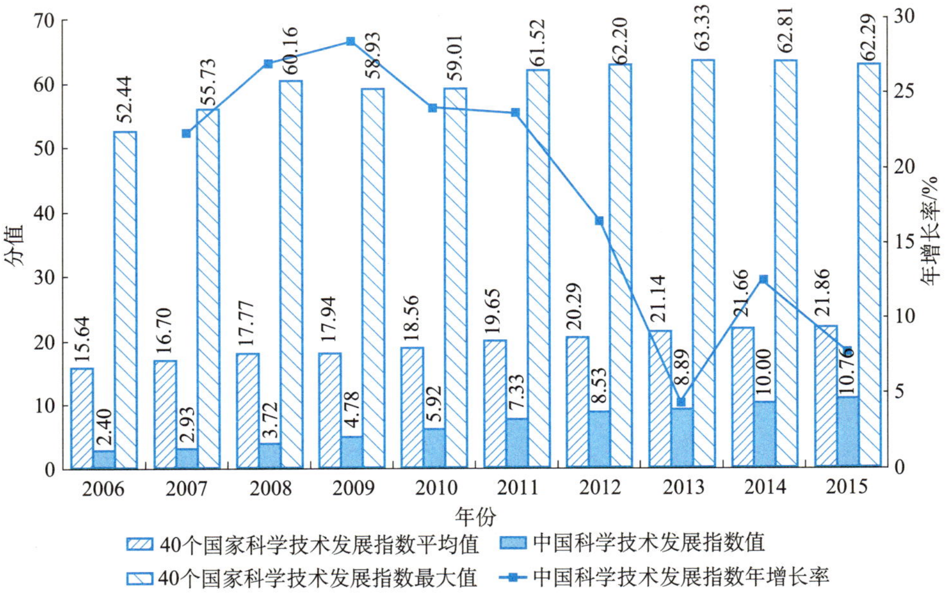

图 6-5 中国科学技术发展指数发展情况与国际比较（2006～2015 年）

（二）创新条件发展指数值演进

两个五年规划期内（2006～2015 年），中国创新条件发展指数值稳步上升，虽然一直低于 40 个国家的平均值，但差距不断缩小，年增长率震荡下降。2015 年中国创新条件发展指数值为 28.30，与 2006 年（指数值 10.87）相比增加了 160.35%，不到 2015 年创新条件发展指数最大值 69.04（爱尔兰）的 1/2。2006～2015 年，中国创新条件发展指数年均增长率为 11.21%。“十一五”期间，中国创新条件发展指数值由 2006 年的 10.87 上升至 2010 年的 19.99，年均增长率为 16.44%，2008 年的增长率为十年间的最高值 10.67%；“十二五”期间，中国创新条件发展指数值由 2011 年的 22.10 上升至 2015 年的 28.30，年均增长率为 6.38%，不到“十一五”期间年均增长率的 1/2，2013 和 2014 年的增长率均低于 3%。其中，2013 年中国创新条件发展指数增长率出现大幅下滑，下降至十年间的最低值 2.80%，这主要是因为中国教育公共开支总额占 GDP 的比重由 2012 年的 4.28% 下滑至 2013 年的 4.11%，年增长率为 -3.97%。如图 6-6 所示。

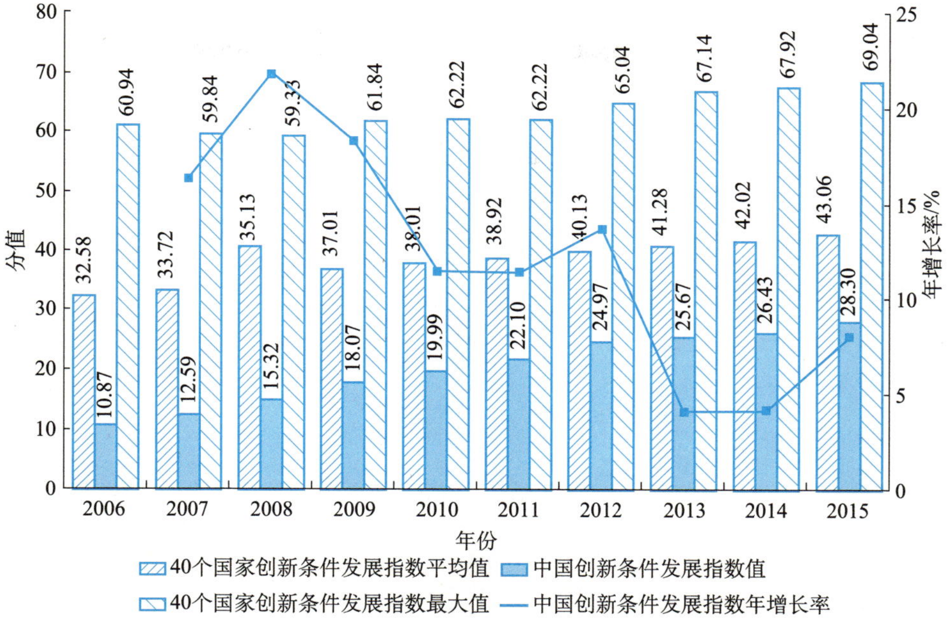

图 6-6　中国创新条件发展指数发展情况与国际比较（2006～2015 年）

（三）产业创新发展指数值演进

两个五年规划期内（2006～2015 年），中国产业创新发展指数值呈先下降后上升态势，虽然一直低于 40 个国家的平均值，但差距不断减小，年增长率整体震荡上升。2015 年中国产业创新发展指数值为 29.69，与 2006 年（指数值 24.89）相比增加了 19.28%，约为 2015 年产业创新发展指数最大值 83.53（新加坡）的 1/3。2006～2015 年，中国产业创新发展指数年均增长率为 1.98%。“十一五”期间，中国产业创新发展指数值由 2006 年的 24.89 上升至 2010 年的 25.11，年均增长率为 0.22%，2007 和 2008 年的增长率均为负值；“十二五”期间，中国产业创新发展指数值由 2011 年的 25.65 上升至 2015 年的 29.69，年均增长率为 3.73%，约为“十一五”期间的 17 倍，2015 年的增长率为十年间的最高值 5.96%。如图 6-7 所示。

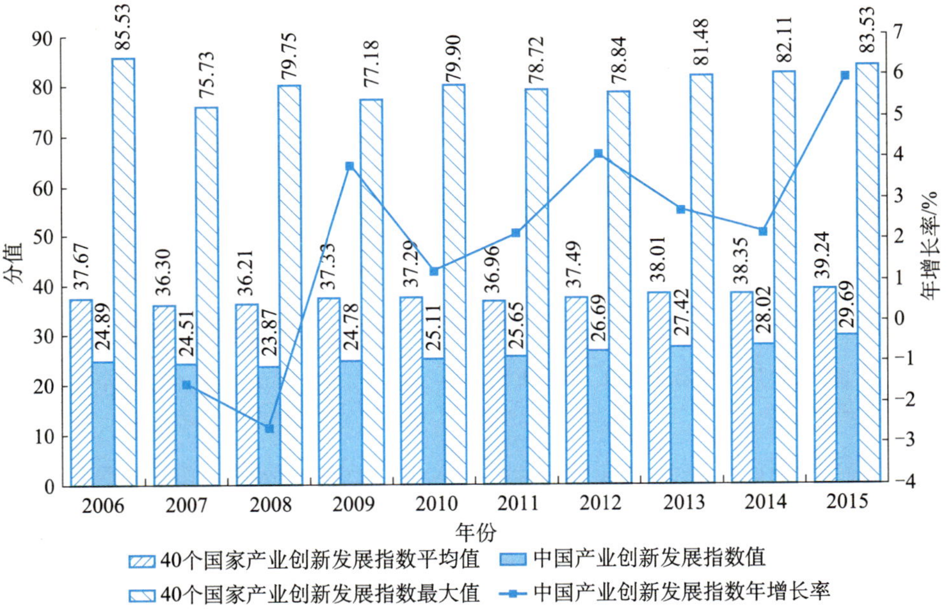

图 6-7 中国产业创新发展指数发展情况与国际比较（2006～2015 年）

（四）社会创新发展指数值演进

两个五年规划期内（2006～2015 年），中国社会创新发展指数值稳步上升，虽然一直低于 40 个国家的平均值，但差距不断减小，年增长率整体下降。2015 年中国社会创新发展指数值为 37.55，虽与 2006 年（指数值 25.26）相比提升了 48.65%，但仍不到 2015 年社会创新发展指数最大值 78.29（荷兰）的 1/2。2006～2015 年，中国社会创新发展指数年均增长率为 4.50%。“十一五”期间，中国社会创新发展指数值由 2006 年的 25.26 上升至 2010 年的 32.73，年均增长率为 6.69%，但年增长率一直呈下降趋势；“十二五”期间，中国社会创新发展指数值由 2011 年的 34.24 上升至 2015 年的 37.55，年均增长率为 2.33%，约为“十一五”期间的 1/3。2011～2014 年期间年增长率一直下降，2014 年的增长率为十年间的最低值 1.81%。如图 6-8 所示。

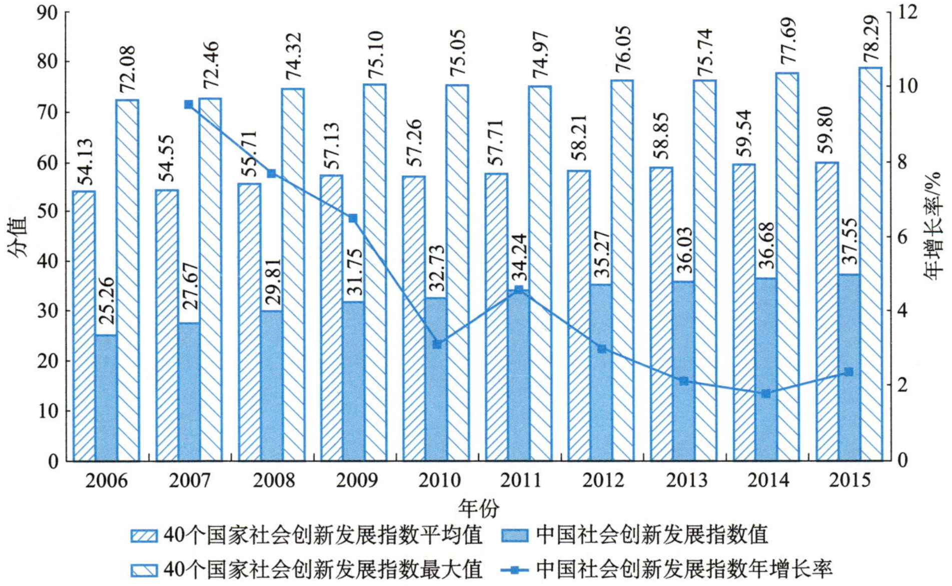

图 6-8　中国社会创新发展指数发展情况与国际比较（2006～2015 年）

（五）环境创新发展指数值演进

两个五年规划期内（2006～2015 年），中国环境创新发展指数值呈震荡下降态势，但一直低于 40 个国家的平均值，而且差距不断增大。2015 年中国环境创新发展指数值为 21.91，与 2006 年指数值 24.42 相比下滑了 10.29%，不到 2015 年环境创新发展指数最大值 76.14（瑞士）的 1/3。2006～2015 年，中国环境创新发展指数年均增长率为 -1.20%，是国家创新发展指数五个分指数中唯一年增长率为负数的分指数。“十一五”期间，中国环境创新发展指数值由 2006 年的 24.42 下降至 2010 年的 23.14，年均增长率为 -1.33%，2010 年的增长率为十年间的最低值 -5.41%；“十二五”期间，中国环境创新发展指数值由 2011 年 22.32 下降至 2015 年的 21.91，年均增长率为 -0.47%，约为“十一五”期间的 1/3，2013 年的增长率为十年间的最高值 1.28%。如图 6-9 所示。

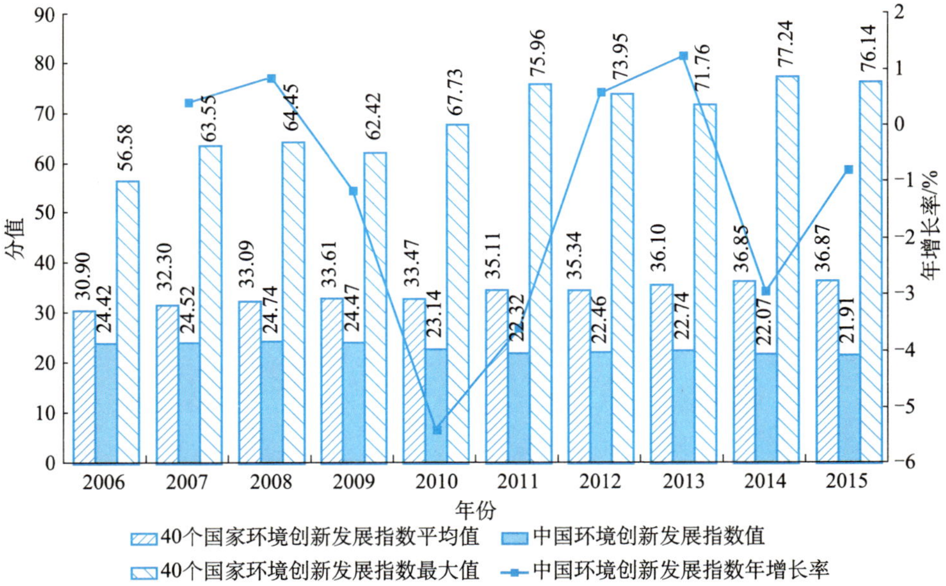

图 6-9　中国环境创新发展指数发展情况与国际比较（2006～2015 年）

第二节　主要国家创新发展水平分析与比较

一、主要国家创新发展指数分析

（一）创新发展指数值比较

1. 主要国家创新发展指数值对比

2015 年，瑞士创新发展指数值为 62.63，排名第 1；丹麦、新加坡、瑞典、爱尔兰和荷兰分列第 2 位到第 6 位，指数值依次为 55.08、55.02、54.47、53.90 和 52.90；挪威、法国、日本和英国的创新发展指数值分列第 7 位到第 10 位，指数值依次为 49.83、49.28、48.78 和 48.55。排名前 10 的国家中，瑞士创新发展水平领先优势显著，其余 9 国之间差距较小。2015 年，中国创新发展指数值为 25.77，在 40 个国家中名列第 38 位，仅高于南非和印度，与日本、韩国、美国之间的差距巨大，分别为日本的 52.83%，韩国的 55.21%，美国的 56.72%，如图 6-10 所示。与“十一五”末的 2010 年相比，2015 年中国创新发展指数排名没有发生变化，但指数值增加了 4.44，如图 6-10 和图 6-11 所示；与 2006 年相比，2015 年中国创新发展指数值增加了 8.23，指数值增量在 40 个国家中排第 4 位，表明“十一五”和“十二五”期间中国创新发展水平提升明显，如图 6-12 所示。

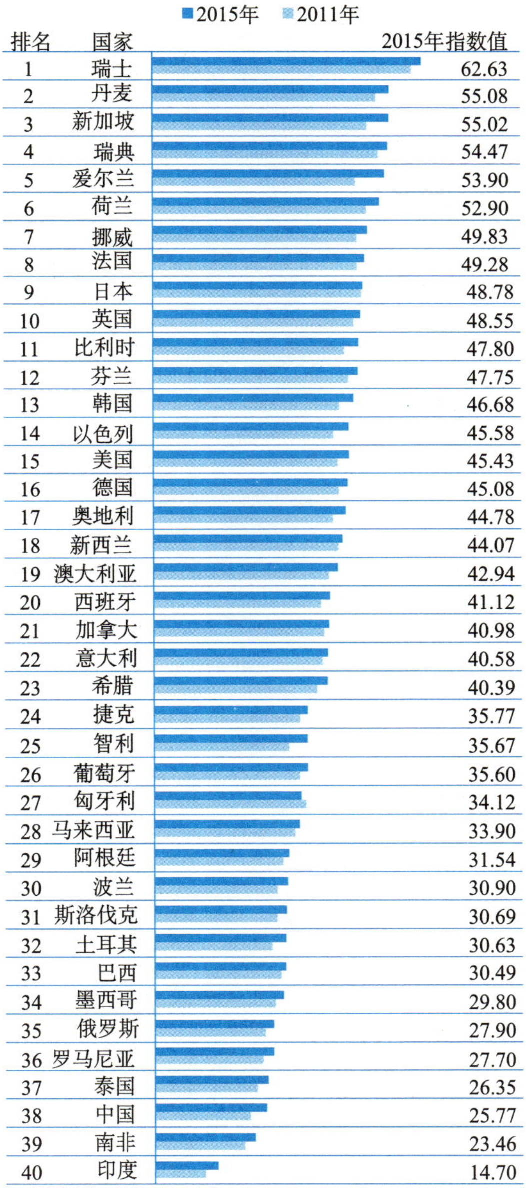

图 6-10　主要国家创新发展指数排名（2011 年、2015 年）

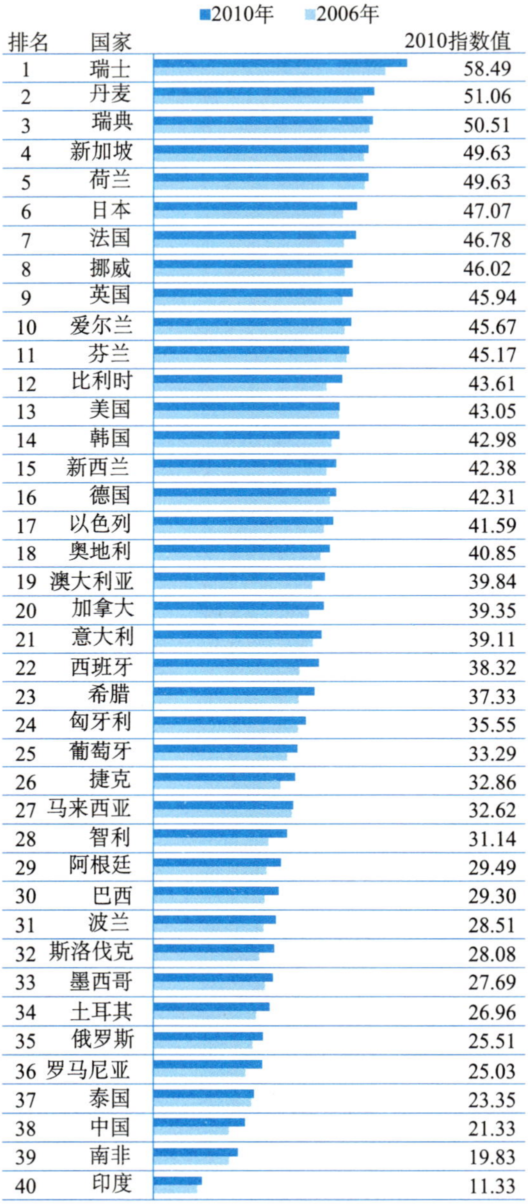

图 6-11 主要国家创新发展指数排名（2006 年、2010 年）

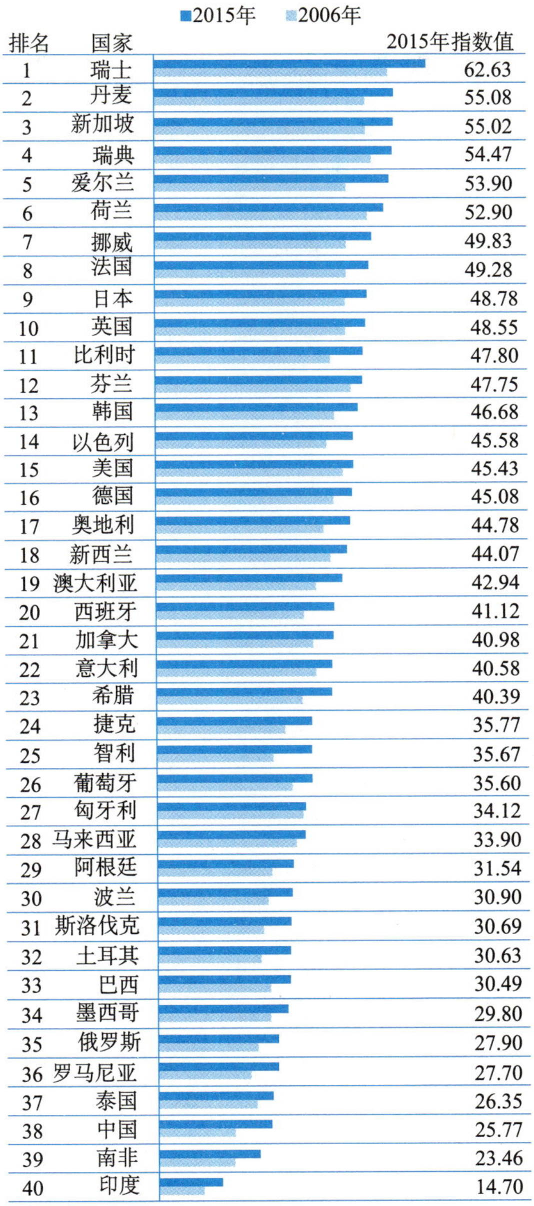

图 6-12 主要国家创新发展指数排名（2006 年、2015 年）

2. 主要国家创新发展指数及其分指数值排名

2015 年创新发展指数排名前 10 的国家分别是瑞士、丹麦、新加坡、瑞典、爱尔兰、荷兰、挪威、法国、日本、英国，其中 7 个国家为经济规模中等及以下的发达国家，仅日本、英国、法国为世界主要经济体。未见美国、德国等发达国家。如表6-1所示。

表6-1 主要国家创新发展指数及其分指数排名对比

国家	创新发展指数		科学技术发展指数		创新条件发展指数		产业创新发展指数		社会创新发展指数		环境创新发展指数	
	2015年	2006年	2015年	2006年	2015年	2006年	2015年	2006年	2015年	2006年	2015年	2006年
瑞士	1	1	1	1	2	3	4	6	23	23	1	1
丹麦	2	4	4	6	4	1	11	10	3	3	3	9
新加坡	3	5	8	20	19	17	1	1	21	28	13	3
瑞典	4	2	3	3	3	2	14	14	2	1	4	4
爱尔兰	5	8	10	19	1	5	2	4	28	24	2	6
荷兰	6	3	2	2	17	13	9	5	1	7	26	24
挪威	7	7	13	12	7	6	7	11	8	5	25	21
法国	8	9	19	15	11	11	3	8	12	11	8	7
日本	9	10	7	5	8	12	17	13	4	8	29	27
英国	10	11	17	14	10	9	8	7	10	10	6	14
比利时	11	15	12	13	16	19	13	18	5	4	22	29
芬兰	12	6	6	4	6	4	21	12	7	6	27	34
韩国	13	13	5	9	5	8	12	9	19	18	36	33
以色列	14	17	15	10	18	20	10	17	18	14	21	25
美国	15	12	9	7	14	10	6	2	16	19	39	40
德国	16	14	14	8	13	14	15	15	14	16	23	26
奥地利	17	18	11	11	20	18	19	20	17	20	11	16
新西兰	18	16	21	21	9	7	24	24	6	2	28	23
澳大利亚	19	19	16	18	15	16	16	21	9	9	38	38
西班牙	20	22	23	22	26	26	23	27	13	12	7	15
加拿大	21	21	18	17	12	15	18	19	15	13	37	39
意大利	22	20	20	16	36	28	22	23	22	15	5	11
希腊	23	24	26	25	21	29	20	22	11	17	18	18
捷克	24	27	24	26	22	27	27	26	20	21	32	36

续表

国家	创新发展指数		科学技术发展指数		创新条件发展指数		产业创新发展指数		社会创新发展指数		环境创新发展指数	
	2015年	2006年	2015年	2006年	2015年	2006年	2015年	2006年	2015年	2006年	2015年	2006年
智利	25	28	22	24	32	32	37	36	24	29	17	10
葡萄牙	26	26	25	28	23	22	31	29	27	25	9	8
匈牙利	27	23	27	23	34	21	26	16	30	26	14	20
马来西亚	28	25	36	38	25	23	5	3	37	36	33	28
阿根廷	29	29	37	33	24	37	36	35	25	22	19	17
波兰	30	32	30	30	27	24	35	37	29	27	31	31
斯洛伐克	31	33	32	31	30	25	32	34	31	33	24	30
土耳其	32	34	31	32	35	38	39	38	26	31	16	5
巴西	33	31	38	36	28	30	25	30	35	34	12	2
墨西哥	34	30	35	35	33	31	29	25	34	35	15	12
俄罗斯	35	35	34	29	29	35	28	33	32	30	40	37
罗马尼亚	36	37	33	34	39	33	38	39	33	32	10	22
泰国	37	36	40	40	38	36	33	28	36	37	30	19
中国	38	38	29	37	37	39	30	32	38	38	34	32
南非	39	39	28	27	31	34	34	31	39	39	35	35
印度	40	40	39	39	40	40	40	40	40	40	20	13

中国的创新发展指数排名相对落后，2015 年在 40 个国家中居第 38 位，与 2006 年排名结果相同，仅超过同为金砖国家的印度和南非。从分指数看，2015 年，中国社会创新发展指数排名仅列第 38 位，是创新发展指数的一大短板。2006～2015 年，中国科学技术发展指数、创新条件发展指数、产业创新发展指数排名有所上升，但依旧没能改变中国创新发展指数第 38 位排名的状况。十年间，中国的环境创新发展指数的排名从 2006 年的第 32 位下降至 2015 年的第 34 位，严重影响了中国创新发展指数排名的提升。

金砖国家中，巴西创新发展指数在 2015 年排在 40 个国家的第 33 位，较 2006 年下降了 2 位。俄罗斯、南非和印度的排名在十年间未出现明显进步，仍均处于 40 个国家排名的末尾。发达国家中，2005 年法国、日本和英国的创新发展指数排名进入了前 10。创新发展指数的排名中，瑞士、丹麦和新加坡等中小型规模发达国家具有一定优势，中国、印度、巴西、俄罗斯等经济体量相对较大的国家排名较为靠后。

金砖国家分指数排名大多靠后，个别分指标排名靠前不能明显拉高国家创新发展指数排名。以印度为例，2015 年印度的环境创新发展指数排在 40 个国家中的第 20 位，但其科学技术发展指数、创新条件发展指数、产业创新发展指数和社会创新发展指数的排名较差，分别为第 39 位、第 40 位、第 40 位、第 40 位，因此印度的创新发展指数在 2015 年排在 40 个国家中的最后一位。对金砖国家来说，保持优势分指数很重要，但也应全面提升劣势分指数的排名。发达国家中，一些国家的环境创新发展指数成为制约其创新发展指数排名最显著的短板。以美国为例，2015 年美国环境创新发展指数仅排在 40 个国家中的第 39 位，而其科学技术发展指数、创新条件发展指数、产业创新发展指数和社会创新发展指数的排名均在前 20 位。可见，对美国等发达国家来说，注重经济发展的同时，关注其环境创新发展指数对应指标是提升本国创新发展指数的关键。

（二）主要国家创新发展指数值年均增长率比较

2006～2015 年，创新发展指数年均增长率排名前 10 的国家依次是中国、印度、南非、智利、罗马尼亚、土耳其、斯洛伐克、爱尔兰、西班牙、俄罗斯。其中包括中国、俄罗斯、印度和南非等金砖国家。美国、日本、德国等发达国家的创新发展指数年均增长率相对较低，分别为 0.63%、1.17%、1.07%。总体来看，40 个国家的创新发展指数值均有所增长，但不显著，所有国家的年均增长率都在 5% 以下。

从创新发展指数五年的年均增长率来看，中国 2006～2010 年和 2011～2015 年的年均增长率分别 5% 和 3.62%，是第一个五年里增长最快的国家。在两个五年期间，中国创新发展指数的增长率均比较平稳。在第二个五年里，增长最快的国家是印度，年均增长率达 5.64%。美国、日本和德国在第一个五年期内的年均增长率分别为 0.07%、1.74%、0.82%，第二个五年，美国和德国的年均增长率分别上升到 1.45% 和 1.06%，日本则下降到 0.24%。如图 6-13 所示。

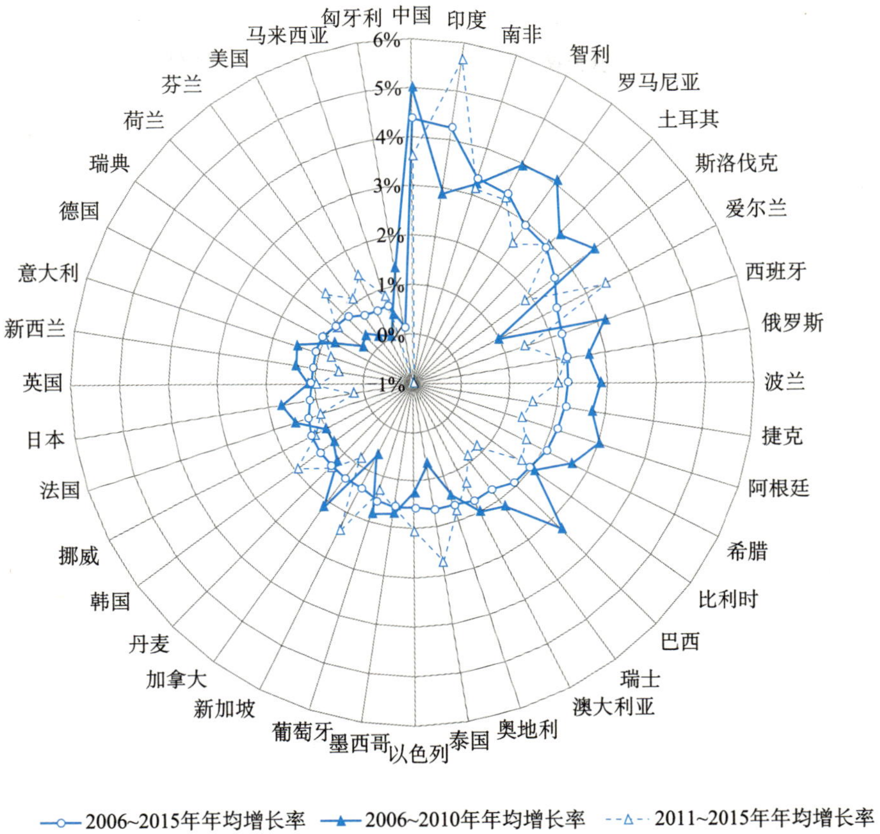

图 6-13　40 个国家创新发展指数年均增长率（2006～2015 年）

注：图中国家以 2006～2015 年年均增长率由高到低顺时针排序。

（三）中国创新发展指数三级指标得分对比与演进

2015 年，中国创新发展指数三级指标中仅有每百万研究人员本国居民专利授权量和高技术产品出口额占制成品出口额的比重两项指标得分高于 40 个国家的平均值，其他指标得分均低于 40 个国家的平均值，其中知识产权使用费收入占 GDP 的比重这一指标得分仅为 0.03，远低于 40 个国家的平均值，如图 6-14 所示。

2006 年中国创新发展指数三级指标中每百万研究人员国际期刊论文被引量、知识产权使用费收入占 GDP 的比重、服务业附加值占 GDP 的比重 3 项指标得分均为相应指标 40 个国家的最小值。每百万人 R&D 经费支出额、每百万人有效专利拥有量和单位能耗对应的 GDP 产出得分也均低于 1，如图 6-15 所示。

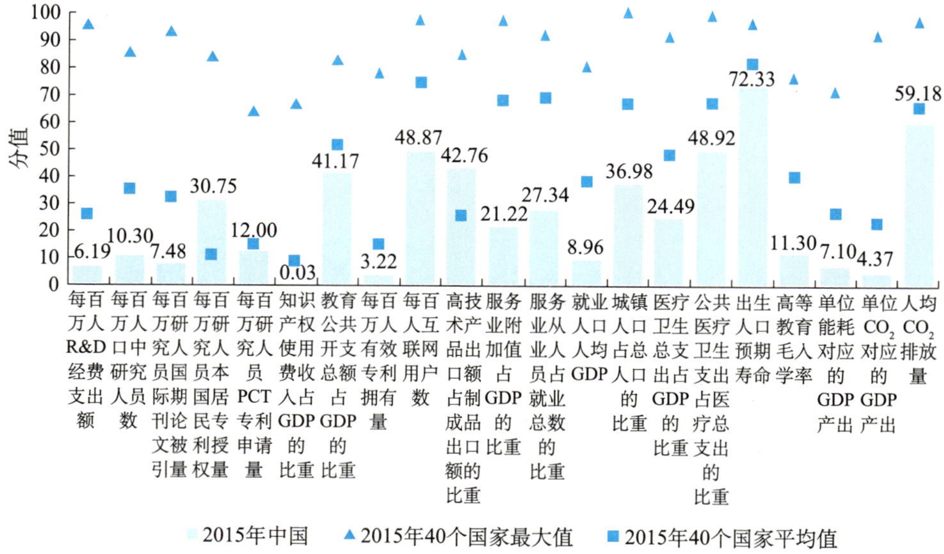

图 6-14　中国创新发展指数三级指标得分对比（2015 年）

注：图中所显示数据标签为中国创新发展指数三级指标得分。

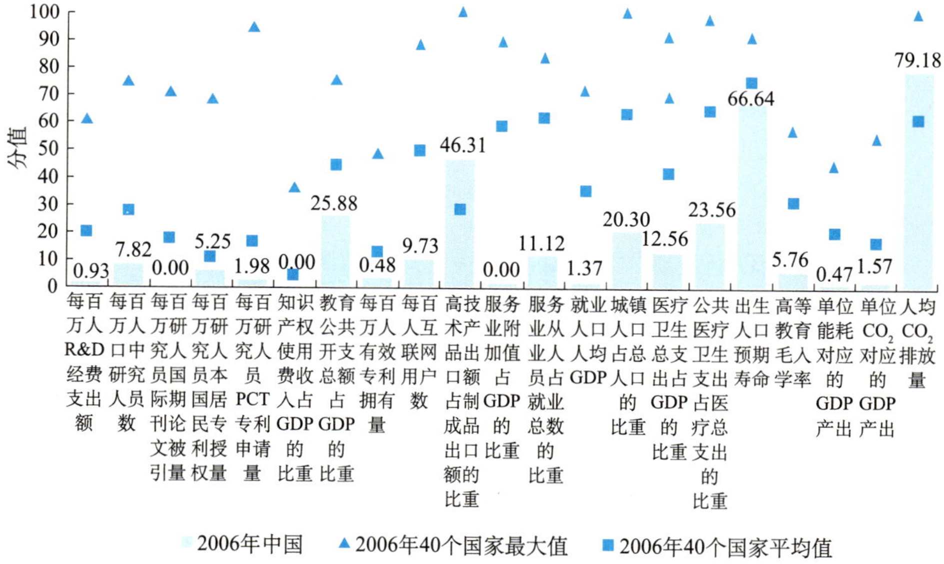

图 6-15　中国创新发展指数三级指标得分对比（2006 年）

注：图中所显示数据标签为中国创新发展指数三级指标得分。

总体来看，与 2006 年相比，2015 年中国创新发展指数有所进步，仅有高技术产品出口额占制成品出口额的比重和人均 CO_2 排放量两项三级指标的得分略有下降。需要指出的是，知识产权使用费收入占 GDP 的比重这一指标得分仅为 0.03，且多数指标得分低于 40 个国家的平均值。

二、主要国家创新发展分指数分析与比较

（一）科学技术发展指数

1. 主要国家科学技术发展指数值对比

2015 年，瑞士的科学技术发展指数排名第 1，指数值为 62.29；荷兰和瑞典分列第 2 位、第 3 位，指数值分别为 43.86 和 40.05；丹麦、韩国、芬兰、日本、新加坡、美国和爱尔兰等国科学技术发展指数排名依次名列第 4 位到第 10 位，指数值依次为 37.72、36.99、33.96、33.47、32.11、32.10、32.08；排名前 10 位的国家中，瑞士领先优势突出，其余 9 国之间的差距不大；2015 年，中国科学技术发展在 40 个国家中居第 29 位，指数值为 10.76，与韩国、日本、美国之间的差距较大，分别为韩国的 29.09%，日本的 32.15%，美国的 33.52%，如图 6-16 所示。与“十一五”末的 2010 年相比，2015 年中国科学技术发展指数排名由第 33 位上升到第 29 位，指数值增加了 4.84，如图 6-17 所示；与 2006 年相比，2015 年中国科学技术发展指数值增加了 8.36，指数值增量在 40 个国家中排名第 9 位，表明“十一五”和“十二五”期间中国科学技术发展水平有明显的提升，如图 6-18 所示。

2. 主要国家科学技术发展指数值年均增长率比较

2006～2015 年，科学技术发展指数年均增长率排名前 10 的国家依次是阿根廷、澳大利亚、奥地利、比利时、巴西、加拿大、智利、中国、捷克、丹麦。阿根廷作为增长最快的国家，年均增长率达 18.15%。中国的年均增长率为 7.85%，名列第 8 位。美国的年均增长率最低，仅为 1.18%；德国和日本的年均增长率分别为 6.35%、5.06%。总体来看，所有国家的科学技术发展指数都有不同程度的增长。

从科学技术发展指数五年的年均增长率来看，中国 2006～2010 年和 2011～2015 年的年均增长率分别为 10.98%、5.62%。由此可见，中国第一个五年的年均增长率要高于第二个五年。第一个五年里，增速最快的国家

是阿根廷，年均增长率达 25.35%；第二个五年，增速最快的国家是比利时，年均增长率为 10.7%。大部分国家第一个五年的年均增长率高于第二个五年，如美国分别为 1.73%、0.32%，德国分别为 7.58%、4.68%，韩国分别为 2.36%、1.40%；日本在第二个五年的年均增长率明显高于第一个五年，分别为 6.10%、1.65%。如图 6-19 所示。

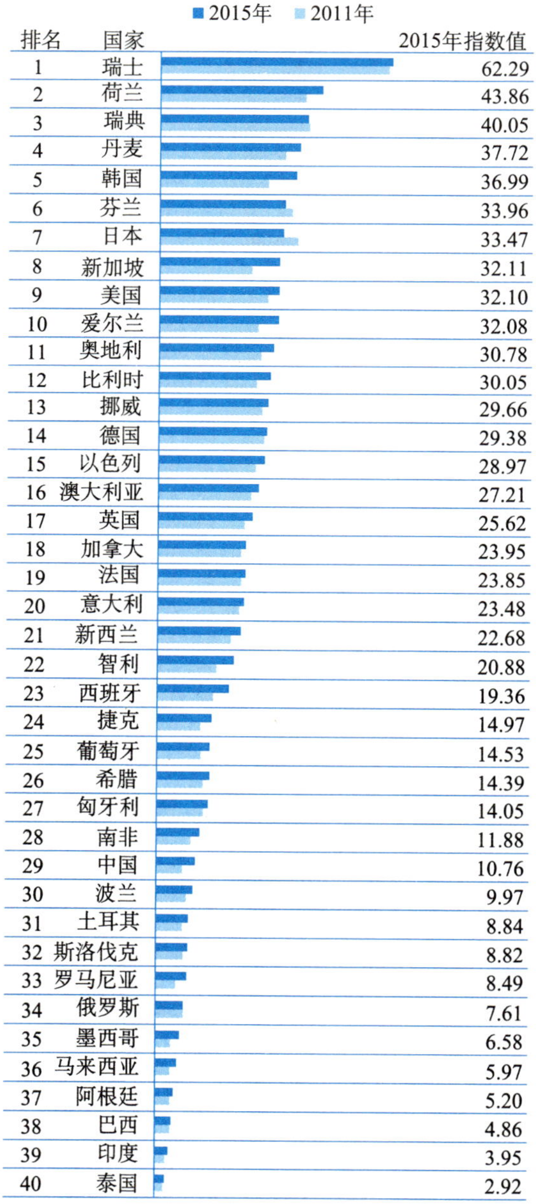

图 6-16　主要国家科学技术发展指数排名（2011 年、2015 年）

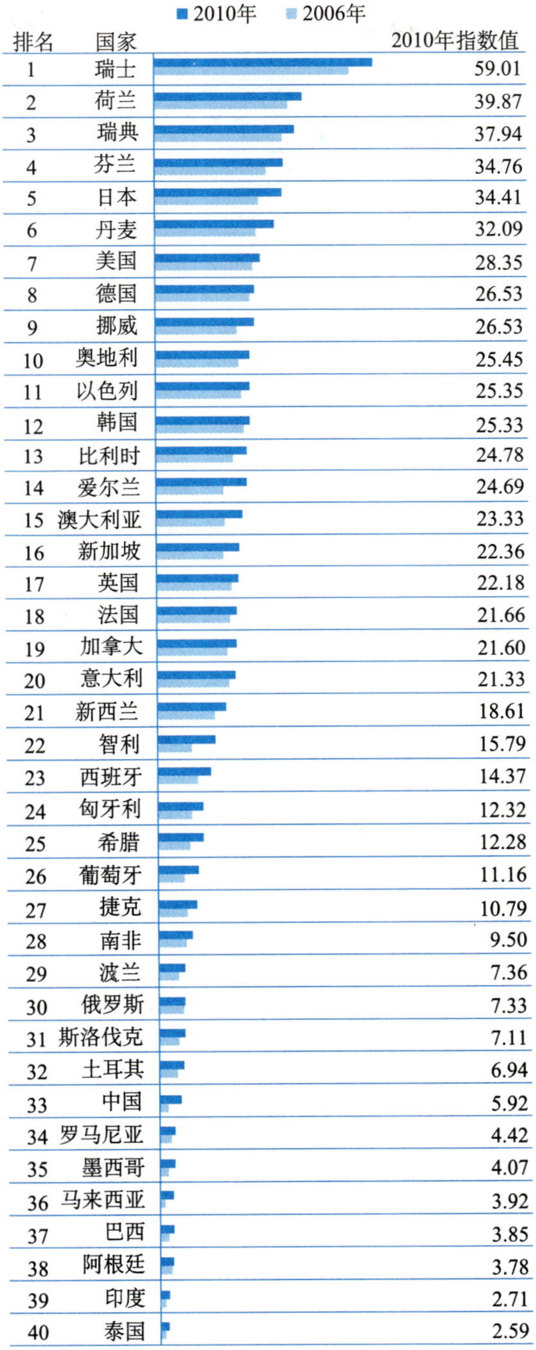

图 6-17　主要国家科学技术发展指数排名（2006 年、2010 年）

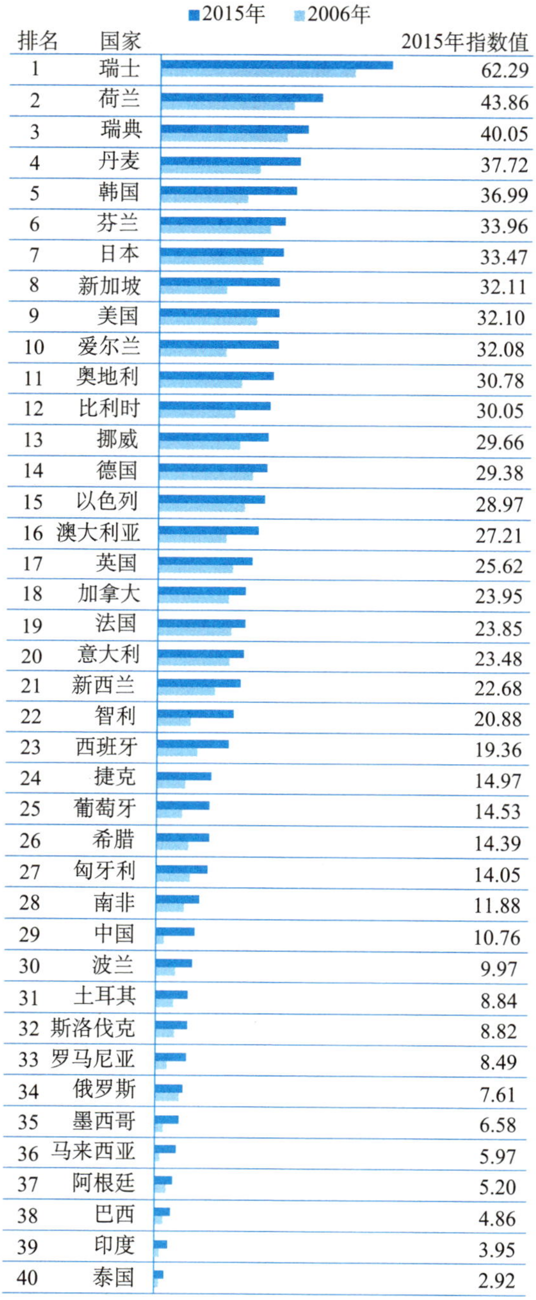

图 6-18　主要国家科学技术发展指数排名（2006 年、2015 年）

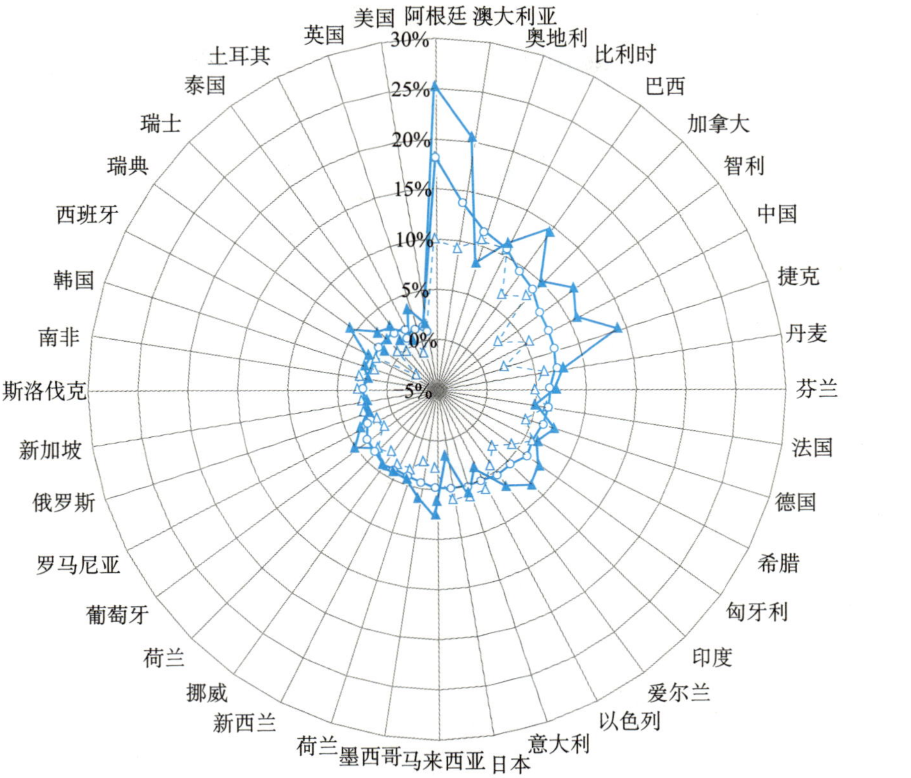

图 6-19 40 个国家科学技术发展指数年均增长率（2006～2015 年）

注：图中国家以 2006～2015 年年均增长率由高到低顺时针排序。

（二）创新条件发展指数

1. 主要国家创新条件发展指数值对比

2015 年，爱尔兰创新条件发展指数值为 69.04，名列第 1 位；瑞士、瑞典、丹麦、韩国和芬兰分列第 2 位到第 6 位，指数值依次为 64.58、63.19、62.95、61.90 和 60.72；挪威、日本、新西兰和英国分列第 7 位到第 10 位，指数值依次为 56.86、56.42、55.50 和 52.22；排名前 10 的国家之间创新条件发展水平差别不大；2015 年，中国创新条件发展指数值为 28.30，在 40 个国家中排名第 37 位，仅高于泰国、罗马尼亚和印度，与爱尔兰、韩国、日本之间的差距较大，分别是爱尔兰的 40.99%，韩国的 45.72%，日本的 50.16%，如图 6-20 所示。与“十一五”末的 2010 年相比，2015 年中国创新条件发展指数排名上升1位，创新条件发展指数值增加8.31，如图6-20和图6-21所示；与2006年相比，2015年中国创新条件发展指数值增加了17.43，指数值增量在40个国家中排名第6位，表明“十一五”和“十二五”期间中国创新条件发展水平提升明显，如图6-22所示。

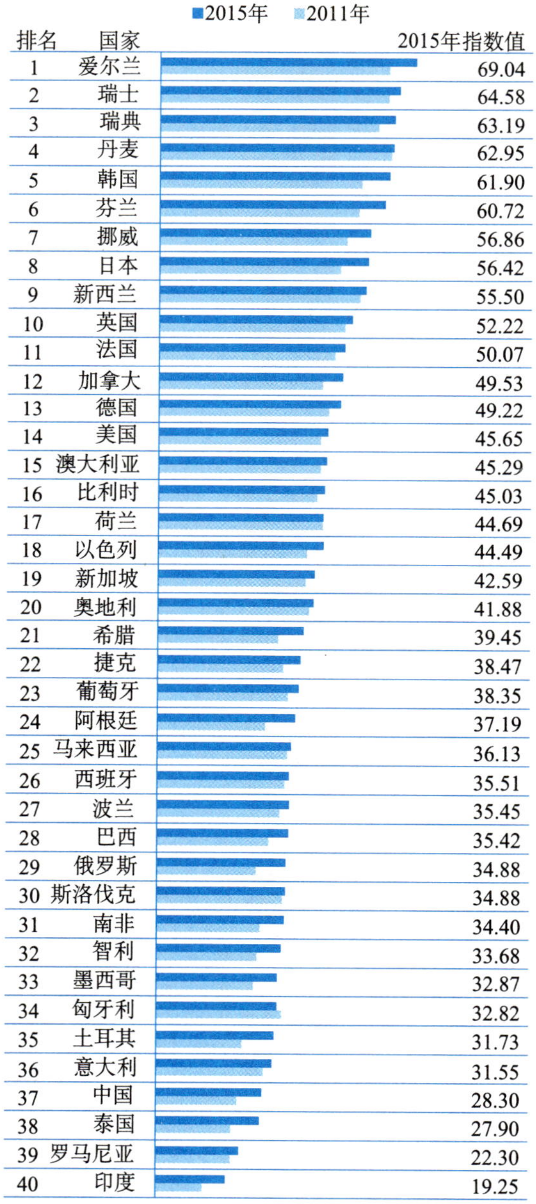

图6-20 主要国家创新条件发展指数排名（2011年、2015年）

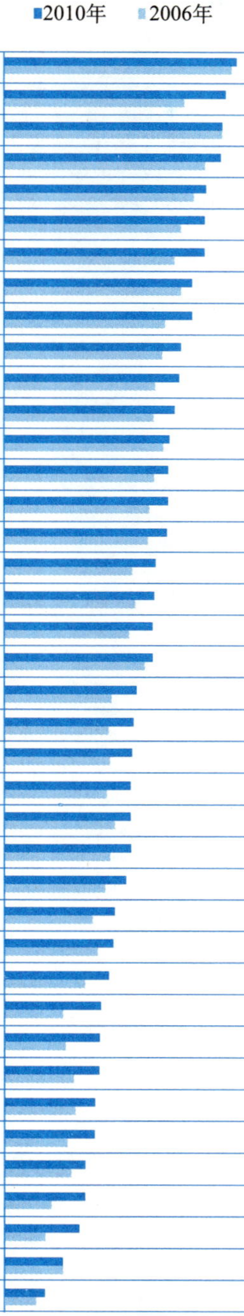

排名	国家	2010年指数值
1	丹麦	62.22
2	爱尔兰	59.31
3	瑞典	58.61
4	瑞士	58.18
5	芬兰	54.14
6	新西兰	54.00
7	韩国	53.86
8	挪威	50.66
9	英国	50.42
10	法国	47.41
11	日本	47.26
12	德国	46.01
13	美国	44.66
14	荷兰	44.08
15	加拿大	44.00
16	澳大利亚	43.83
17	比利时	40.84
18	奥地利	40.20
19	以色列	39.99
20	新加坡	39.90
21	葡萄牙	35.49
22	斯洛伐克	34.86
23	马来西亚	34.25
24	西班牙	33.90
25	匈牙利	33.86
26	波兰	33.72
27	捷克	32.85
28	希腊	29.69
29	意大利	29.25
30	巴西	28.09
31	阿根廷	26.05
32	俄罗斯	25.39
33	智利	25.28
34	墨西哥	24.33
35	南非	24.13
36	罗马尼亚	21.72
37	土耳其	21.62
38	中国	19.99
39	泰国	15.86
40	印度	10.54

图 6-21 主要国家创新条件发展指数排名（2006 年、2010 年）

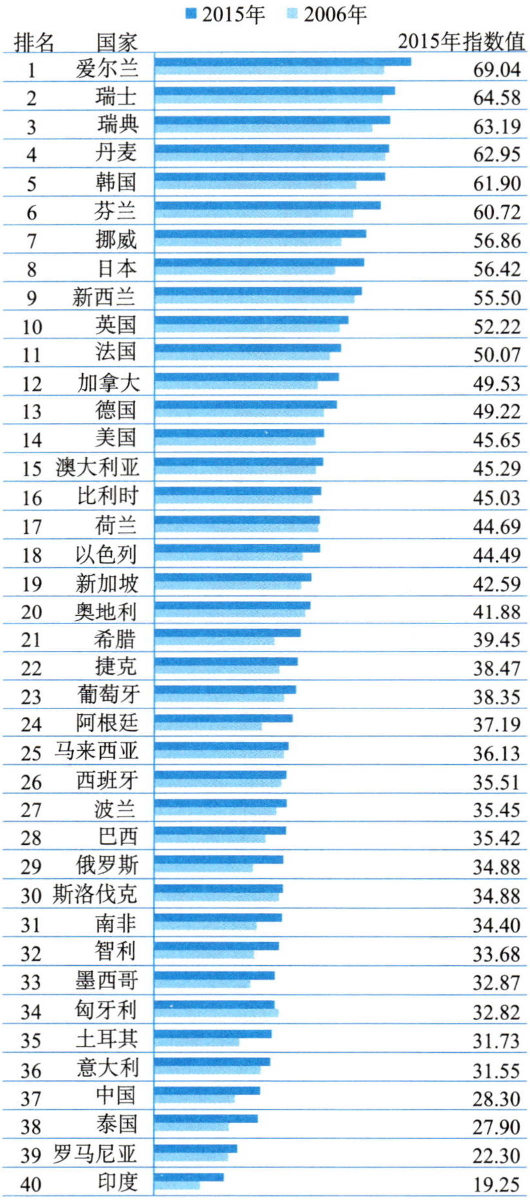

图 6-22 主要国家创新条件发展指数排名（2006 年、2015 年）

2. 主要国家创新条件发展指数值年均增长率比较

2006～2015 年，创新条件发展指数年均增长率排名前 10 的国家依次是中国、土耳其、阿根廷、印度、俄罗斯、南非、智利、泰国、墨西哥、希腊。其中，中国的年均增长率为 11.21%。排名前 10 的国家中还包括其他三个金砖国家印度（9.70%）、俄罗斯（8.70%）和南非（8.17%）。另一金砖国家巴西的年均增长率为5.53%，排名第11位。美国、日本和德国的年均增长率相对较低，分别为0.66%、3.69%、2.28%，名列第39位、第14位、第26位。

从五年的年均增长率来看，中国在第一个五年（2006～2010年）和第二个五年（2011～2015年）的年均增长率分别为16.44%、6.38%。在第一个五年里，年均增长率最高的国家是中国；在第二个五年里，年均增长率最高的国家是印度。总体来看，大部分国家第一个五年的年均增长率高于第二个五年。美国、日本和德国在两个五年的年均增长率均在4%以下，变化幅度较小。如图6-23所示。

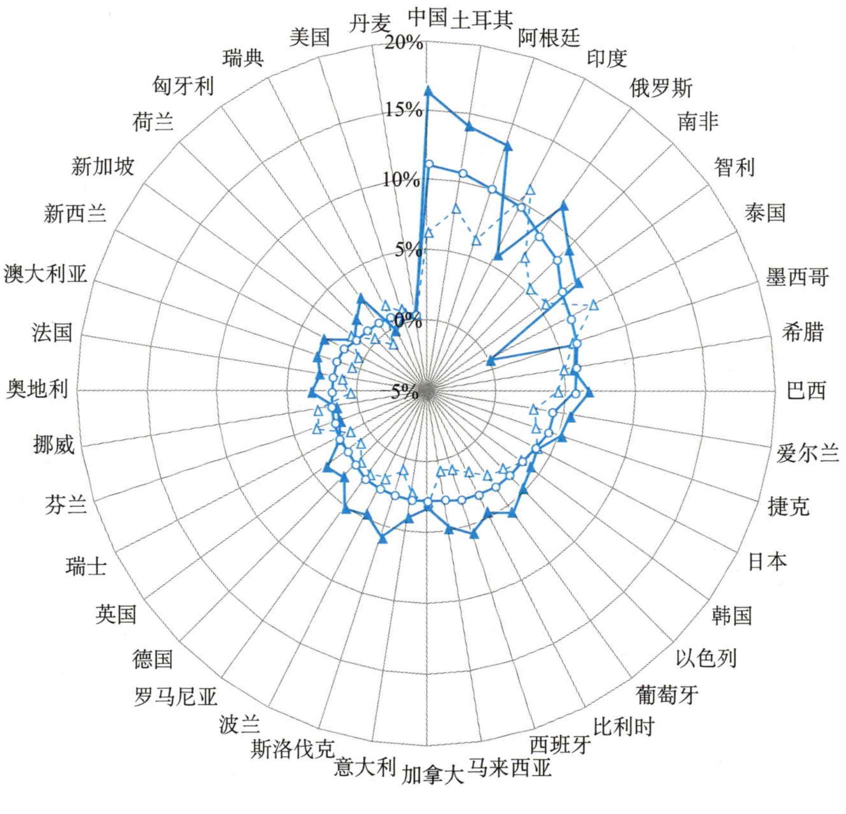

图6-23 40个国家创新条件发展指数年均增长率（2006～2015年）

注：图中国家以2006-2015年年均增长率由高到低顺时针排序。

（三）产业创新发展指数

1. 主要国家产业创新发展指数值对比

2015 年，新加坡产业创新发展指数超群，排名第 1，指数值为 83.53；爱尔兰名列第 2 位，指数值为 61.41；法国、瑞士、马来西亚、美国、挪威、英国、荷兰和以色列分列第 3 位到第 10 位，指数值依次为 56.79、55.77、54.47、53.00、51.64、50.50、50.04 和 48.52；排名前 10 的国家中，新加坡产业创新发展遥遥领先，呈现出“单极”的格局；2015 年，中国产业创新发展指数值为 29.69，在 40 个国家中名列第 30 位，与新加坡、美国之间的差距较大，分别为新加坡的 35.54%，美国的 56.01%，如图 6-24 所示。与“十一五”末的 2010 年相比，2015 年中国产业创新发展指数排名上升 2 位，指数值增加了 4.58，如图 6-24 和图 6-25 所示；与 2006 年相比，2015 年中国产业创新发展指数值增加了 4.80，指数值增量在 40 个国家中排名第 12 位，表明“十一五”和“十二五”期间中国产业创新发展取得进步，但进步速度与其他国家相比仍然有差距，如图 6-26 所示。

2. 主要国家产业创新发展指数值年均增长率比较

2006～2015 年，产业创新发展指数年均增长率排名前 10 位的国家依次是罗马尼亚、印度、俄罗斯、斯洛伐克、波兰、阿根廷、巴西、智利、西班牙、中国。其中，罗马尼亚增长最快，年均增长率达 4.88%。中国的年均增长率仅为 1.98%，名列第 10 位。总体来看，主要国家产业创新发展指数的增长速度比较缓慢。有 11 个国家出现了负增长，其中包括美国、日本、韩国，年均增长率分别为 -1.48%、-0.80%、-0.52%。

从产业创新发展指数五年的年均增长率来看，中国在第一个五年（2006～2010 年）和第二个五年（2011～2015 年）的年均增长率分别为 0.22%、3.73%。在第一个五年里，增长最快的国家是波兰，年均增长率为 4.25%；在第二个五年里，增长最快的国家是罗马尼亚，年均增长率为 7.59%。如图 6-27 所示。

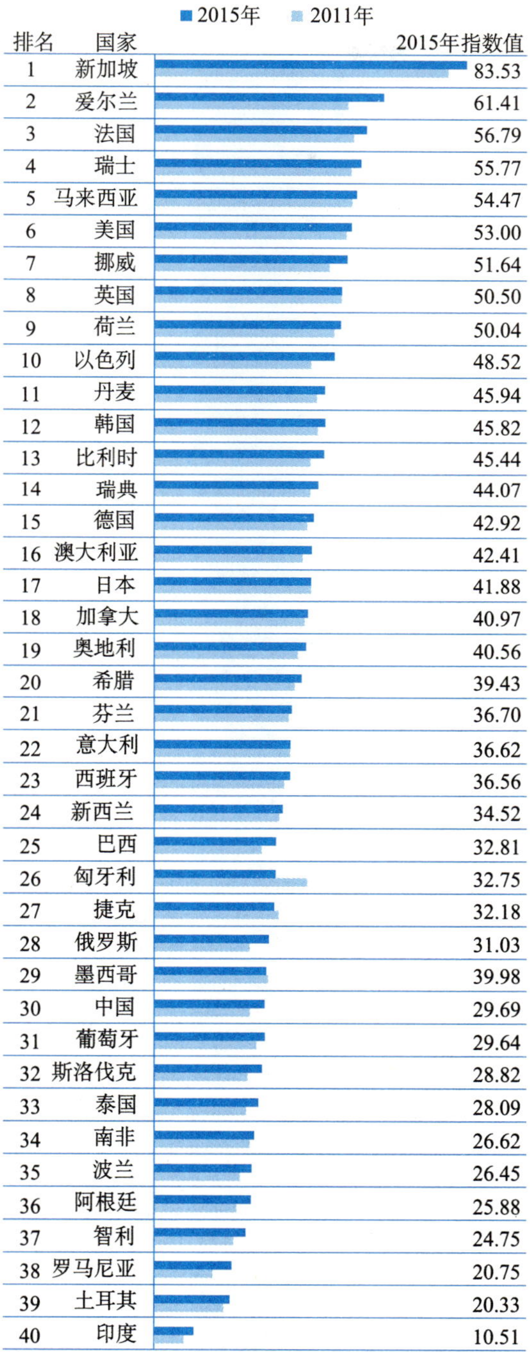

图 6-24 主要国家产业创新发展指数排名（2011 年、2015 年）

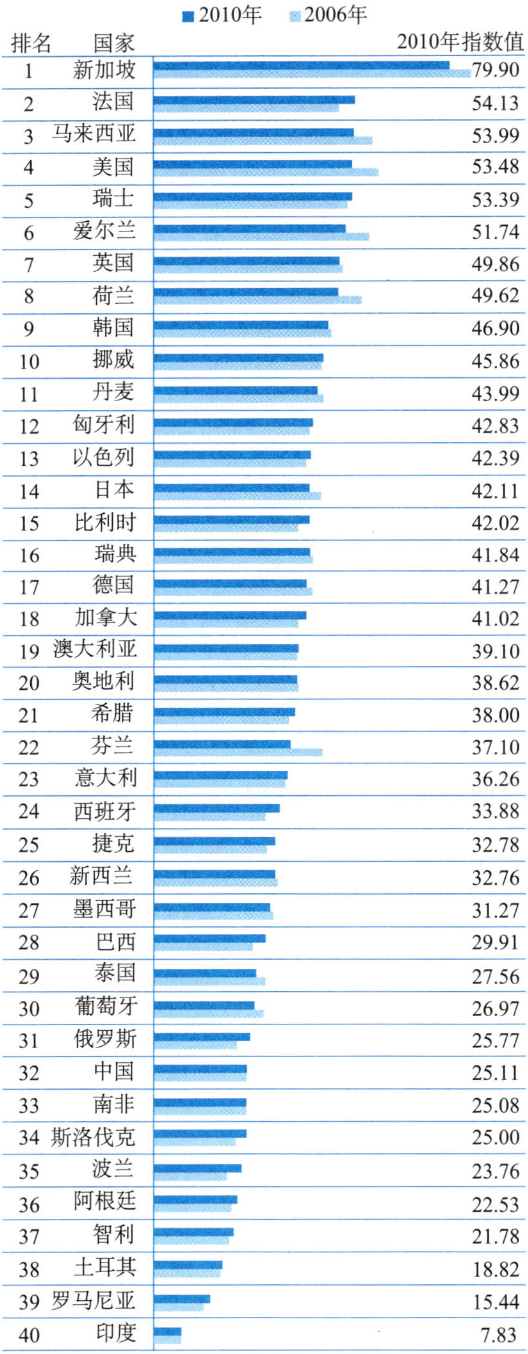

图 6-25 主要国家产业创新发展指数排名（2006 年、2010 年）

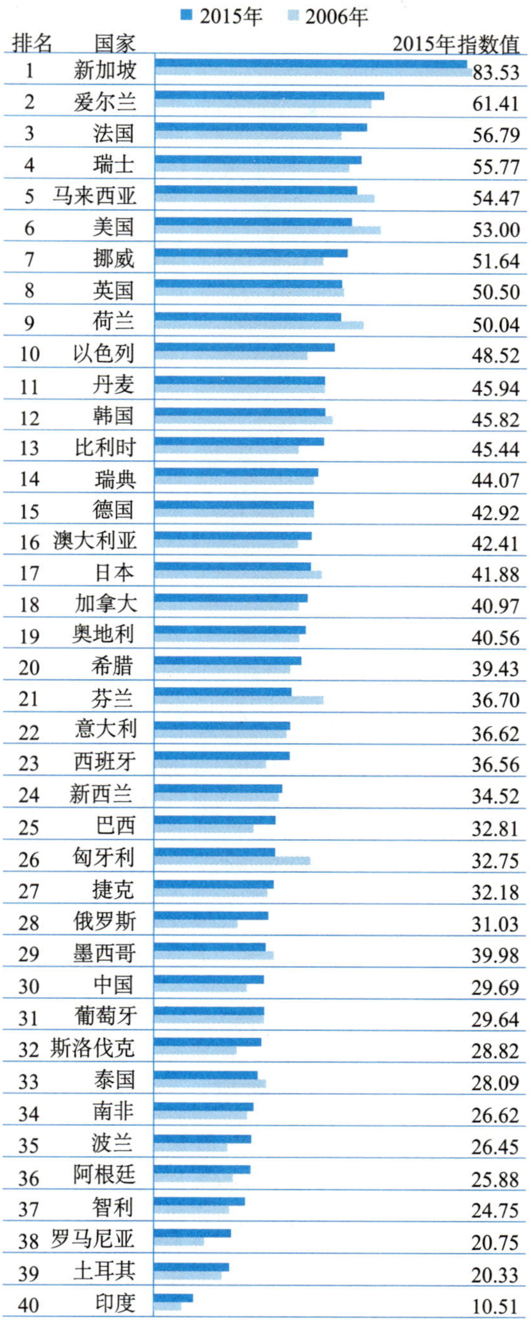

图 6-26　主要国家产业创新发展指数排名（2006 年、2015 年）

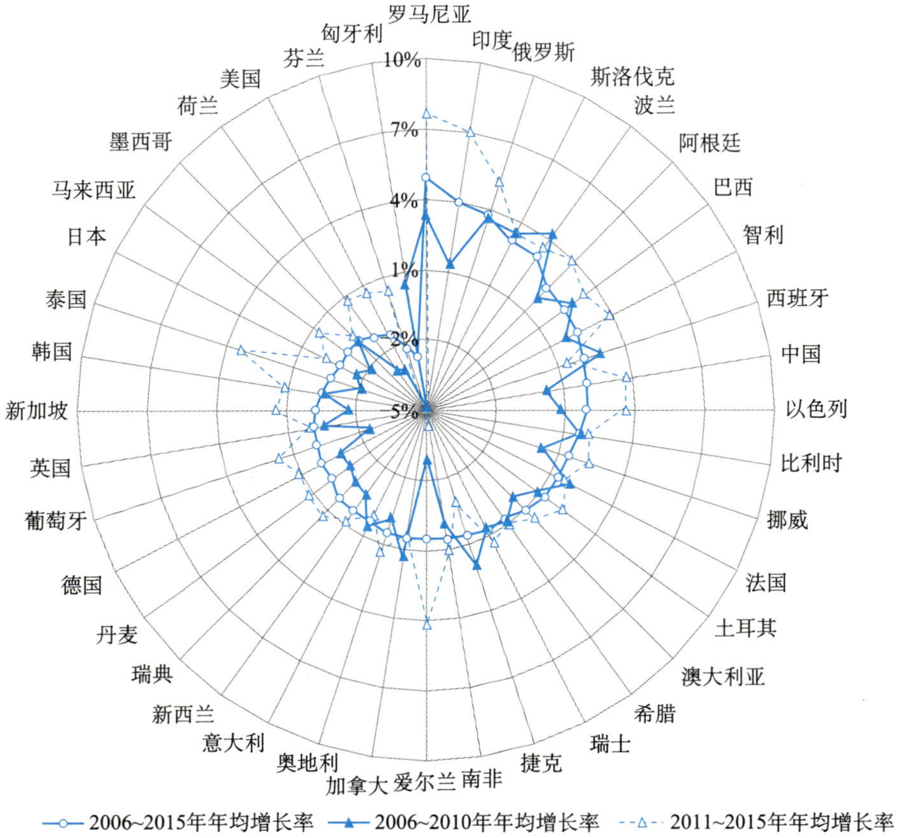

图 6-27 40 个国家产业创新发展指数年均增长率（2006～2015 年）

注：图中国家以 2006～2015 年年均增长率由高到低顺时针排序。

（四）社会创新发展指数

1. 主要国家社会创新发展指数值比较

2015 年荷兰社会创新发展指数排名第 1，指数值为 78.29；瑞典、丹麦、日本、比利时、新西兰、芬兰、挪威和澳大利亚分列第 2 位到第 9 位，指数值依次为 76.85、76.24、75.76、75.50、75.07、73.13、72.14 和 70.61；排名前 10 的国家社会创新发展水平基本相当。2015 年，中国社会创新发展指数值为 37.55，在 40 个国家中名列第 38 位，仅高于南非和印度，与日本、韩国和美国之间的差距较大，分别为日本的 49.56%、韩国的 58.84% 和美国的 57.75%，如图 6-28 所示。与“十一五”末的 2010 年相比，2015 年中国社会创新发展指数排名没有发生变化，但指数值增加了 4.82，如图 6-29 所示；与 2006 年相比，2015 年中国社会创新发展指数值增加了 12.29，指数值增量在 40 个国家中排名第 3 位，表明“十一五”和“十二五”期间中国社会创新发展水平提升明显，如图 6-30 所示。

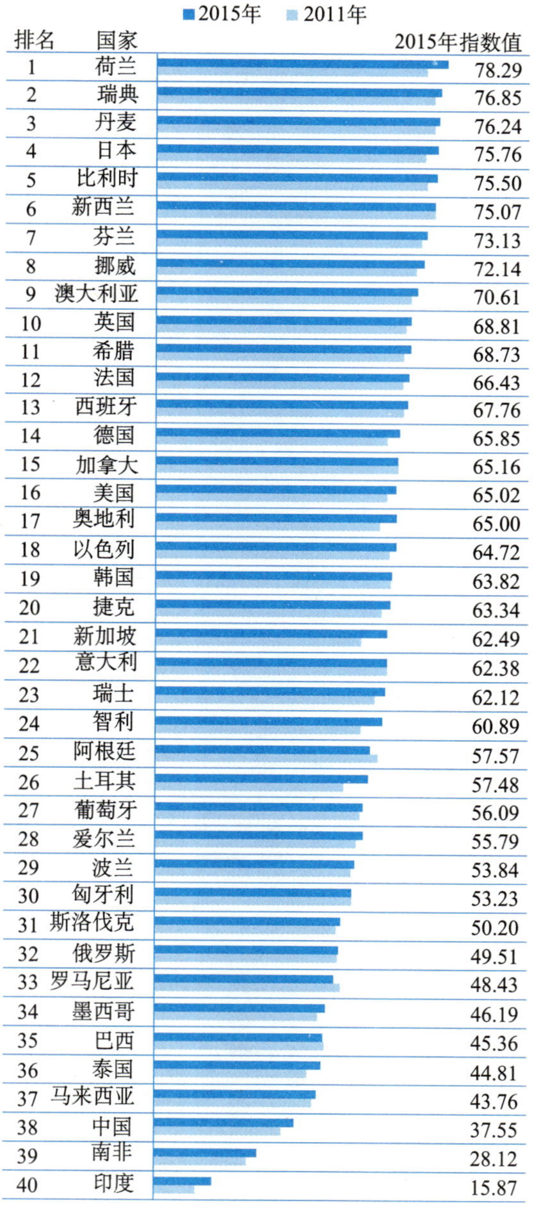

图 6-28　主要国家社会创新发展指数排名（2011 年、2015 年）

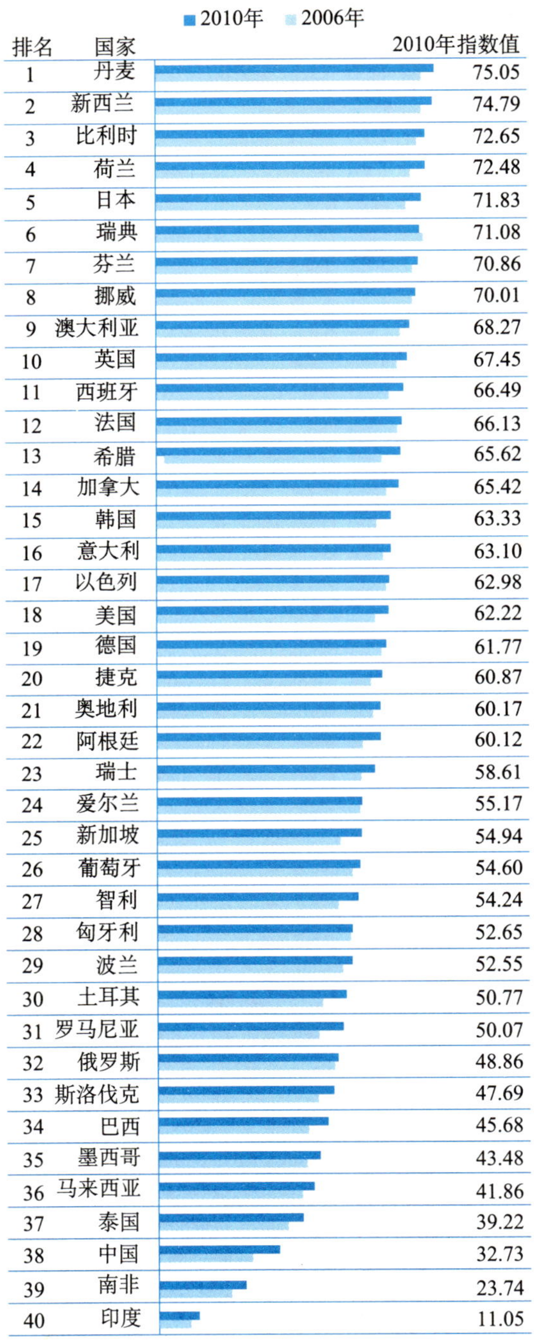

图 6-29　主要国家社会创新发展指数排名（2006 年、2010 年）

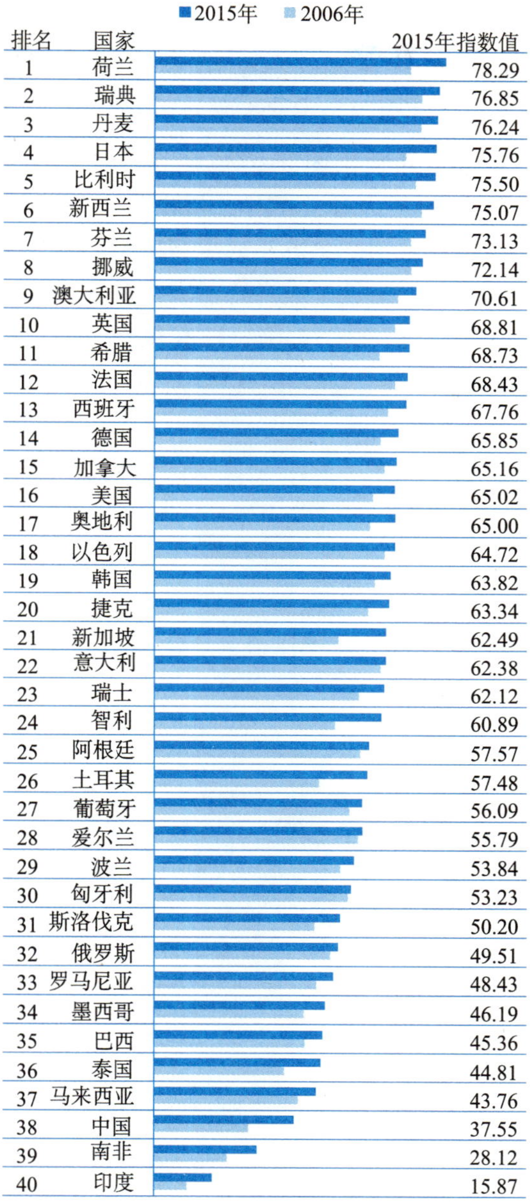

图 6-30　主要国家社会创新发展指数排名（2006 年、2015 年）

2. 主要国家社会创新发展指数值年均增长率比较

2006～2015 年，社会创新发展指数年均增长率排名前 10 的国家依次为印度、中国、南非、土耳其、泰国、新加坡、智利、斯洛伐克、墨西哥、荷兰。排名前3的国家均为金砖国家，其中印度增长最快，年均增长率为6.68%；中国名列第2位，年均增长率为4.5%；南非名列第3位，年均增长率为3.95%。美国、日本和德国年均增长率分别为1.05%、1.28%、0.92%。

从社会创新发展指数五年的年均增长率来看，中国在第一个五年（2006～2010年）和第二个五年（2011～2015年）的年均增长率分别为6.69%、2.33%，可见中国在第一个五年的年均增长率要高于第二个五年。在第一个五年里，中国是年均增长率最高的国家；在第二个五年里，年均增长率最高的国家是印度，达8.56%。美国、日本和德国两个五年的年均增长率均在2%以下，变化幅度较小，如图6-31所示。

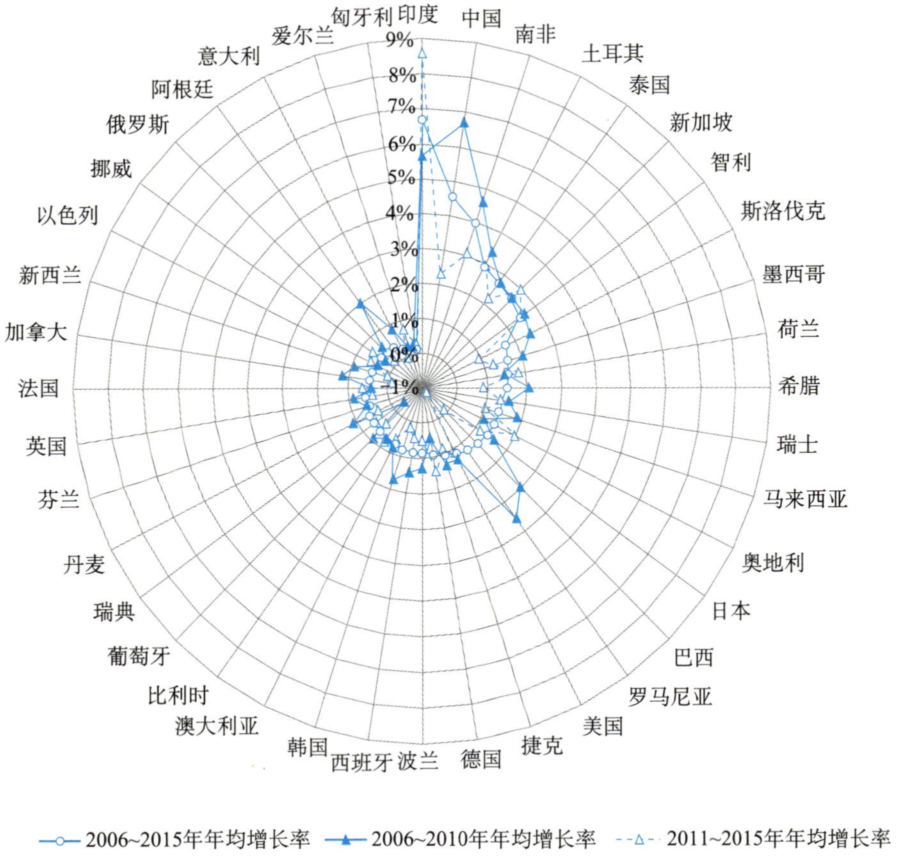

图6-31 40个国家社会创新发展指数年均增长率（2006～2015年）

注：图中国家以2006～2015年年均增长率由高到低顺时针排序。

（五）环境创新发展指数

1. 主要国家环境创新发展指数值比较

2015 年瑞士环境创新发展指数排名第 1，指数值为 76.14；爱尔兰、丹麦和瑞典分列第 2 位到第 4 位，指数值依次为 63.56、57.88 和 50.64；意大利、英国、西班牙、法国、葡萄牙和罗马尼亚的环境创新发展指数排名分列第 5 位到第 10 位，指数值依次为 48.15、46.36、46.13、45.99、45.95 和 43.99。排名前 10 的国家中，瑞士环境创新发展水平遥遥领先，其余国家相差不大。2015 年，中国环境创新发展指数值为 21.91，在 40 个国家中名列第 34 位，与排名第 1 位的瑞士之间差距较大，为瑞士的 28.78%，但高于韩国、美国，如图 6-32 所示。与 2010 年相比，2015 年中国环境创新发展排名下降 2 位，环境创新发展指数值下降 1.23，如图 6-32 和图 6-33 所示；与 2006 年相比，2015 年中国环境创新发展指数值下降了 2.51，指数值增量在 40 个国家中居第 39 位，如图 6-34 所示。

2. 主要国家环境创新发展指数值年均增长率比较

2006～2015 年，环境创新发展指数年均增长率排名前 10 的国家依次是美国、加拿大、芬兰、澳大利亚、爱尔兰、捷克、丹麦、罗马尼亚、斯洛伐克、瑞士。美国是增长最快的国家，年均增长率为 9.28%。中国的年均增长率为 -1.2%，排在第 38 位。整体来看，发达国家环境创新发展指数年均增长率要高于新兴国家。

从环境创新发展指数五年的年均增长率来看，中国在第一个五年（2006～2010 年）和第二个五年（2011～2015 年）的年均增长率分别为 -1.33%、-0.47%。虽然一直是负增长，但是与第一个五年相比，第二个五年年均增长率降幅减缓。在第一个五年里，增长最快的国家是加拿大，年均增长率达 11.08%；在第二个五年里，增长最快的国家是美国，年均增长率为 7.81%。整体来看，大部分国家在两个五年里的年均增长率没有太大变化。如图 6-35 所示。

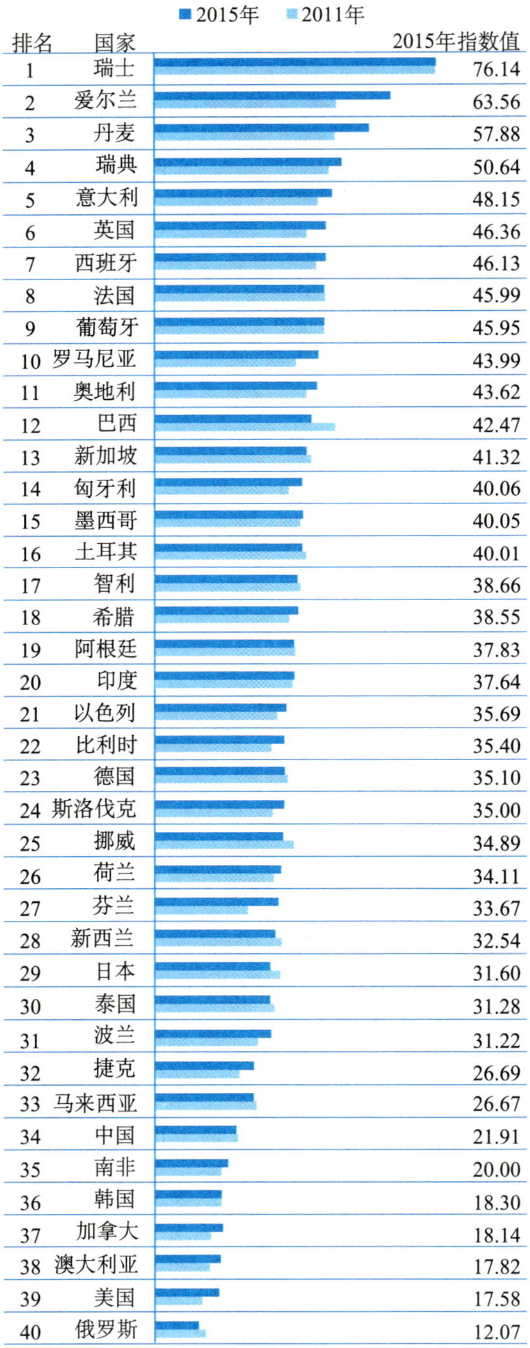

图 6-32 主要国家环境创新发展指数排名（2011 年、2015 年）

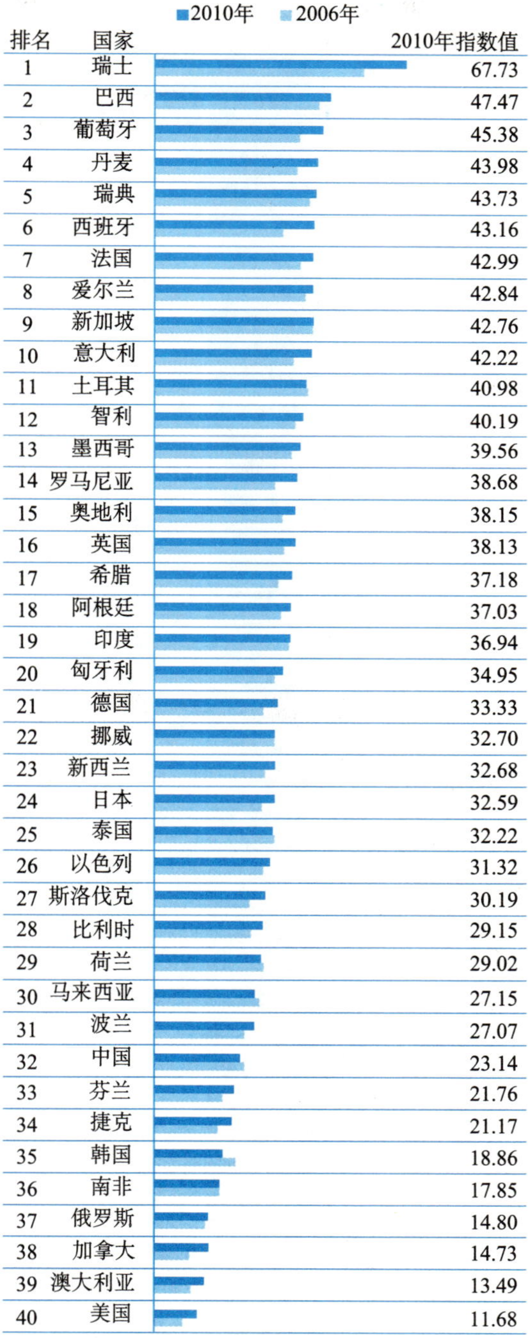

图 6-33 主要国家环境创新发展指数排名（2006 年、2010 年）

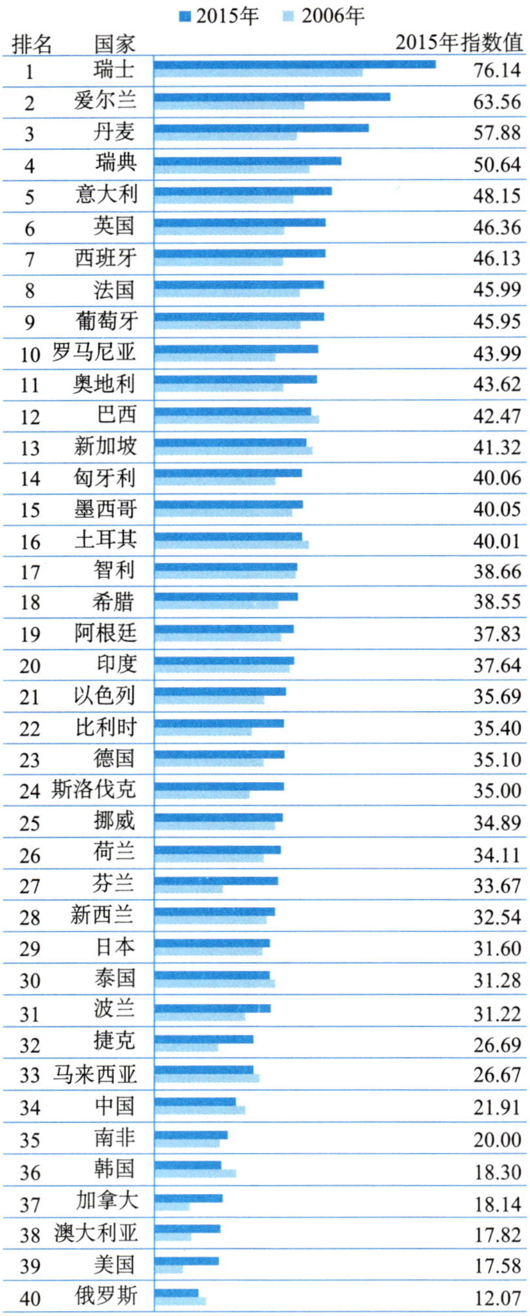

图 6-34 主要国家环境创新发展指数排名（2006 年、2015 年）

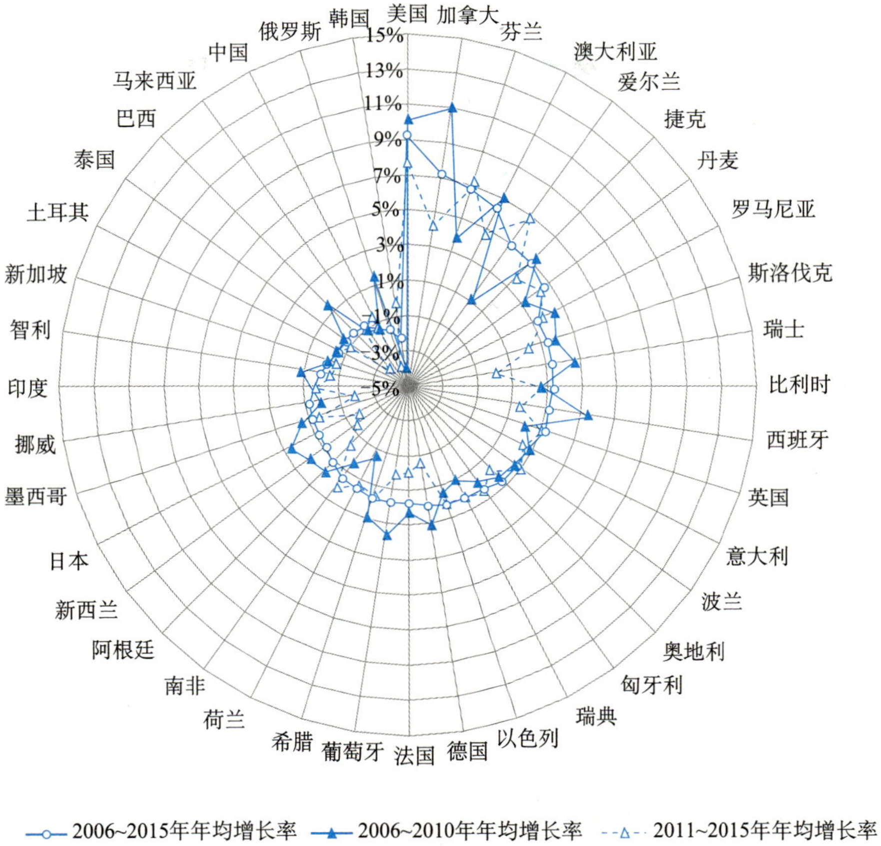

图 6-35　40 个国家环境创新发展指数年均增长率（2006～2015 年）

注：图中国家以 2006～2015 年年均增长率由高到低顺时针排序。

第七章

金砖国家
创新发展和能力指数

本章将对金砖国家[①]的创新实力指数、创新效力指数、创新发展指数，以及各项指数的三级指标进行比较和分析。

第一节　印　　度

一、指数的相对优势比较

印度创新能力指数排名靠后，2015 年排在第 39 位，在十年观测期内仅提升 1 位。创新实力指数 2015 年表现相对较好，排第 9 位，其创新投入实力指数（第 9 位）、创新条件实力指数（第 4 位）、创新产出实力指数（第 16 位）表现相对较好，但创新影响实力指数（第 28 位）表现相对较差，在十年观测期内仅上升 3 位；2015 年印度创新实力指数排在第 9 位，十年间排名上升了 7 位。2015 年印度创新效力指数排在最后 1 位，且在观测期内未有提升的迹象。从分指数来看，2015 年创新投入效力指数（第 38 位）、创新条件效力指数（第 40 位）、创新产出效力指数（第 35 位）、创新影响效力指数（第

① 金砖国家是指巴西、俄罗斯、印度、中国和南非（BRICS）。

37 位）表现均相对较差，有待进一步提升。从创新发展指数来看，2015 年排在最后 1 位，且在十年观测期内未出现显著进步。其分指数中科学技术发展指数（第 39 位）、创新条件发展指数（第 40 位）、产业创新发展指数（第 40 位）、社会创新发展指数（第 40 位）均处于 40 个国家排名的最后。环境创新发展指数 2015 年排在第 20 位，虽较 2006 年下降 7 位，但表现相对较好，如表 7-1 所示。

表 7-1　印度 2006～2015 年各指数排名及其变化

指数名称	2006 年	2010 年	2006～2010 年排名变化	2011 年	2015 年	2011～2015 年排名变化	2006～2015 年排名变化
创新能力指数	40	40	→	40	39	↑ 1	↑ 1
—创新实力指数	16	13	↑ 3	13	9	↑ 4	↑ 7
—创新投入实力指数	10	10	→	10	9	↑ 1	↑ 1
—创新条件实力指数	13	9	↑ 4	8	4	↑ 4	↑ 9
—创新产出实力指数	20	16	↑ 4	16	16	→	↑ 4
—创新影响实力指数	31	29	↑ 2	28	28	→	↑ 3
—创新效力指数	40	40	→	40	40	→	→
—创新投入效力指数	37	37	→	38	38	→	↓ 1
—创新条件效力指数	40	40	→	40	40	→	→
—创新产出效力指数	33	34	↓ 1	34	35	↓ 1	↓ 2
—创新影响效力指数	36	37	↓ 1	37	37	→	↓ 1
创新发展指数	40	40	→	40	40	→	→
—科学技术发展指数	39	39	→	39	39	→	→
—创新条件发展指数	40	40	→	40	40	→	→
—产业创新发展指数	40	40	→	40	40	→	→
—社会创新发展指数	40	40	→	40	40	→	→
—环境创新发展指数	13	19	↓ 6	19	20	↓ 1	↓ 7

二、分指数的相对优势研究

（一）创新实力指数解析

从创新实力分指数来看，2015年，印度创新投入实力指数值为7.30，略低于40个国家的平均值（7.85），远低于40个国家的最大值（76.75），排名为第9位；相较2006年，指数值和排名有小幅度进步，但是与40个国家最大值的差距还在拉大。印度创新条件实力指数值为19.57，高于40个国家的平均值（7.03），与40个国家的最大值（60.45）还有较大差距，排名在第4位；相较2006年，指数值和排名有明显进步，但是与40个国家最大值的差距并没有缩小。印度创新产出实力指数值为3.15，低于40个国家的平均值（7.47），与40个国家的最大值（73.05）相比有很大差距，排第16位；相较2006年，指数值和排名有小幅进步，但是与40个国家最大值的差距进一步拉大。印度创新影响实力指数值为0.68，低于40个国家的平均值（6.51），与40个国家的最大值（81.36）差距巨大，排名在第28位；相较2006年，指数值和排名进步明显，但与40个国家最大值的差距进一步拉大。如图7-1和图7-2所示。

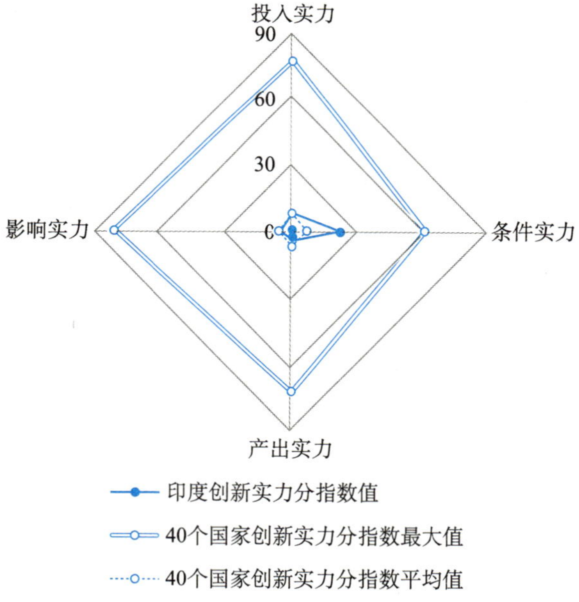

图7-1 印度创新实力分指数（2015年）

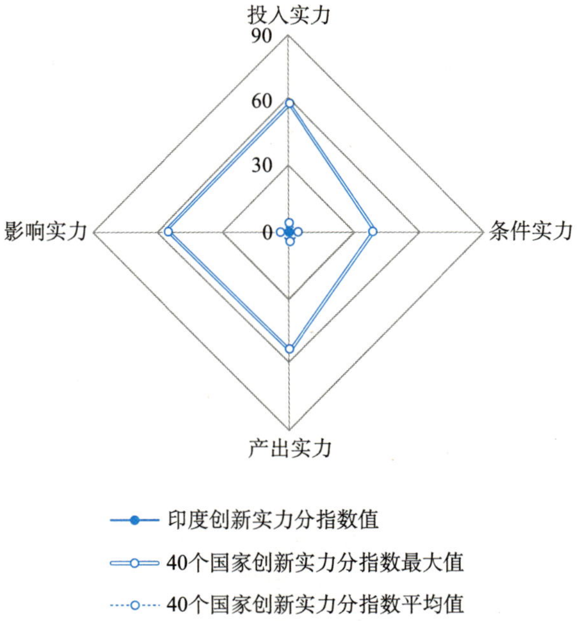

图 7-2　印度创新实力分指数（2006 年）

2015 年，印度创新实力指数三级指标除研究人员数和互联网用户数外，其他指标得分均低于 40 个国家的平均值，而且分值均相对较小，如图 7-3 所示。

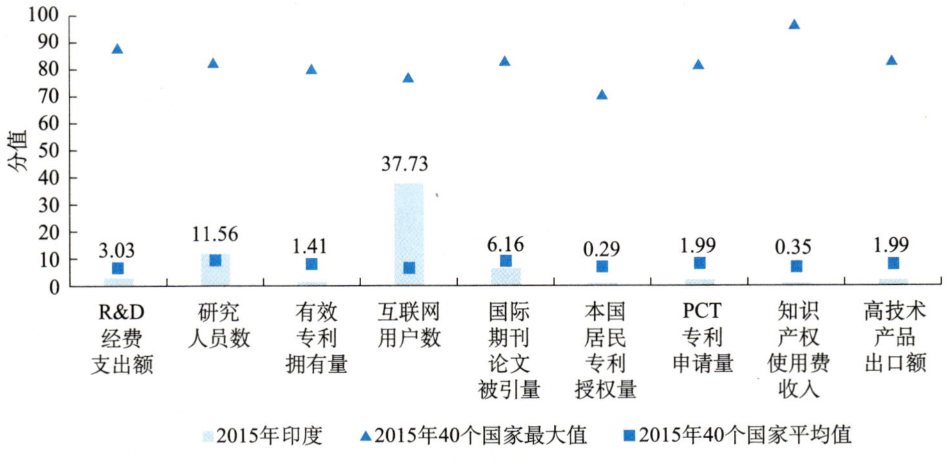

图 7-3　印度创新实力指数三级指标得分对比（2015 年）

注：图中所显示数据标签为印度创新实力指数三级指标得分。

2006～2015 年，印度创新实力指数大部分三级指标得分提升较慢，且本国居民专利授权量的分值从 2006 年的 0.69 下降到 2015 年的 0.29。2015 年印度互联网用户数分值表现相对较好，达到 37.73，成为当年印度创新实力指数中最优指标，但也仅约为 40 个国家最高值 76.62（中国）的 1/2，如图 7-4 所示。

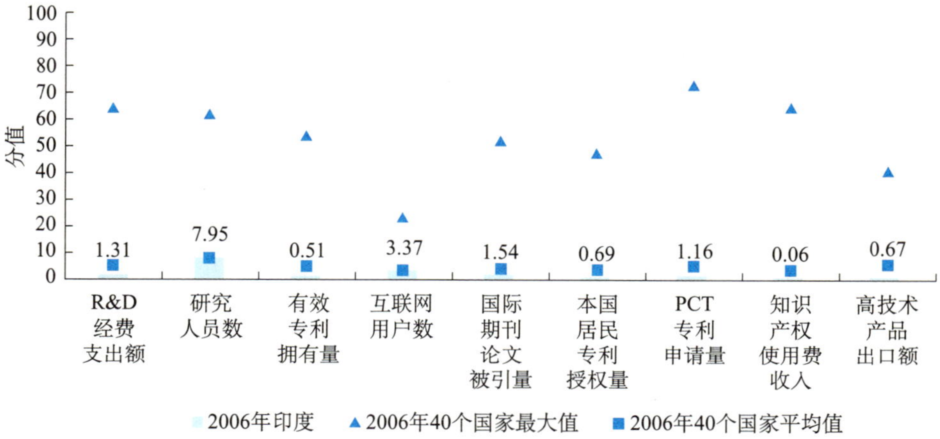

图 7-4　印度创新实力指数三级指标得分对比（2006 年）

注：图中所显示数据标签为印度创新实力指数三级指标得分。

（二）创新效力指数解析

从创新效力分指数来看，2015 年，印度创新投入效力指数值为 7.60，低于 40 个国家的平均值（29.21），排名第 38 位；相较 2006 年，指数值有所进步，但排名有所退步，与 40 个国家平均值的差距也没有缩小。创新条件效力指数值为 11.96，远低于 40 个国家的平均值（44.35），名列第 40 位；相较 2006 年，指数值有所进步，但排名一直是倒数第 1 位。创新产出效力指数值为 9.27，低于 40 个国家的平均值（20.31），排名第 35 位；相较 2006 年，指数值变化很小，排名下降了 2 位。创新影响效力指数值为 6.48，低于 40 个国家的平均值（13.99），排名第 37 位；相较 2006 年，指数值有略微增长，但排名退步了 1 位，与 40 个国家最大值的差距也进一步拉大。如图 7-5 和图 7-6 所示。

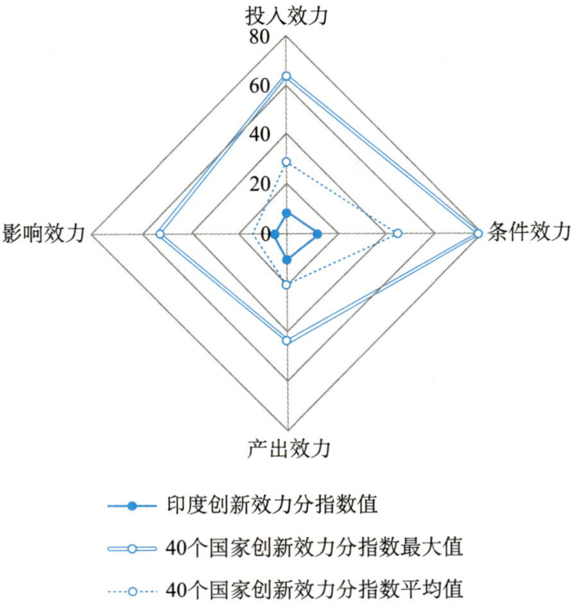

图 7-5 印度创新效力分指数（2015 年）

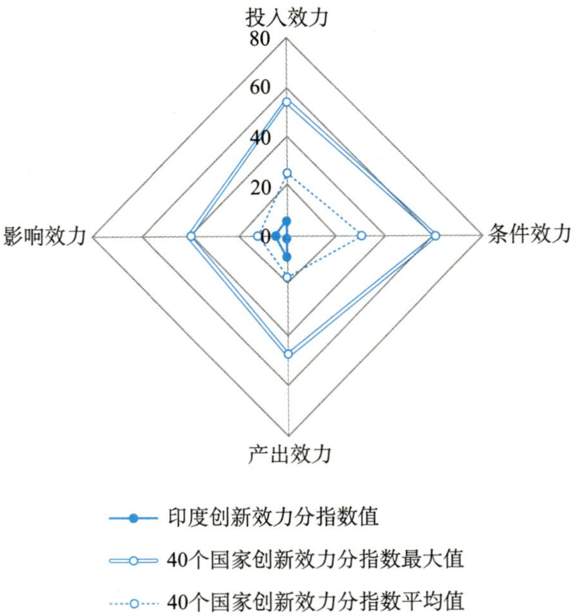

图 7-6 印度创新效力分指数（2006 年）

2015 年，印度创新效力指数三级指标得分均显著低于 40 个国家的平均值，远远落后于 40 个国家的最大值。相较 2006 年，印度 2015 年创新效力指数大部分三级指标在分值上有所增加，但每百万研究人员本国居民专利授权量、每百万美元 R&D 经费本国居民专利授权量、每百万美元 R&D 经费 PCT 专利申请量等指标在十年观测期内得分分别下降了 2.21、10.27 和 7.14，表明印度单位 R&D 投入的专利产出水平相对较低，且这一问题在观测期内并未得到有效改善，需引起重点关注。每百万人口中研究人员数指标得分从 2006 年的 0 增长到 2015 年的 0.38，研究人员人均 R&D 经费指标得分也相对 2006 年增长了将近一倍，每百万人有效专利拥有量指标得分从 2006 年的 0 增长到 2015 年的 0.06，每百人互联网用户数指标得分从 2006 年的 0 增长到 2015 年的 23.86。如图 7-7 和图 7-8 所示。

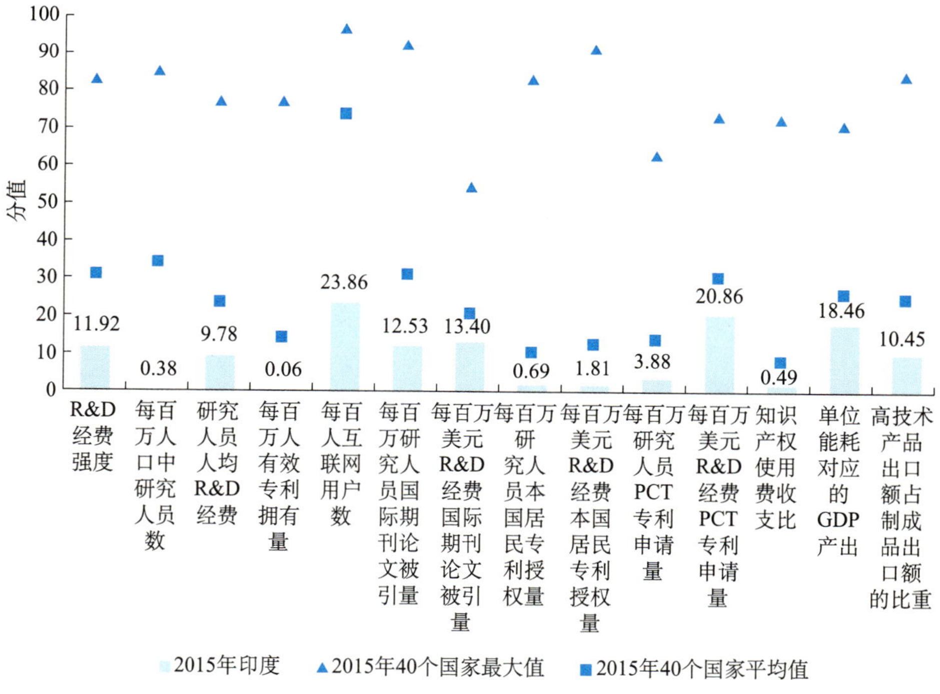

图 7-7 印度创新效力指数三级指标得分对比（2015 年）

注：图中所显示数据标签为印度创新效力指数三级指标得分。

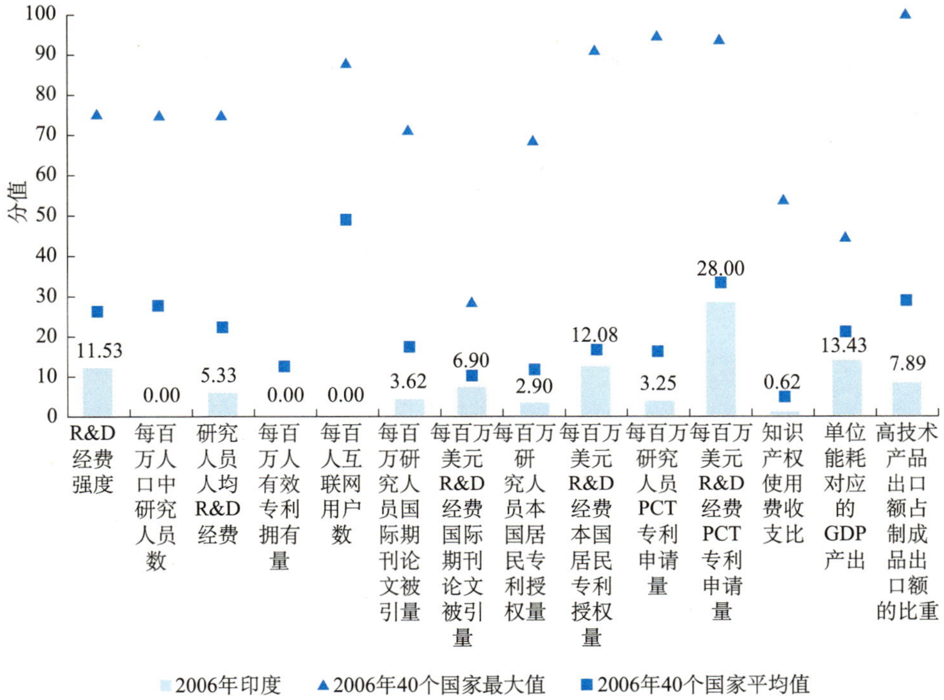

图 7-8 印度创新效力指数三级指标得分对比（2006 年）

注：图中所显示数据标签为印度创新效力指数三级指标得分。

（三）创新发展指数解析

2015 年，印度科学技术发展指数值为 3.95，远低于 40 个国家的平均值（21.86），排名第 39 位；相较 2006 年，指数值有略微增长，但是排名不变，与 40 个国家平均值的差距则进一步拉大。创新条件发展指数值为 19.25，远低于 40 个国家的平均值（43.06），排名倒数第 1 位；相较 2006 年，指数值有一定进步，但排名仍然落在最后，与 40 个国家平均值的差距也没有缩小。产业创新发展指数值为 10.51，远低于 40 个国家的平均值（39.24），排名倒数第 1 位；相较 2006 年，指数值增长微弱，排名始终处于最后一位，与 40 个国家平均值的差距缩小不明显。社会创新发展指数值为 15.87，远低于 40 个国家的平均值（59.80），排名倒数第 1 位；相较 2006 年，指数值有一定进步，但排名仍然落在最后，与 40 个国家平均值的差距虽有缩小但不明显。环境创新发展指数值为 37.64，略高于 40 个国家的平均值（36.87），但与 40 个国家的最大值

（76.14）差距明显，排名第 20 位；相较 2006 年，指数值变化微弱，但排名下降，2006 年排名为第 13 位，与 40 个国家最大值的差距则在拉大。如图 7-9 和图 7-10 所示。

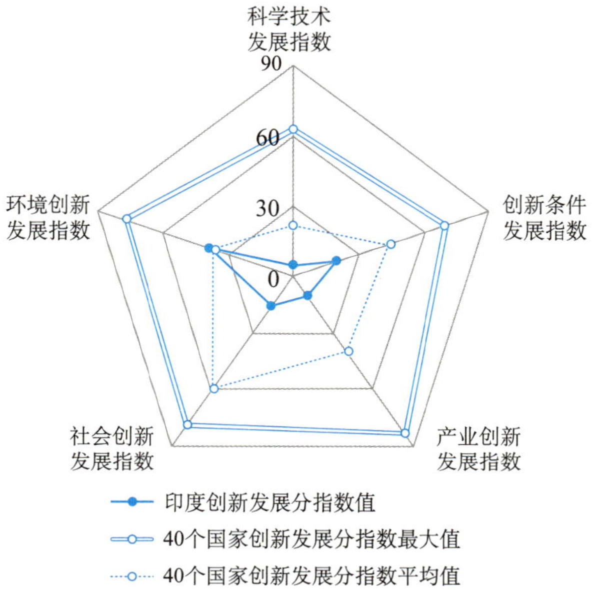

图 7-9　印度创新发展分指数与 40 个国家的最大值、平均值比较（2015 年）

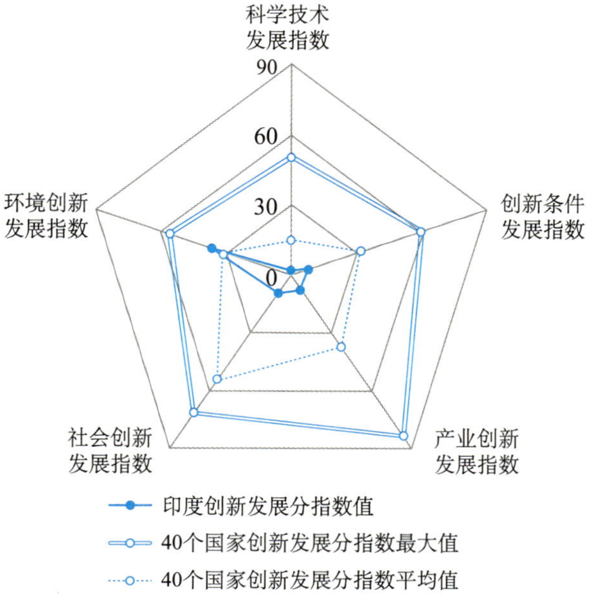

图 7-10　印度创新发展分指数与 40 个国家的最大值、平均值比较（2006 年）

2015 年印度创新发展指数三级指标中除了人均 CO_2 排放量指标得分达到 40 个国家的最大值，其他指标均低于 40 个国家的平均值，部分指标远落后于相应指标的最大值，如图 7-11 所示。其中教育公共开支总额占 GDP 的比重和出生人口预期寿命约为 40 个国家最大值的 1/2。2006～2015 年，印度创新发展指数大部分指标的得分均有一定幅度的提高，但每百万研究人员本国居民专利授权量和人均 CO_2 排放量的得分出现了小幅下降，如图 7-12 所示。

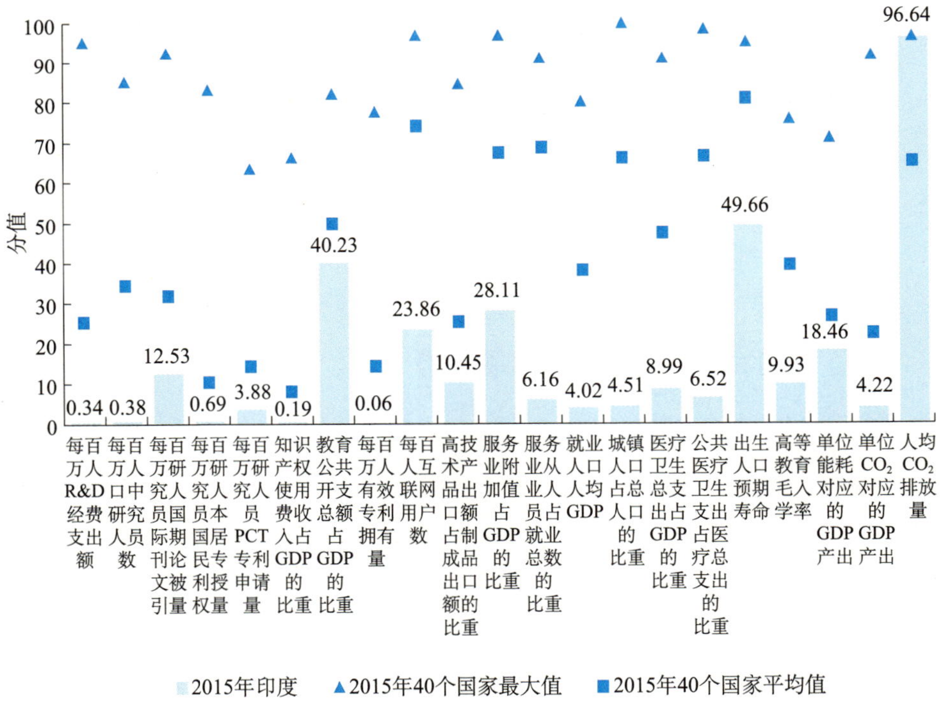

图 7-11　印度创新发展指数三级指标得分对比（2015 年）

注：图中所显示数据标签为印度创新发展指数三级指标得分。

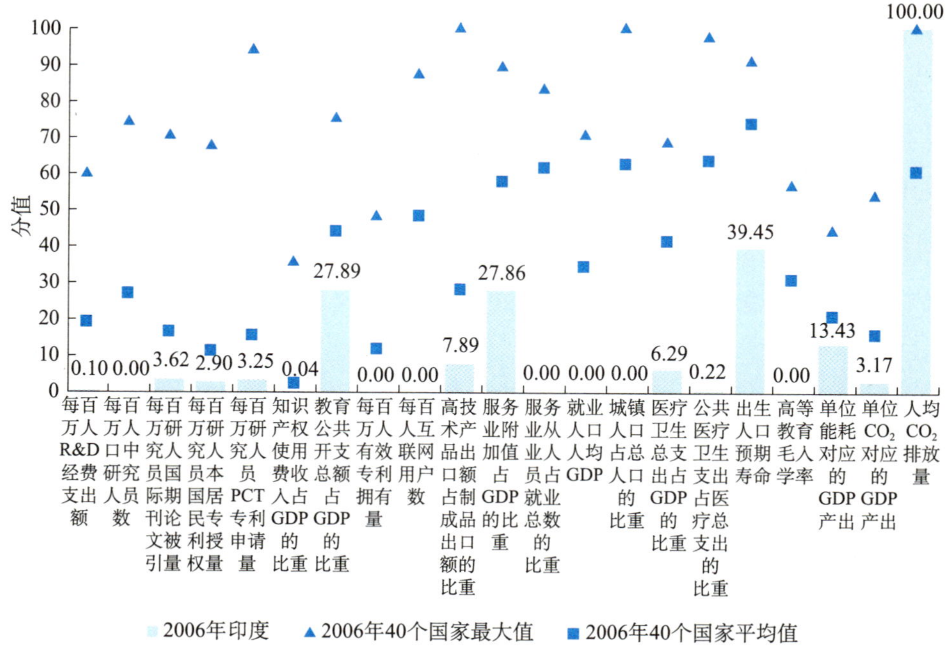

图 7-12 印度创新发展指数三级指标得分对比（2006 年）

注：图中所显示数据标签为印度创新发展指数三级指标得分。

三、面向 2020 年的指数发展趋势

（一）创新实力指数发展趋势

2006～2015 年，印度创新实力指数值呈快速上升趋势，虽低于 40 个国家的平均值，但增长速度显著高于 40 个国家平均值的增长速度，差距逐年缩小。为刻画印度创新实力指数未来发展趋势，本报告基于 2006～2015 年的指数值，在比较各类模型的拟合优度后，最终采用指数模型对印度创新实力指数值进行拟合，拟合曲线如图 7-13 所示。如果保持拟合曲线呈现的增长趋势，2020 年印度创新实力指数值将达到 13.15，超过 40 个国家的平均值。

（二）创新效力指数发展趋势

2006～2015 年，印度创新效力指数值呈平缓上升趋势，但显著低于 40 个国家的平均值，并且增长速度略低于 40 个国家平均值的增长速度，差距逐年增大。为刻画印度创新效力指数未来发展趋势，本报告基于 2006～2015

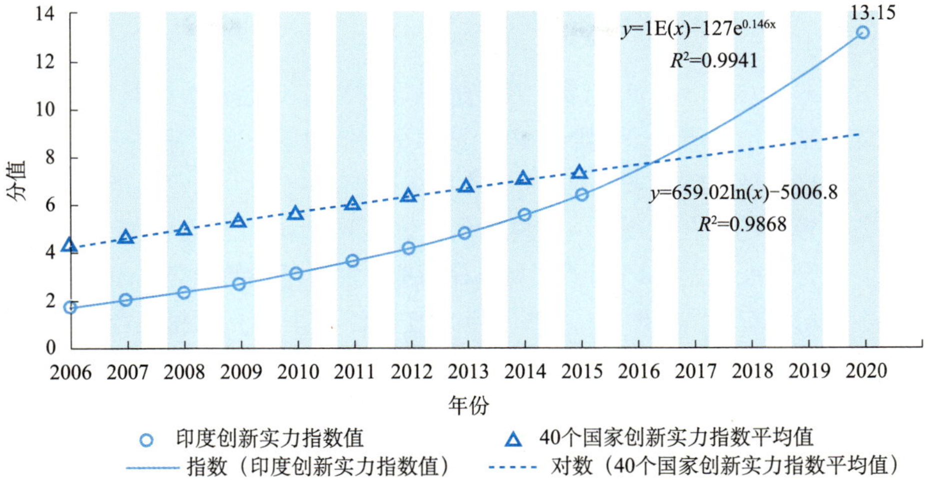

图 7-13 印度创新实力指数值面向 2020 年的趋势分析

年的指数值，在比较各类模型的拟合优度后，最终采用对数模型对印度创新效力指数值进行拟合，拟合曲线如图 7-14 所示。如果保持拟合曲线呈现的趋势，印度创新效力指数值将缓慢增长，但与 40 个国家的平均值之间存在较大差距。根据拟合的公式估算，2020 年印度创新效力指数值将达到 9.73，仍远低于 2006 年 40 个国家的平均值。

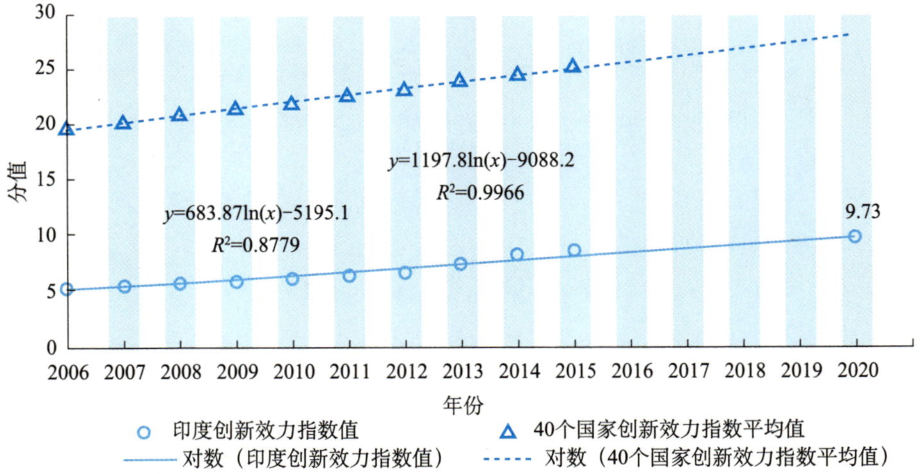

图 7-14 印度创新效力指数值面向 2020 年的趋势分析

（三）创新发展指数发展趋势

2006～2015年，印度创新发展指数值呈平缓上升趋势，但显著低于40个国家的平均值，增长速度则与40个国家平均值的增长速度基本持平。为刻画印度创新发展指数未来发展趋势，本报告基于2006～2015年的指数值，在比较各类模型的拟合优度后，最终采用对数模型对印度创新发展指数值进行拟合，拟合曲线如图7-15所示。如果保持拟合曲线呈现的趋势，印度创新发展指数值虽然有所增长但会持续低于40个国家的平均值。根据拟合的公式估算，2020年印度创新发展指数值将达到17.14，仍远低于2006年40个国家的平均值。

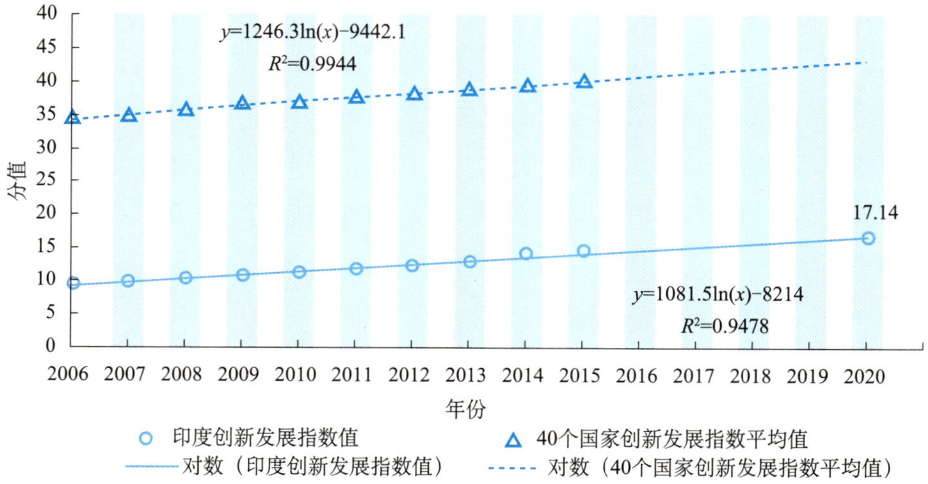

图7-15　印度创新发展指数值面向2020年的趋势分析

第二节　巴　　西

一、指数的相对优势比较

巴西的创新能力指数排名靠后，2015年在40个国家中位居第37位，与2006年相比下降了3位。创新实力指数2015年表现相对较好，排名第15位，其中创新投入实力指数（第 10 位）和创新条件实力指数（第 10 位）的排名要显著优于创新产出实力指数（第 20 位）和创新影响实力指数（第 30 位）；2006 年，巴西创新实力指数排在第 17 位，至 2015 年排名仅上升 2 位。相比创新实力指数而言，巴西创新效力指数表现相对较差，2015 年仅排在 40 个国家中的第 37 位，低于 2006 年（第 35 位）和 2011 年（第 34 位）。从分指数来看，2015 年创新产出效力指数排在末位，拉低了创新效力指数排名。其他分指数排名情况是，创新投入效力指数排第 27 位、创新条件效力指数排第 34 位、创新影响效力指数排第 27 位，三个指数虽未有突出表现，但均高于创新效力指数的排名。创新发展指数排名略高于创新能力指数。2015 年巴西创新发展指数排第 33 位，主要受科学技术发展指数（第 38 位）和社会创新发展指数（第 35 位）排名靠后的影响；尽管巴西环境创新发展指数表现相对较好，排在第 12 位，但是相较 2006 年下降了 10 位。

表 7-2　巴西 2006～2015 年各指数排名及其变化

指数名称	2006 年	2010 年	2006～2010 年排名变化	2011 年	2015 年	2011～2015 年排名变化	2006～2015 年排名变化
创新能力指数	34	34	→	34	37	↓ 3	↓ 3
—创新实力指数	17	16	↑ 1	15	15	→	↑ 2
—创新投入实力指数	13	11	↑ 2	11	10	↑ 1	↑ 3
—创新条件实力指数	8	10	↓ 2	10	10	→	↓ 2
—创新产出实力指数	23	22	↑ 1	22	20	↑ 2	↑ 3
—创新影响实力指数	28	28	→	30	30	→	↓ 2
—创新效力指数	35	34	↑ 1	34	37	↓ 3	↓ 2
—创新投入效力指数	28	25	↑ 3	25	27	↓ 2	↑ 1
—创新条件效力指数	31	34	↓ 3	33	34	↓ 1	↓ 3
—创新产出效力指数	40	40	→	40	40	→	→
—创新影响效力指数	26	24	↑ 2	24	27	↓ 3	↓ 1
创新发展指数	31	30	↑ 1	30	33	↓ 3	↓ 2
—科学技术发展指数	36	37	↓ 1	36	38	↓ 2	↓ 2
—创新条件发展指数	30	30	→	29	28	↑ 1	↑ 2
—产业创新发展指数	30	28	↑ 2	28	25	↑ 3	↑ 5
—社会创新发展指数	34	34	→	34	35	↓ 1	↓ 1
—环境创新发展指数	2	2	→	3	12	↓ 9	↓ 10

二、分指数的相对优势研究

（一）创新实力指数

2015 年，巴西创新投入实力指数值为 6.30，与 40 个国家的最大值（76.75）差距较大，排名第 10 位；相较 2006 年，指数值和排名有所进步，但是与 40 个国家最大值的差距在拉大。创新条件实力指数值为 7.22，排名第 10 位，高于 40 个国家的平均值（7.03），远低于 40 个国家的最大值（60.45）；相较 2006 年，指数值略有进步，但排名有所退步，与 40 个国家最大值的差距则在拉大。创新产出实力指数值为 1.95，排名第 20 位，低于 40 个国家的平均值（7.47）；相较 2006 年，指数值略微增长，排名有所退步，与 40 个国家最大值的差距进一步拉大。创新影响实力指数值为 0.60，排名第 30 位，与 40 个国家的最大值（81.36）差距巨大，相较 2006 年，指数值几乎没有变化，但排名下降了 2 位，与 40 个国家最大值的差距进一步拉大。如图 7-16 和图 7-17 所示。

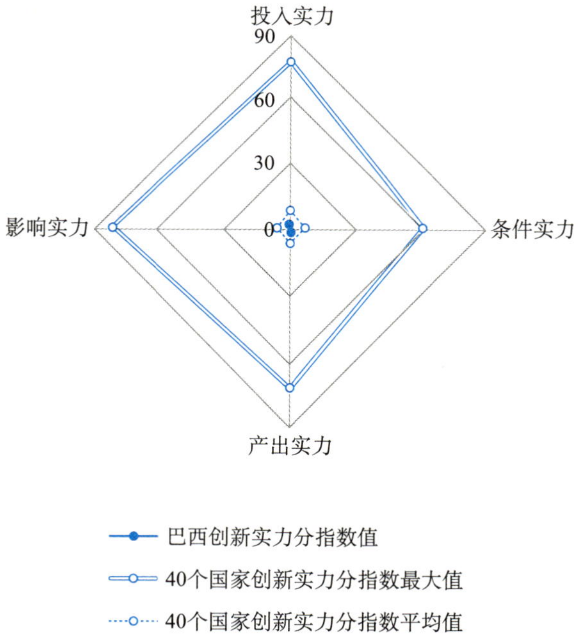

图 7-16　巴西创新实力分指数与 40 个国家的最大值、平均值比较（2015 年）

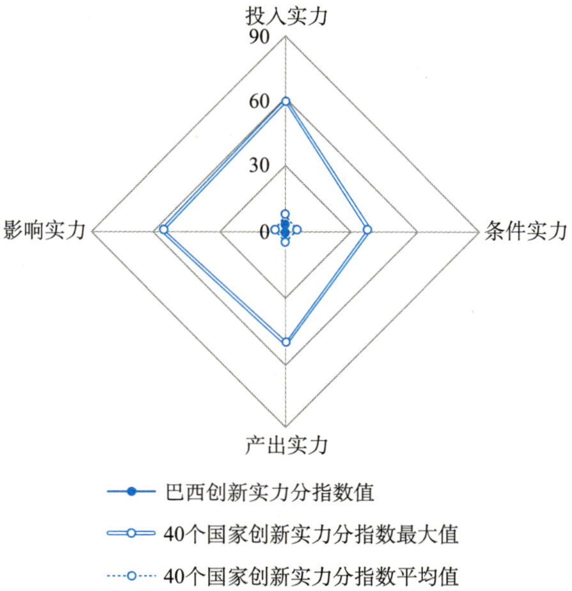

图 7-17　巴西创新实力分指数与 40 个国家的最大值、平均值比较（2006 年）

2015 年，巴西创新实力指数三级指标除互联网用户数外，其他指标均低于 40 个国家的平均值。其中，本国居民专利授权量、PCT 专利申请量、知识产权使用费收入等指标得分在 1 以下，与 40 个国家的平均值之间存在较大差距，如图 7-18 所示。巴西 R&D 经费支出额和研究人员数虽未能达到 40 个

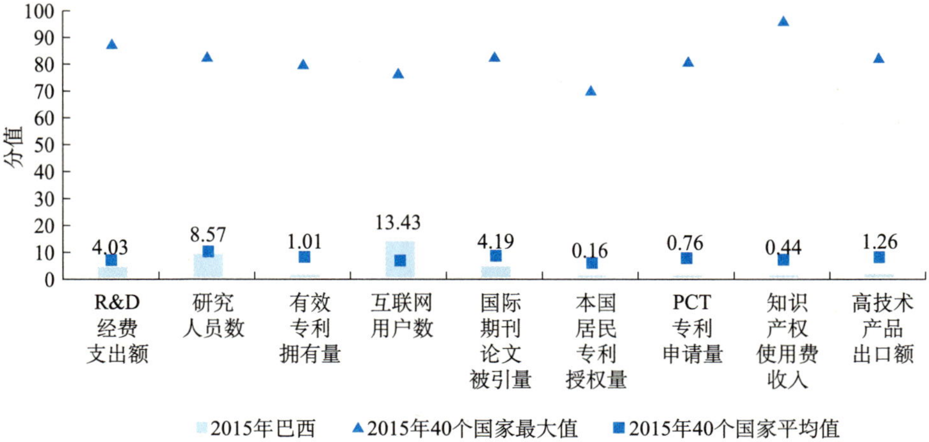

图 7-18　巴西创新实力指数三级指标得分对比（2015 年）

注：图中所显示数据标签为巴西创新实力指数三级指标得分。

国家的平均值，但差距相对较小。对比来看，2006 年巴西创新实力指数三级指标表现均相对较差，除互联网用户数指标得分高于 40 个国家的平均值（3.17）外，其他指标得分均低于 40 个国家的平均值。其中，R&D 经费支出额、有效专利拥有量、国际期刊论文被引量、本国居民专利授权量、PCT 专利申请量、知识产权使用费收入、高技术产品出口额等 7 项指标的分值在十年观测期内与 40 个国家平均值的分差进一步拉大。

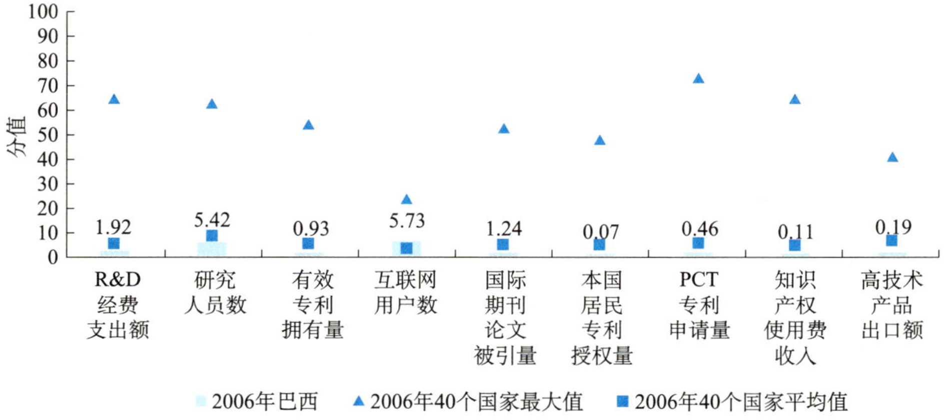

图 7-19 巴西创新实力指数三级指标得分对比（2006 年）

注：图中所显示数据标签为巴西创新实力指数三级指标得分。

（二）创新效力指数

2015 年，巴西创新投入效力指数值为 15.82，低于 40 个国家的平均值，排名第 27 位；相较 2006 年，指数值有略微增长，排名进步了 1 位，与 40 个国家最大值的差距有所拉大。创新条件效力指数值为 29.17，低于 40 个国家的平均值，与 40 个国家最大值的差距明显，排名第 34 位；相较 2006 年，指数值进步幅度较大，但排名落后了 3 位，与 40 个国家最大值的差距没有缩小。创新产出效力指数值为 4.61，低于 40 个国家的平均值，排名倒数第 1 位；相较 2006 年，指数值变化不明显，排名仍是最后一位，与 40 个国家最大值的差距也无明显缩小。创新影响效力指数值为 9.58，低于 40 个国家的最大值，排名第 27 位；相较 2006 年，指数值略微降低，排名退步 1 位，但与 40 个国家的最大值及平均值的差距拉大。如图 7-20 和图 7-21 所示。

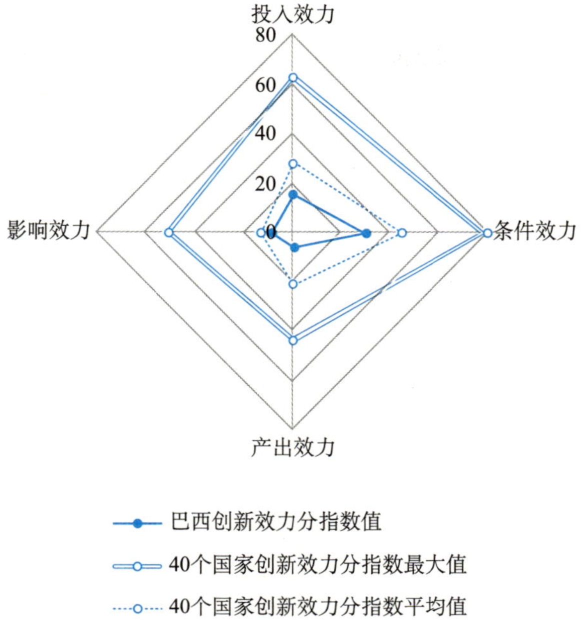

图 7-20　巴西创新效力分指数与 40 个国家的最大值、平均值比较（2015 年）

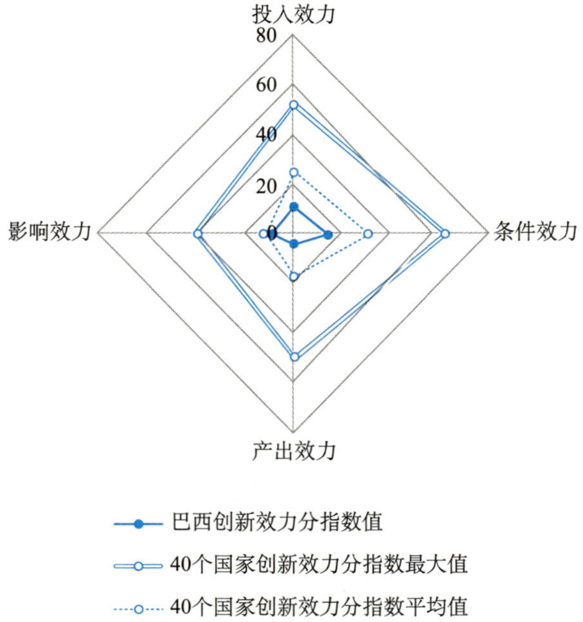

图 7-21　巴西创新效力分指数与 40 个国家的最大值、平均值比较（2006 年）

2015 年，巴西创新效力指数各三级指标得分均低于 40 个国家的平均值，其中每百万人口中研究人员数、每百万研究人员国际期刊论文被引量、每百万美元 R&D 经费 PCT 专利申请量这 3 项指标得分与对应指标 40 个国家的平均值之间的分差大于 20，巴西单位能耗对应的 GDP 产出这一指标表现相对较好，2015 年该指标得分与 40 个国家的平均值之间的分差仅为 0.62，如图 7-22 所示。相较 2006 年，巴西单位能耗对应的 GDP 产出指标在十年观测期内的表现变差，2006 年该指标得分为 27.07，超过 40 个国家的平均值（7.55）。其他指标中，研究人员人均 R&D 经费、每百人互联网用户数、每百万研究人员本国居民专利授权量、每百万美元 R&D 经费本国居民专利授权量、每百万研究人员 PCT 专利申请量、每百万美元 R&D 经费 PCT 专利申请量、高技术产品出口额占制成品出口额的比重这 7 项指标得分 2015 年与 40 个国家平均值的分差较 2006 年有所缩小，如图 7-23 所示。

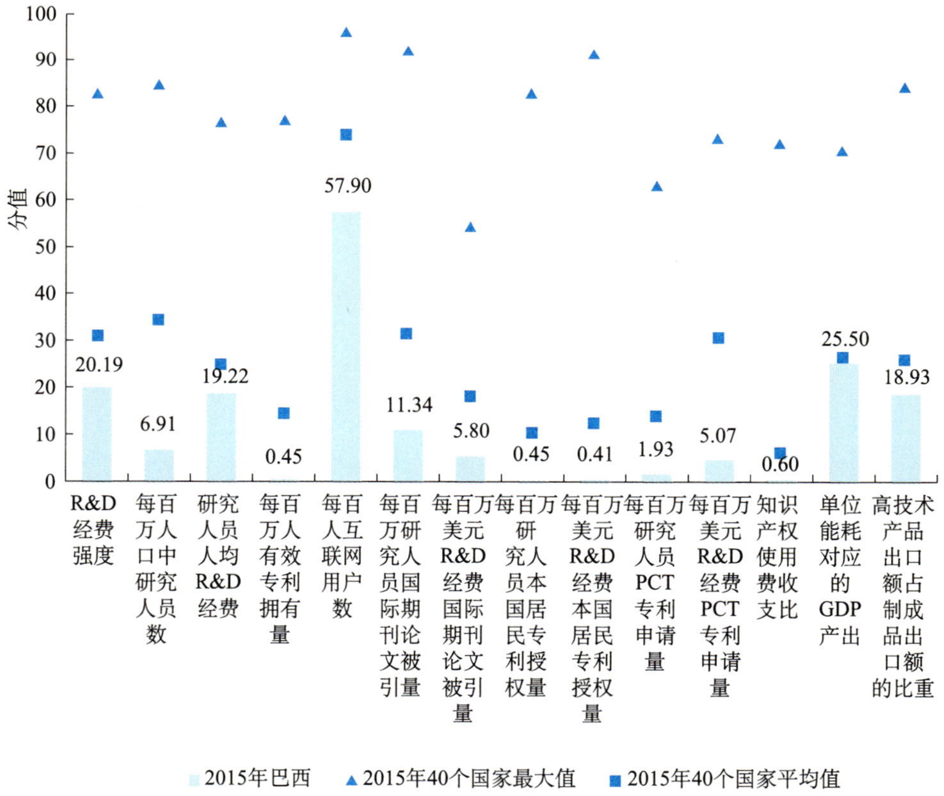

图 7-22 巴西创新效力指数三级指标得分对比（2015 年）

注：图中所显示数据标签为巴西创新效力指数三级指标得分。

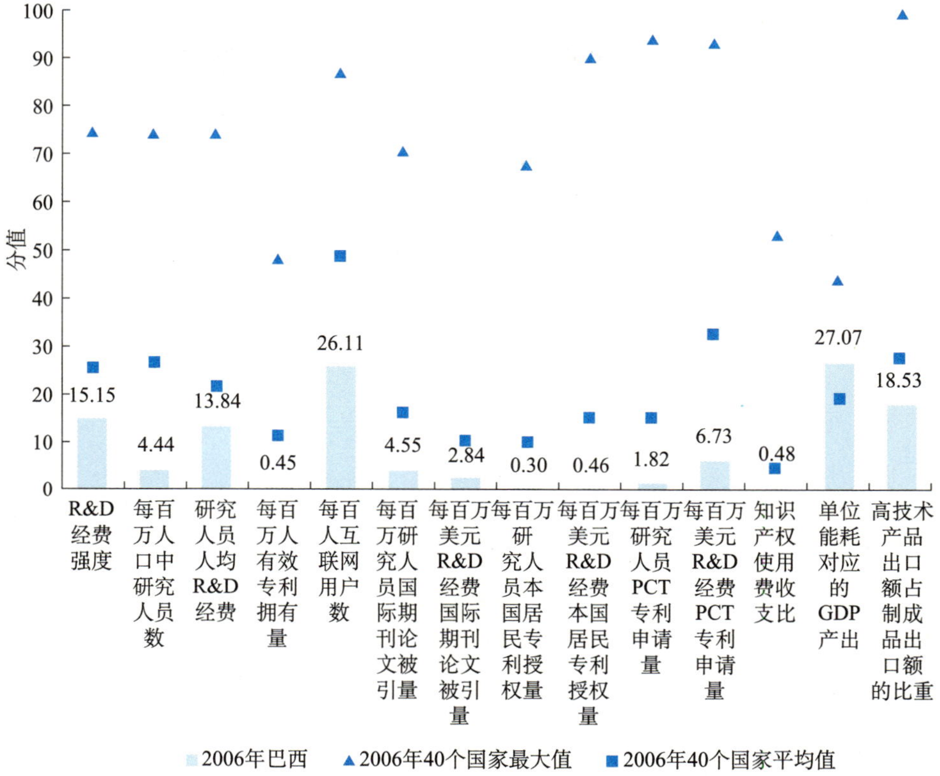

图 7-23 巴西创新效力指数三级指标得分对比（2006 年）

注：图中所显示数据标签为巴西创新效力指数三级指标得分。

（三）创新发展指数

2015 年，巴西科学技术发展指数值为 4.86，低于 40 个国家的平均值，排名第 38 位；相较 2006 年，指数值有略微提升，排名下降了 2 位，与 40 个国家平均值的差距进一步拉大。创新条件发展指数值为 35.42，低于 40 个国家的平均值，排名第 28 位；相较 2006 年，指数值有小幅提升，但排名下降了 2 位，与 40 个国家平均值的差距则有所缩小。产业创新发展指数值为 32.81，低于 40 个国家的平均值，排名第 25 位；相较 2006 年，指数值有小幅提升，排名进步了 5 位，与 40 个国家平均值的差距则有所缩小。社会创新发展指数值为 45.36，低于 40 个国家的平均值，排名第 35 位；相较 2006 年，指数值有略微提升，但排名下降了 1 位，与 40 个国家平均值的差距无明显变化。环境创新发展指数值为 42.47，高于 40 个国家的平均值，排名第 12 位；

相较2006年，指数值略微下降，排名下降了10位，与40个国家最大值的差距拉大。如图7-24和图7-25所示。

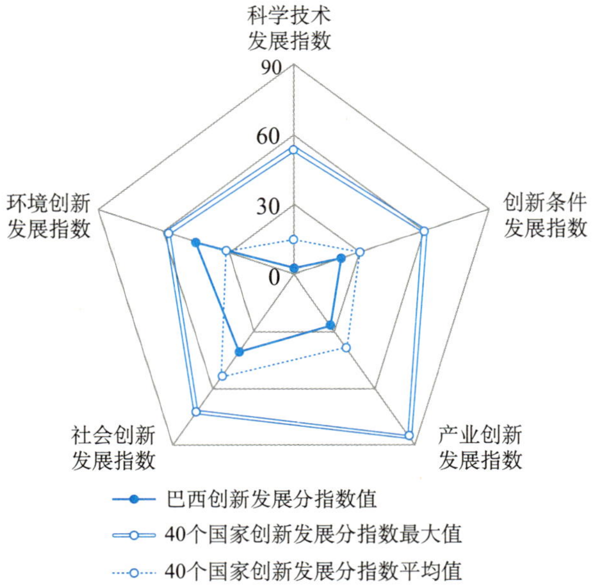

图 7-24　巴西创新发展分指数与40个国家的最大值、平均值比较（2015年）

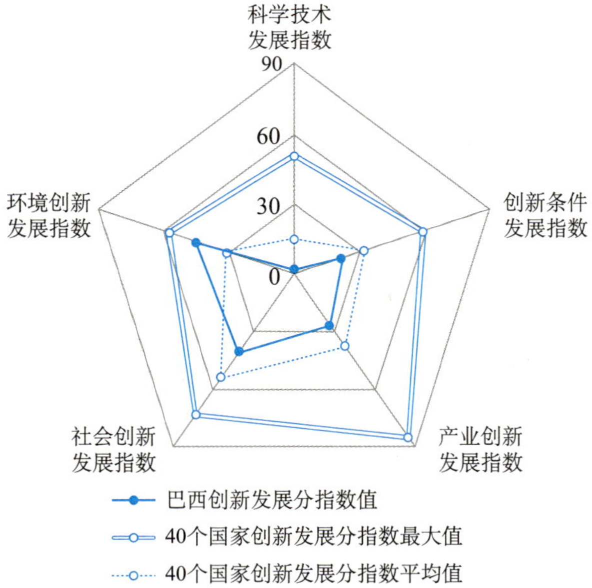

图 7-25　巴西创新发展分指数与40个国家的最大值、平均值比较（2006年）

2015 年，巴西创新发展指数三级指标表现差距相对较大，其中教育公共开支总额占 GDP 的比重、服务业附加值占 GDP 的比重、服务业从业人员占就业总数的比重、城镇人口占总人口的比重、人均 CO_2 排放量这 5 项指标高于 40 个国家的平均水平。但是，2006～2015 年，巴西每百万人 R&D 经费支出额、每百万人口中研究人员数、每百万研究人员国际期刊论文被引量、知识产权使用费收入占 GDP 的比重、每百万人有效专利拥有量、就业人口人均 GDP、城镇人口占总人口的比重、医疗卫生总支出占 GDP 的比重、高等教育毛入学率、单位能耗对应的 GDP 产出、单位 CO_2 对应的 GDP 产出、人均 CO_2 排放量这 12 项指标在十年观测期内的表现变差，指标得分与 40 个国家平均值的差距进一步拉大。如图 7-26 和图 7-27 所示。

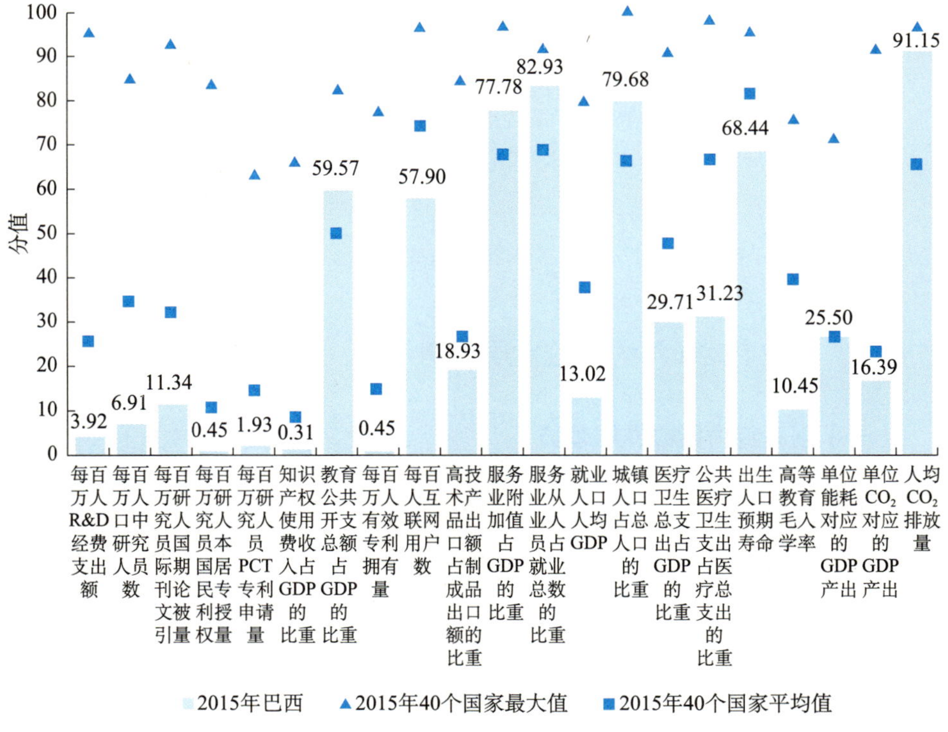

图 7-26 巴西创新发展指数三级指标得分对比（2015 年）

注：图中所显示数据标签为巴西创新发展指数三级指标得分。

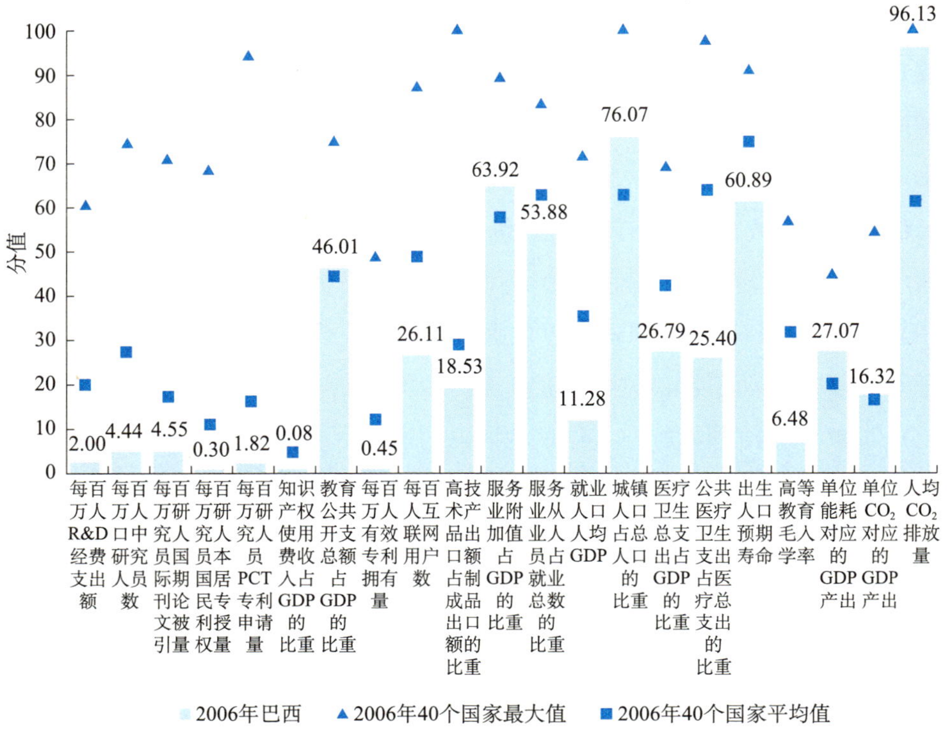

图 7-27 巴西创新发展指数三级指标得分对比（2006 年）

注：图中所显示数据标签为巴西创新发展指数三级指标得分。

三、面向 2020 年的指数发展趋势

（一）创新实力指数发展趋势

2006～2015 年，巴西创新实力指数值呈稳步上升趋势，但仍显著低于 40 个国家的平均值，且增长速度略低于 40 个国家平均值的增长速度。为刻画巴西创新实力指数未来发展趋势，本报告基于 2006～2015 年的指数值，在比较各类模型的拟合优度后，最终选取对数模型对巴西创新实力指数值进行拟合，拟合曲线如图 7-28 所示。如果保持拟合曲线呈现的趋势，巴西创新实力指数值将保持增长，但与 40 个国家创新实力指数平均值的差距会逐年增大。根据拟合的公式估算，2020 年巴西创新实力指数值将为 4.60。

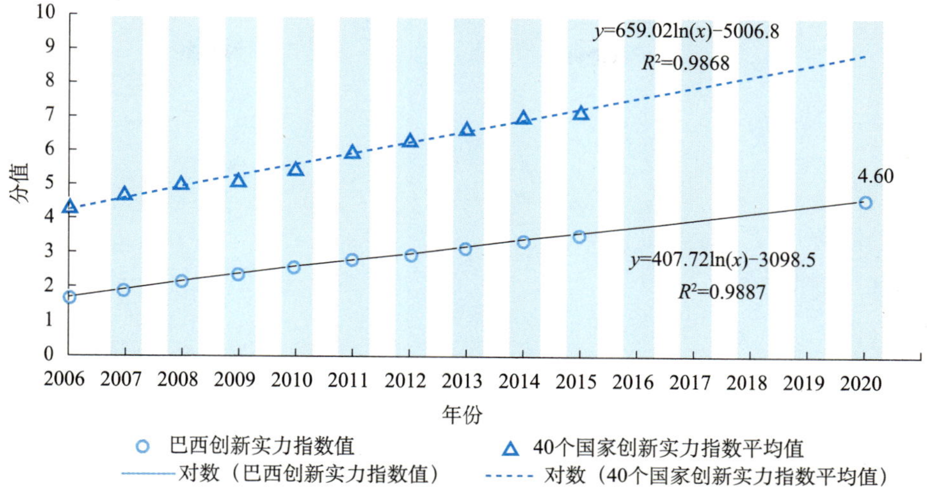

图 7-28　巴西创新实力指数值面向 2020 年的趋势分析

（二）创新效力指数发展趋势

2006～2015 年，巴西创新效力指数值呈平稳上升趋势，但始终显著低于 40 个国家的平均值，增长速度则与 40 个国家平均值的增长速度基本持平。为刻画巴西创新效力指数未来发展趋势，本报告基于 2006～2015 年的指数值，在比较各类模型的拟合优度后，采用对数模型对巴西创新效力指数值进行拟合，拟合曲线如图 7-29 所示。如果保持拟合曲线呈现的趋势，巴西创新效力指数值将平稳上升。根据拟合的公式估算，2020 年巴西创新效力指数值将为 16.16，仍低于 2006 年 40 个国家的平均值。

（三）创新发展指数发展趋势

2006～2015 年，巴西创新发展指数值呈平缓上升趋势，略低于 40 个国家创新发展指数平均值，增长速度与 40 个国家平均值的增长速度基本持平。为刻画巴西创新发展指数未来发展趋势，本报告基于 2006～2015 年的指数值，在比较各类模型的拟合优度后，最终选择对数模型对巴西创新发展指数进行拟合，拟合曲线如图 7-30 所示。如果保持拟合曲线呈现的趋势，巴西创新发展指数将保持增长。根据拟合的公式估算，2020 年巴西创新发展指数值将为 33.38，仍低于 2006 年 40 个国家的平均值。

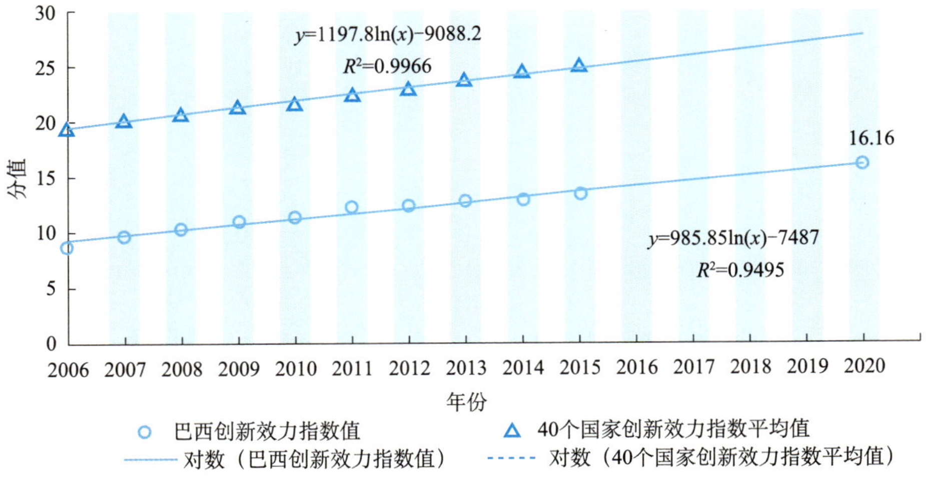

图 7-29 巴西创新效力指数值面向 2020 年的趋势分析

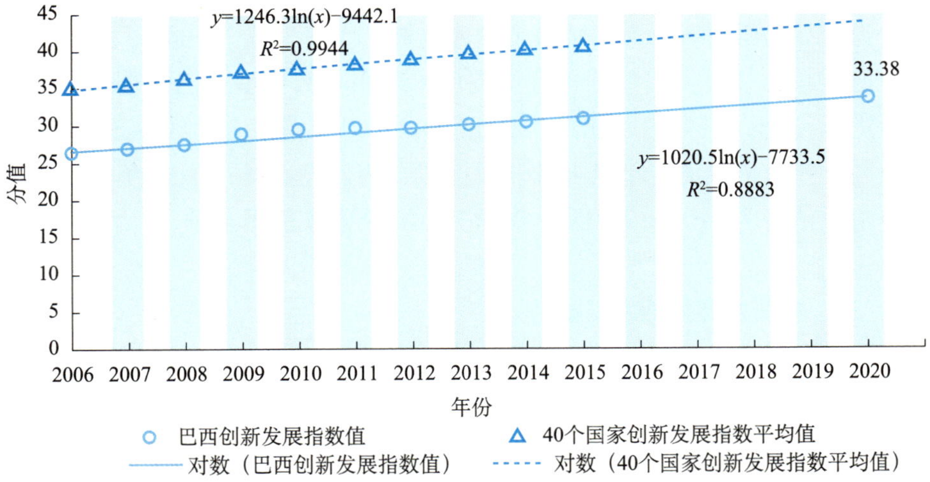

图 7-30 巴西创新发展指数值面向 2020 年的趋势分析

第三节 俄罗斯

一、指数的相对优势比较

俄罗斯的创新能力指数排名相对靠后，2015 年排名第 30 位，且在十年观测期内有小幅波动。创新实力指数 2015 年表现相对较好，排名第 10 位，其中创新投入实力指数（第 6 位）和创新条件实力指数（第 9 位）均处于前 10 位的行列，但创新产出实力指数（第 15 位）和创新影响实力指数（第 27 位）排名相对靠后，且创新产出实力指数在十年间出现小幅下降；2006 年俄罗斯创新实力指数排名第 9 位，十年间排名下降了 1 位。俄罗斯创新效力指数 2015 年排名第 33 位，比 2006 年下降 1 位。在分指数中，2015 年创新产出效力指数（第 29 位）较 2006 年下降了 17 位，需予以重点关注。其他分指数中，2015 年创新影响效力指数排名第 39 位，极大影响了俄罗斯创新效力指数的表现。2015 年，俄罗斯创新发展指数排名第 35 位，且在十年观测期内未出现明显波动。分指数中，2015 年创新条件发展指数（第 29 位）和产业创新发展指数（第 28 位）较 2006 年分别有 6 位和 5 位的提升，但其他分指数较 2006 年均有不同程度的下降，需在一定程度上予以关注。如表 7-3 所示。

表 7-3　俄罗斯 2006～2015 年各指数排名及其变化

指数名称	2006 年	2010 年	2006～2010 年排名变化	2011 年	2015 年	2011～2015 年排名变化	2006～2015 年排名变化
创新能力指数	27	31	↓ 4	33	30	↑ 3	↓ 3
—创新实力指数	9	9	→	10	11	↓ 1	↓ 2
—创新投入实力指数	5	5	→	5	6	↓ 1	↓ 1
—创新条件实力指数	9	8	↑ 1	9	9	→	→
—创新产出实力指数	12	13	↓ 1	14	15	↓ 1	↓ 3
—创新影响实力指数	30	31	↓ 1	29	27	↑ 2	↑ 3

续表

指数名称	2006年	2010年	2006～2010年排名变化	2011年	2015年	2011～2015年排名变化	2006～2015年排名变化
—创新效力指数	32	33	↓ 1	33	33	→	↓ 1
—创新投入效力指数	25	27	↓ 2	27	28	↓ 1	↓ 3
—创新条件效力指数	35	30	↑ 5	31	26	↑ 5	↑ 9
—创新产出效力指数	12	25	↓ 13	30	29	↑ 1	↓ 17
—创新影响效力指数	39	39	→	39	39	→	→
创新发展指数	35	35	→	35	35	→	→
—科学技术发展指数	29	30	↓ 1	30	34	↓ 4	↓ 5
—创新条件发展指数	35	32	↑ 3	34	29	↑ 5	↑ 6
—产业创新发展指数	33	31	↑ 2	32	28	↑ 4	↑ 5
—社会创新发展指数	30	32	↓ 2	32	32	→	↓ 2
—环境创新发展指数	37	37	→	39	40	↓ 1	↓ 3

二、分指数的相对优势研究

（一）创新实力指数

2015 年，俄罗斯创新投入实力指数值为 12.54，高于 40 个国家的平均值（7.85），但远低于 40 个国家的最大值（76.75），排名第 6 位；相较 2006 年，指数值几乎没有变化，排名落后了 1 位，与 40 个国家最大值的差距拉大；创新条件实力指数值为 8.79，高于 40 个国家的平均值（7.03），但远低于 40 个国家的最大值（60.45），排名第 9 位；相较 2006 年，指数值有所提升，排名没有变化，与 40 个国家最大值的差距明显拉大。创新产出实力指数值为 3.92，低于 40 个国家的平均值（7.47），排名第 15 位；相较 2006 年，指数值有略微提升，但排名落后了 3 位，与 40 个国家最大值的差距明显拉大。创新影响实力指数值为 0.72，低于 40 个国家的平均值（6.51），排名第 27 位；相较 2006 年，指数值提升很小，排名则提升了 3 位，与 40 个国家最大值的差距明显拉大。如图 7-31 和图 7-32 所示。

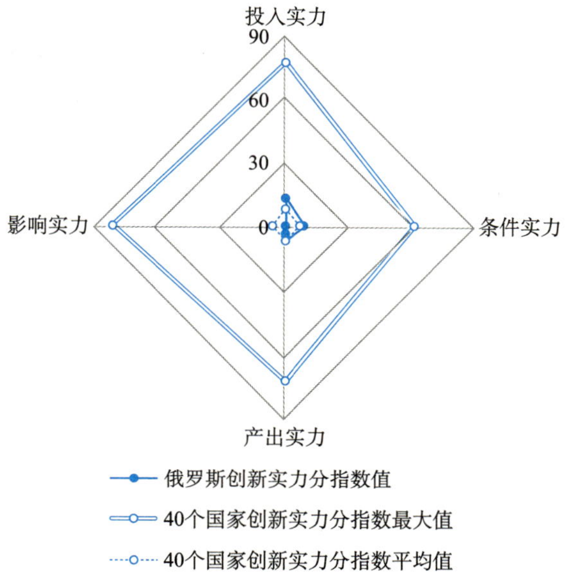

图 7-31　俄罗斯创新实力分指数与 40 个国家的最大值、平均值比较（2015 年）

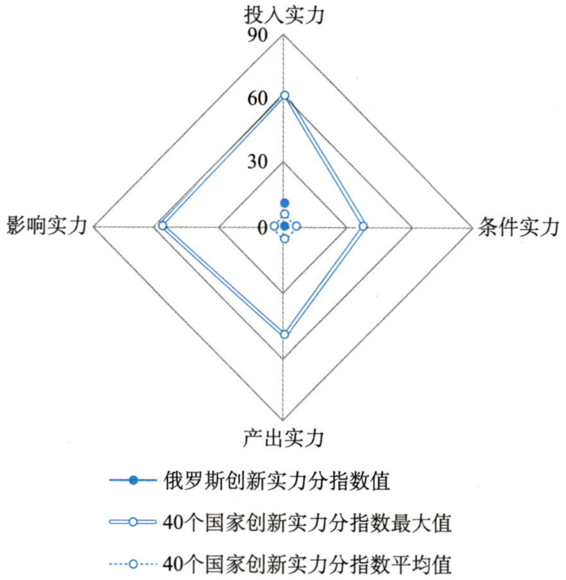

图 7-32　俄罗斯创新实力分指数与 40 个国家的最大值、平均值比较（2006 年）

2015 年，俄罗斯创新实力指数三级指标除研究人员数、互联网用户数和本国居民专利授权量这 3 项指标外，其他指标均低于 40 个国家的平均值。其中 PCT 专利申请量、知识产权使用费收入、高技术产品出口额这 3 项指标得分与 40 个国家的平均值相差超过 5，如图 7-33 所示。与 2006 年相比，

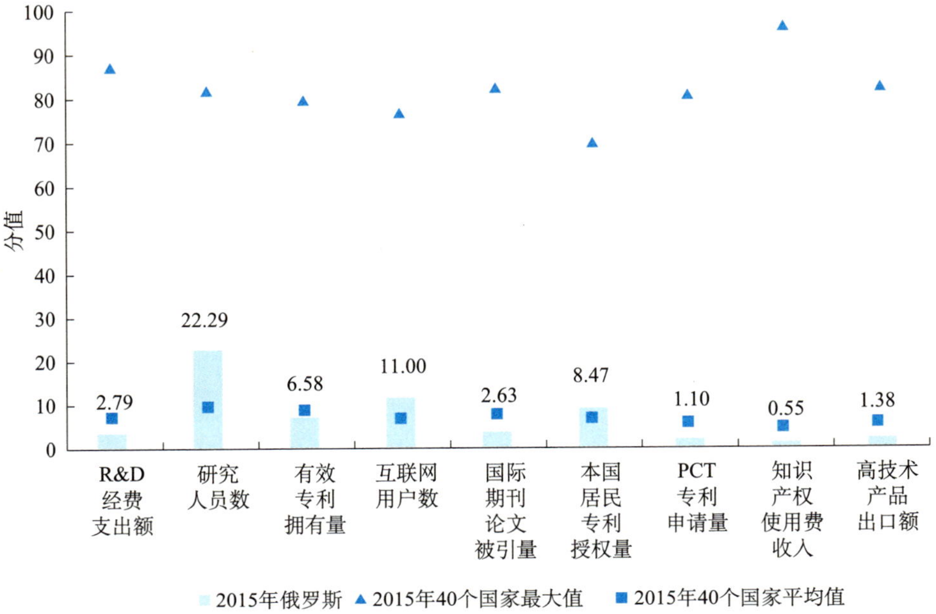

图 7-33 俄罗斯创新实力指数三级指标得分对比（2015 年）

注：图中所显示数据标签为俄罗斯创新实力指数三级指标得分。

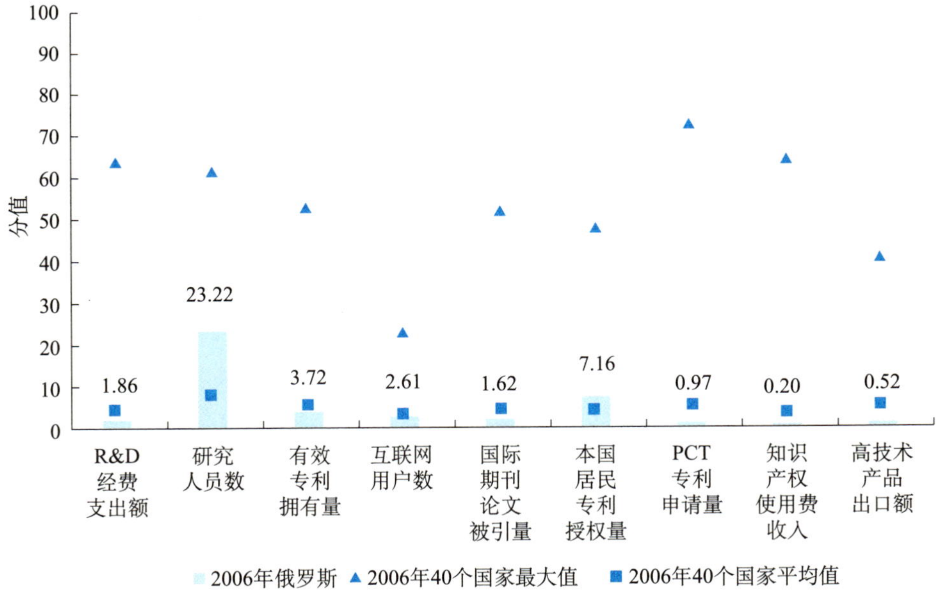

图 7-34 俄罗斯创新实力指数三级指标得分对比（2006 年）

注：图中所显示数据标签为俄罗斯创新实力指数三级指标得分。

2015 年俄罗斯创新实力指数除互联网用户数这一指标外，其他指标十年观测期内均与相应指标 40 个国家平均值的差距拉大。整体上俄罗斯创新实力指数各指标仍与相应指标 40 个国家的最大值有较大差距。

（二）创新效力指数

2015 年，俄罗斯创新投入效力指数值为 15.74，低于 40 个国家的平均值（29.21），排名第 28 位；相较 2006 年，指数值有略微提升，排名则落后了 3 位，与 40 个国家平均值的差距也进一步拉大；创新条件效力指数值为 36.91，低于 40 个国家的平均值（44.35），排名第 26 位；相较 2006 年，指数值有大幅提升，排名进步了 9 位，与 40 个国家平均值的差距有所缩小。创新产出效力指数值为 16.17，低于 40 个国家的平均值（20.31），排名第 29 位；相较 2006 年，指数值略微下降，排名则下降了 17 位，但与 40 个国家最大值的差距有所拉大。创新影响效力指数值为 4.69，低于 40 个国家的平均值（13.99），排名第 39 位；相较 2006 年，指数值有略微提升，排名没有变化，与 40 个国家最大值的差距也进一步拉大。如图 7-35 和图 7-36 所示。

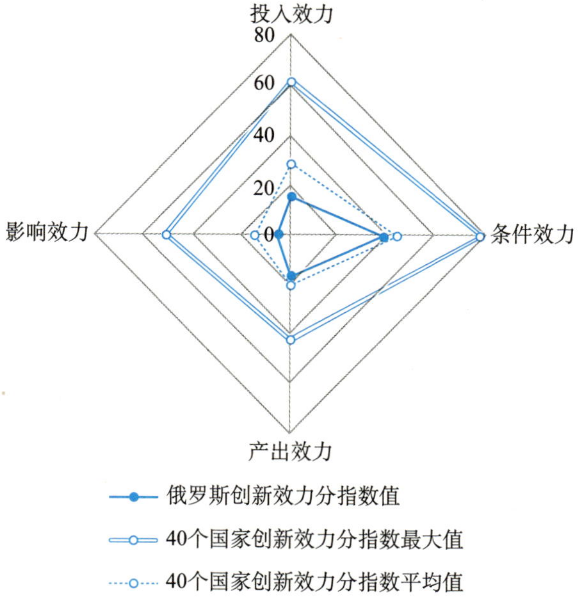

图 7-35 俄罗斯创新效力分指数与 40 个国家的最大值、平均值比较（2015 年）

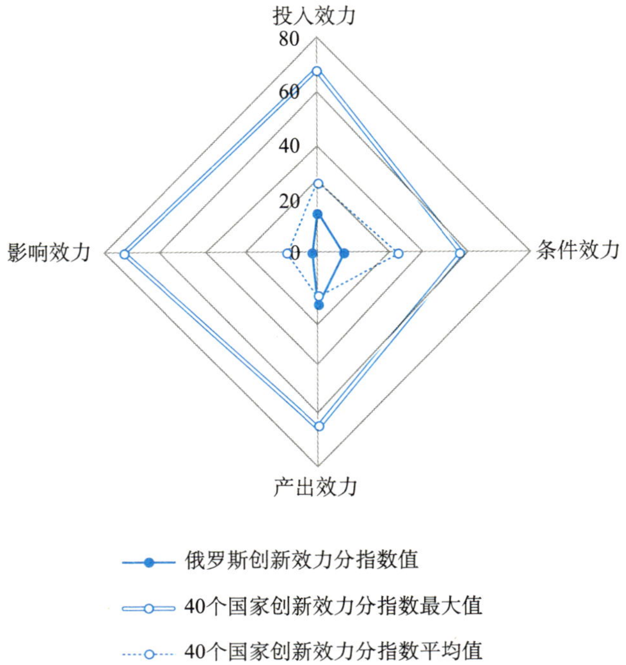

图 7-36 俄罗斯创新效力分指数与 40 个国家的最大值、平均值比较（2006 年）

2015 年，俄罗斯创新效力指数三级指标表现差异相对较大，每百万研究人员本国居民专利授权量和每百万美元 R&D 经费本国居民专利授权量指标得分分别超出 40 个国家相应指标平均值 2.85 和 59.38。而研究人员人均 R&D 经费、每百万研究人员国际期刊论文被引量和单位能耗对应的 GDP 产出指标得分分别低于 40 个国家相应指标平均值 20.31、30.24 和 21.96，这几项指标成为俄罗斯创新效力指数值提升的短板。2006 年，俄罗斯每百万研究人员国际期刊论文被引量、每百万研究人员 PCT 专利申请量这两项指标得分小于 1，同期知识产权使用费收支比指标得分也小于 1，且该指标 2015 年得分也仅为 0.71。如图 7-37 和图 7-38 所示。

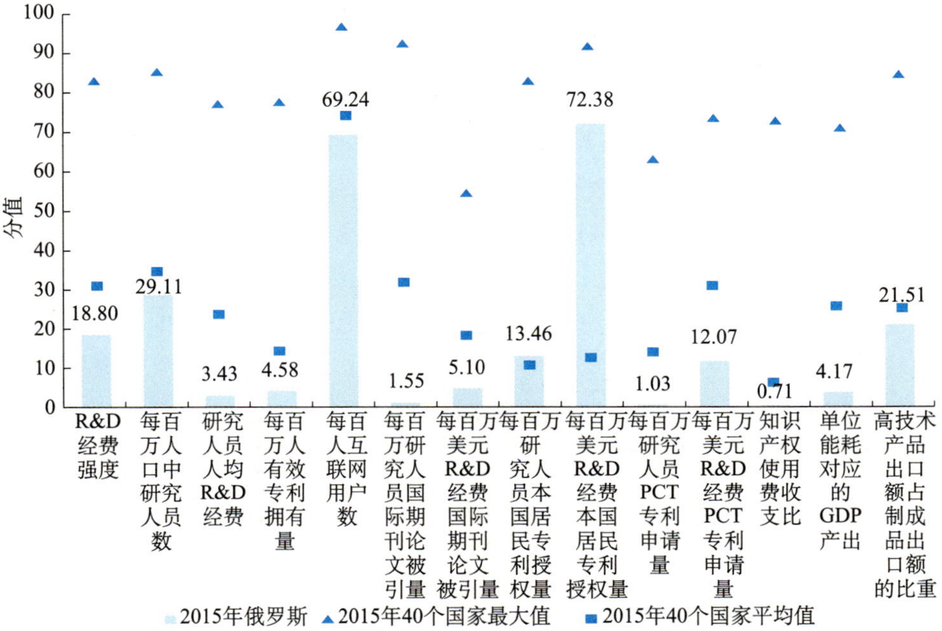

图 7-37 俄罗斯创新效力指数三级指标得分对比（2015 年）

注：图中所显示数据标签为俄罗斯创新效力指数三级指标得分。

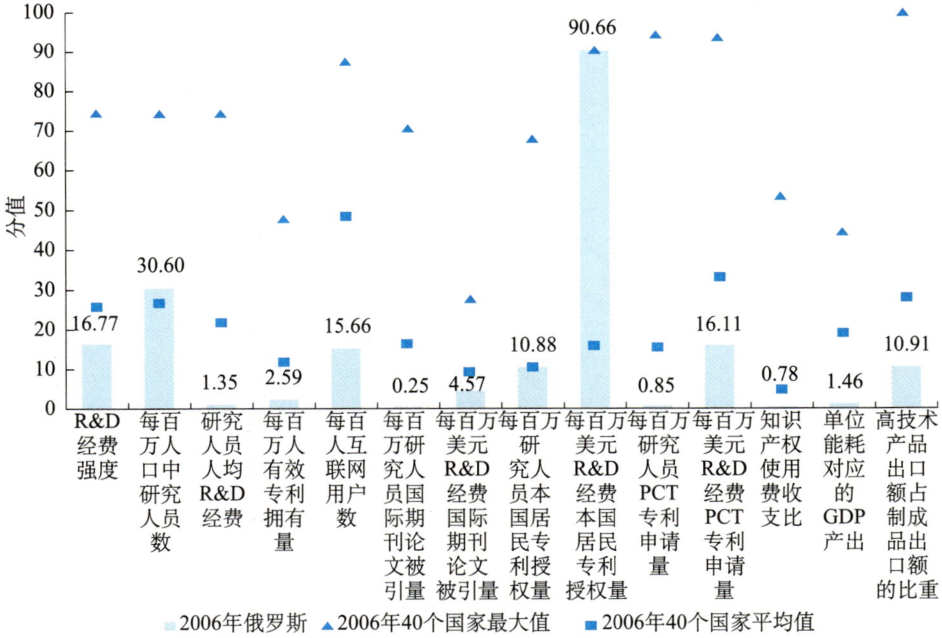

图 7-38 俄罗斯创新效力指数三级指标得分对比（2006 年）

注：图中所显示数据标签为俄罗斯创新效力指数三级指标得分。

（三）创新发展指数

2015 年，俄罗斯科学技术发展指数值为 7.61，低于 40 个国家的平均值（21.86），排名第 34 位；相较 2006 年，指数值有略微提升，排名下降了 5 位，与 40 个国家平均值的差距进一步拉大。创新条件发展指数值为 34.88，低于 40 个国家的平均值（43.06），排名第 29 位；相较 2006 年，指数值有明显提升，排名进步了 6 位，与 40 个国家平均值的差距有所缩小。产业创新发展指数值为 31.03，低于 40 个国家的平均值（39.24），排名第 28 位；相较 2006 年，指数值有小幅提升，排名进步了 5 位，与 40 个国家平均值的差距有所缩小。社会创新发展指数值为 49.51，低于 40 个国家的平均值（59.80），排名第 32 位；相较 2006 年，指数值有略微提升，排名落后了 2 位，与 40 个国家平均值的差距进一步拉大。环境创新发展指数值为 12.07，低于 40 个国家的平均值（36.87），排名第 40 位；相较 2006 年，指数值略微下降，排名下降了 3 位，与 40 个国家平均值的差距进一步拉大。如图 7-39 和图 7-40 所示。

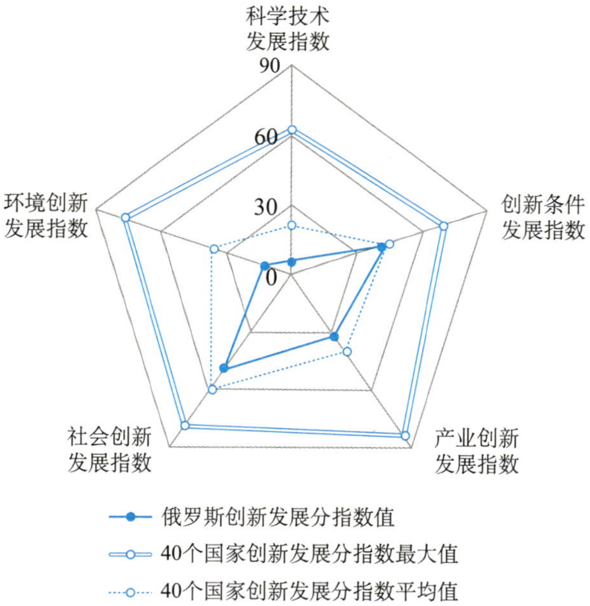

图 7-39　俄罗斯创新发展分指数与 40 个国家的最大值、平均值比较（2015 年）

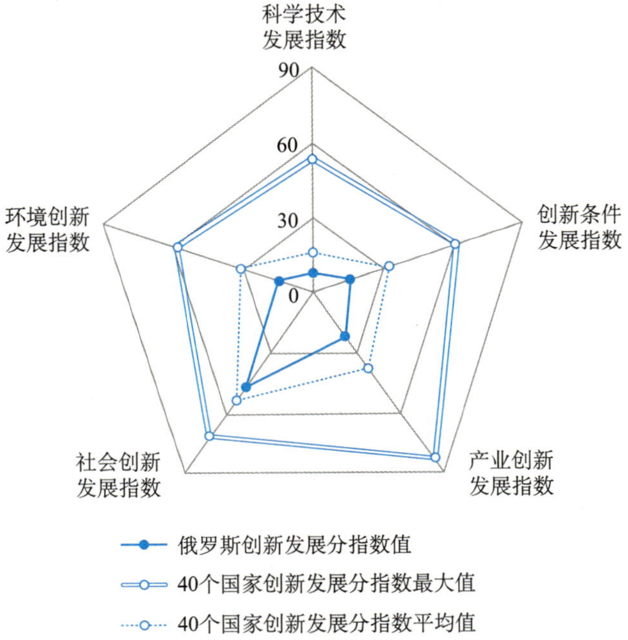

图 7-40 俄罗斯创新发展分指数与 40 个国家的最大值、平均值比较（2006 年）

2015 年，俄罗斯创新发展指数三级指标中仅有每百万研究人员本国居民专利授权量和高等教育毛入学率 2 项指标得分高于 40 个国家相应指标的平均值，其他指标得分均低于 40 个国家相应指标的平均值，其中每百万研究人员国际期刊论文被引量和人均 CO_2 排放量等指标得分显著低于相应指标的 40 个国家平均值。2006 年，俄罗斯创新发展指数三级指标中每百万研究人员国际期刊论文被引量、每百万研究人员 PCT 专利申请量、知识产权使用费收入占 GDP 的比重 3 项指标得分小于 1，较大制约了俄罗斯创新发展指数的提升，需引起重点关注。如图 7-41 和图 7-42 所示。

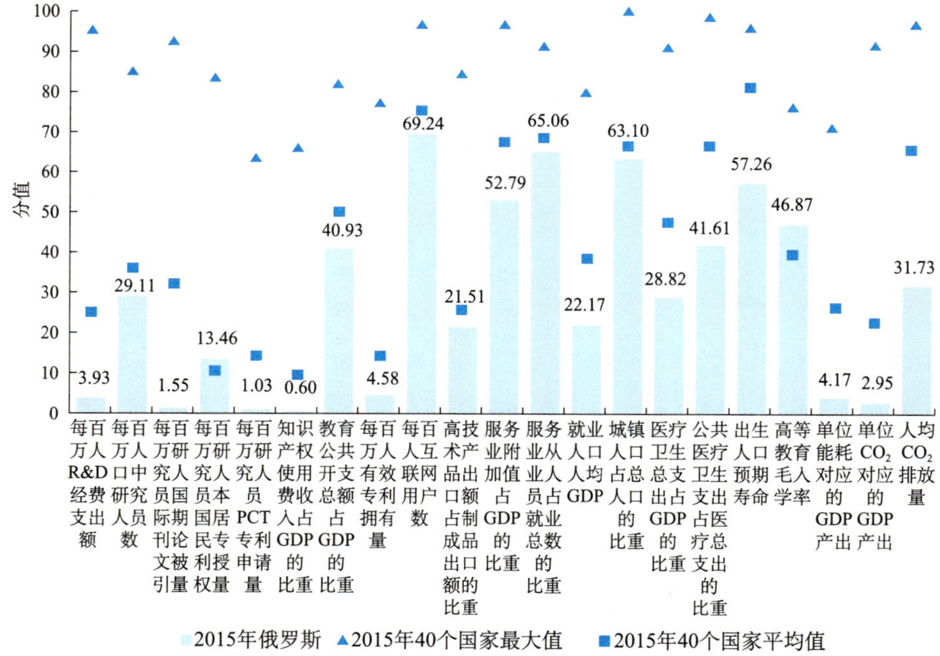

图 7-41　俄罗斯创新发展指数三级指标得分对比（2015 年）

注：图中所显示数据标签为俄罗斯创新发展指数三级指标得分。

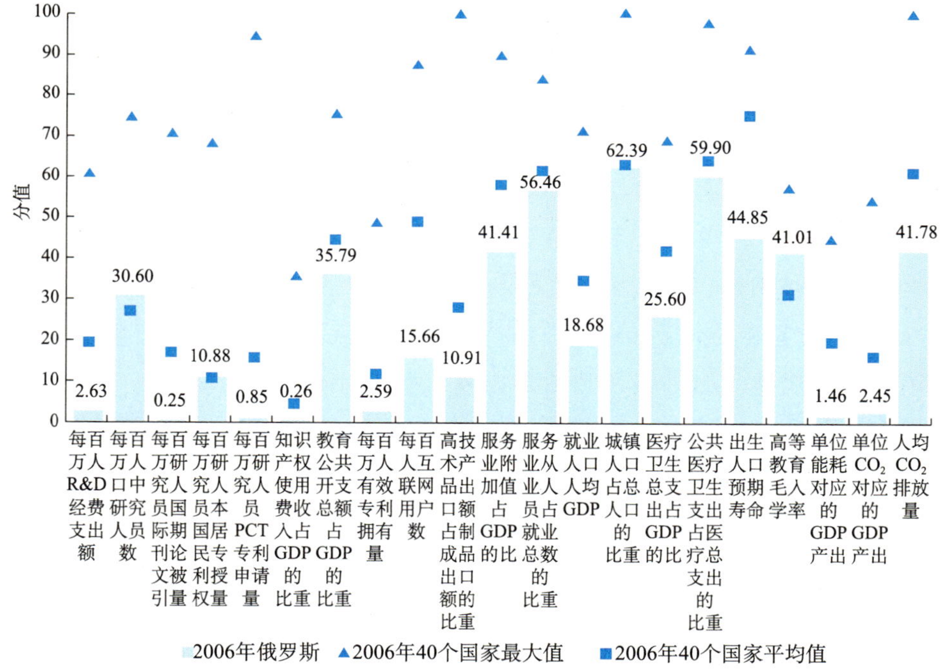

图 7-42　俄罗斯创新发展指数三级指标得分对比（2006 年）

注：图中所显示数据标签为俄罗斯创新发展指数三级指标得分。

三、面向 2020 年的指数发展趋势

（一）创新实力指数发展趋势

2006～2015 年，俄罗斯创新实力指数值呈稳步上升趋势，但略低于 40 个国家创新实力指数平均值，其增长速度明显低于 40 个国家创新实力指数平均值的增长速度。为刻画俄罗斯创新实力指数未来发展趋势，本报告基于 2006～2015 年的指数值，在比较各类模型的拟合优度后，最终选取对数模型对俄罗斯创新实力指数值进行拟合，拟合曲线如图 7-43 所示。如果保持拟合曲线呈现的趋势，俄罗斯创新实力指数虽然持续增长，但增长缓慢，与 40 个国家平均值的差距将继续拉大。根据拟合的公式估算，2020 年俄罗斯创新实力指数值为 6.84。

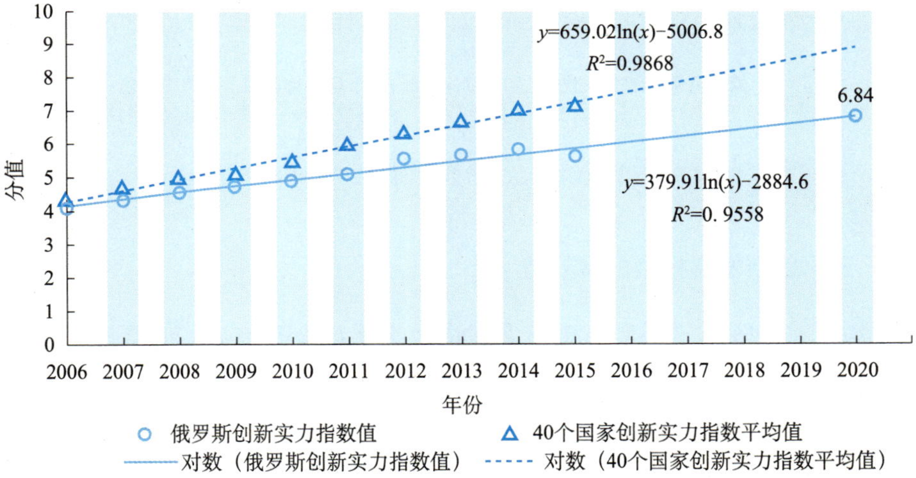

图 7-43　俄罗斯创新实力指数值面向 2020 年的趋势分析

（二）创新效力指数发展趋势

2006～2015 年，俄罗斯创新效力指数值呈稳步上升趋势，但显著低于 40 个国家的平均值，增长速度与 40 个国家平均值的增长速度基本持平。为刻画俄罗斯创新效力指数未来发展趋势，本报告基于 2006～2015 年的指数值，在比较各类模型的拟合优度后，最终采用对数模型对俄罗

斯创新效力指数值进行拟合，拟合曲线如图 7-44 所示。如果保持拟合曲线呈现的趋势，俄罗斯创新效力指数值会持续增长，但与 40 个国家的平均值之间仍会存在一定的差距。根据拟合的公式估算，2020 年俄罗斯创新效力指数将为 19.61，仍低于 2006 年 40 个国家的平均值。

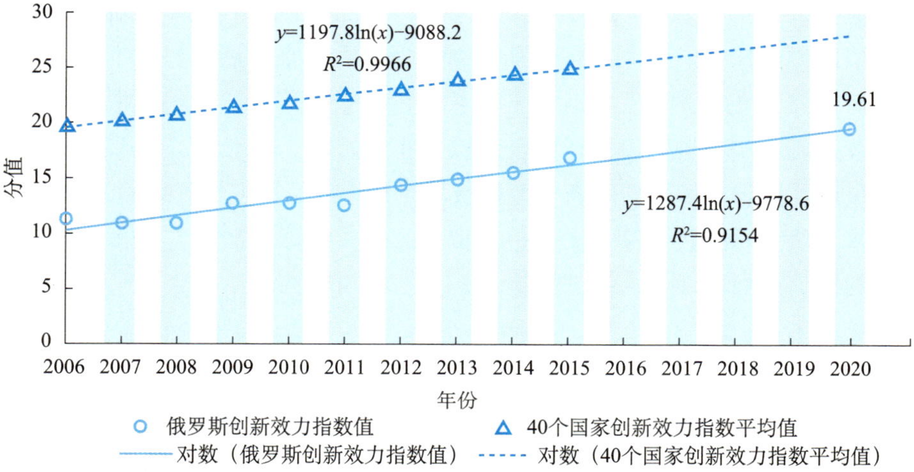

图 7-44　俄罗斯创新效力指数值面向 2020 年的趋势分析

（三）创新发展指数发展趋势

2006～2015 年，俄罗斯创新发展指数呈平缓上升趋势，但略低于 40 个国家的平均值，增长速度与 40 个国家平均值的增长速度基本持平。为刻画俄罗斯创新发展指数未来发展趋势，本报告基于 2006～2015 年的指数值，在比较各类模型的拟合优度后，最终采用对数模型对俄罗斯创新发展指数值进行拟合，拟合曲线如图 7-45 所示。如果保持拟合曲线呈现的趋势，俄罗斯创新发展指数值虽会持续增长，但与 40 个国家的平均值之间仍会存在一定的差距。根据拟合的公式估算，2020 年俄罗斯创新发展指数值将达到 30.81，低于 2006 年 40 个国家的平均值。

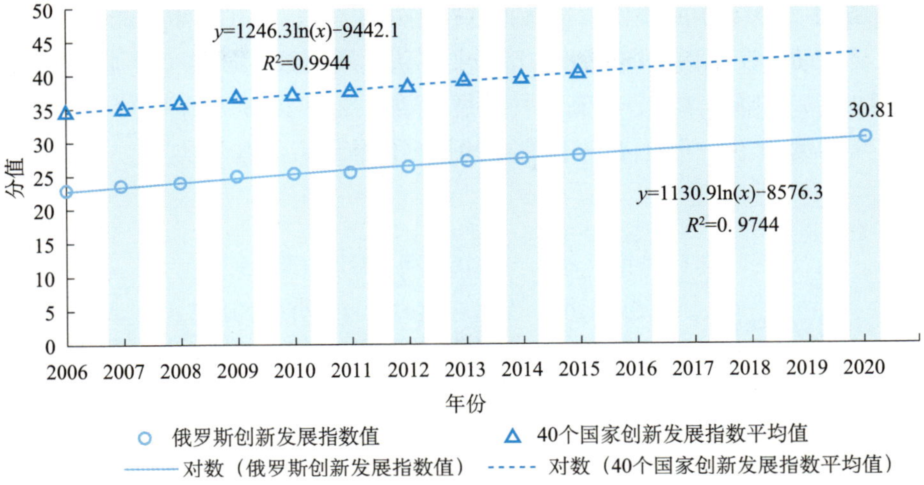

图 7-45 俄罗斯创新发展指数值面向 2020 年的趋势分析

第四节 南 非

一、指数的相对优势比较

南非的创新能力指数排名靠后，2015 年排名第 36 位，在十年观测期内有小幅波动。创新实力指数 2015 年排名第 31 位，其中创新条件实力指数（第 18 位）表现相对较好，且相较 2006 年（第 25 位）有显著提升。2015 年创新投入实力指数（第 36 位）和创新影响实力指数（第 37 位）表现相对较差，相较 2006 年分别下降了 5 位和 1 位，应予以关注。南非创新效力指数 2015 年排名第 35 位，比 2006 年下降 1 位；从分指数来看，仅创新产出效力指数表现较为抢眼，在十年观测期内由 2006 年的第 18 位上升至 2015 年的第 11 位；其他分指数表现均不理想，创新投入效力指数由 2006 年的第 26 位下降至 2015 年的第 37 位，需在一定程度上予以关注。创新影响效力指数 2015 年排在 40 个国家的末位，且在十年观测期内未出现明显波动。2015 年南非创新发展指数排名第 39 位，且在十年观测期内未出现明显波动。在分指数中，2015 年产业创新发展指数（第 34 位）较 2006 年（第 31 位）下降了 3 位，创新条件发展指数虽然从 2006 年的第 34 位上升至 2015 年的第 31 位，但在 40 个国家中的排名仍然偏后，需予以关注。如表 7-4 所示。

表 7-4　南非 2006～2015 年各指数排名及其变化

指数名称	2006 年	2010 年	2006～2010 年排名变化	2011 年	2015 年	2011～2015 年排名变化	2006～2015 年排名变化
创新能力指数	35	37	↓ 2	37	36	↑ 1	↓ 1
—创新实力指数	32	34	↓ 2	33	31	↑ 2	↑ 1
—创新投入实力指数	31	34	↓ 3	34	36	↓ 2	↓ 5
—创新条件实力指数	25	20	↑ 5	20	18	↑ 2	↑ 7
—创新产出实力指数	26	30	↓ 4	30	32	↓ 2	↓ 6
—创新影响实力指数	36	37	↓ 1	37	37	→	↓ 1
—创新效力指数	34	36	↓ 2	36	35	↑ 1	↓ 1
—创新投入效力指数	26	29	↓ 3	30	37	↓ 7	↓ 11
—创新条件效力指数	39	38	↑ 1	38	37	↑ 1	↑ 2
—创新产出效力指数	18	19	↓ 1	20	11	↑ 9	↑ 7
—创新影响效力指数	40	40	→	40	40	→	→
创新发展指数	39	39	→	39	39	→	→
—科学技术发展指数	27	28	↓ 1	28	28	→	↓ 1
—创新条件发展指数	34	35	↓ 1	32	31	↑ 1	↑ 3
—产业创新发展指数	31	33	↓ 2	31	34	↓ 3	↓ 3
—社会创新发展指数	39	39	→	39	39	→	→
—环境创新发展指数	35	36	↓ 1	35	35	→	→

二、分指数的相对优势研究

（一）创新实力指数

2015 年，南非创新投入实力指数值为 0.59，低于 40 个国家的平均值（7.85），排名第 36 位；相较 2006 年，指数值几乎没有变化，排名下降了 5 位，与 40 个国家平均值的差距进一步拉大。创新条件实力指数值为 2.34，低于 40 个国家的平均值（7.03），排名第 18 位；相较 2006 年，指数值有略微提升，排名下降了 7 位，与 40 个国家平均值的差距进一步拉大。创新产出实力指数值为 0.81，低于 40 个国家的平均值（7.47），排名第 32 位；相较 2006 年，指数值几乎没有变化，排名下降了 6 位，与 40 个国家平均值的差距进一步拉大。创新影响实力指数值为 0.10，低于 40 个国家的平均值（6.51），排名第 37 位；相较 2006 年，指数值几乎没有变化，排名下降了 1 位，与 40 个国家平均值的差距进一步拉大。如图 7-46 和图 7-47 所示。

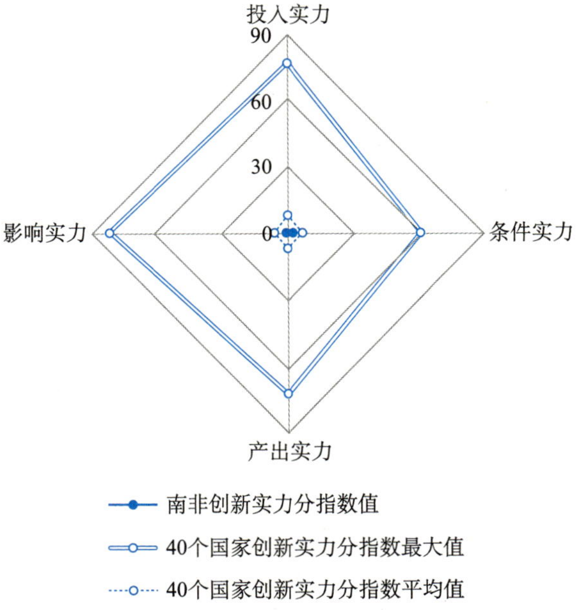

图 7-46　南非创新实力分指数与 40 个国家的最大值、平均值比较（2015 年）

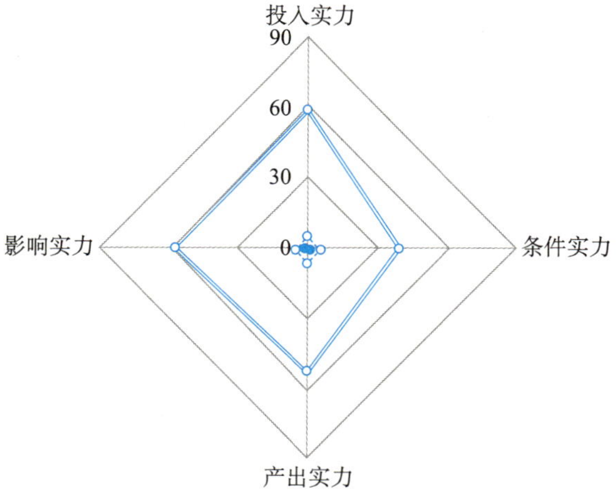

图 7-47　南非创新实力分指数与 40 个国家的最大值、平均值比较（2006 年）

2015 年南非创新实力指数三级指标得分均小于同期 40 个国家相应指标的平均值。其中 R&D 经费支出额、研究人员数、本国居民专利授权量、PCT 专利申请量、知识产权使用费收入、高技术产品出口额这 6 项指标得分均小于 1，同期 40 个国家相应指标的平均值均在 5 以上。相较 2006 年，南非与 40 个国家最大值的差距变大。如图 7-48 和图 7-49 所示。

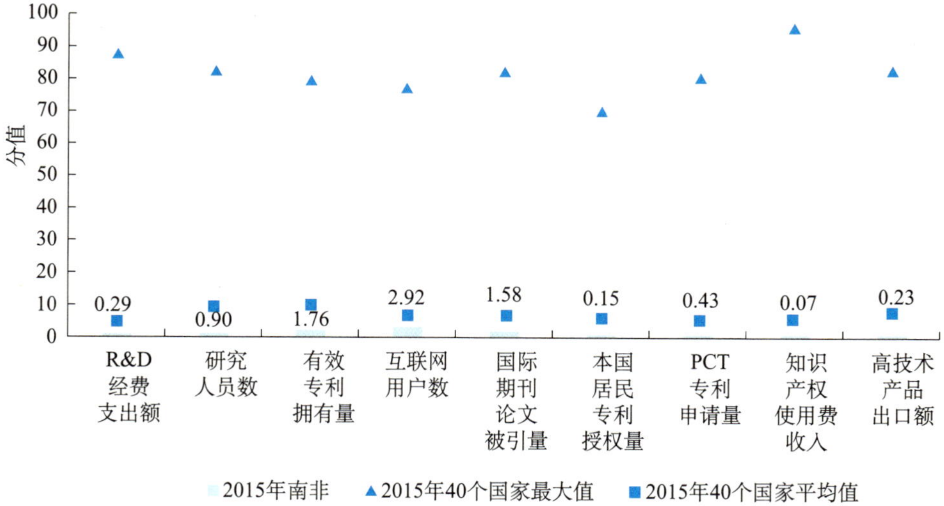

图 7-48　南非创新实力指数三级指标得分对比（2015 年）

注：图中所显示数据标签为南非创新实力指数三级指标得分。

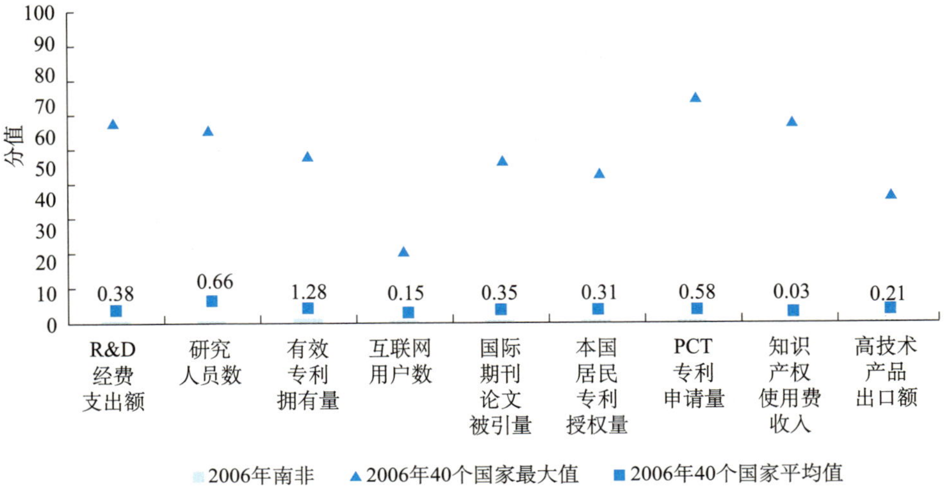

图 7-49 南非创新实力指数三级指标得分对比（2006 年）

注：图中所显示数据标签为南非创新实力指数三级指标得分。

（二）创新效力指数

2015 年，南非创新投入效力指数值为 7.88，低于 40 个国家的平均值（29.21），排名第 37 位；相较 2006 年，指数值有小幅退步，排名下降了 11 位，与 40 个国家平均值的差距进一步拉大。创新条件效力指数值为 26.85，低于 40 个国家的平均值（44.35），排名第 37 位；相较 2006 年，指数值有明显提升，排名进步了 2 位，与 40 个国家平均值的差距有所缩小。创新产出效力指数值为 24.31，高于 40 个国家的平均值（20.31），但低于 40 个国家的最大值（42.87），排名第 11 位；相较 2006 年，指数值有小幅进步，排名进步了 7 位，与 40 个国家平均值的差距有所缩小。创新影响效力指数值为 2.00，低于 40 个国家的平均值（13.99），排名倒数第 1 位；相较 2006 年，指数值几乎没有变化，排名也始终是最后一位，与 40 个国家平均值的差距进一步拉大。如图 7-50 和图 7-51 所示。

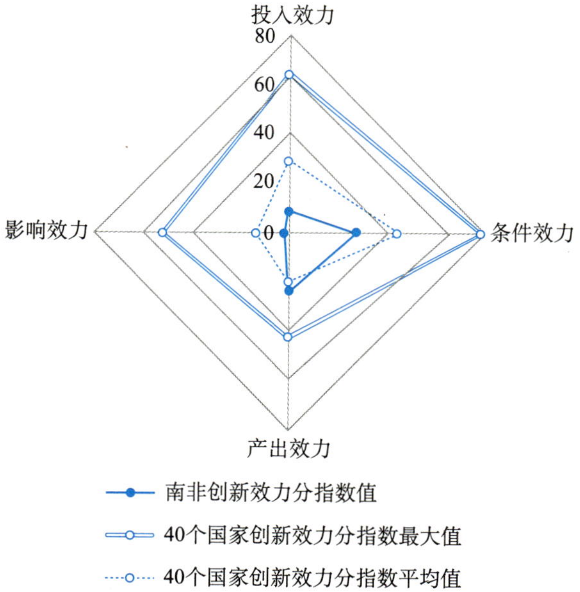

图 7-50 南非创新效力分指数与 40 个国家的最大值、平均值比较（2015 年）

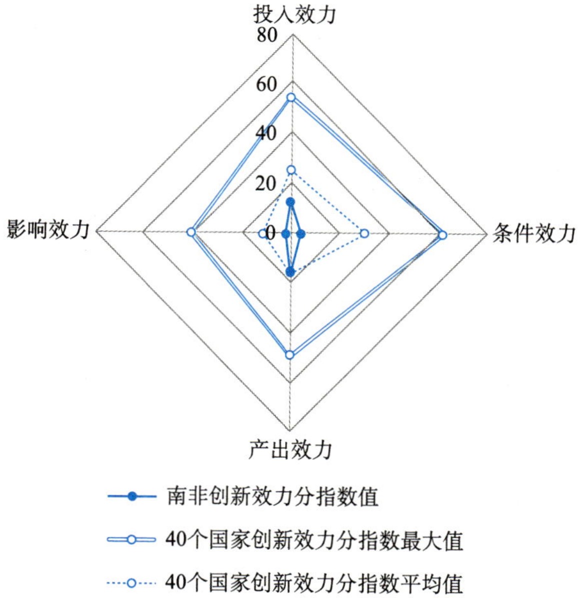

图 7-51 南非创新效力分指数与 40 个国家的最大值、平均值比较（2006 年）

2015 年，南非创新效力指数三级指标中每百万研究人员国际期刊论文被引量、每百万美元 R&D 经费国际期刊论文被引量、每百万美元 R&D 经费 PCT 专利申请量指标得分超过相应指标 40 个国家的平均值。每百人互联网用户数表现相对较好，得分在十年观测期内与相应指标 40 个国家平均值的差距缩小。每百万研究人员国际期刊论文被引量和每百万美元 R&D 经费国际期刊论文被引量两项指标得分从 2006 年低于相应指标 40 个国家的平均值提升到 2015 年超过相应指标 40 个国家的平均值，有一定的进步。如图 7-52 和图 7-53 所示。

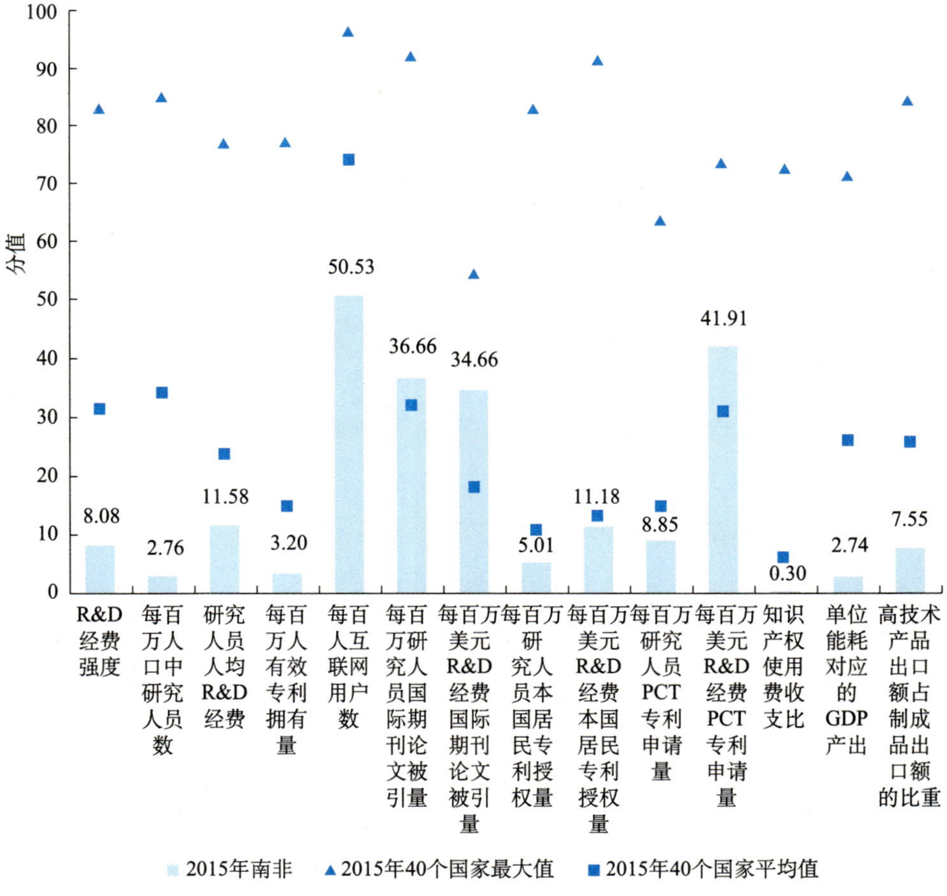

图 7-52 南非创新效力指数三级指标得分对比（2015 年）

注：图中所显示数据为南非创新效力指数三级指标得分。

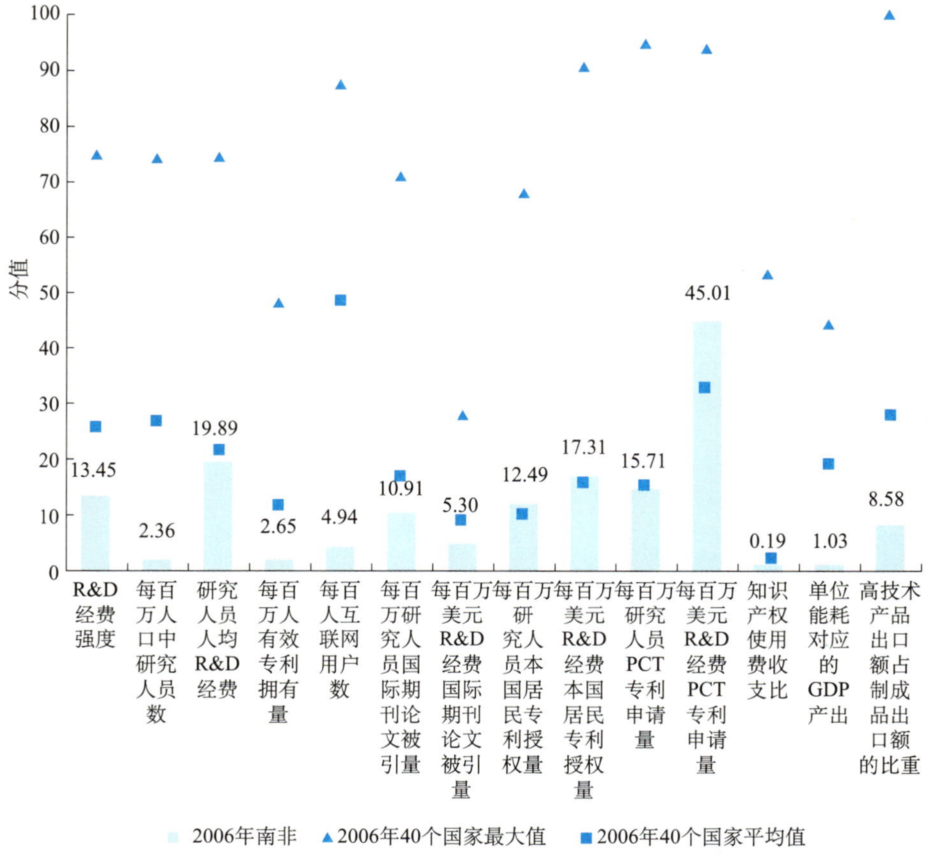

图 7-53 南非创新效力指数三级指标得分对比（2006 年）

注：图中所显示数据为南非创新效力指数三级指标得分。

（三）创新发展指数

2015 年，南非科学技术发展指数值为 11.88，低于 40 个国家的平均值（21.86），排名第 28 位；相较 2006 年，指数值有小幅提升，排名落后了 1 位，与 40 个国家平均值的差距进一步拉大。创新条件发展指数值为 34.40，低于 40 个国家的平均值（43.06），排名第 31 位；相较 2006 年，指数值有明显提升，排名提升了 3 位，与 40 个国家平均值的差距有所缩小。产业创新发展指数值为 26.62，低于 40 个国家的平均值（39.24），排名第 34 位；相较 2006 年，指数值有略微提升，排名落后了 3 位，与 40 个国家平均值的差距无明显变化。社会创新发展指数值为 28.12，远低于 40 个国家的平均值（59.80），排名第 39 位；相较 2006 年，指数值有小幅提升，排名没有变化，与 40 个国家平均值的差距略有缩小。环境创新发展指数值为 20.00，低于 40 个国家的平均值（36.87），排名第 35 位；相较 2006 年，指数值略有提升，排名没有变化，与 40 个国家平均值的差距进一步拉大。如图 7-54 和图 7-55 所示。

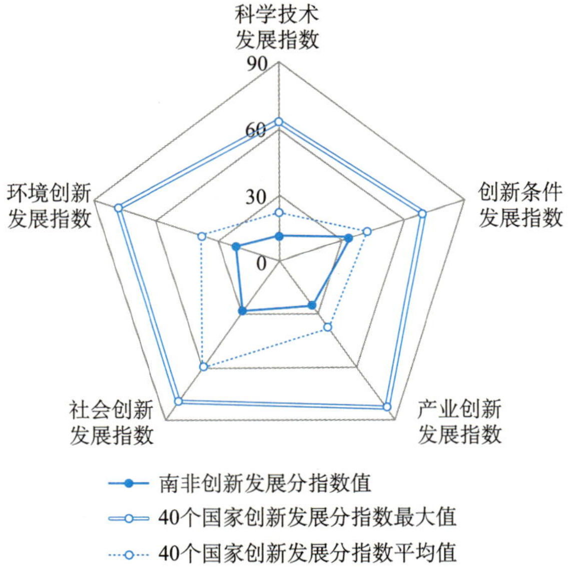

图 7-54　南非创新发展分指数与 40 个国家的最大值、平均值比较（2015 年）

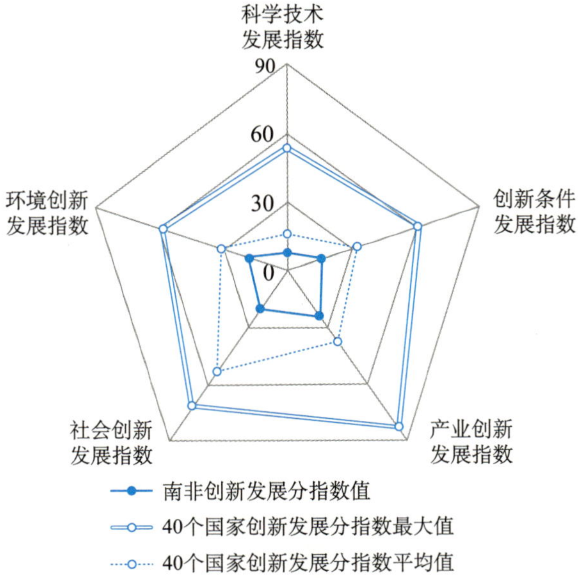

图 7-55　南非创新发展分指数与 40 个国家的最大值、平均值比较（2006 年）

2015年，南非创新发展指数各三级指标表现差距相对较大，其中每百万研究人员国际期刊论文被引量、教育公共开支总额占GDP的比重、服务业附加值占GDP的比重、服务业从业人员占就业总数的比重这4项指标要高于相应指标40个国家的平均值，其他指标均低于相应指标40个国家的平均值，其中出生人口预期寿命这一指标得分显著低于相应指标40个国家的平均值。2006～2015年，南非每百万研究人员国际期刊论文被引量、教育公共开支总额占GDP的比重、每百人互联网用户数和出生人口预期寿命等3项指标得分增长较多，但部分指标仍远低于相应指标40个国家的平均值。如图7-56和图7-57所示。

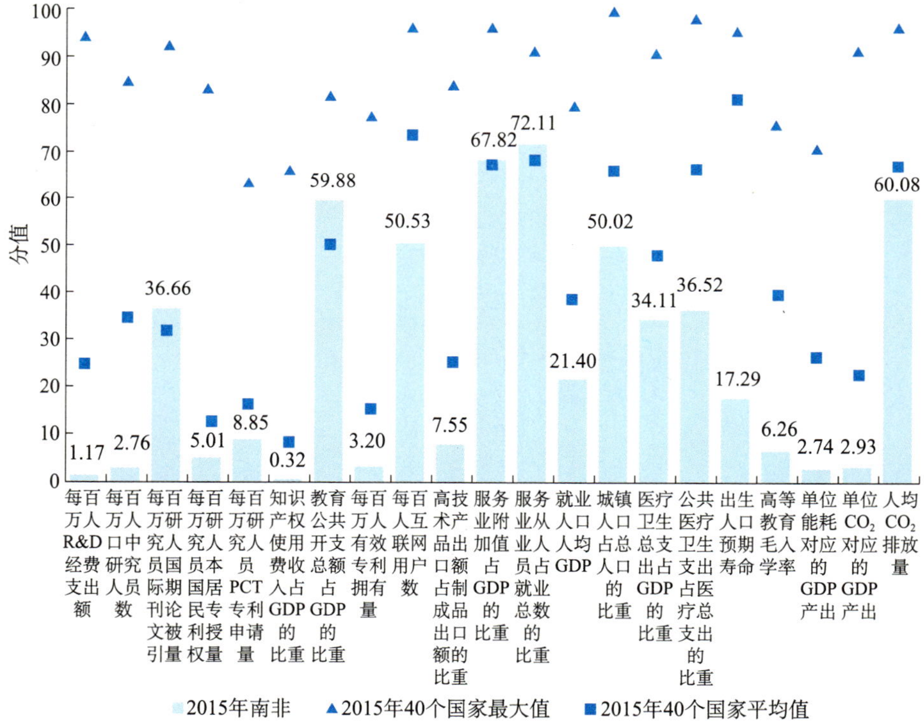

图7-56 南非创新发展指数三级指标得分对比（2015年）

注：图中所显示数据为南非创新发展指数三级指标得分。

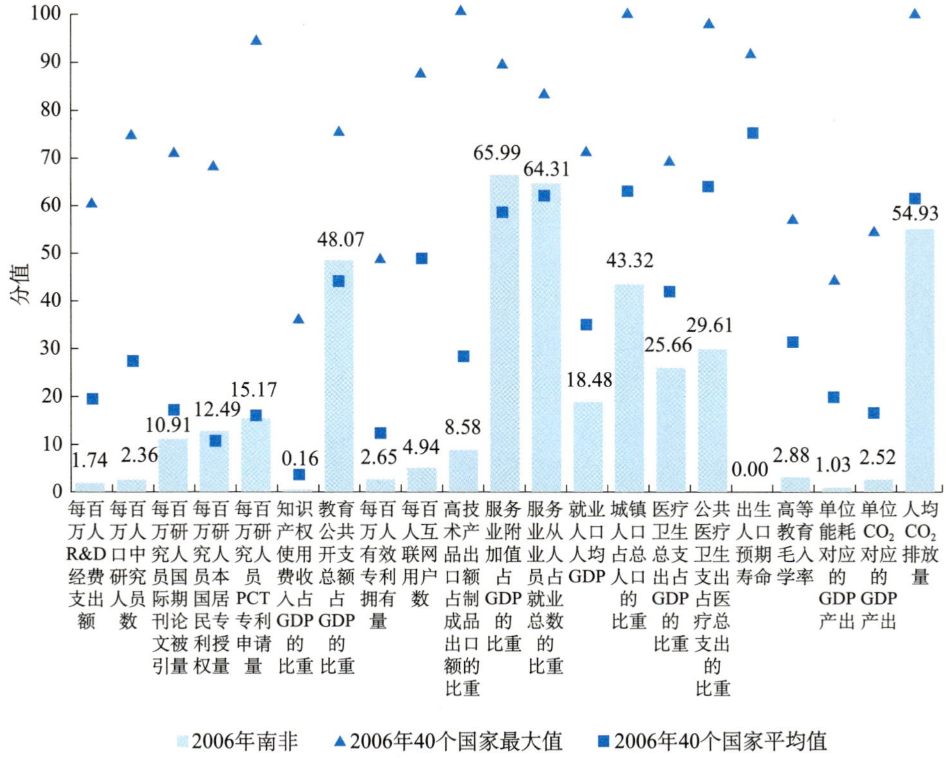

图 7-57　南非创新发展指数三级指标得分对比（2006 年）

注：图中所显示数据为南非创新发展指数三级指标得分。

三、面向 2020 年的指数发展趋势

（一）创新实力指数发展趋势

2006～2015 年，南非创新实力指数值呈平缓上升趋势，远低于 40 个国家的平均值，且趋势增长速度显著低于 40 个国家创新实力指数平均值的增长速度。为刻画南非创新实力指数未来发展趋势，本报告基于 2006～2015 年的指数值，在比较各类模型的拟合优度后，最终采用对数模型对南非创新实力指数进行拟合，拟合曲线如图 7-58 所示。如果保持拟合曲线呈现的趋势，南非创新实力指数值虽将有所增长，但仍会持续低于 40 个国家的平均值，且差距会逐步扩大。根据拟合的公式估算，2020 年南非创新实力指数值将仅为 1.12，远低于 2006 年 40 个国家的平均值。

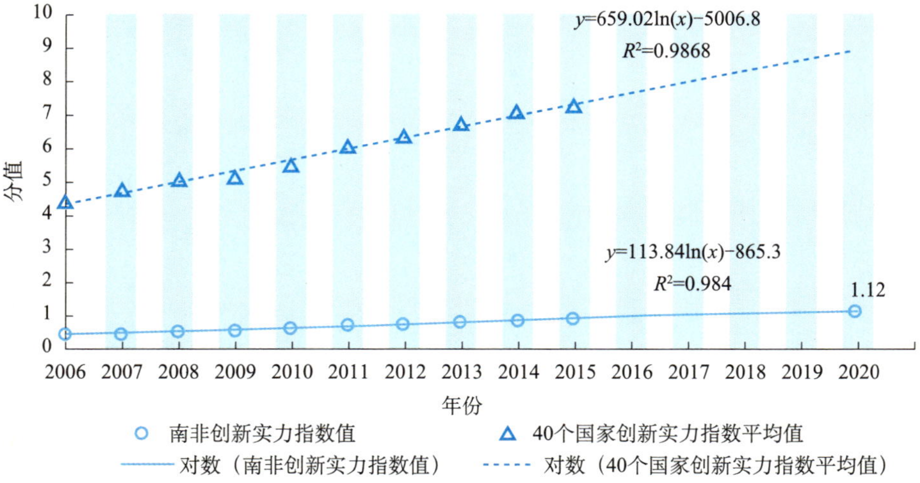

图 7-58 南非创新实力指数值面向 2020 年的趋势分析

（二）创新效力指数发展趋势

2006～2015 年，南非创新效力指数值呈稳步上升趋势，但始终低于 40 个国家的平均值，其增长速度略高于 40 个国家创新效力指数平均值的增长速度。为刻画南非创新效力指数未来发展趋势，本报告基于 2006～2015 年的指数值，在比较各类模型的拟合优度后，最终采用对数模型对南非创新效力指数值进行拟合，拟合曲线如图 7-59 所示。如果保持拟合曲线呈现的趋势，南非创新效力指数将持续增长，但与 40 个国家的平均值仍有一定差距。根据拟合的公式估算，2020 年南非创新效力指数值将为 17.93，仍低于 2006 年 40 个国家的平均值。

（三）创新发展指数发展趋势

2006～2015 年，南非创新发展指数值呈现平缓上升趋势，但与 40 个国家的平均值之间始终存在一定差距，其增长速度略高于 40 个国家创新发展指数平均值的增长速度。基于 2006～2015 年的指数值，在比较各类模型的拟合优度后，本报告采用对数模型对南非创新发展指数值进行拟合，拟合曲线如图 7-60 所示。如果保持拟合曲线呈现的趋势，南非创新发展指数值仍将持续增加，但始终低于 40 个国家的平均值。根据拟合的公式估算，2020 年南非创新发展指数值将为 26.99，仍低于 2006 年 40 个国家的平均值。

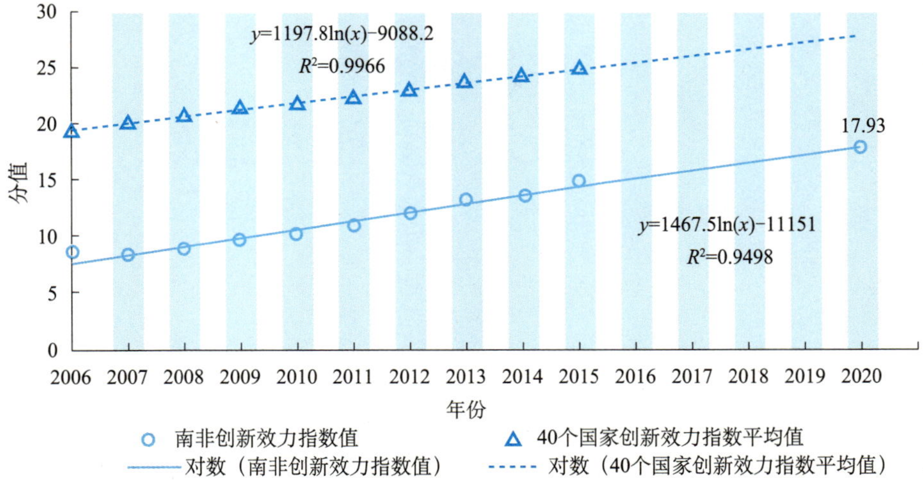

图 7-59　南非创新效力指数值面向 2020 年的趋势分析

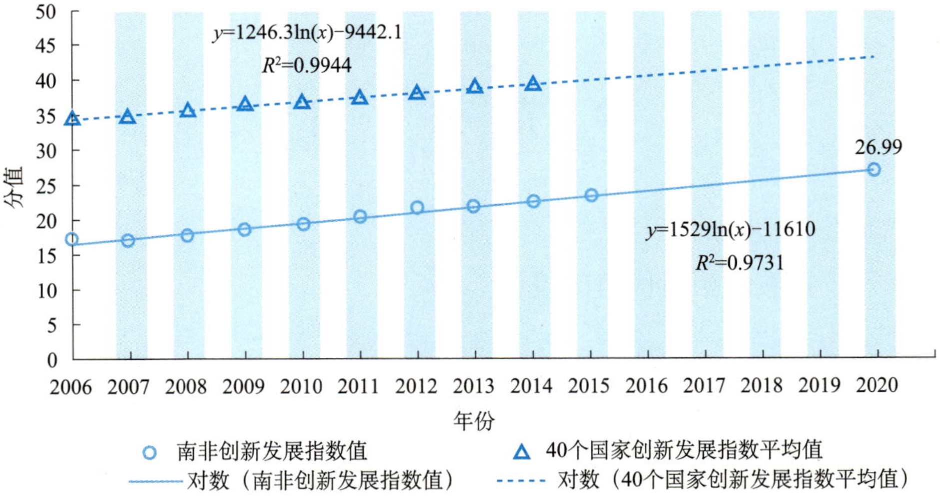

图 7-60　南非创新发展指数值面向 2020 年的趋势分析

第八章

主要发达国家创新发展和能力指数

本章主要讨论全球主要发达国家——美国、日本、英国、法国、德国和韩国创新实力指数、创新效力指数、创新发展指数，以及各项指数的三级指标情况。此类国家的经济体量相对较大，在一定程度上与中国具有可比性。

第一节　美　　国

一、指数的相对优势比较

美国创新能力指数排名十分抢眼，2015 年在 40 个国家中位列第 1，且在十年观测期内未出现明显波动。美国创新实力指数 2015 年在 40 个国家中稳居第 1 位，各分指数中，仅有创新条件实力指数在 2015 年位于第 2 位，其他分指数无一例外排名第 1 位，与 2006 年表现一致。美国创新效力指数表现稍逊于创新实力指数，2015 年在 40 个国家中排在第 10 位，在十年观测期内排名稍有下降；从分指数来看，两极分化现象较为明显，创新投入效力指数和创新影响效力指数在 2015 年均排在前 10 位，但其创新条件效力指数和创新产出效力指数在 2015 年分别位于第 16 位和第 14 位，制约了创新效力指数排名的提升。美国创新发展指数表现稍逊于创新能力指数。2015 年，美国创新发展指数排名第 15 位，相较 2006 年下降了 3 位。分指数中，科学技术发展指数和产业创新发展指数 2015 年表现相对较好，虽然两个指数在十年观测期内出现了小幅下降，但其排名仍在前 10 位。创新条件发展指数和社会创新发展指数的表现虽不及科学技术发展指数和产业创新发展指数，但仍显著优于环境创新发展指数。2015 年环境创新发展指数排名第 39 位，虽较 2006 年上升了 1 位，但仍极大地制约了美国创新发展指数排名的提升。如表 8-1 所示。

表 8-1 美国 2006～2015 年各指数排名及其变化

指数名称	2006年	2010年	2006～2010年排名变化	2011年	2015年	2011～2015年排名变化	2006～2015年排名变化
创新能力指数	1	1	→	1	1	→	→
—创新实力指数	1	1	→	1	1	→	→
—创新投入实力指数	1	1	→	1	1	→	→
—创新条件实力指数	1	1	→	1	2	↓1	↓1
—创新产出实力指数	1	1	→	1	1	→	→
—创新影响实力指数	1	1	→	1	1	→	→
—创新效力指数	8	8	→	10	10	→	↓2
—创新投入效力指数	6	7	↓1	7	7	→	↓1
—创新条件效力指数	13	16	↓3	17	16	↑1	↓3
—创新产出效力指数	10	11	↓1	11	14	↓3	↓4
—创新影响效力指数	4	5	↓1	5	7	↓2	↓3
创新发展指数	12	13	↓1	16	15	↑1	↓3
—科学技术发展指数	7	7	→	8	9	↓1	↓2
—创新条件发展指数	10	13	↓3	16	14	↑2	↓4
—产业创新发展指数	2	4	↓2	6	6	→	↓4
—社会创新发展指数	19	18	↑1	19	16	↑3	↑3
—环境创新发展指数	40	40	→	40	39	↑1	↑1

二、分指数的相对优势研究

（一）创新实力指数

2015 年，美国创新投入实力指数值为 76.75，为 40 个国家中的最大值，远高于 40 个国家的平均值（7.85）；相较 2006 年，指数值有小幅提升，排名始终保持第 1 位。创新条件实力指数值为 52.98，远高于 40 个国家的平均值（7.03），排名第 2 位；相较 2006 年，指数值有明显提升，但排名下降了 1 位。创新产出实力指数值为 73.05，为 40 个国家中的最大值，远高于 40 个国家的平均值（7.47）；相较 2006 年，指数值有明显提升，排名始终保持第 1 位。创新影响实力指数值为 81.36，为 40 个国家中的最大值，远高于 40 个国家的平均值（6.51）；相较 2006 年，指数值有明显提升，排名始终保持第 1 位。如图 8-1 和图 8-2 所示。

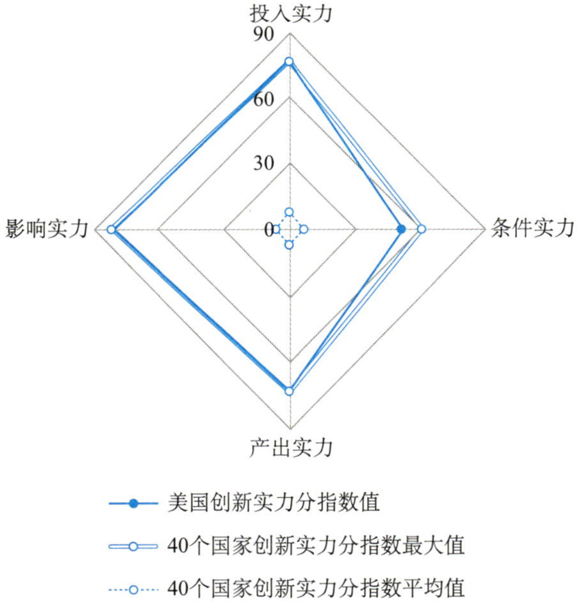

图 8-1 美国创新实力分指数与 40 个国家的最大值、平均值比较（2015 年）

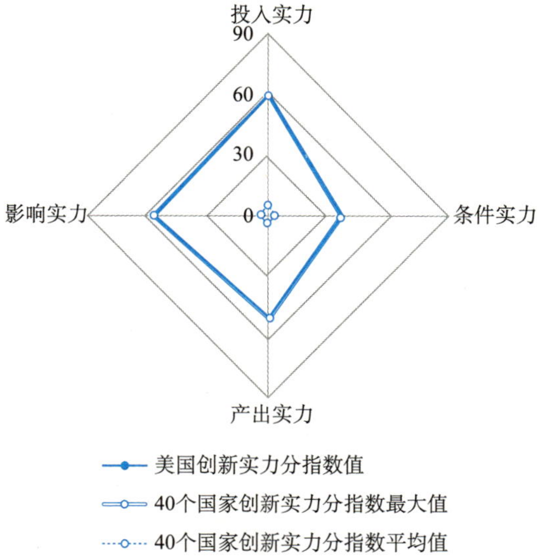

图 8-2 美国创新实力分指数与 40 个国家的最大值、平均值比较（2006 年）

2015 年，美国创新实力指数三级指标均表现较好，所有指标均远超过相应指标 40 个国家的平均水平，R&D 经费支出额、有效专利拥有量、国际期刊论文被引量、PCT 专利申请量和知识产权使用费收入均为相应指标 40 个国家的最高水平。但高技术产品出口额指标得分与 40 个国家最大值之间仍有较大差距。2006～2015 年，美国创新实力指数大部分三级指标表现较为突出，仅在本国居民专利授权量和高技术产品出口额指标得分与 40 个国家得分的最大值之间存在一定差距。如图 8-3 和图 8-4 所示。

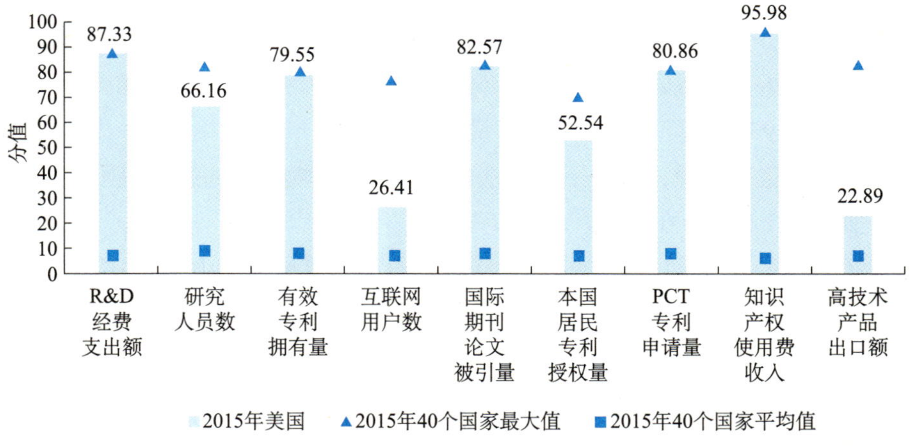

图 8-3 美国创新实力指数三级指标得分对比（2015 年）

注：图中所显示数据标签为美国创新实力指数三级指标得分。

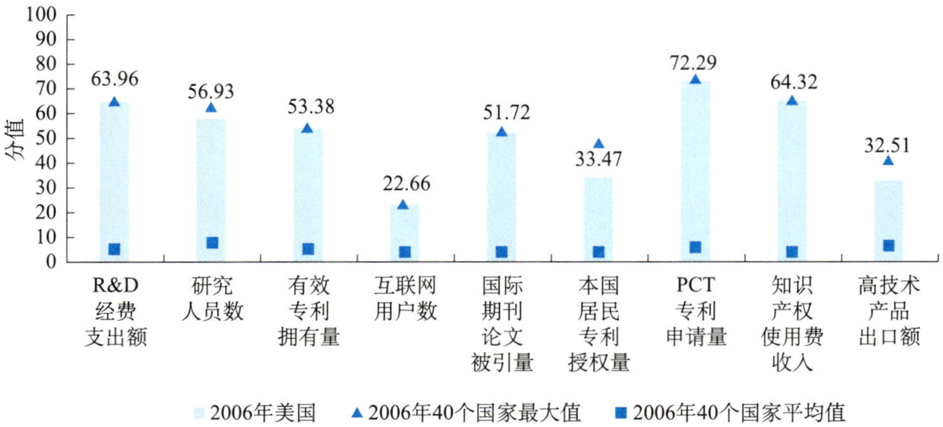

图 8-4　美国创新实力指数三级指标得分对比（2006 年）

注：图中所显示数据标签为美国创新实力指数三级指标得分。

（二）创新效力指数

2015 年，美国创新投入效力指数值为 49.49，高于 40 个国家的平均值（29.21），低于 40 个国家的最大值（63.11），排名第 7 位；相较 2006 年，指数值略有提升，排名下降了 1 位，与 40 个国家最大值的差距无明显变化。创新条件效力指数值为 49.35，高于 40 个国家的平均值（44.35），低于 40 个国家的最大值（78.49），排名第 16 位；相较 2006 年，指数值略有提升，排名下降了 3 位，与 40 个国家最大值的差距无明显变化。创新产出效力指数值为 22.66，高于 40 个国家的平均值（20.31），低于 40 个国家的最大值（42.87），排名第 14 位；相较 2006 年，指数值略有提升，排名下降了 4 位，与 40 个国家最大值的差距有所缩小。创新影响效力指数值为 19.73，高于 40 个国家的平均值（13.99），低于 40 个国家的最大值（51.65），排名第 7 位；相较 2006 年，指数值略有下降，排名下降了 3 位，与 40 个国家最大值的差距进一步拉大。如图 8-5 和图 8-6 所示。

2015 年，美国创新效力指数三级指标得分，除每百人互联网用户数、每百万美元 R&D 经费 PCT 专利申请量略低于 40 个国家的平均值，每百万美元 R&D 经费国际期刊论文被引量和单位能耗对应的 GDP 产出指标得分远低于 40 个国家的平均值，大部分指标均表现良好。2015 年，美国单位能耗对应的 GDP 产出得分仅为 14.93，远低于 40 个国家的平均值，美国仍需进一步加强单位能源消耗的产出水平。相较 2006 年，美国大部分指标得分相对于 40 个国家平均值之间的优势在缩小，只有每百万美元指标得分高于 2006 年，但仅为 5.03。如图 8-7 和图 8-8 所示。

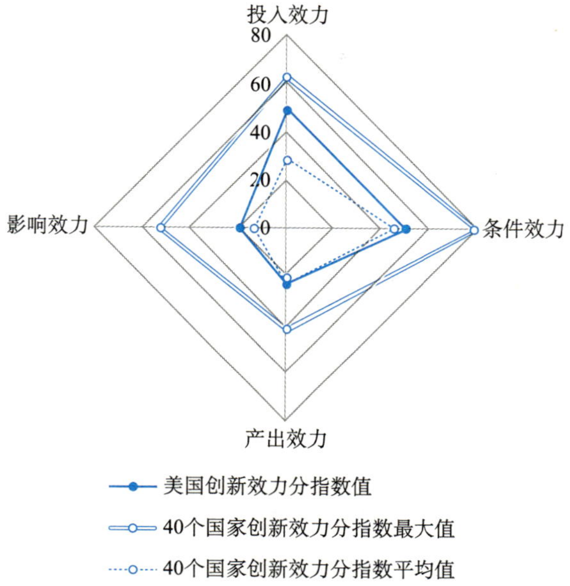

图 8-5 美国创新效力分指数与 40 个国家的最大值、平均值比较（2015 年）

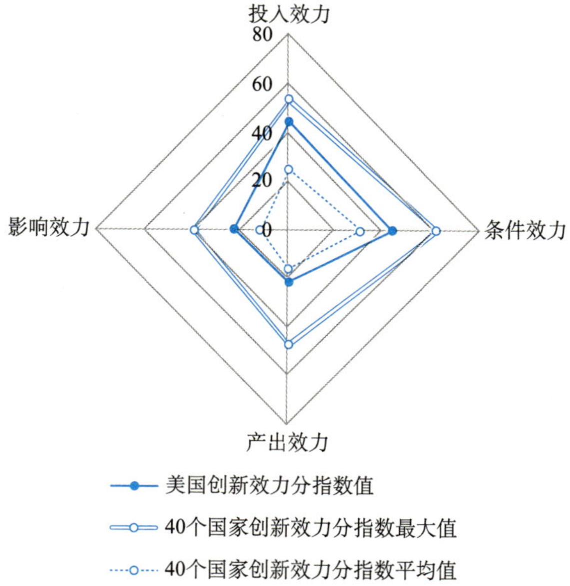

图 8-6 美国创新效力分指数与 40 个国家的最大值、平均值比较（2006 年）

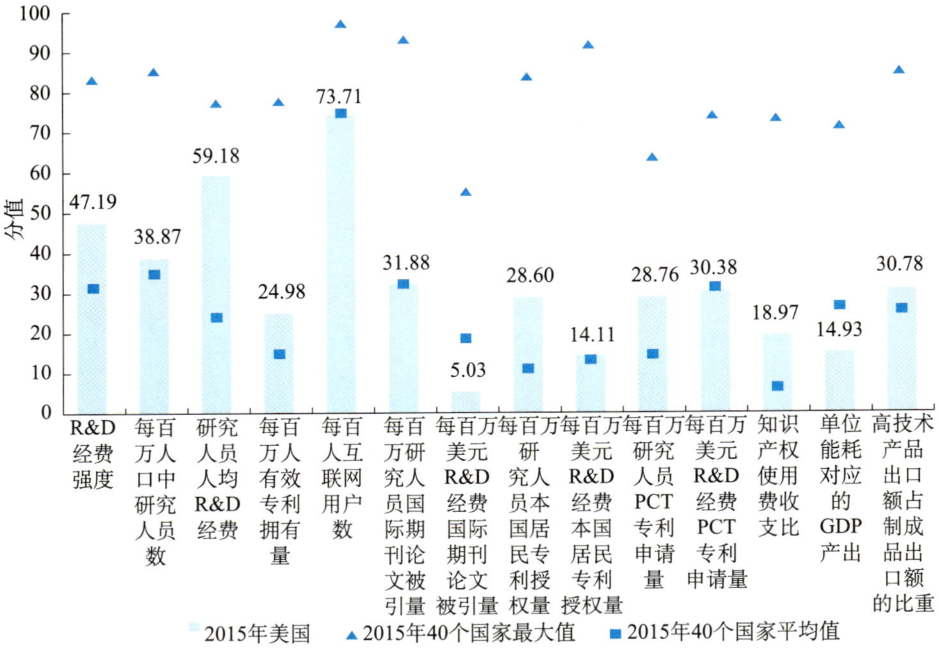

图 8-7 美国创新效力指数三级指标得分对比（2015 年）

注：图中所显示数据标签为美国创新效力指数三级指标得分。

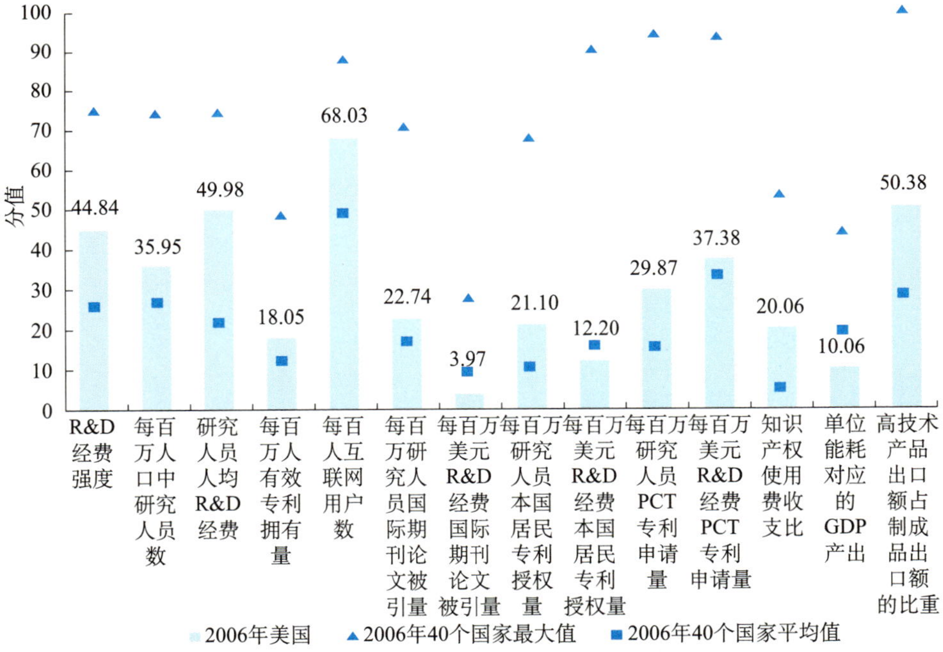

图 8-8 美国创新效力指数三级指标得分对比（2006 年）

注：图中所显示数据标签为美国创新效力指数三级指标得分。

（三）创新发展指数

2015 年，美国科学技术发展指数值为 32.10，高于 40 个国家的平均值（21.86），低于 40 个国家的最大值（62.29），排名第 9 位；相较 2006 年，指数值有小幅提升，排名下降了 2 位，与 40 个国家最大值的差距拉大。创新条件发展指数值为 45.65，高于 40 个国家的平均值（43.06），低于 40 个国家的最大值（69.04），排名第 14 位；相较 2006 年，指数值略有提升，排名下降了 4 位，与 40 个国家最大值的差距无明显变化。产业创新发展指数值为 53.00，高于 40 个国家的平均值（39.24），低于 40 个国家的最大值（83.53），排名第 6 位；相较 2006 年，指数值有小幅下降，排名下降了 4 位，与 40 个国家最大值的差距拉大。社会创新发展指数值为 65.02，高于 40 个国家的平均值（59.80），低于 40 个国家的最大值（78.29），排名第 16 位；相较 2006 年，指数值有小幅提升，排名进步了 3 位，与 40 个国家最大值的差距无明显变化。环境创新发展指数值为 17.58，低于 40 个国家的平均值（36.87），排名第 39 位；相较 2006 年，指数值有明显提升，排名提升了 1 位，与 40 个国家最大值的差距拉大。如图 8-9 和图 8-10 所示。

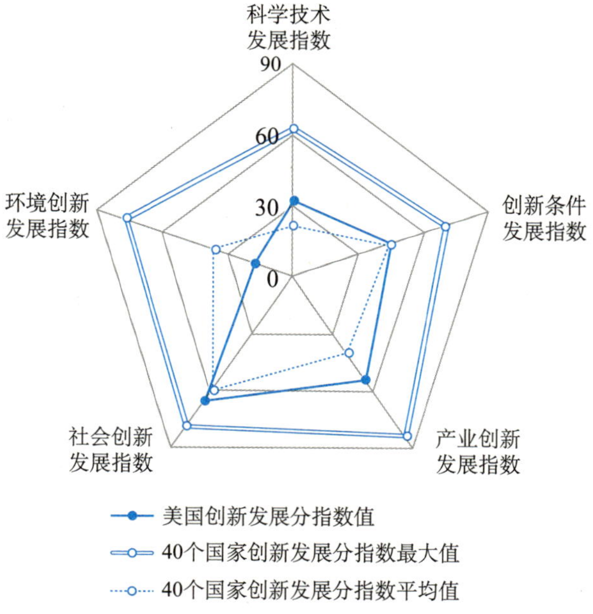

图 8-9　美国创新发展分指数与 40 个国家的最大值、平均值比较（2015 年）

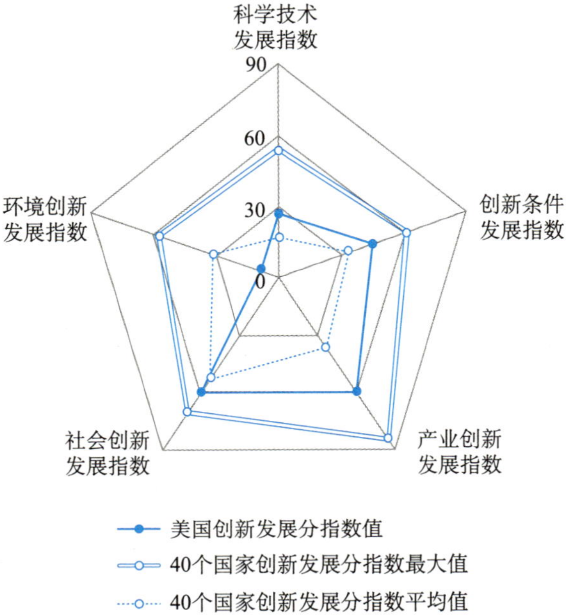

图 8-10 美国创新发展分指数与 40 个国家的最大值、平均值比较（2006 年）

2015 年美国创新发展指数各三级指标表现存在一定的两极分化现象。其中教育公共开支总额占 GDP 的比重、公共医疗卫生支出占医疗总支出的比重、单位能耗对应的 GDP 产出、单位 CO_2 对应的 GDP 产出、人均 CO_2 排放量等指标得分均低于相应指标 40 个国家的平均值，但每百万人 R&D 经费支出额等指标得分远超相应指标 40 个国家的平均值。对比 2006 年来看，美国在十年观测期内大部分指标表现均相对较好，但单位能耗对应的 GDP 产出、单位 CO_2 对应的 GDP 产出及人均 CO_2 排放量等 3 项指标得分在十年间虽在数值上有较大提升，但相较 40 个国家的平均值仍有一定差距。如图 8-11 和图 8-12 所示。

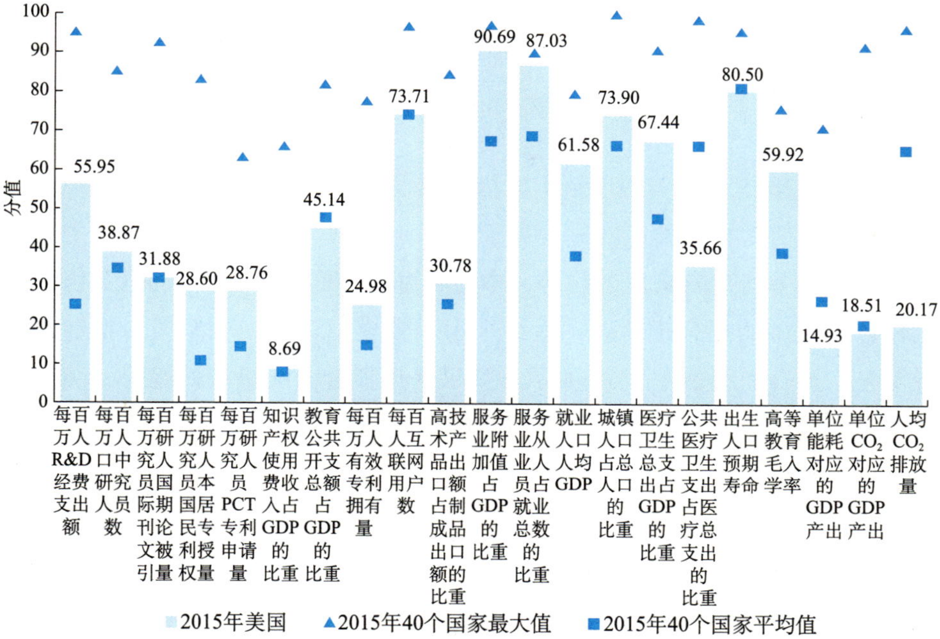

图 8-11　美国创新发展指数三级指标得分对比（2015 年）

注：图中所显示数据标签为美国创新发展指数三级指标得分。

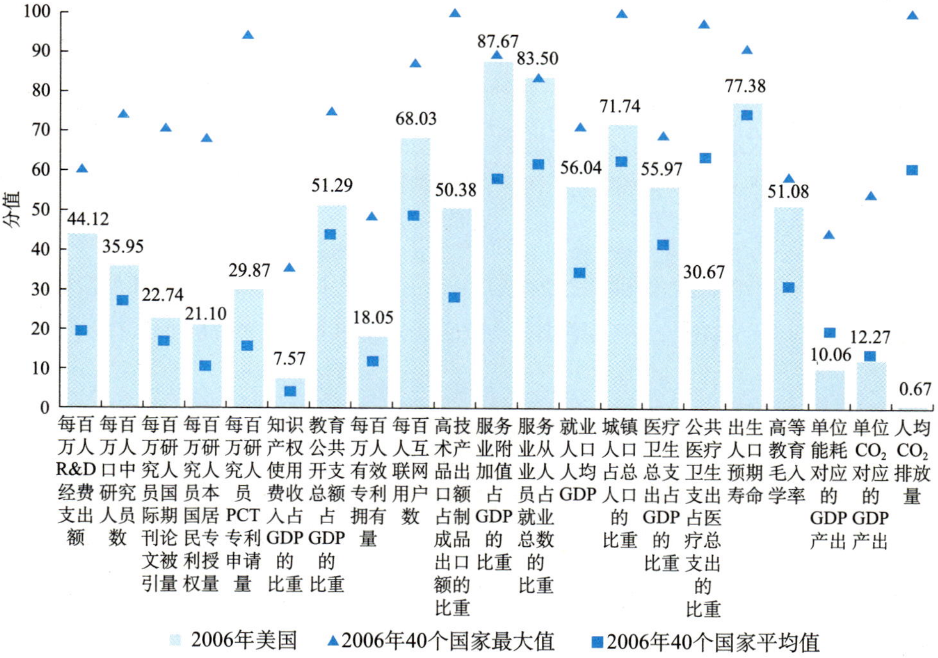

图 8-12　美国创新发展指数三级指标得分对比（2006 年）

注：图中所显示数据标签为美国创新发展指数三级指标得分。

三、面向 2020 年的指数发展趋势

（一）创新实力指数发展趋势

2006～2015 年，美国创新实力指数值呈稳步上升趋势，远远高于 40 个国家的平均值，且增长速度显著高于 40 个国家平均值的增长速度。为刻画美国创新实力指数未来发展趋势，本报告基于 2006～2015 年的指数值，在比较各类模型的拟合优度后，最终采用对数模型对美国创新实力指数值进行拟合，拟合曲线如图 8-13 所示。如果保持拟合曲线呈现的趋势，美国创新实力指数值将持续增长。根据拟合的公式估算，2020 年美国创新实力指数值将达 85.14。

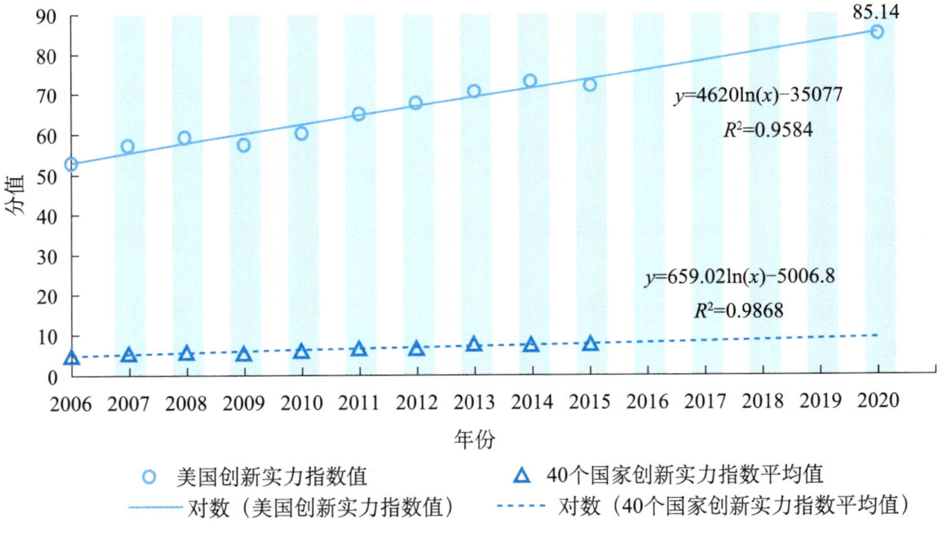

图 8-13　美国创新实力指数值面向 2020 年的趋势分析

（二）创新效力指数发展趋势

2006～2015 年，美国创新效力指数值呈平缓上升趋势，虽高于 40 个国家的平均值，但其增长速度略低于 40 个国家平均值的增长速度。为刻画美国创新效力指数未来发展趋势，本报告基于 2006～2015 年的指数值，在比较各

类模型的拟合优度后，最终采用对数模型对美国创新效力指数值进行拟合，拟合曲线如图 8-14 所示。如果保持拟合曲线呈现的趋势，美国创新效力指数值增长将较为缓慢，但依然会高于 40 个国家平均值。根据拟合的公式估算，2020 年美国创新效力指数预测值为 33.15。

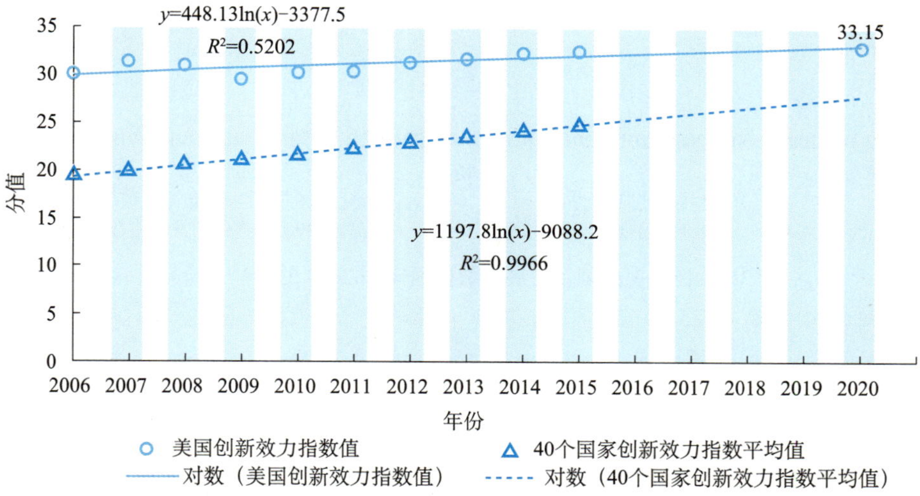

图 8-14　美国创新效力指数值面向 2020 年的趋势分析

（三）创新发展指数发展趋势

2006～2015 年，美国创新发展指数值呈平缓上升趋势，高于 40 个国家的平均值，但增长速度略低于 40 个国家平均值的增长速度。为刻画美国创新发展指数未来发展趋势，本报告基于 2006～2015 年的指数值，在比较各类模型的拟合优度后，最终采用对数模型对美国创新发展指数值进行拟合，拟合曲线如图 8-15 所示。如果保持拟合曲线呈现的趋势，美国创新发展指数值虽无明显的增长，但仍将高于 40 个国家的平均值。根据拟合的公式估算，2020 年美国创新发展指数值将为 46.52。

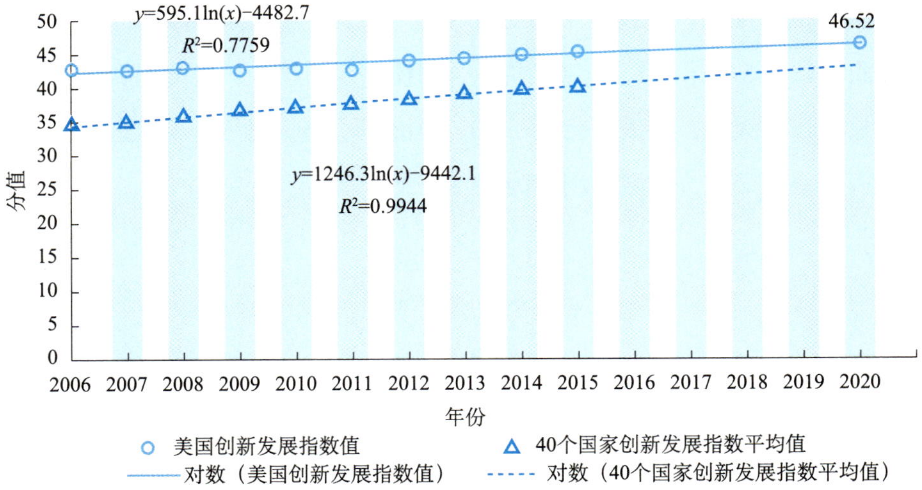

图 8-15 美国创新发展指数值面向 2020 年的趋势分析

第二节 日 本

一、指数的相对优势比较

日本创新能力指数值名列前茅，2015 年在 40 个国家中居第 2 位，且在十年观测期内有 1 位的提升。创新实力指数 2015 年表现相对较好，排名第 3 位，其创新投入实力指数（第 3 位）、创新条件实力指数（第 3 位）、创新产出实力指数（第 3 位）和创新影响实力指数（第 3 位）均有突出表现，且十年观测期内未出现明显波动；2006 年，日本创新实力指数排在第 2 位，十年间排名下降了 1 位。日本创新效力指数表现稍逊于创新实力指数，虽其创新效力指数 2015 年排名第 3 位，十年观测期内未出现大幅波动。从分指数看，2015 年创新投入效力指数（第 6 位）较 2006 年有 1 位的小幅下降，创新条件效力指数（第 4 位）、创新产出效力指数（第 4 位）和创新影响效力指数（第 8 位）较 2006 年均有小幅提升。从创新发展指数来看，排名和表现均低于创新能力指数，2015年排名第9位，且在十年观测期内出现了小幅波动。分指数中，产业创新发展指数（第17位）和环境创新发展指数（第29位）表现相对较差，是制约日本创新发展指数的两大短板。其他分指数中，创新条件发展指数（第8位）较2006年（第12位）上升了4位，进入前10位。如表8-2所示。

表8-2　日本2006～2015年各指数排名及其变化

指数名称	2006年	2010年	2006～2010年排名变化	2011年	2015年	2011～2015年排名变化	2006～2015年排名变化
创新能力指数	3	3	→	2	2	→	↑1
—创新实力指数	2	2	→	2	3	↓1	↓1
—创新投入实力指数	3	3	→	3	3	→	→
—创新条件实力指数	2	3	↓1	3	3	→	↓1
—创新产出实力指数	2	2	→	2	3	↓1	↓1
—创新影响实力指数	2	2	→	2	3	↓1	↓1
—创新效力指数	5	3	↑2	3	3	→	↑2
—创新投入效力指数	5	6	↓1	5	6	↓1	↓1
—创新条件效力指数	7	6	↑1	6	4	↑2	↑3
—创新产出效力指数	5	4	↑1	3	4	↓1	↑1
—创新影响效力指数	11	12	↓1	11	8	↑3	↑3
创新发展指数	10	6	↑4	6	9	↓3	↑1
—科学技术发展指数	5	5	→	4	7	↓3	↓2
—创新条件发展指数	12	11	↑1	10	8	↑2	↑4
—产业创新发展指数	13	14	↓1	13	17	↓4	↓4
—社会创新发展指数	8	5	↑3	6	4	↑2	↑4
—环境创新发展指数	27	24	↑3	24	29	↓5	↓2

二、分指数的相对优势研究

（一）创新实力指数

2015 年，日本创新投入实力指数值为 31.47，高于 40 个国家的平均值（7.85），低于 40 个国家的最大值（76.75），排名第 3 位；相较 2006 年，指数值几乎没有变化，排名也始终保持在第 3 位，与 40 个国家最大值的差距拉大。创新条件实力指数值为 35.59，高于 40 个国家的平均值（7.03），低于 40 个国家的最大值（60.45），排名第 3 位；相较 2006 年，指数值有明显提升，但排名下降了 1 位，与 40 个国家最大值的差距进一步拉大。创新产出实力指数值为 40.19，高于 40 个国家的平均值（7.47），低于 40 个国家的最大值（73.05），排名第 3 位；相较 2006 年，指数值有明显提升，排名下降了 1 位，与 40 个国家最大值的差距进一步拉大。创新影响实力指数值为 25.27，高于 40 个国家的平均值（6.51），低于 40 个国家的最大值（81.36），排名第 3 位；相较 2006 年，指数值有明显提升，但排名下降了 1 位，与 40 个国家最大值的差距拉大。如图 8-16 和图 8-17 所示。

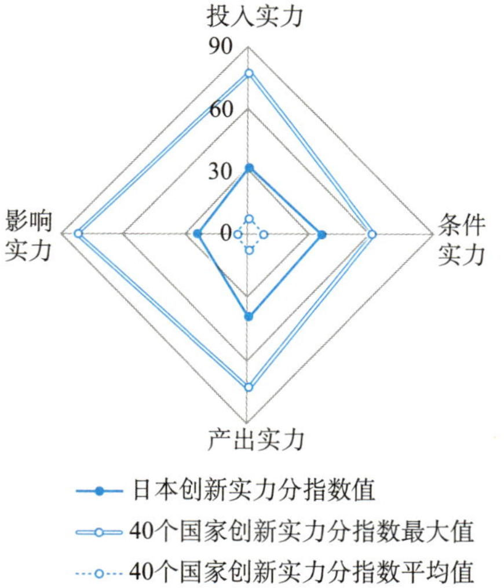

图 8-16 日本创新实力分指数与 40 个国家的最大值、平均值比较（2015 年）

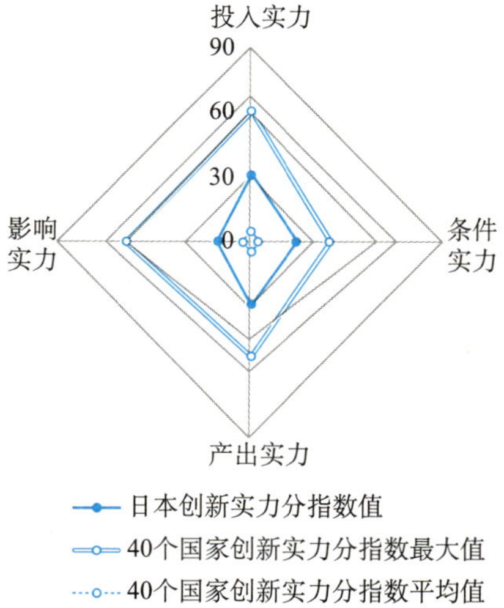

图 8-17 日本创新实力分指数与 40 个国家的最大值、平均值比较（2006 年）

2015 年日本创新实力指数三级指标表现均相对较好，所有指标得分均超过 40 个国家的平均水平，但仍与相应指标 40 个国家的最大值有一定出差距。具体指标方面，有效专利拥有量、本国居民专利授权量及 PCT 专利申请量表现均相对较好，如图 8-18 所示。日本 2006 年创新实力指数三级指标均远高于 40 个国家的平均水平，但国际期刊论文被引量等指标表现在十年间未有显著提升，与 40 个国家的最大值之间仍存在较大差距，如图 8-19 所示。

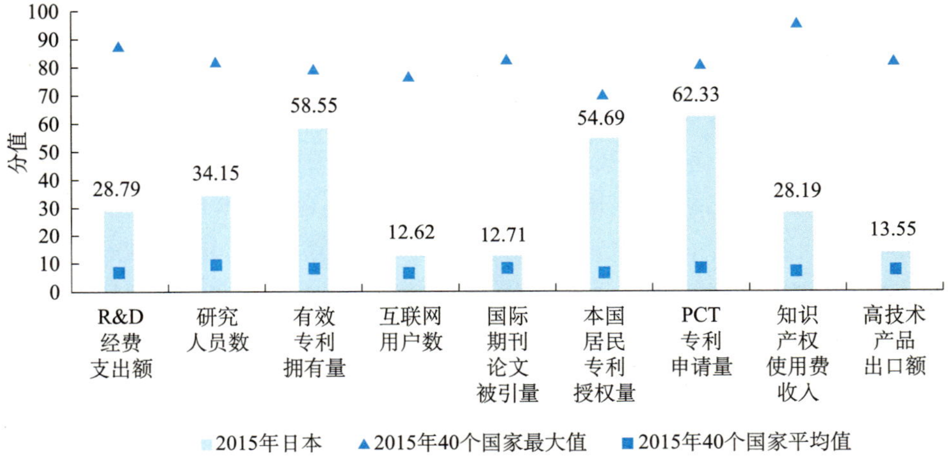

图 8-18 日本创新实力指数三级指标得分对比（2015 年）

注：图中所显示数据标签为日本创新实力指数三级指标得分。

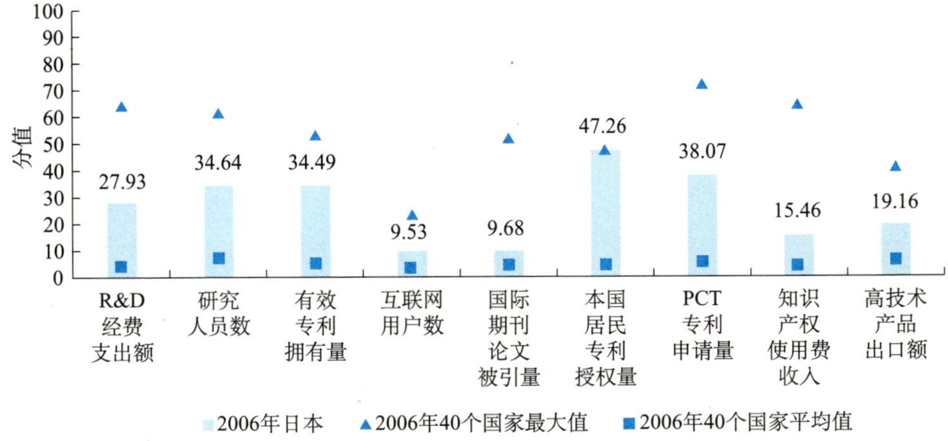

图 8-19 日本创新实力指数三级指标得分对比（2006 年）

注：图中所显示数据标签为日本创新实力指数三级指标得分。

（二）创新效力指数

2015 年，日本创新投入效力指数值为 49.77，高于 40 个国家的平均值（29.21），低于 40 个国家的最大值（63.11），排名第 6 位；相较 2006 年，指数值略有提升，排名退步了 1 位，与 40 个国家最大值的差距拉大。日本创新条件效力指数值为 68.70，高于 40 个国家的平均值（44.35），低于 40 个国家的最大值（78.49），排名第 4 位；相较 2006 年，指数值有明显提升，排名进步了 3 位，与 40 个国家最大值的差距缩小。创新产出效力指数值为 34.76，高于 40 个国家的平均值（20.31），低于 40 个国家的最大值（42.87），排名第 4 位；相较 2006 年，指数值有小幅提升，排名进步了 1 位，与 40 个国家最大值的差距缩小。创新影响效力指数值为 18.87，高于 40 个国家的平均值（13.99），低于 40 个国家的最大值（51.65），排名第 8 位；相较 2006 年，指数值略有提升，排名进步了 3 位，与 40 个国家最大值的差距进一步拉大。如图 8-20 和图 8-21 所示。

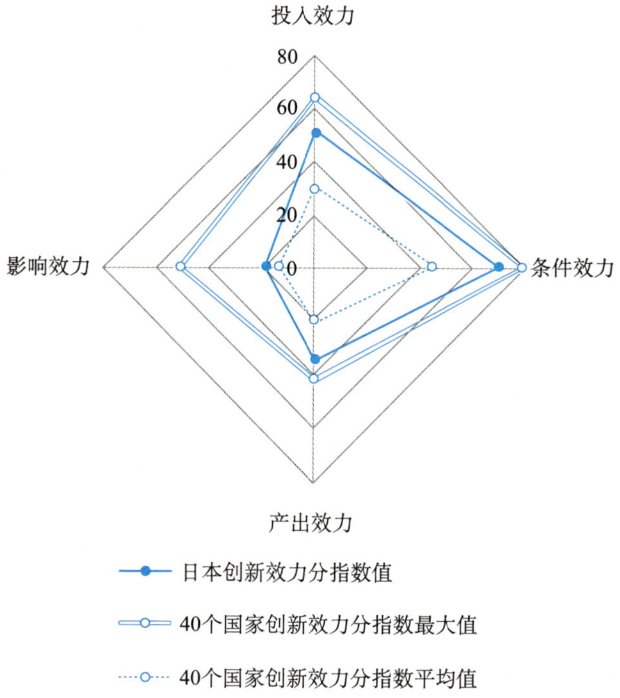

图 8-20 日本创新效力分指数与 40 个国家的最大值、平均值比较（2015 年）

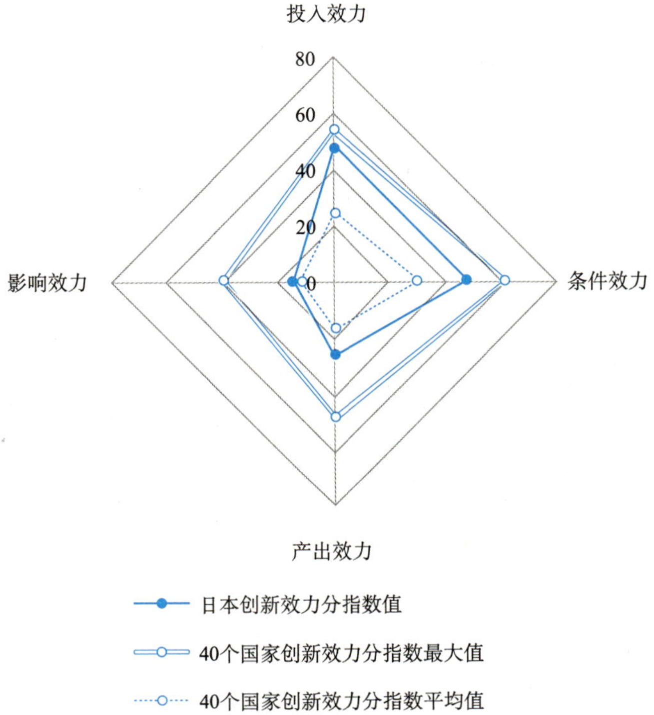

图 8-21　日本创新效力分指数与 40 个国家的最大值、平均值比较（2006 年）

2015 年，日本创新效力指数三级指标得分两极分化严重。每百万美元 R&D 经费 PCT 专利申请量等指标表现相对较好，但每百万美元 R&D 经费国际期刊论文被引量得分仅为 1.11，同期 40 个国家的平均值为 18.07，最大值为 54.63，说明日本单位研发投入的高水平专利产出和单位研发投入的高水平论文产出表现显著滞后，如图 8-22 所示。2006 年日本每百万美元 R&D 经费国际期刊论文被引量得分仅为 0.37，每百万研究人员国际期刊论文被引量指标得分与 40 个国家的平均值之间存在较大差距，且这一差距在 2015 年进一步拉大，如图 8-23 所示。

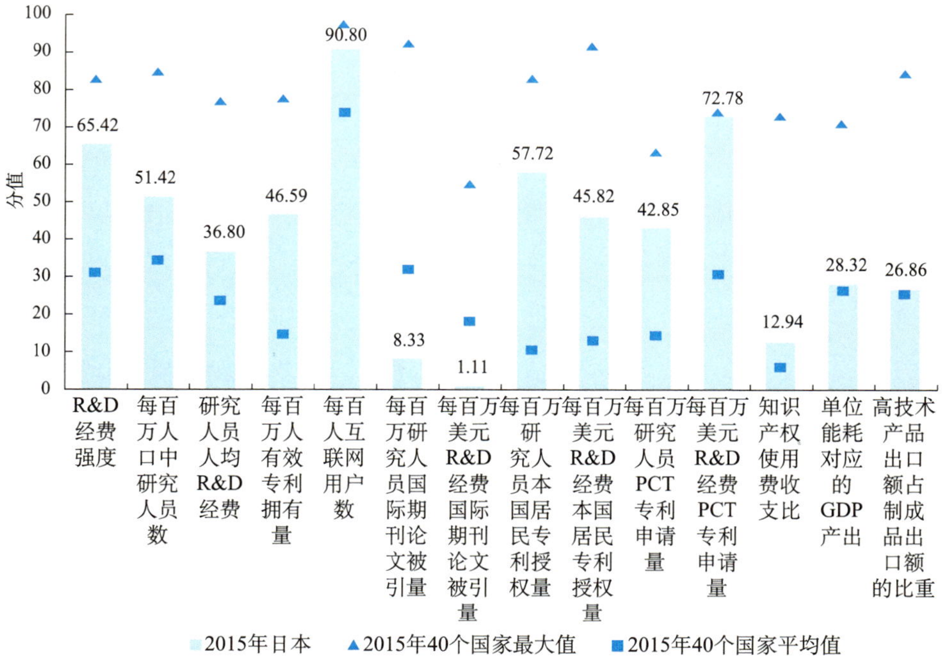

图 8-22 日本创新效力指数三级指标得分对比（2015 年）

注：图中所显示数据标签为日本创新效力指数三级指标得分。

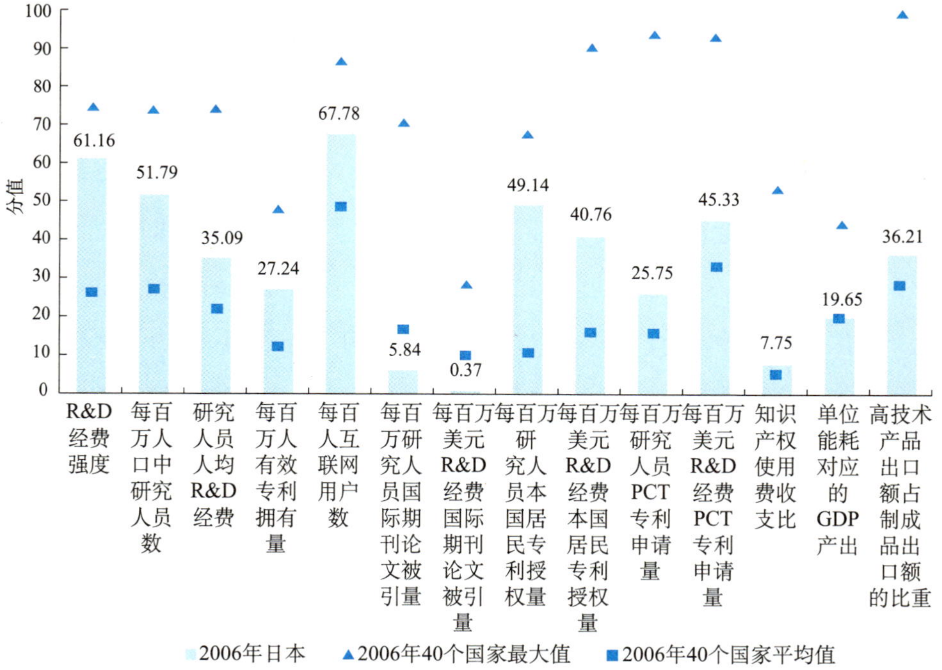

图 8-23 日本创新效力指数三级指标得分对比（2006 年）

注：图中所显示数据标签为日本创新效力指数三级指标得分。

（三）创新发展指数

2015 年，日本科学技术发展指数值为 33.47，高于 40 个国家的平均值（21.86），低于 40 个国家的最大值（62.29），排名第 7 位；相较 2006 年，指数值略有提升，但排名下降了 2 位，与 40 个国家最大值的差距有所拉大。创新条件发展指数值为 56.42，高于 40 个国家的平均值（43.06），低于 40 个国家的最大值（69.04），排名第 8 位；相较 2006 年，指数值有明显提升，排名提升了 4 位，与 40 个国家最大值的差距有所缩小。产业创新发展指数值为 41.88，高于 40 个国家的平均值（39.24），低于 40 个国家的最大值（83.53），排名第 17 位；相较 2006 年，指数值略有下降，排名下降了 4 位，与 40 个国家最大值差距无明显变化。社会发展创新指数值为 75.76，高于 40 个国家的平均值（59.80），低于 40 个国家的最大值（78.29），排名第 4 位；相较 2006 年，指数值有小幅提升，排名提升了 4 位，与 40 个国家最大值的差距有所缩小。环境创新发展指数值为 31.60，低于 40 个国家的平均值（36.87），低于 40 个国家的最大值（76.14），排名第 29 位；相较 2006 年，指数值略有提升，排名落后了 2 位，与 40 个国家最大值的差距进一步拉大。如图 8-24 和图 8-25 所示。

2015 年，日本创新发展指数各三级指标表现总体上相对较好，仅有每百万研究人员国际期刊论文被引量、教育公共开支总额占 GDP 的比重、就业人口人均 GDP、高等教育毛入学率、单位 CO_2 对应的 GDP 产出和人均 CO_2 排放量等 6 项指标得分低于相应指标 40 个国家的平均值，其余指标得分均高于 40 个国家的平均值。2006～2015 年，日本单位 CO_2 对应的 GDP 产出和人均 CO_2 排放量两项指标得分有所下降。如图 8-26 和图 8-27 所示。

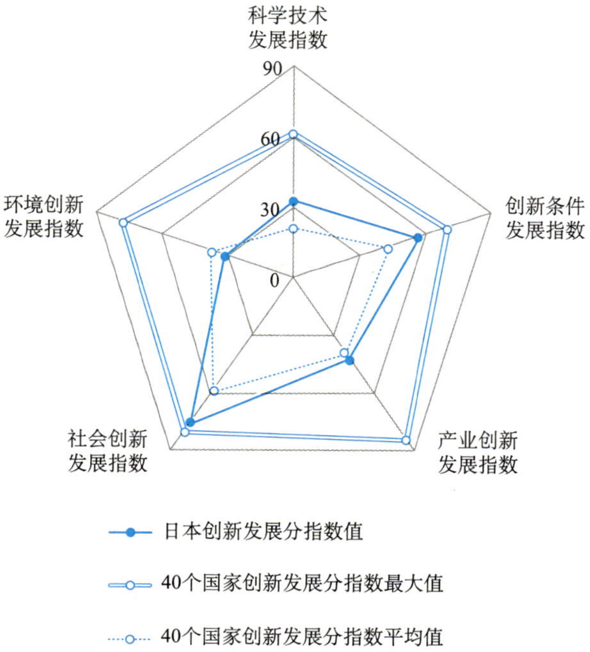

图 8-24 日本创新发展分指数与 40 个国家的最大值、平均值比较（2015 年）

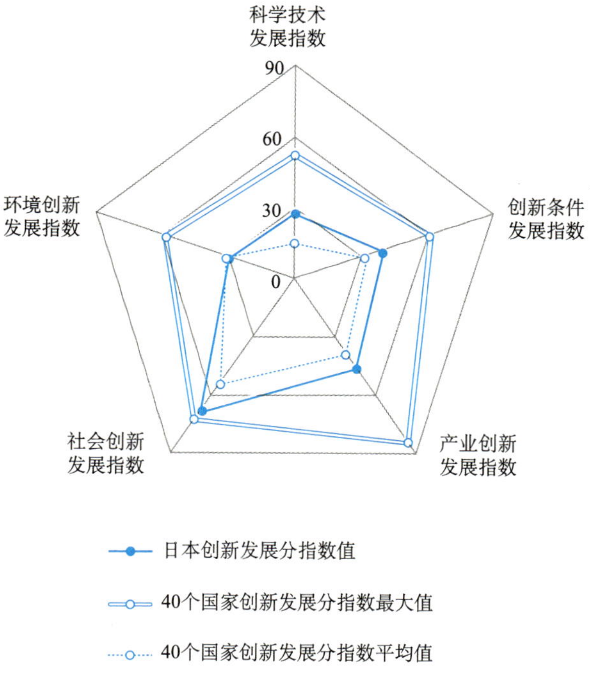

图 8-25 日本创新发展分指数与 40 个国家的最大值、平均值比较（2006 年）

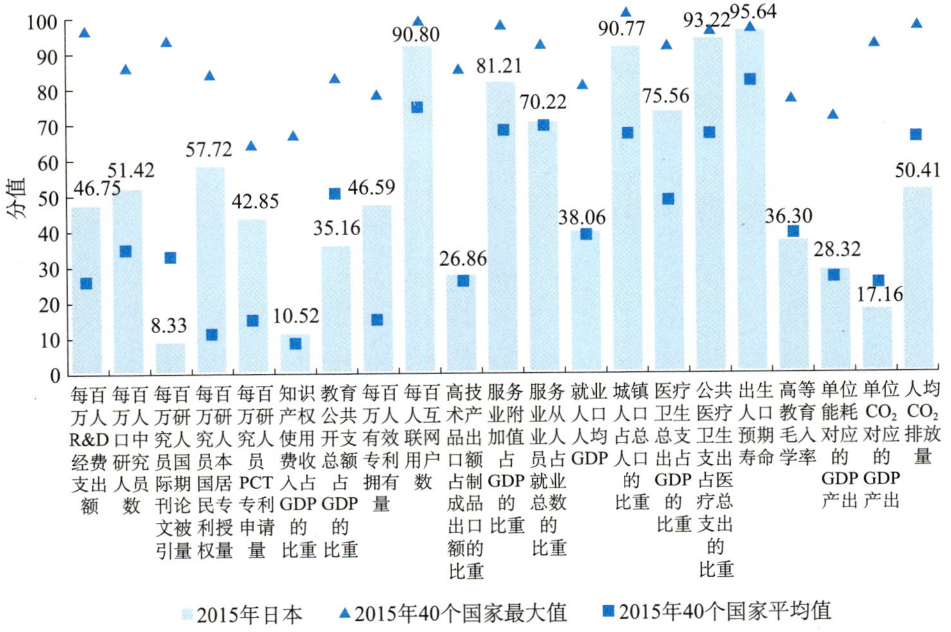

图 8-26　日本创新发展指数三级指标得分对比（2015 年）

注：图中所显示数据标签为日本创新发展指数三级指标得分。

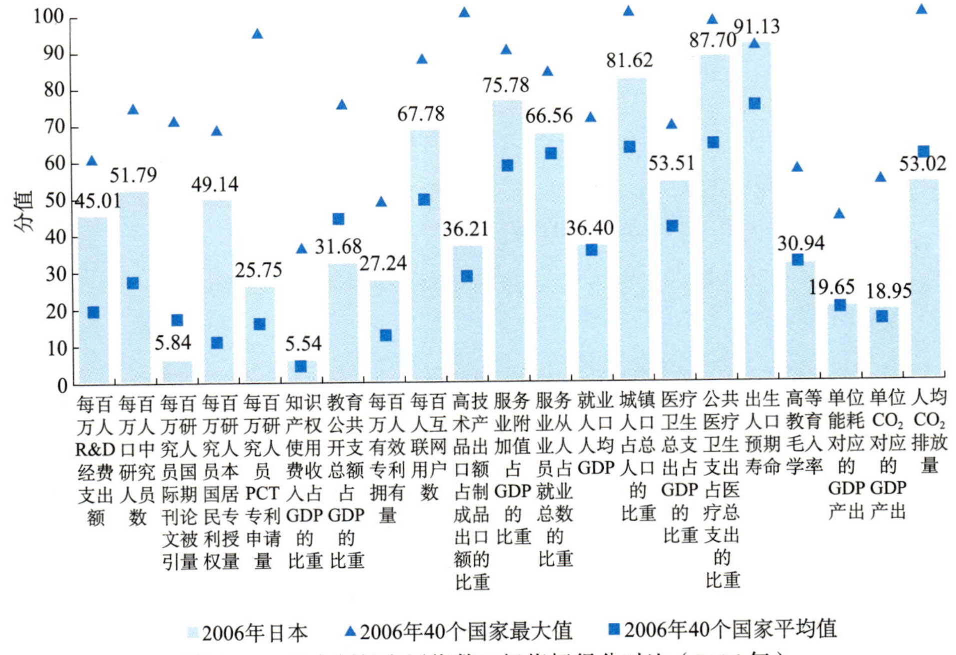

图 8-27　日本创新发展指数三级指标得分对比（2006 年）

注：图中所显示数据标签为日本创新发展指数三级指标得分。

三、面向 2020 年的指数发展趋势

（一）创新实力指数发展趋势

2006～2015 年，日本创新实力指数值呈稳步上升趋势，远高于 40 个国家的平均值，且增长速度显著高于 40 个国家平均值的增长速度。为刻画日本创新实力指数未来发展趋势，本报告基于 2006～2015 年的指数值，在比较各类模型的拟合优度后，最终选取对数模型对日本创新实力指数值进行拟合，拟合曲线如图 8-28 所示。如果保持拟合曲线呈现的趋势，日本创新实力指数值将持续增长。根据拟合的公式估算，2020 年日本创新实力指数值将达到 41.73。

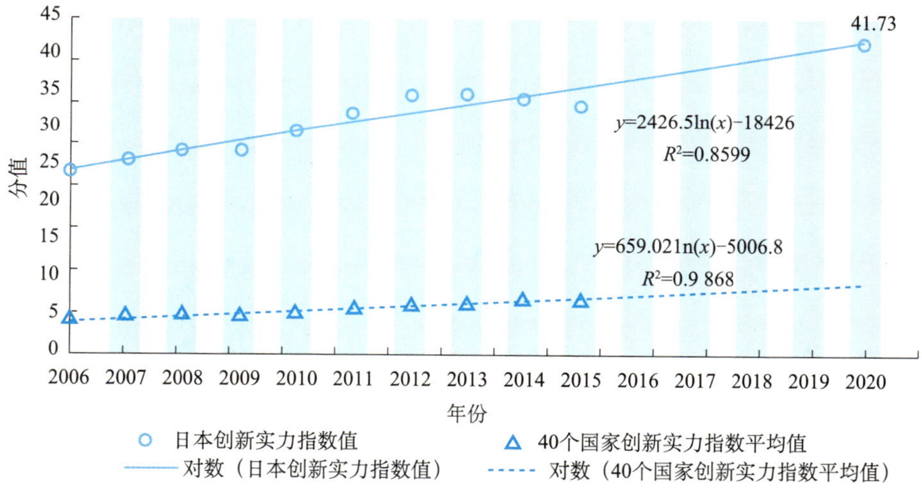

图 8-28 日本创新实力指数值面向 2020 年的趋势分析

（二）创新效力指数发展趋势

2006～2015 年，日本创新效力指数值呈稳步增长趋势，高于 40 个国家的平均值，其增长速度则略高于 40 个国家平均值的增长速度。为刻画日本创新效力指数未来发展趋势，本报告基于 2006～2015 年的指数值，在比较各类模型的拟合优度后，最终采用对数模型对日本创新效力指数值进行拟合，拟

合曲线如图 8-29 所示。如果保持拟合曲线呈现的趋势，日本创新效力指数值将持续增长，且高于 40 个国家创新效力指数平均值。根据拟合的公式估算，2020 年日本创新效力指数值将达到 46.23。

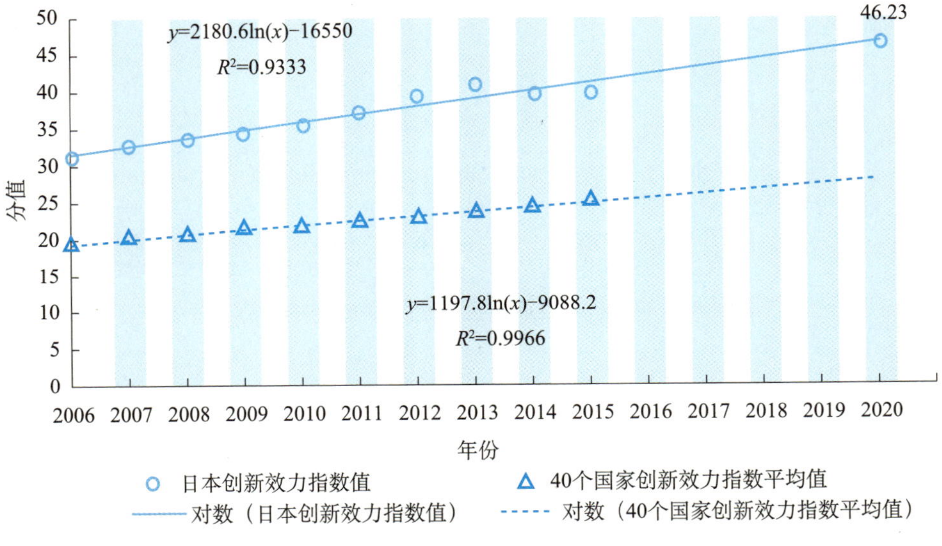

图 8-29 日本创新效力指数值面向 2020 年的趋势分析

（三）创新发展指数发展趋势

2006～2015 年，日本创新发展指数值整体呈平缓上升趋势，且始终略高于 40 个国家的平均值，其增长速度与 40 个国家平均值的增长速度基本持平。为刻画日本创新发展指数未来发展趋势，本报告基于 2006～2015 年的指数值，在比较各类模型的拟合优度后，最终选择对数模型对日本创新发展指数值进行拟合，拟合曲线如图 8-30 所示。如果保持拟合曲线呈现的趋势，日本创新发展指数值将持续增长。根据拟合的公式估算，2020 年日本创新发展指数值将达到 53.65。

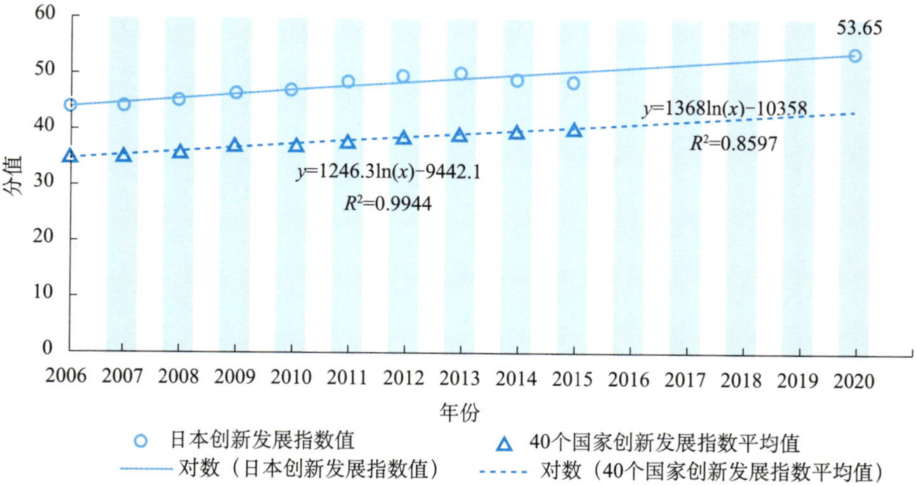

图 8-30　日本创新发展指数值面向 2020 年的趋势分析

第三节　英　　国

一、指数的相对优势比较

英国的创新能力指数排名位居第 10 位，且在十年观测期内未出现明显波动。英国创新实力指数值 2015 年在 40 个国家中排在第 6 位，较 2006 年下降了 1 位。从创新实力分指数来看，2015 年英国创新投入实力指数、创新条件实力指数、创新产出实力指数和创新影响实力指数均进入前 10 位，但相较 2006 年，各指数排名均有不同程度的下降。英国创新效力指数表现稍逊于创新实力指数，2015 年排名第 12 位，且在十年观测期内排名较为稳定。从分指数来看，创新条件效力指数和创新影响效力指数表现相对较好，2015 年分别排在了第 9 位和第 6 位，但创新投入效力指数和创新产出效力指数表现相对较差，2015 年仅排在第 18 位和第 19 位，制约了英国创新效力指数排名的进步。从创新发展指数来看，其表现与创新能力指数大体相当，2015 年排名第 10 位，且在十年观测期内波动较小。分指数中，2015 年英国科学技术发展指数的表现要稍逊于其他指数，仅排名第17位，相较2006年下降了3位，其他创新发展分指数在2015年均排在40个国家中的前10位，尤其是环境创新发展指数进步明显，由2006年的第14位上升至2015年的第6位，上升了8位。如表8-3所示。

表8-3　英国2006～2015年各指数排名及其变化

指数名称	2006年	2010年	2006～2010年排名变化	2011年	2015年	2011～2015年排名变化	2006～2015年排名变化
创新能力指数	10	10	→	10	10	→	→
—创新实力指数	5	5	→	7	6	↑1	↓1
—创新投入实力指数	6	7	↓1	8	8	→	↓2
—创新条件实力指数	6	7	↓1	7	8	↓1	↓2
—创新产出实力指数	5	6	↓1	6	6	→	↓1
—创新影响实力指数	4	5	↓1	6	6	→	↓2
—创新效力指数	12	12	→	12	12	→	→
—创新投入效力指数	18	19	↓1	19	18	↑1	→
—创新条件效力指数	12	8	↑4	8	9	↓1	↑3
—创新产出效力指数	19	14	↑5	14	19	↓5	→
—创新影响效力指数	6	6	→	6	6	→	→
创新发展指数	11	9	↑2	10	10	→	↑1
—科学技术发展指数	14	17	↓3	17	17	→	↓3
—创新条件发展指数	9	9	→	9	10	↓1	↓1
—产业创新发展指数	7	7	→	7	8	↓1	↓1
—社会创新发展指数	10	10	→	10	10	→	→
—环境创新发展指数	14	16	↓2	11	6	↑5	↑8

二、分指数的相对优势研究

（一）创新实力指数

2015 年，英国创新投入实力指数值为 11.19，高于 40 个国家的平均值（7.85），低于 40 个国家的最大值（76.75），排名第 8 位；相较 2006 年，指数值略提升，排名下降了 2 位，与 40 个国家最大值的差距拉大。创新条件实力指数值为 10.10，高于 40 个国家的平均值（7.03），低于 40 个国家的最大值（60.45），排名第 8 位；相较 2006 年，指数值略提升，排名下降了 2 位，与 40 个国家最大值的差距进一步拉大。创新产出实力指数值为 12.78，高于 40 个国家的平均值（7.47），低于 40 个国家的最大值（73.05），排名第 6 位；相较 2006 年，指数值有小幅提升，排名下降了 1 位，与 40 个国家最大值的差距进一步拉大。创新影响实力指数值为 13.98，高于 40 个国家的平均值（6.51），低于 40 个国家的最大值（81.36），排名第 6 位；相较 2006 年，指数值略提升，排名下降了 2 位，与 40 个国家最大值的差距拉大。如图 8-31 和图 8-32 所示。

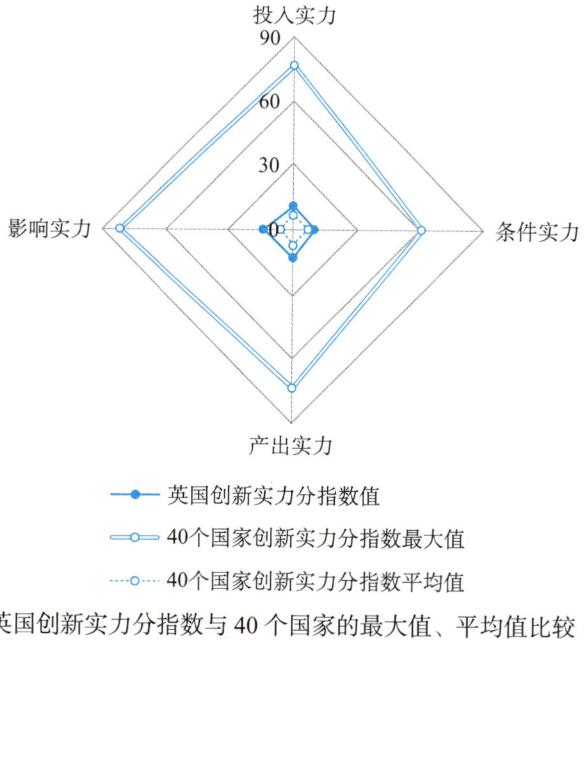

图 8-31 英国创新实力分指数与 40 个国家的最大值、平均值比较（2015 年）

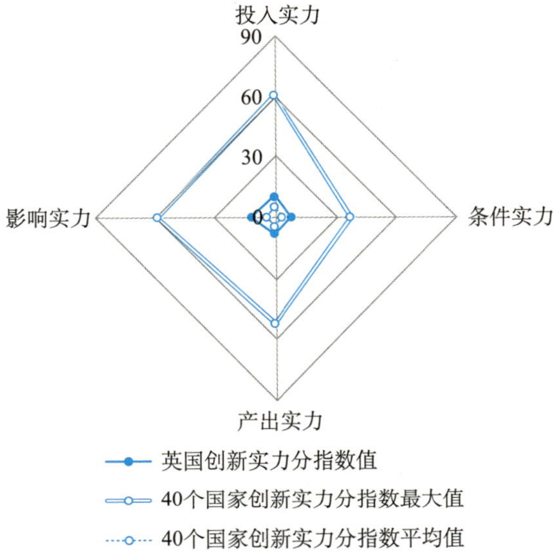

图 8-32　英国创新实力分指数与 40 个国家的最大值、平均值比较（2006 年）

2015 年，英国创新实力指数三级指标表现并不突出，本国居民专利授权量和 PCT 专利申请量这两项指标得分低于相应指标 40 个国家的平均值，其他指标虽然高于相应指标 40 个国家的平均值，但显著低于 40 个国家的最大值。对比来看，2006 年英国创新实力指数三级指标表现与 2015 年表现大体一致，仅有本国居民专利授权量一项指标低于 40 个国家的平均值。PCT 专利申请量指标得分高于 2006 年 40 个国家的平均值（1.97），但在十年观测期内提升相对缓慢，这在一定程度上制约了英国创新实力指数的提升。如图 8-33 和图 8-34 所示。

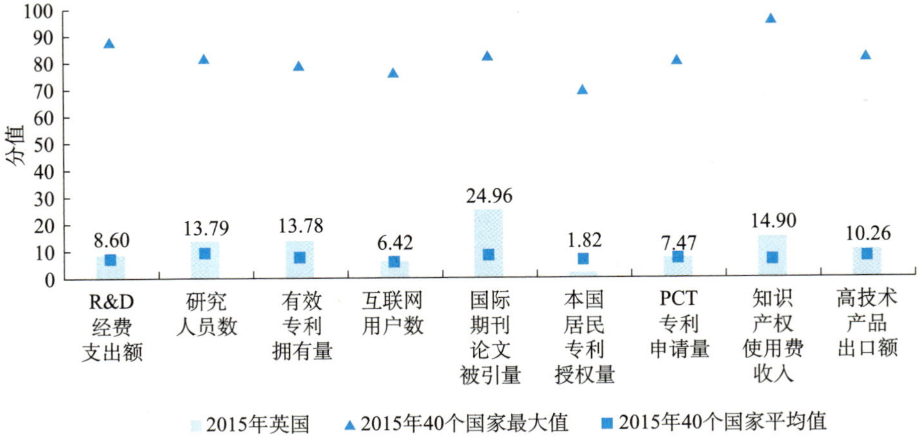

图 8-33　英国创新实力指数三级指标得分对比（2015 年）

注：图中所显示数据标签为英国创新实力指数三级指标得分。

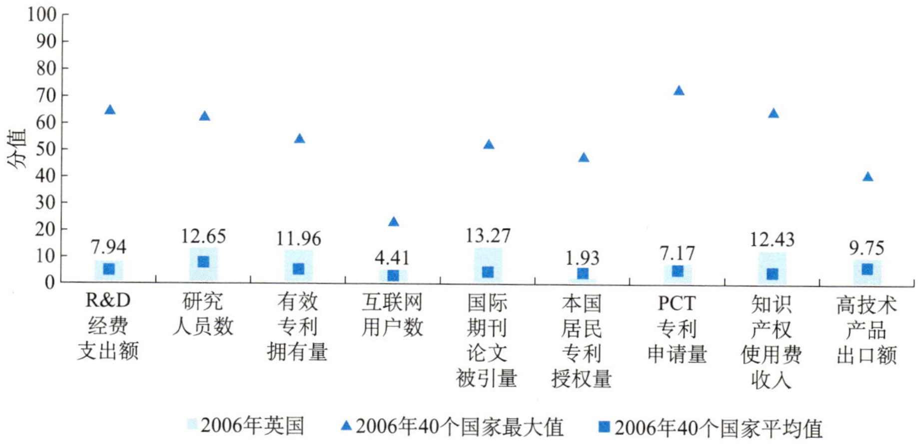

图 8-34 英国创新实力指数三级指标得分对比（2006 年）

注：图中所显示数据标签为英国创新实力指数三级指标得分。

（二）创新效力指数

2015 年，英国创新投入效力指数值为 31.18，高于 40 个国家的平均值（29.21），低于 40 个国家的最大值（63.11），排名第 18 位；相较 2006 年，指数值略有提升，排名保持不变，但与 40 个国家最大值的差距拉大。创新条件效力指数值为 56.57，高于 40 个国家的平均值（44.35），低于 40 个国家的最大值（78.49），排名第 9 位；相较 2006 年，指数值有小幅提升，排名提升了 3 位，与 40 个国家最大值的差距无明显变化。创新产出效力指数值为 20.82，高于 40 个国家的平均值（20.31），低于 40 个国家的最大值（42.87），排名第 19 位；相较 2006 年，指数值有小幅上升，排名保持不变，与 40 个国家最大值的差距有所缩小。创新影响效力指数值为 20.53，高于 40 个国家的平均值（13.99），低于 40 个国家的最大值（51.65），排名第 6 位；相较 2006 年，指数值略有上升，排名保持不变，与 40 个国家最大值的差距拉大。如图 8-35 和图 8-36 所示。

2015 年，英国创新效力指数三级指标得分出现较大的两极分化现象。每百人互联网用户数、每百万研究人员国际期刊论文被引量及单位能耗对应的 GDP 产出指标得分远超相应指标 40 个国家的平均值，但 R&D 经费强度、每百万研究人员本国居民专利授权量、每百万美元 R&D 经费本国居民专利授权量、每百万研究人员 PCT 专利申请量、每百万美元 R&D 经费 PCT 专利申请量等指标得分明显小于相应指标 40 个国家的平均值。每百万研究人员本国居民专利授权量、每百万美元 R&D 经费本国居民专利授权量、每百万研究人员

PCT 专利申请量、每百万美元 R&D 经费 PCT 专利申请量指标得分分别由 2006 年的 5.25、5.35、13.06、29.41 下降至 2015 年的 4.51、4.59、12.50、28.30，分别下降了 0.74、0.76、0.56 和 1.11。如图 8-37 和图 8-38 所示。

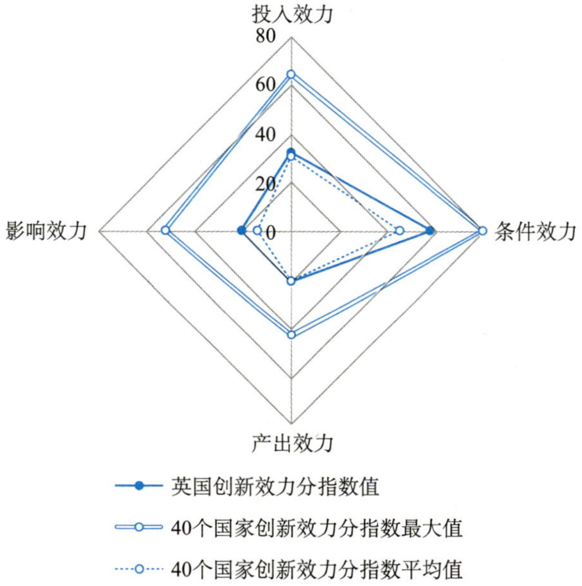

图 8-35　英国创新效力分指数与 40 个国家的最大值、平均值比较（2015 年）

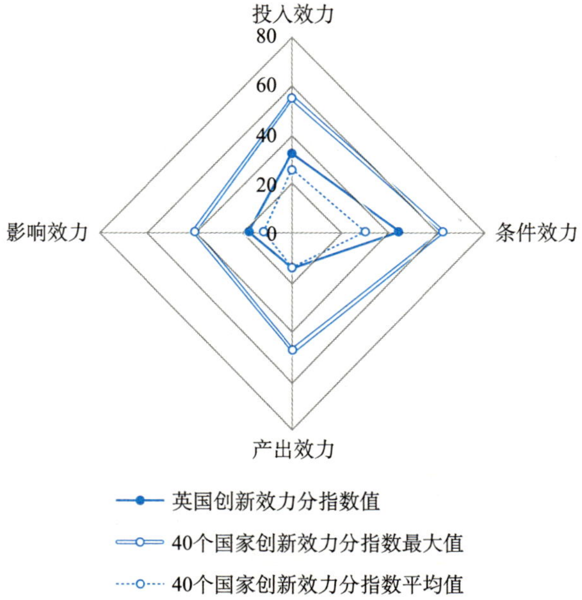

图 8-36　英国创新效力分指数与 40 个国家的最大值、平均值比较（2006 年）

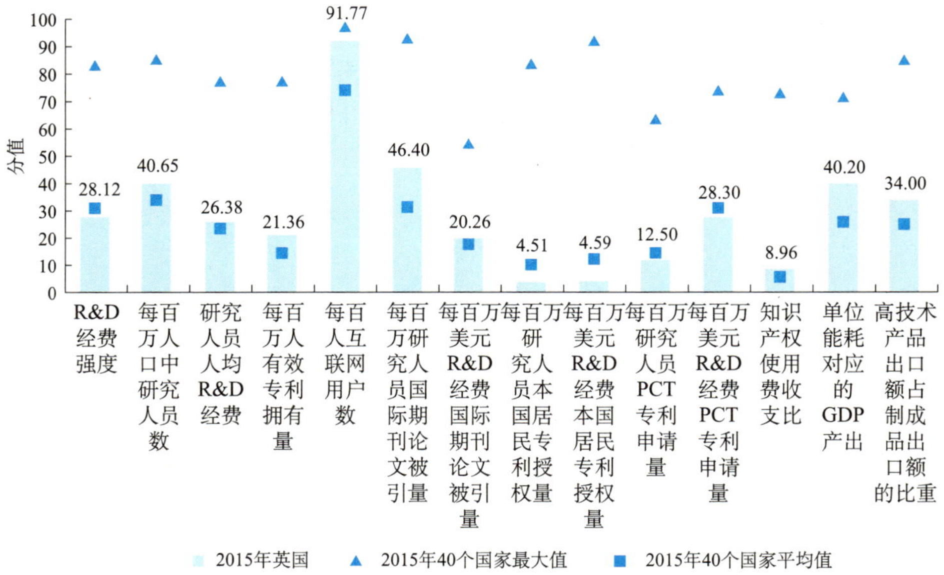

图 8-37 英国创新效力指数三级指标得分对比（2015 年）

注：图中所显示数据为英国创新效力指数三级指标得分。

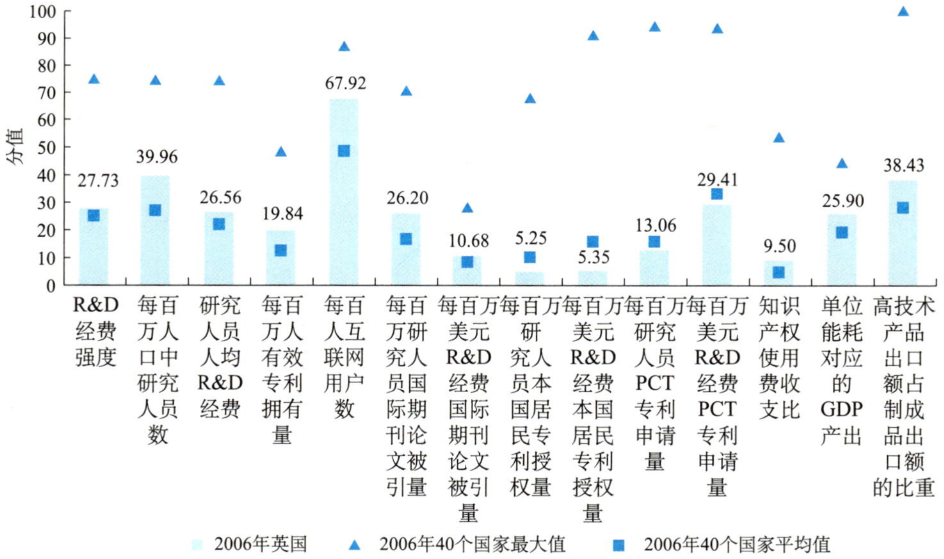

图 8-38 英国创新效力指数三级指标得分对比（2006 年）

注：图中所显示数据为英国创新效力指数三级指标得分。

（三）创新发展指数

2015 年，英国科学技术发展指数值为 25.62，高于 40 个国家的平均值（21.86），低于 40 个国家的最大值（62.29），排名第 17 位；相较 2006 年，指数值有小幅提升，排名退步了 3 位，与 40 个国家最大值的差距拉大。创新条件发展指数值为 52.22，高于 40 个国家的平均值（43.06），低于 40 个国家的最大值（69.04），排名第 10 位；相较 2006 年，指数值有明显提升，排名下降了 1 位，与 40 个国家最大值的差距无明显变化。产业创新发展指数值为 50.50，高于 40 个国家的平均值（39.24），低于 40 个国家的最大值（83.53），排名第 8 位；相较 2006 年，指数值略有下降，排名下降了 1 位，但与 40 个国家最大值的差距略有缩小。社会创新发展指数值为 68.81，高于 40 个国家的平均值（59.80），低于 40 个国家的最大值（78.29），排名第 10 位；相较 2006 年，指数值略有提升，排名没有变化，与 40 个国家最大值的差距也无明显变化。环境创新发展指数值为 46.36，高于 40 个国家的平均值（36.87），低于 40 个国家的最大值（76.14），排名第 6 位；相较 2006 年，指数值有小幅提升，排名提升了 8 位，但与 40 个国家最大值的差距进一步拉大。如图 8-39 和图 8-40 所示。

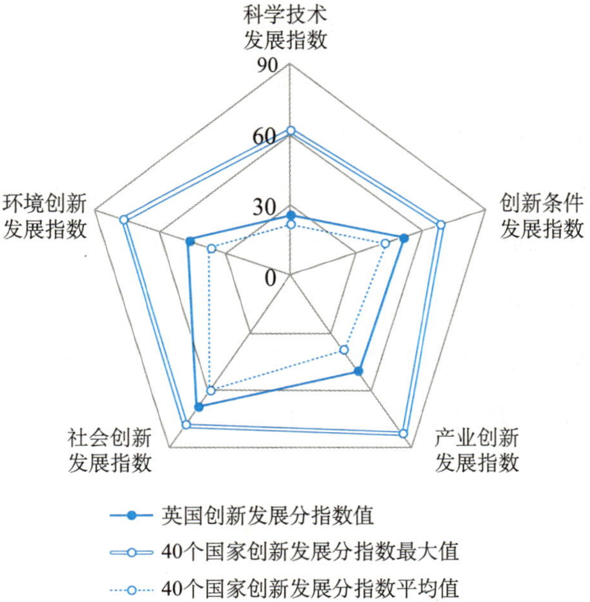

图 8-39　英国创新发展分指数与 40 个国家的最大值、平均值比较（2015 年）

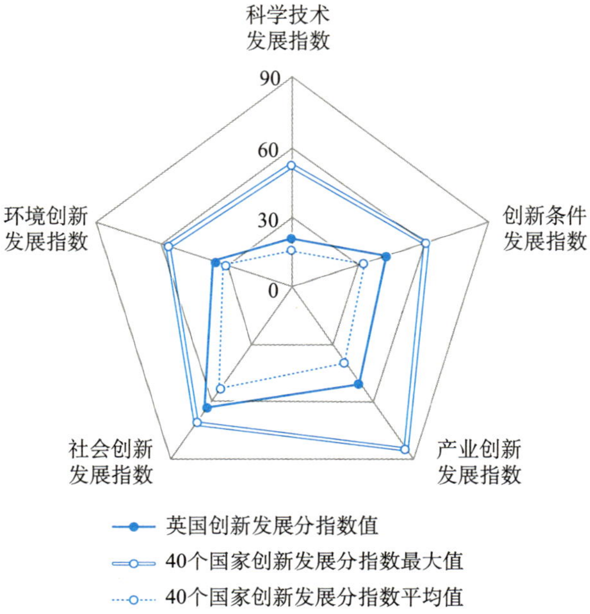

图 8-40　英国创新发展分指数与 40 个国家的最大值、平均值比较（2006 年）

2015 年，英国创新发展指数三级指标得分两极分化严重，每百万研究人员本国居民专利授权量低于同期相应指标 40 个国家的平均值（6.09），服务业附加值占 GDP 的比重则高于同期相应指标 40 个国家的平均值（28.56）。可以看出，影响 2015 年英国创新发展指数值的主要指标是每百万研究人员本国居民专利授权量、每百万研究人员 PCT 专利申请量和高等教育毛入学率等 3 项指标。相较 2006 年，服务业附加值占 GDP 的比重、服务业从业人员占就业总数的比重、公共医疗卫生支出占医疗总支出的比重等指标表现较好，每百万研究人员本国居民专利授权量、每百万研究人员 PCT 专利申请量这两项指标仍表现不佳。如图 8-41 和图 8-42 所示。

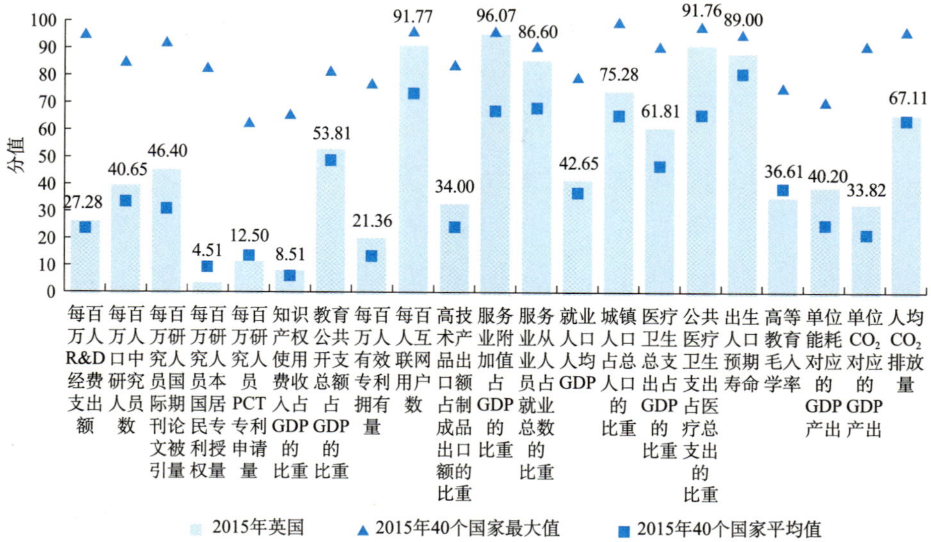

图 8-41　英国创新发展指数三级指标得分对比（2015 年）

注：图中所显示数据标签为英国创新发展指数三级指标得分。

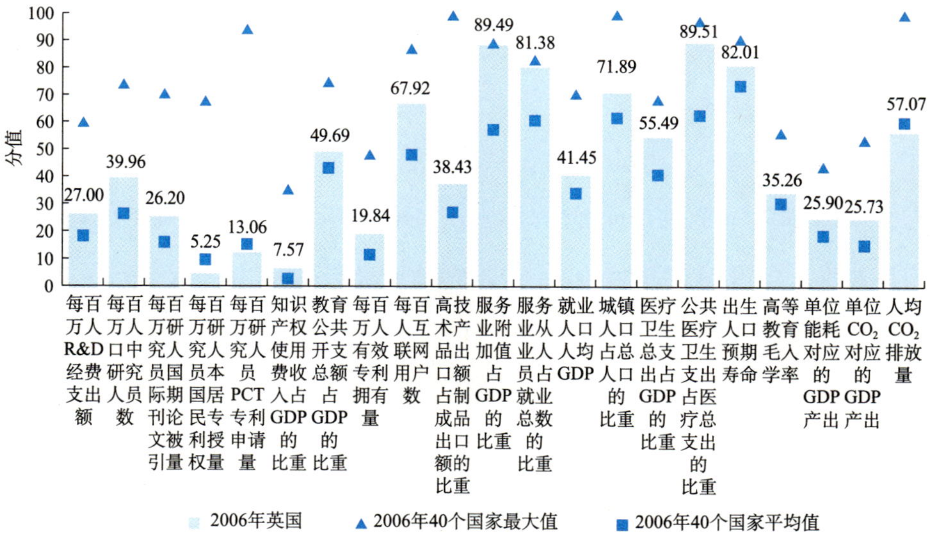

图 8-42　英国创新发展指数三级指标得分对比（2006 年）

注：图中所显示数据为英国创新发展指数三级指标得分。

三、面向 2020 年的指数发展趋势

（一）创新实力指数发展趋势

2006～2015 年，英国创新实力指数值呈平缓增长趋势，明显高于 40 个国家的平均值，增长速度与 40 个国家平均值的增长速度基本持平。为刻画英国创新实力指数未来发展趋势，本报告基于 2006～2015 年的指数值，在比较各类模型的拟合优度后，最终采用对数模型对英国创新实力指数值进行拟合，拟合曲线如图 8-43 所示。如果保持拟合曲线呈现的趋势，英国创新实力指数将保持增长，且指数值始终高于 40 个国家平均值。根据拟合的公式估算，2020 年英国创新实力指数值将达到 13.42。

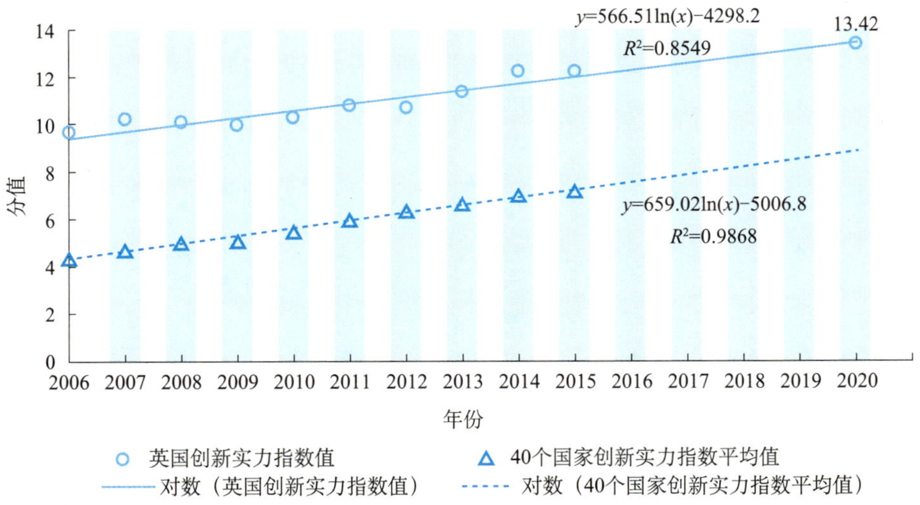

图 8-43 英国创新实力指数值面向 2020 年的趋势分析

（二）创新效力指数发展趋势

2006～2015 年，英国创新效力指数值呈平缓上升趋势，且始终略高于 40 个国家的平均值，增长速度与 40 个国家平均值的增长速度基本持平。为刻画英国创新效力指数未来发展趋势，本报告基于 2006～2015 年的指数值，在比

较各类模型的拟合优度后，最终采用对数模型对英国创新效力指数值进行拟合，拟合曲线如图 8-44 所示。如果保持拟合曲线呈现的趋势，英国创新效力指数值将持续增长。根据拟合的公式估算，2020 年英国创新效力指数值将达到 32.96。

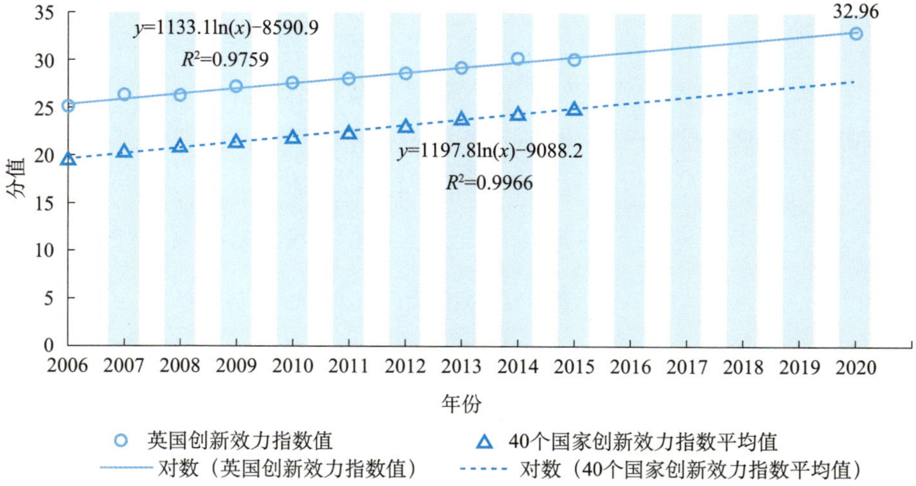

图 8-44　英国创新效力指数值面向 2020 年的趋势分析

（三）创新发展指数发展趋势

2006～2015 年，英国创新发展指数值呈现平缓上升趋势，始终略高于 40 个国家的平均值，增长速度与 40 个国家平均值的增长速度基本持平。为刻画英国创新发展指数未来发展趋势，本报告基于 2006～2015 年的指数值，在比较各类模型的拟合优度后，最终选择对数模型对英国创新发展指数值进行拟合，拟合曲线如图 8-45 所示。如果保持拟合曲线呈现的趋势，英国创新发展指数值仍将持续增长，增长曲线与 40 个国家平均值增长趋势基本保持平行。根据拟合的公式估算，2020 年英国创新发展指数值将达到 51.37。

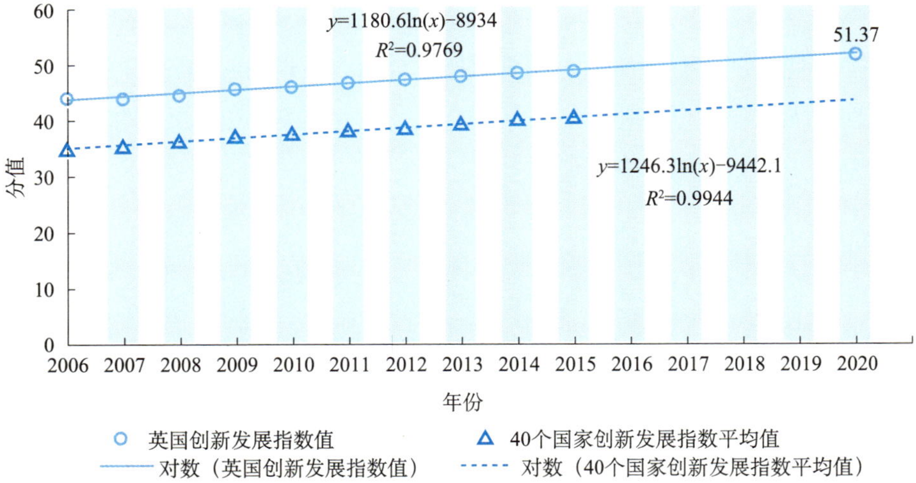

图 8-45　英国创新发展指数值面向 2020 年的趋势分析

第四节　法　　国

一、指数的相对优势比较

法国的创新能力指数排名处于中上游，2015 年在 40 个国家中居第 14 位，与 2011 年相比下降了 3 位。2015 年，法国创新实力指数表现相对较好，在 40 个国家中排第 7 位，且创新投入实力指数（第 7 位）、创新条件实力指数（第 7 位）、创新产出实力指数（第 7 位）和创新影响实力指数（第 7 位）均较为稳定，观测期内未见明显波动；2006 年，法国创新实力指数排在第 6 位，十年间仅下降了 1 位。法国创新效力指数表现稍逊于创新实力指数，2015 年排在 40 个国家中的第 14 位，但十年观测期内排名较为稳定。从分指数来看，2015 年创新产出效力指数仅为第 20 位，比 2006 年下降了 4 位，在一定程度上拉低了创新效力指数总体排名，有待进一步提升。其他分指数排名情况是，创新投入效力指数第 16 位、创新条件效力指数第 12 位、创新影响效力指数第10位，三个指数在观测期内未出现明显波动。创新发展指数表现要优于创新能力指数，2015年排在40个国家中的第8位，表现相对较好。但科学技术发展指数在2015年仅排在第19位，有待进一步提升；其他分指数中，法国产业创新发展指数在2015年位居第3位，表现相对突出。如表8-4所示。

表8-4 法国2006～2015年各指数排名及其变化

指数名称	2006年	2010年	2006～2010年排名变化	2011年	2015年	2011～2015年排名变化	2006～2015年排名变化
创新能力指数	11	11	→	11	14	↓3	↓3
—创新实力指数	6	6	→	5	7	↓2	↓1
—创新投入实力指数	7	6	↑1	6	7	↓1	→
—创新条件实力指数	7	6	↑1	6	7	↓1	→
—创新产出实力指数	6	7	↓1	7	7	→	↓1
—创新影响实力指数	7	6	↑1	5	7	↓2	→
—创新效力指数	14	13	↑1	13	14	↓1	→
—创新投入效力指数	14	14	→	15	16	↓1	↓2
—创新条件效力指数	15	12	↑3	12	12	→	↑3
—创新产出效力指数	16	17	↓1	17	20	↓3	↓4
—创新影响效力指数	12	8	↑4	9	10	↓1	↑2
创新发展指数	9	7	↑2	8	8	→	↑1
—科学技术发展指数	15	18	↓3	19	19	→	↓4
—创新条件发展指数	11	10	↑1	11	11	→	→
—产业创新发展指数	8	2	↑6	2	3	↓1	↑5
—社会创新发展指数	11	12	↓1	13	12	↑1	↓1
—环境创新发展指数	7	7	→	6	8	↓2	↓1

二、分指数的相对优势研究

（一）创新实力指数

2015年，法国创新投入实力指数值为12.12，略高于40个国家的平均值（7.85），远低于40个国家的最大值（76.75），排名第7位；相较2006年，指数值略有上升，排名保持不变，与40个国家最大值的差距拉大。创新条件实力指数值为10.83，略高于40个国家的平均值（7.03），远低于40个国家的最大值（60.45），排名第7位；相较2006年，指数值略有上升，排名保持不变，与40个国家最大值的差距明显拉大。创新产出实力指数值为11.54，略高于40个国家的平均值（7.47），远低于40个国家的最大值（73.05），排名第7位；相较2006年，指数值略有上升，排名下降了1位，与40个国家最大值的差距进一步拉大。创新影响实力指数值为12.31，排名第7位；相较2006年，指数值略有上升，排名保持不变，与40个国家最大值的差距明显扩大。如图8-46和图8-47所示。

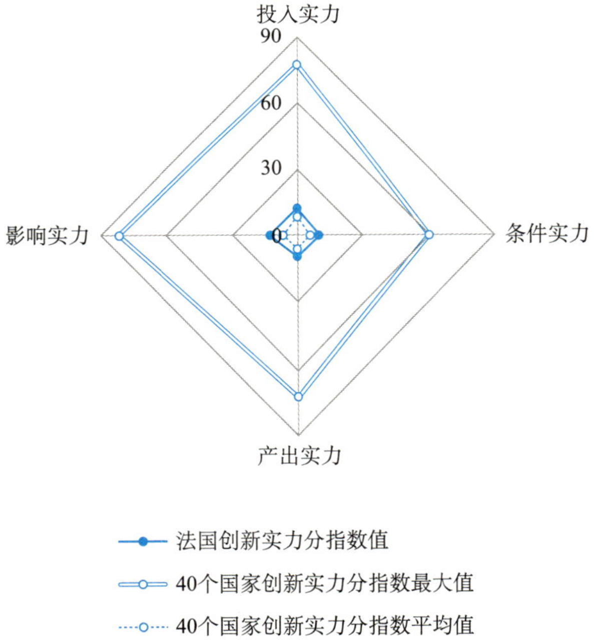

图8-46 法国创新实力分指数与40个国家的最大值、平均值比较（2015年）

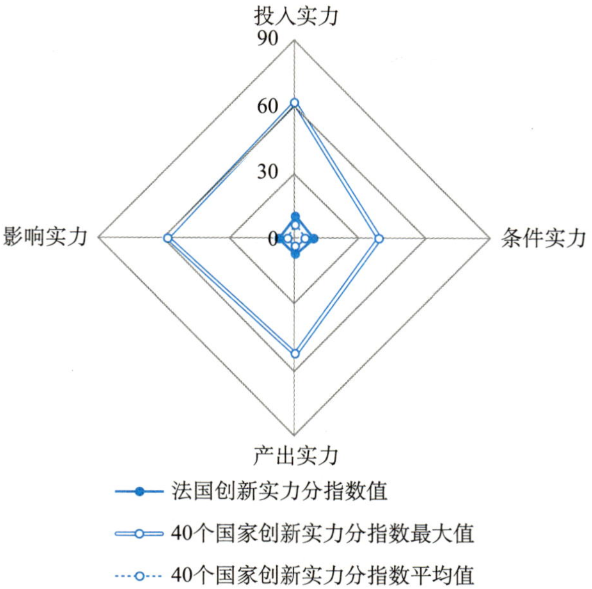

图 8-47　法国创新实力分指数与 40 个国家的最大值、平均值比较（2006 年）

2015 年，法国创新实力指数三级指标除互联网用户数和本国居民专利授权量这两项指标略低于 40 个国家的平均水平外，其他指标均高于 40 个国家的平均水平，但均与 40 个国家的最大值之间存在较大差距。反观 2006 年，法国创新实力指数各三级指标均高于同期相应指标 40 个国家的平均水平，但差距相对较小。可以看出在十年观测期内，法国互联网用户数和本国居民专利授权量等指标得分的提升速度要慢于 40 个国家的平均水平。如图 8-48 和图 8-49 所示。

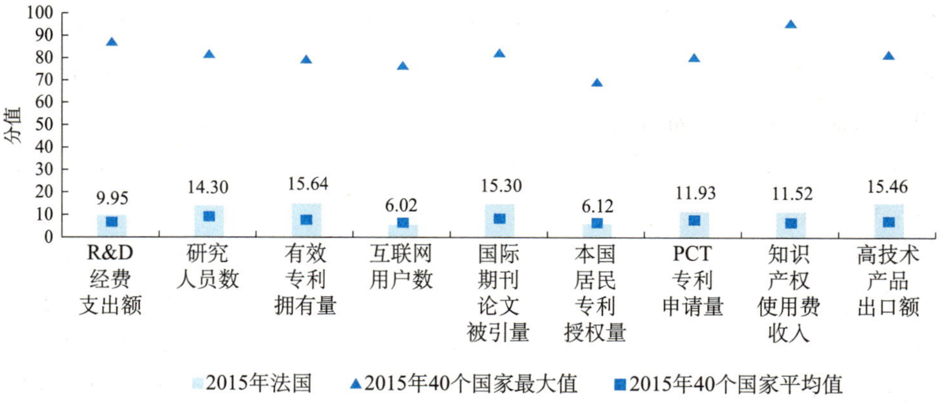

图 8-48　法国创新实力指数三级指标得分对比（2015 年）

注：图中所显示数据标签为法国创新实力指数三级指标得分。

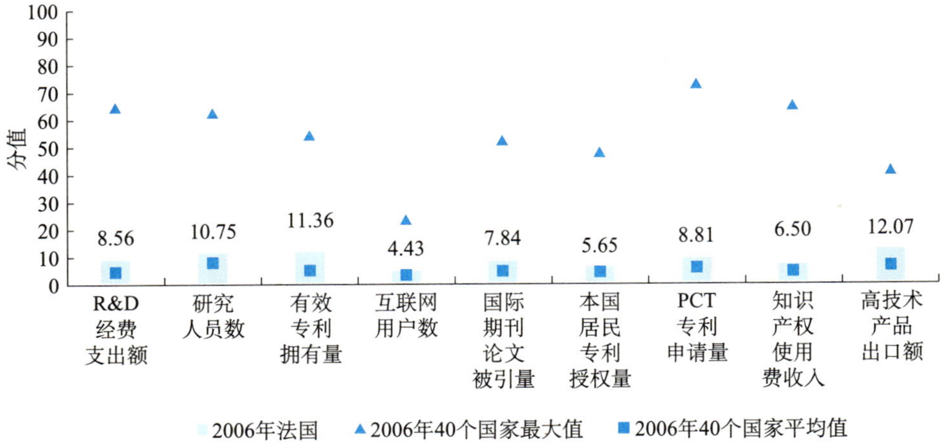

图 8-49　法国创新实力指数三级指标得分对比（2006 年）

注：图中所显示数据标签为法国创新实力指数三级指标得分。

（二）创新效力指数

2015 年，法国创新投入效力指数值为 36.19，高于 40 个国家的平均值（29.21），低于 40 个国家的最大值（63.11），排名第 16 位；相对 2006 年，指数值略有提升，排名下降了 2 位，与 40 个国家最大值的差距拉大。创新条件效力指数值为 53.99，高于 40 个国家的平均值（44.35），低于 40 个国家的最大值（78.49），排名第 12 位；相对 2006 年，指数值有小幅提升，排名提升了 3 位，但与 40 个国家最大值的差距拉大。创新产出效力指数值为 20.56，略高于 40 个国家的平均值（20.31），低于 40 个国家的最大值（42.87），排名第 20 位；相对 2006 年，指数值略有提升，但排名下降了 4 位，与 40 个国家最大值的差距则有所缩小。创新影响效力指数值为 16.80，高于 40 个国家的平均值（13.99），低于 40 个国家的最大值（51.65），排名第 10 位；相对 2006 年，指数值略有提升，排名提升了 2 位，与 40 个国家最大值差距无明显变化。如图 8-50 和图 8-51 所示。

2015 年，法国创新效力指数三级指标得分较不均衡，每百万研究人员国际期刊论文被引量和每百万美元 R&D 经费国际期刊论文被引量显著低于相应指标 40 个国家的平均水平，但每百万研究人员本国居民专利授权量、每百万美元 R&D 经费本国居民专利授权量、每百万研究人员 PCT 专利申请量和每百万美元 R&D 经费 PCT 专利申请量等指标能力均高于相应指标 40 个国家的平均水平。对比来看，2006 年法国每百万研究人员国际期刊论文被引量略高于同期相应指标 40 个国家的平均水平，十年间这一指标得分虽有所上升，但其与 40 个国家的平均值之间差距变大。如图 8-52 和图 8-53 所示。

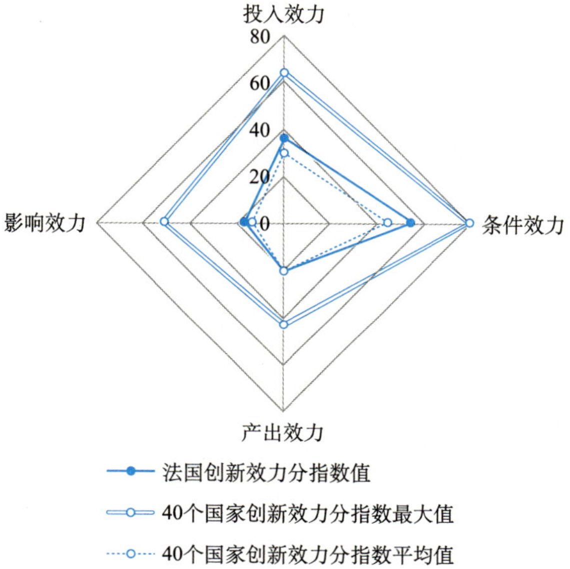

图 8-50　法国创新效力分指数与 40 个国家的最大值、平均值比较（2015 年）

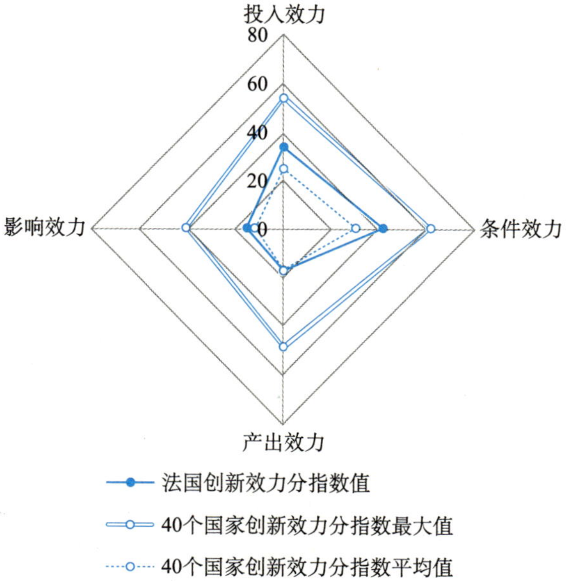

图 8-51　法国创新效力分指数与 40 个国家的最大值、平均值比较（2006 年）

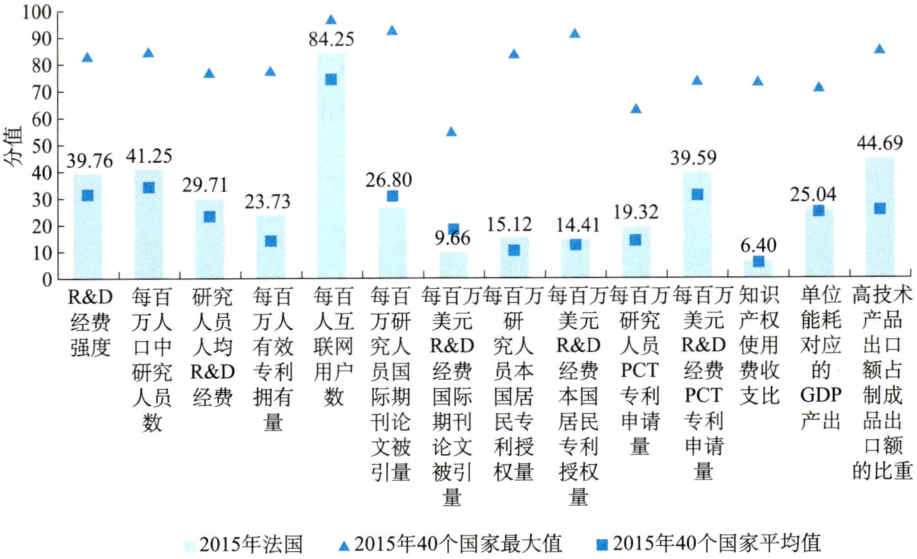

图 8-52 法国创新效力指数三级指标得分对比（2015 年）

注：图中所显示数据为法国创新效力指数三级指标得分。

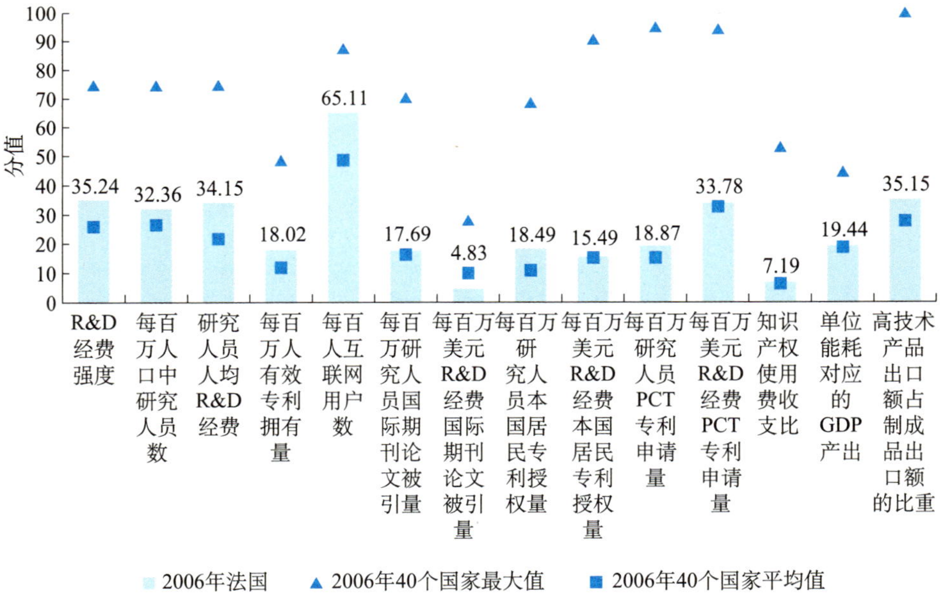

图 8-53 法国创新效力指数三级指标得分对比（2006 年）

注：图中所显示数据为法国创新效力指数三级指标得分。

（三）创新发展指数

2015 年，法国科学技术发展指数值为 23.85，略高于 40 个国家的平均值（21.86），远低于 40 个国家的最大值（62.29），排名第 19 位；相较 2006 年，指数值略有上升，排名下降了 4 位，与 40 个国家最大值的差距拉大。创新条件发展指数值为 50.07，高于 40 个国家的平均值（43.06），低于 40 个国家的最大值（69.04），排名第 11 位；相较 2006 年，指数值有小幅上升，排名保持不变，与 40 个国家最大值的差距没有明显变化。产业创新发展指数值为 56.79，高于 40 个国家的平均值（39.24），低于 40 个国家的最大值（83.53），排名第 3 位；相较 2006 年，指数值略有上升，排名提升了 5 位，与 40 个国家最大值的差距有所缩小。社会创新发展指数值为 68.43，高于 40 个国家的平均值（59.80），低于 40 个国家的最大值（78.29），排名第 12 位；相较 2006 年，指数值略有上升，排名下降了 1 位，与 40 个国家最大值的差距没有明显变化。环境创新发展指数值为 45.99，高于 40 个国家的平均值（36.87），低于 40 个国家的最大值（76.14），排名第 8 位；相较 2006 年，指数值略有上升，排名下降了 1 位，与 40 个国家最大值的差距明显拉大。如图 8-54 和图 8-55 所示。

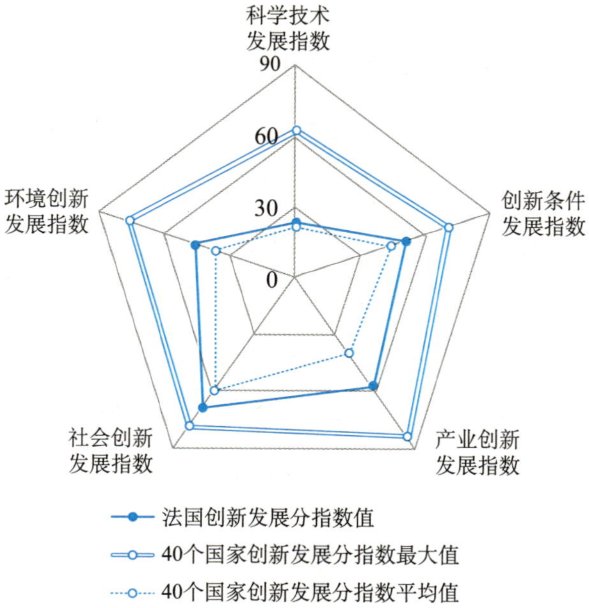

图 8-54 法国创新发展分指数与 40 个国家的最大值、平均值比较（2015 年）

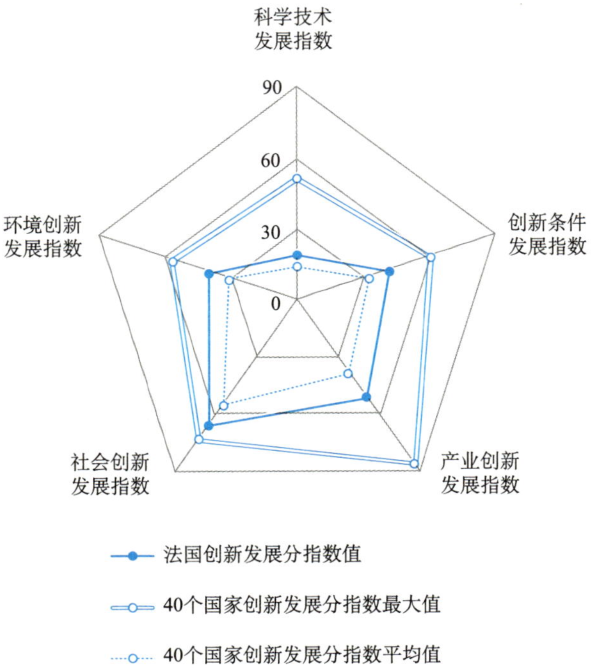

图 8-55　法国创新发展分指数与 40 个国家的最大值、平均值比较（2006 年）

2015 年，法国创新发展指数各三级指标总体上表现较好，知识产权使用费收入占 GDP 的比重、高等教育毛入学率、单位能耗对应的 GDP 产出、每百万研究人员国际期刊论文被引量等 4 项指标得分稍低于相应指标 40 个国家的平均值，其他指标均有较好表现。其中服务业附加值占 GDP 的比重、出生人口预期寿命等指标与 40 个国家最大值的差距很小。2006～2015 年，绝大部分指标得分均在增加，仅有每百万研究人员本国居民专利授权量和教育公共开支总额占 GDP 的比重指标得分略有下降，虽在 2015 年仍高于 40 个国家的平均水平，但差距缩小。如图 8-56 和图 8-57 所示。

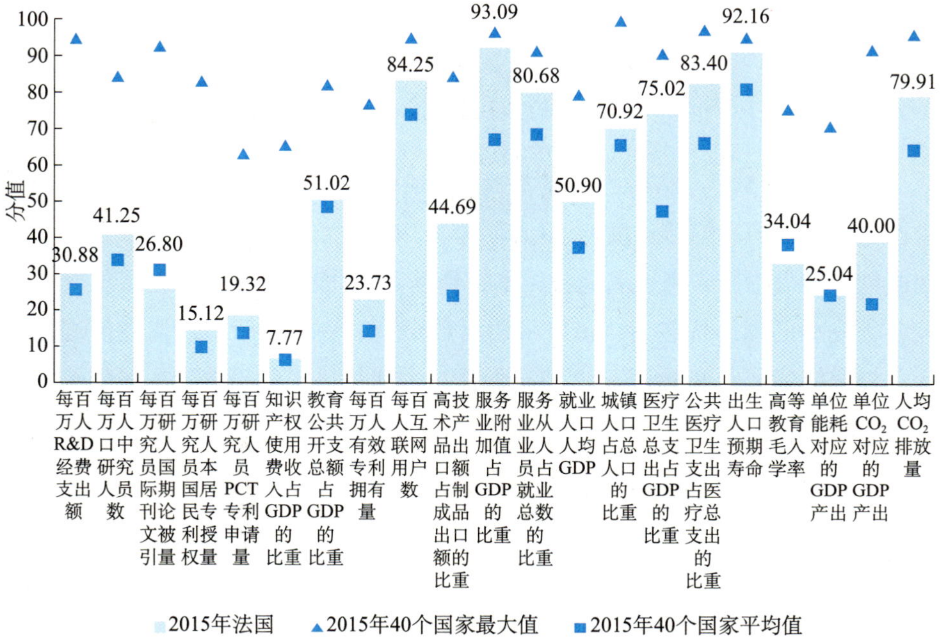

图 8-56　法国创新发展指数三级指标得分对比（2015 年）

注：图中所显示数据为法国创新发展指数三级指标得分。

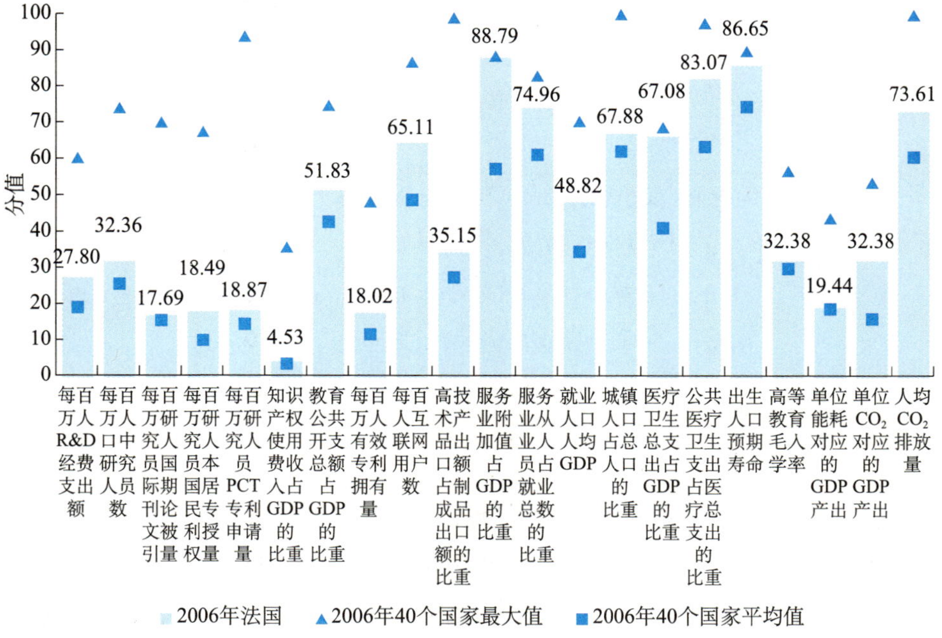

图 8-57　法国创新发展指数三级指标得分对比（2006 年）

注：图中所显示数据为法国创新发展指数三级指标得分。

三、面向 2020 年的指数发展趋势

（一）创新实力指数发展趋势

2006～2015 年，法国创新实力指数值呈稳步上升趋势，始终显著高于 40 个国家的平均值，增长速度与 40 个国家平均值的增长速度基本持平。为刻画法国创新实力指数未来发展趋势，本报告基于 2006～2015 年的指数值，在比较各类模型的拟合优度后，最终采用对数模型对法国创新实力指数值进行拟合，拟合曲线如图 8-58 所示。如果保持拟合曲线呈现的趋势，法国创新实力指数值将持续增长，且与 40 个国家平均值增速基本一致。根据拟合的公式估算，2020 年法国创新实力指数将达到 13.71。

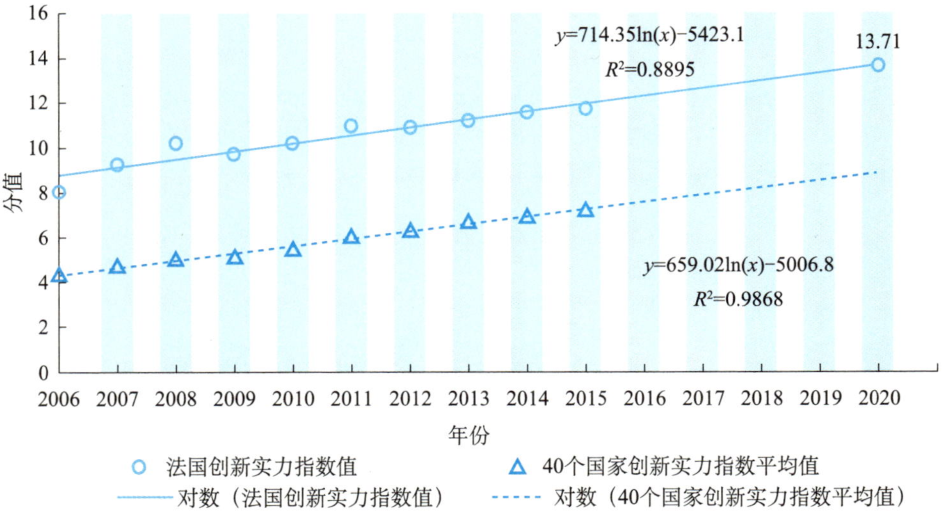

图 8-58　法国创新实力指数值面向 2020 年的趋势分析

（二）创新效力指数发展趋势

2006～2015 年，法国创新效力指数值呈平缓上升趋势，略高于 40 个国家平均值，增长速度与 40 个国家平均值的增长速度基本持平。为刻画法国创新效力指数未来发展趋势，本报告基于 2006～2015 年的指数值，在比较各类

模型的拟合优度后，最终选取对数模型对法国创新效力指数值进行拟合，拟合曲线如图 8-59 所示。如果保持拟合曲线呈现的趋势，法国创新效力指数值将持续增长，且始终高于 40 个国家平均值。根据拟合的公式估算，2020 年法国创新效力指数将达到 31.86。

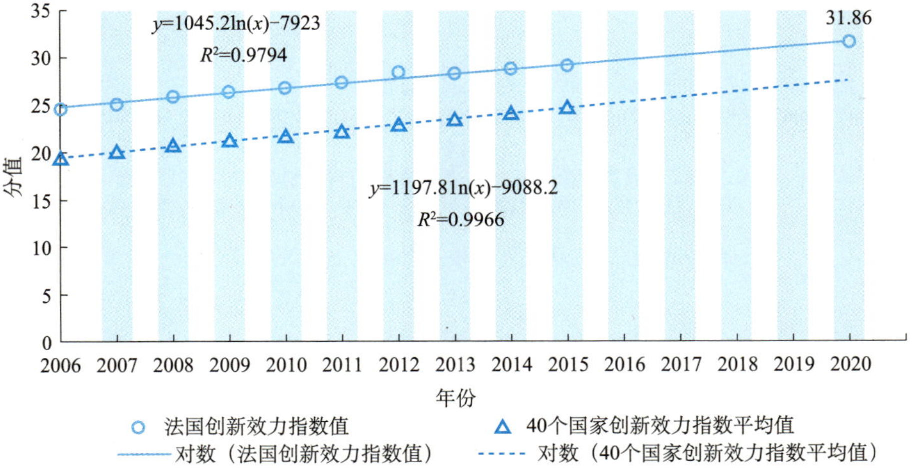

图 8-59　法国创新效力指数值面向 2020 年的趋势分析

（三）创新发展指数发展趋势

2006～2015 年，法国创新发展指数值呈平缓上升趋势，且略高于 40 个国家的平均值，增长速度与 40 个国家平均值的增长速度基本持平。为刻画法国创新发展指数未来发展趋势，本报告基于 2006～2015 年的指数值，在比较各类模型的拟合优度后，最终采用对数模型对法国创新发展指数值进行拟合，拟合曲线如图 8-60 所示。如果保持拟合曲线呈现的趋势，法国创新发展指数值将持续增长，且始终高于 40 个国家平均值。根据拟合的公式估算，法国创新发展指数值在 2020 年将达到 53.29。

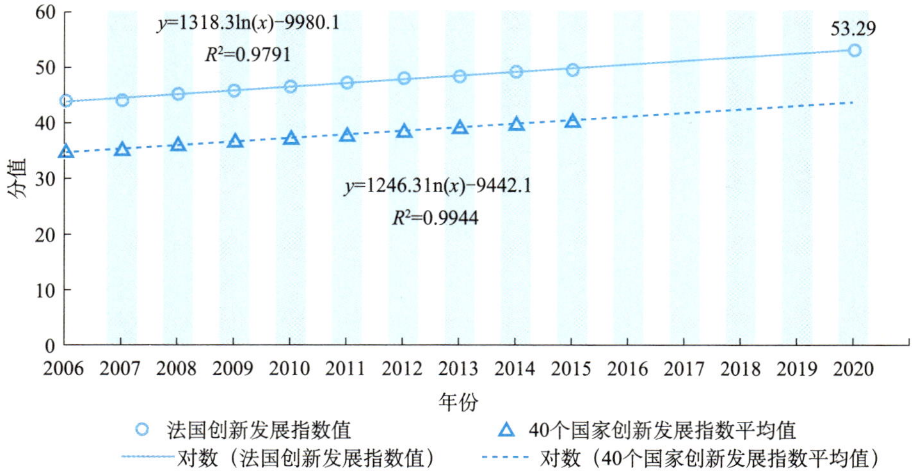

图 8-60 法国创新发展指数值面向 2020 年的趋势分析

第五节 德　国

一、指数的相对优势比较

德国创新能力指数排名居前列，2015 年在 40 个国家中位居第 5 位，且在十年观测期内提升 2 位。2015 年，德国创新实力指数表现相对较好，在 40 个国家中排第 4 位，其创新投入实力指数（第 4 位）、创新条件实力指数（第 6 位）、创新产出实力指数（第 5 位）和创新影响实力指数（第 5 位）表现均较为突出，且十年观测期内未见明显波动。相比创新实力指数而言，德国创新效力指数表现稍逊于创新实力指数，2015 年排在 40 个国家中的第 9 位，2011～2015 年的观测期内下降 2 位。从分指数来看，2015 年创新投入效力指数（第 10 位）、创新条件效力指数（第 11 位）、创新产出效力指数（第 10 位）、创新影响效力指数（第 9 位）表现较为均衡，未有明显短板，且在十年观测期内仅有小幅波动。从创新发展指数来看，其表现稍逊于创新能力指数。2015 年，德国创新发展指数排在 40 个国家中的第 16 位，未能跻身于前 10 位。分指数中，环境创新发展指数在 2015 年排在第 23 位，虽较 2006 年上升 3 位，但仍是创新发展指数中的一大短板，有待进一步提升；其他分指数中，科学技术发展指数在 2015 年排在第 14 位，较 2006 年下降了 6 位。

表 8-5 德国 2006～2015 年各指数排名及其变化

指数名称	2006年	2010年	2006～2010年排名变化	2011年	2015年	2011～2015年排名变化	2006～2015年排名变化
创新能力指数	7	6	↑ 1	6	5	↑ 1	↑ 2
—创新实力指数	4	4	→	4	4	→	→
—创新投入实力指数	4	4	→	4	4	→	→
—创新条件实力指数	4	5	↓ 1	5	6	↓ 1	↓ 2
—创新产出实力指数	3	4	↓ 1	4	5	↓ 1	↓ 2
—创新影响实力指数	6	7	↓ 1	7	5	↑ 2	↑ 1
—创新效力指数	9	9	→	7	9	↓ 2	→
—创新投入效力指数	9	9	→	8	10	↓ 2	↓ 1
—创新条件效力指数	11	11	→	11	11	→	→
—创新产出效力指数	4	7	↓ 3	8	10	↓ 2	↓ 6
—创新影响效力指数	16	13	↑ 3	10	9	↑ 1	↑ 7
创新发展指数	14	16	↓ 2	14	16	↓ 2	↓ 2
—科学技术发展指数	8	8	→	9	14	↓ 5	↓ 6
—创新条件发展指数	14	12	↑ 2	12	13	↓ 1	↑ 1
—产业创新发展指数	15	17	↓ 2	17	15	↑ 2	→
—社会创新发展指数	16	19	↓ 3	18	14	↑ 4	↑ 2
—环境创新发展指数	26	21	↑ 5	22	23	↓ 1	↑ 3

二、分指数的相对优势研究

（一）创新实力指数

2015 年，德国创新投入实力指数值为 18.10，高于 40 个国家的平均值（7.85），低于 40 个国家的最大值（76.75），排名第 4 位；相较 2006 年，指数值有小幅上升，排名保持不变，与 40 个国家最大值的差距拉大。创新条件实力指数值为 12.91，高于 40 个国家的平均值（7.03），低于 40 个国家的最大值（60.45），排名第 6 位；相较 2006 年，指数值略有上升，但排名下降了 2 位，与 40 个国家最大值的差距明显拉大。创新产出实力指数值为 19.61，高于 40 个国家的平均值（7.47），低于 40 个国家的最大值（73.05），排名第 5 位；相较 2006 年，指数值略有上升，排名下降了 2 位，与 40 个国家最大值的差距拉大。创新影响实力指数值为 14.48，高于 40 个国家的平均值（6.51），低于 40 个国家的最大值（81.36），排名第 5 位；相较 2006 年，指数值小幅上升，排名提升了 1 位，但与 40 个国家最大值的差距拉大。如图 8-61 和图 8-62 所示。

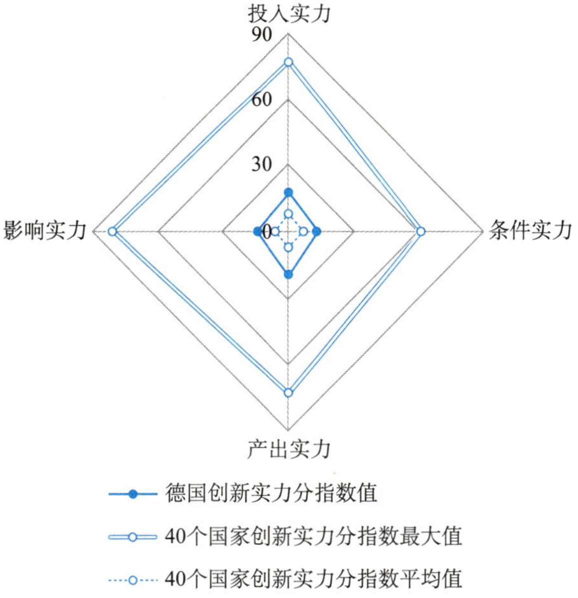

图 8-61　德国创新实力分指数与 40 个国家的最大值、平均值比较（2015 年）

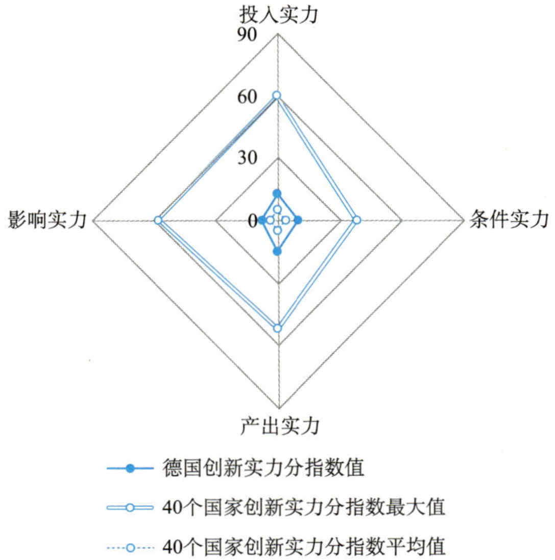

图 8-62　德国创新实力分指数与 40 个国家的最大值、平均值比较（2006 年）

2015 年，德国创新实力指数三级指标得分均高于 40 个国家的平均值，但仍与 40 个国家的最大值之间存在较大差距。其中，互联网用户数和本国居民专利授权量等指标仅略高于 40 个国家的平均值。对比 2015 年和 2006 年，德国创新实力指数各三级指标表现相对较为均衡。2006 年，德国 PCT 专利申请量得分为 23.57，虽与 40 个国家的最大值之间存在较大差距，但其表现要优于本国居民专利授权量，可在一定程度上反映出德国对高水平专利成果的重视。如图 8-63 所示。

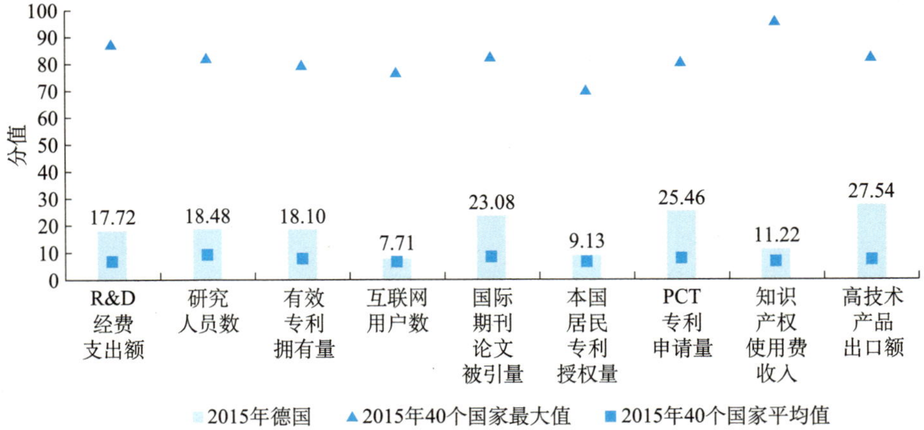

图 8-63　德国创新实力指数三级指标得分对比（2015 年）

注：图中所显示数据标签为德国创新实力指数三级指标得分。

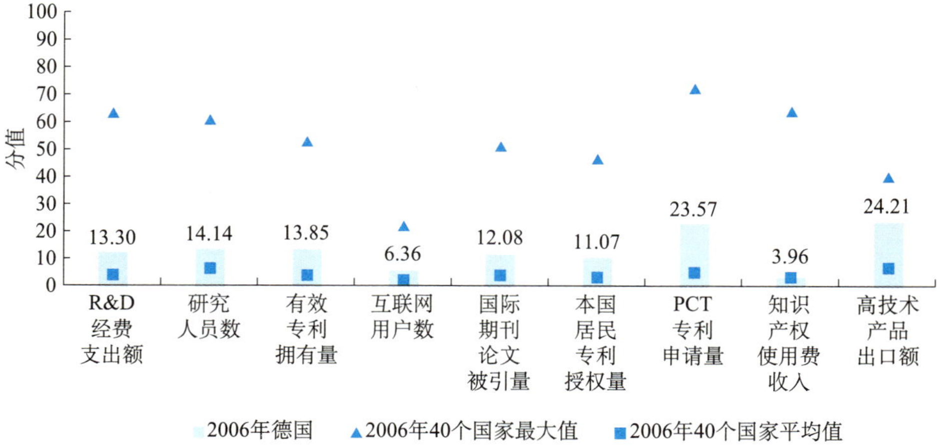

图 8-64　德国创新实力指数三级指标得分对比（2006 年）

注：图中所显示数据标签为德国创新实力指数三级指标得分。

（二）创新效力指数

2015 年，德国创新投入效力指数值为 45.33，高于 40 个国家的平均值（29.21），低于 40 个国家的最大值（63.11），排名第 10 位；相较 2006 年，指数值有小幅提升，排名下降了 1 位，与 40 个国家最大值的差距拉大。创新条件效力指数值为 54.80，高于 40 个国家的平均值（44.35），低于 40 个国家的最大值（78.49），排名第 11 位；相较 2006 年，指数值有小幅提升，排名保持不变，与 40 个国家最大值的差距拉大。创新产出效力指数值为 24.31，高于 40 个国家的平均值（20.31），低于 40 个国家的最大值（42.87），排名第 10 位；相较 2006 年，指数值略有下降，排名下降了 6 位，与 40 个国家最大值的差距有所缩小。创新影响效力指数值为 17.40，高于 40 个国家的平均值（13.99），低于 40 个国家的最大值（51.65），排名第 9 位；相较 2006 年，指数值有小幅提升，排名提升了 7 位，与 40 个国家最大值的差距拉大。如图 8-65 和图 8-66 所示。

2015 年，德国创新效力指数三级指标得分存在较大的两极分化现象，其每百万研究人员国际期刊论文被引量、每百万美元 R&D 经费国际期刊论文被引量指标低于相应指标 40 个国家的平均值，R&D 经费强度、研究人员人均 R&D 经费等指标均高于相应指标 40 个国家的平均值，如图 8-67 所示。在单位研发投入的专利成果方面，单位研发投入的本国居民专利授权量得分低于单位研发投入的 PCT 专利申请量。2006 年大部分指标表现均与 2015 年一致，其中每百万研究人员国际期刊论文被引量指标得分从 2006 年的 21.08 上升至 2015 年的 31.66，但低于 40 个国家的平均值。如图 8-68 所示。

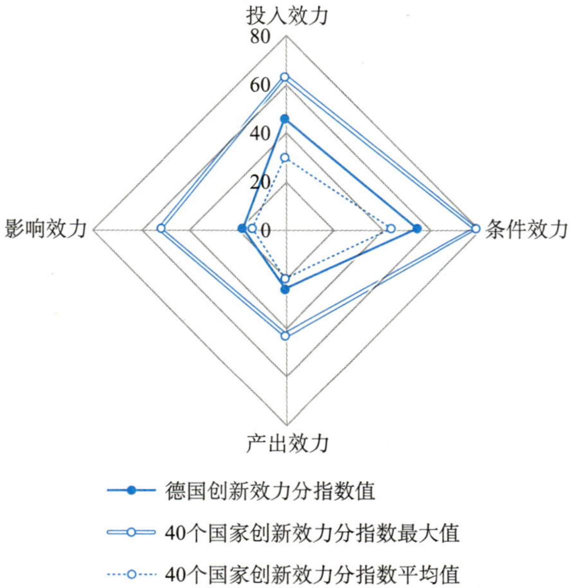

图 8-65　德国创新效力分指数与 40 个国家的最大值、平均值比较（2015 年）

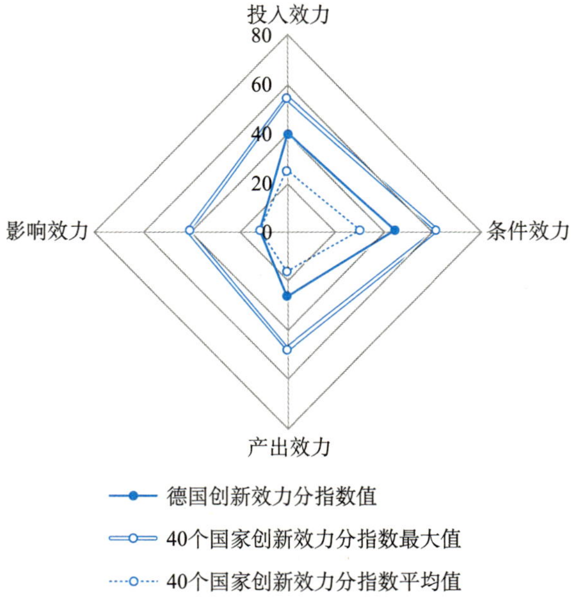

图 8-66　德国创新效力分指数与 40 个国家的最大值、平均值比较（2006 年）

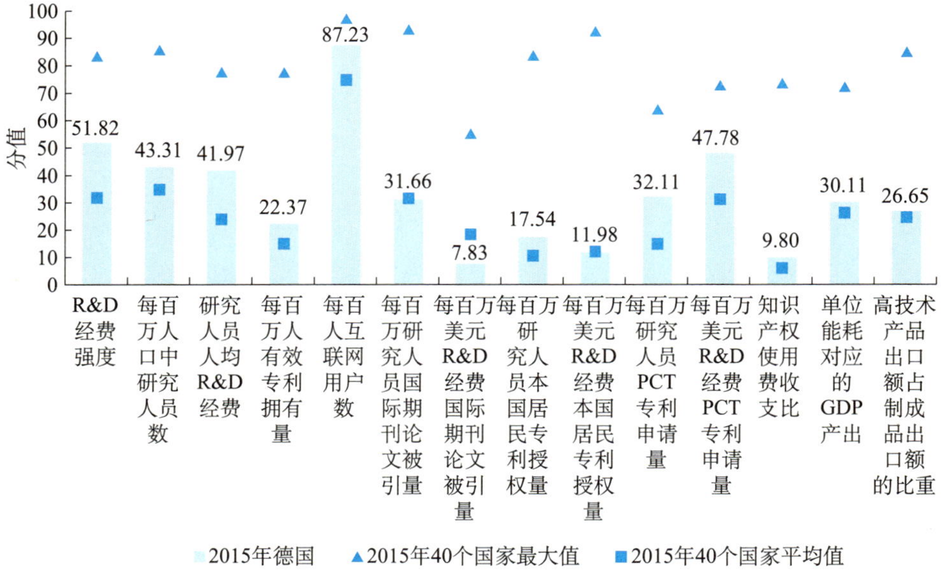

图 8-67 德国创新效力指数三级指标得分对比（2015 年）

注：图中所显示数据标签为德国创新效力指数三级指标得分。

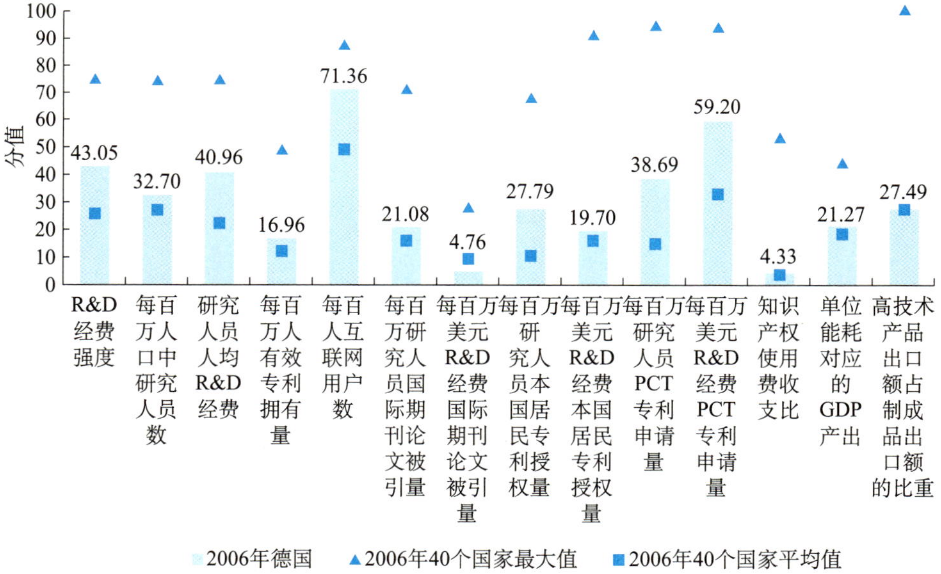

图 8-68 德国创新效力指数三级指标得分对比（2006 年）

注：图中所显示数据标签为德国创新效力指数三级指标得分。

（三）创新发展指数

2015 年，德国科学技术发展指数值为 29.38，高于 40 个国家的平均值（21.86），低于 40 个国家的最大值（62.29），排名第 14 位；相较 2006 年，指数值略有提升，排名下降了 6 位，与 40 个国家最大值的差距拉大。创新条件发展指数值为 49.22，高于 40 个国家的平均值（43.06），低于 40 个国家的最大值（69.04），排名第 13 位；相较 2006 年，指数值有小幅上升，排名提升了 1 位，但与 40 个国家最大值的差距无明显变化。产业创新发展指数值为 42.92，略高于 40 个国家的平均值（39.24），低于 40 个国家的最大值（83.53），排名第 15 位；相较 2006 年，指数值、排名、与 40 个国家最大值的差距均无明显变化。社会创新发展指数值为 65.85，高于 40 个国家的平均值（59.80），低于 40 个国家的最大值（78.29），排名第 14 位；相较 2006 年，指数值略有上升，排名提升了 2 位，与 40 个国家最大值的差距无明显变化。环境创新发展指数值为 35.10，低于 40 个国家的平均值（36.87），排名第 23 位；相较 2006 年，指数值有小幅上升，排名提升了 3 位，与 40 个国家最大值的差距明显拉大。如图 8-69 和图 8-70 所示。

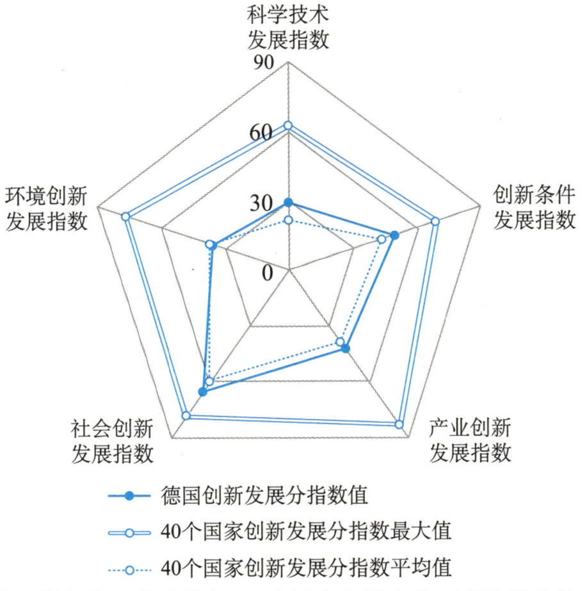

图 8-69　德国创新发展分指数与 40 个国家的最大值、平均值比较（2015 年）

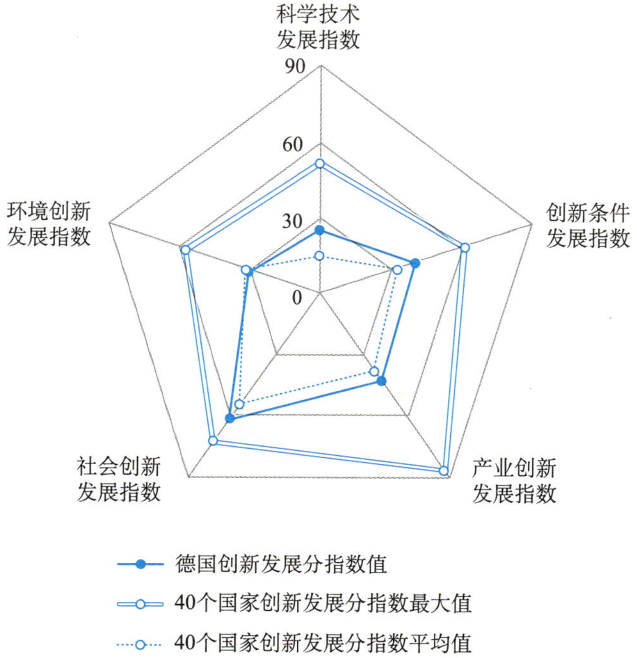

图 8-70 德国创新发展分指数与 40 个国家的最大值、平均值比较（2006 年）

2015 年，德国创新发展指数各三级指标表现总体较好，部分指标还存在较大提升空间。其中，每百万人 R&D 经费支出额、每百万人口中研究人员数和每百万研究人员 PCT 专利申请量等指标得分显著高于相应指标 40 个国家的平均值，但仍明显低于相应指标 40 个国家的最大值，仍有较大提升空间。其人均 CO_2 排放量指标得分低于相应指标 40 个国家的平均值（11.62）。2006～2015 年，大部分指标表现未见明显差异，但每百万研究人员本国居民专利授权量和每百万研究人员 PCT 专利申请量两项指标得分分别由 2006 年的 27.79 和 38.69 下降至 2015 年的 17.54 和 32.11，降幅明显。如图 8-71 和图 8-72 所示。

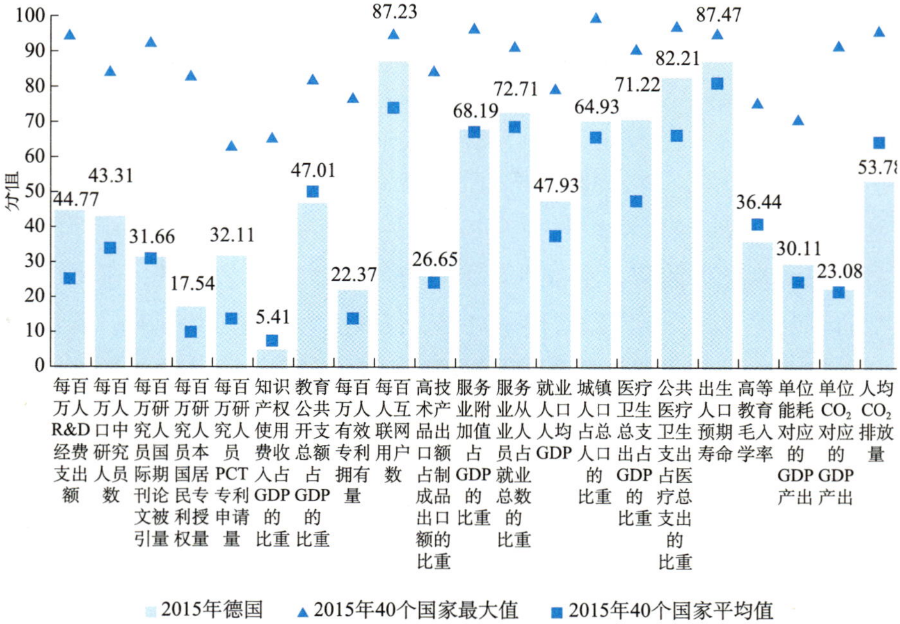

图 8-71　德国创新发展指数三级指标得分对比（2015 年）

注：图中所显示数据标签为德国创新发展指数三级指标得分。

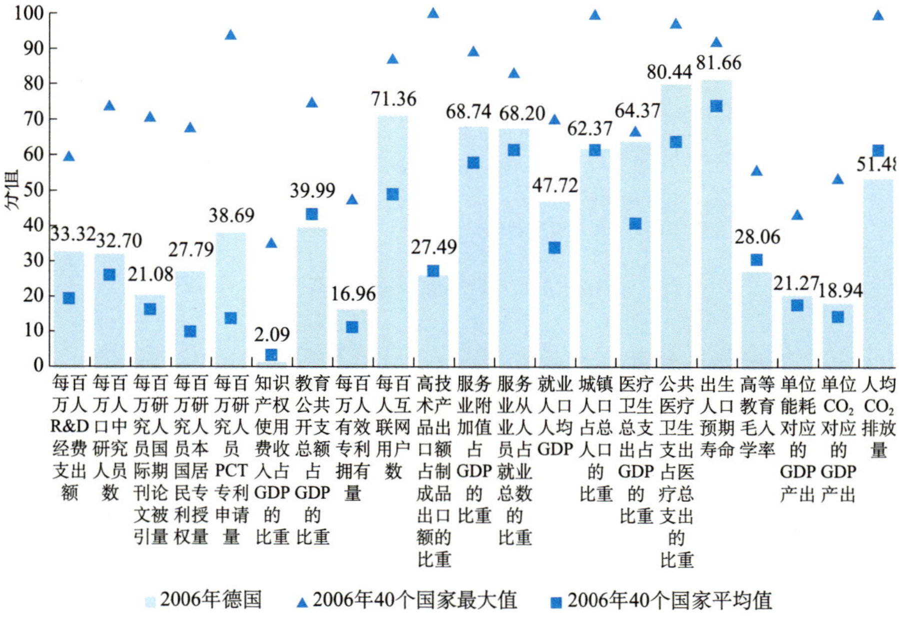

图 8-72　德国创新发展指数三级指标得分对比（2006 年）

注：图中所显示数据标签为德国创新发展指数三级指标得分。

三、面向 2020 年的指数发展趋势

（一）创新实力指数发展趋势

2006～2015 年，德国创新实力指数值呈稳步上升趋势，显著高于 40 个国家平均值，增长速度略高于 40 个国家平均值的增长速度。为刻画德国创新实力指数未来发展趋势，本报告基于 2006～2015 年的指数值，在比较各类模型的拟合优度后，采用对数模型对德国创新实力指数进行拟合，拟合曲线如图 8-73 所示。如果保持拟合曲线呈现的趋势，德国创新实力指数将以高于 40 个国家平均值的增长速度持续增长。根据拟合的公式估算，2020 年德国创新实力指数值将达到 19.83。

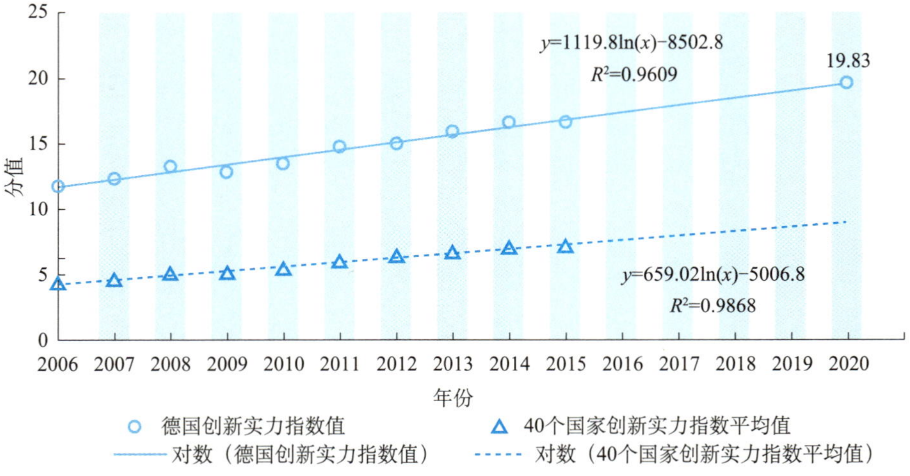

图 8-73　德国创新实力指数值面向 2020 年的趋势分析

（二）创新效力指数发展趋势

2006～2015 年，德国创新效力指数值呈平缓上升趋势，略高于 40 个国家平均值，但增长速度与 40 个国家平均值的增长速度基本持平。为刻画德国创新效力指数未来发展趋势，本报告基于 2006～2015 年的指数值，在比较各类模型的拟合优度后，最终采用对数模型对德国创新效力指数值进行拟合，拟合曲线如图 8-74 所示。如果保持拟合曲线呈现的趋势，德国创新效力指数

值将持续增长，且始终高于 40 个国家创新效力指数平均值。根据拟合的公式估算，2020 年德国创新效力指数值将达到 35.07。

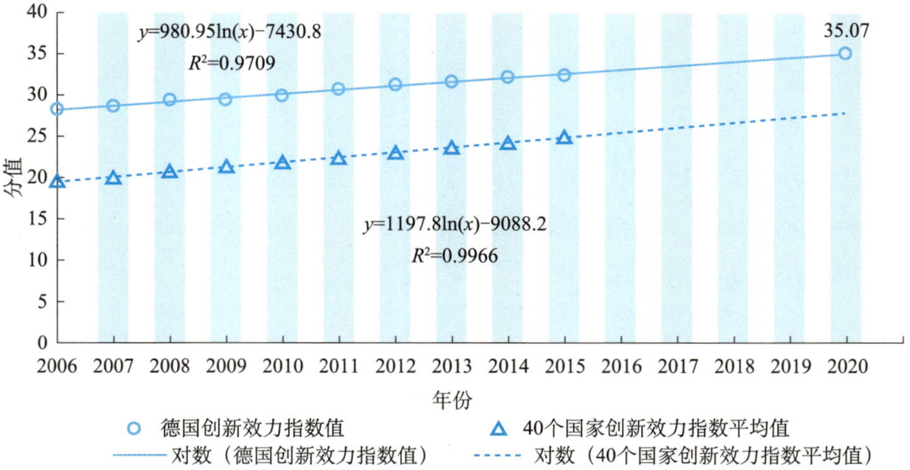

图 8-74　德国创新效力指数值面向 2020 年的趋势分析

（三）创新发展指数发展趋势

2006～2015 年，德国创新发展指数值呈平缓上升趋势，略高于 40 个国家的平均值，增长速度与 40 个国家平均值的增长速度基本持平。为刻画德国创新发展指数未来发展趋势，本报告基于 2006～2015 年的指数值，在比较各类模型的拟合优度后，最终采用对数模型对德国创新发展指数值进行拟合，拟合曲线如图 8-75 所示。如果保持拟合曲线呈现的趋势，德国创新发展指数将稳步上升并始终高于 40 个国家平均值。根据拟合的公式估算，2020 年德国创新发展指数将达到 48.05。

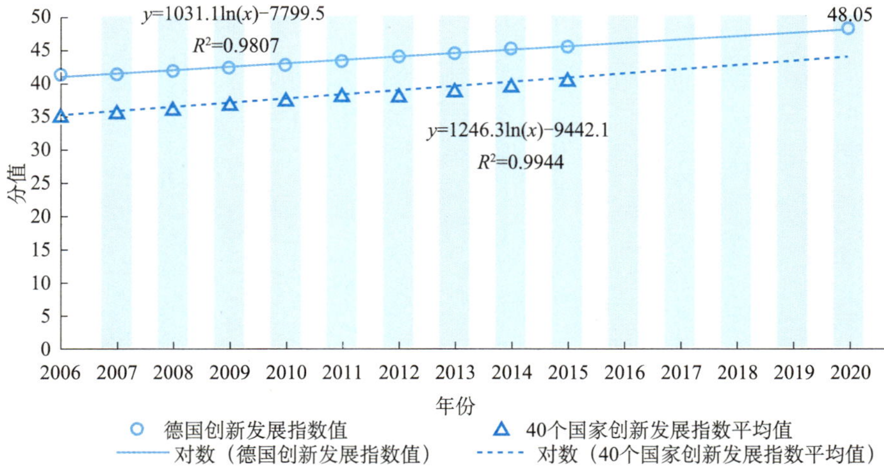

图 8-75　德国创新发展指数值面向 2020 年的趋势分析

第六节　韩　　国

一、指数的相对优势比较

韩国的创新能力指数排名居前列，2015 年在 40 个国家中位居第 4 位，且在十年观测期内仅有小幅波动。韩国创新实力指数 2015 年在 40 个国家中排在第 5 位，较 2006 年上升了 2 位。创新实力分指数中，除创新影响实力指数（第 9 位）外，其他三个分指数均排在前 5 位，与 2006 年比较来看，2015 年创新投入实力指数（第 5 位）较 2006 年上升了 3 位，其他三个分指数均未出现显著波动。韩国创新效力指数表现也较好，2015 年在 40 个国家中居第 2 位，相较 2006 年上升 1 位，排名较为稳定。从分指数来看，其创新影响效力指数表现较不理想，2015 年仅排在 40 个国家中的第 24 位，且相较 2006 年下降了 7 位，成为创新效力指数中最大的短板，应予以关注。创新投入效力指数在十年观测期内表现相对较好，尤其是 2011～2015 年排名增长较为抢眼。创新发展指数表现要稍逊于创新能力指数，2015 年排在 40 个国家中的第 13 位，且在十年观测期内未出现明显波动。分指数中，2015 年科学技术发展指数和创新条件发展指数均位列第 5 位，较 2006 年分别上升了 4 位和 3 位；但环境创新发展指数在 2015 年仅排在第 36 位，相较 2006 年下降了 3 位，极大制约了韩国创新发展指数排名的提升。如表 8-6 所示。

表 8-6 韩国 2006～2015 年各指数排名及其变化

指数名称	2006 年	2010 年	2006～2010 年排名变化	2011 年	2015 年	2011～2015 年排名变化	2006～2015 年排名变化
创新能力指数	5	5	→	4	4	→	↑ 1
—创新实力指数	7	7	→	6	5	↑ 1	↑ 2
—创新投入实力指数	8	8	→	7	5	↑ 2	↑ 3
—创新条件实力指数	5	4	↑ 1	4	5	↓ 1	→
—创新产出实力指数	4	5	↓ 1	5	4	↑ 1	→
—创新影响实力指数	9	9	→	9	9	→	→
—创新效力指数	3	4	↓ 1	4	2	↑ 2	↑ 1
—创新投入效力指数	10	11	↓ 1	10	3	↑ 7	↑ 7
—创新条件效力指数	4	2	↑ 2	3	3	→	↑ 1
—创新产出效力指数	3	3	→	2	2	→	↑ 1
—创新影响效力指数	17	20	↓ 3	21	24	↓ 3	↓ 7
创新发展指数	13	14	↓ 1	13	13	→	→
—科学技术发展指数	9	12	↓ 3	7	5	↑ 2	↑ 4
—创新条件发展指数	8	7	↑ 1	5	5	→	↑ 3
—产业创新发展指数	9	9	→	10	12	↓ 2	↓ 3
—社会创新发展指数	18	15	↑ 3	15	19	↓ 4	↓ 1
—环境创新发展指数	33	35	↓ 2	36	36	→	↓ 3

二、分指数的相对优势比较

（一）创新实力指数

2015 年，韩国创新投入实力指数值为 14.86，高于 40 个国家的平均值（7.85），低于 40 个国家的最大值（76.75），排名第 5 位；相较 2006 年，指数值有小幅提升，排名提升了 3 位，但与 40 个国家最大值的差距在拉大。创新条件实力指数值为 16.12，高于 40 个国家的平均值（7.03），低于 40 个国家的最大值（60.45），排名第 5 位；相较 2006 年，指数值有小幅提升，排名不变，但与 40 个国家最大值的差距在拉大。创新产出实力指数值为 21.94，高于 40 个国家的平均值（7.47），低于 40 个国家的最大值（73.05），排名第 4 位；相较 2006 年，指数值有明显提升，排名没有变化，但与 40 个国家最大值的差距在拉大。创新影响实力指数值为 7.56，高于 40 个国家的平均值（6.51），低于 40 个国家的最大值（81.36），排名第 9 位；相较 2006 年，指数值略有提升，排名不变，但与 40 个国家最大值的差距在拉大。如图 8-76 和图 8-77 所示。

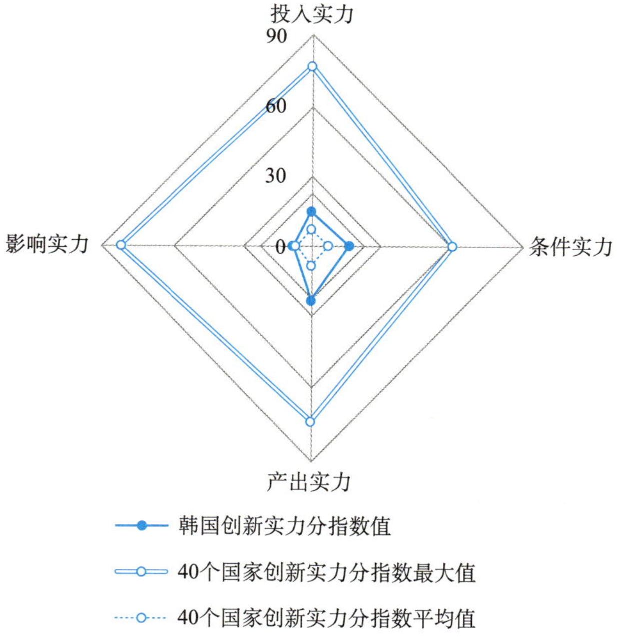

图 8-76　韩国创新实力分指数与 40 个国家的最大值、平均值比较（2015 年）

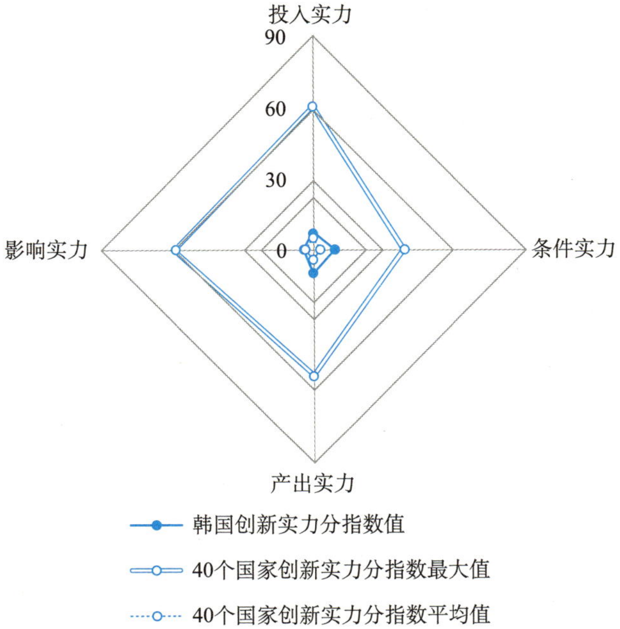

图 8-77 韩国创新实力分指数与 40 个国家的最大值、平均值比较（2006 年）

2015 年，韩国创新实力指数大部分三级指标表现均相对较好，除互联网用户数、国际期刊论文被引量和知识产权使用费收入等 3 项指标低于相应指标 40 个国家的平均值，其他指标均高于相应指标 40 个国家的平均值，有效专利拥有量、本国居民专利授权量和 PCT 专利申请量等几项专利指标得分均远高于相应指标 40 个国家的平均值。对比来看，2006 年韩国创新实力指数各三级指标表现较为突出的仍是有效专利拥有量和本国居民专利授权量这两项指标，但其得分与相应指标 40 个国家最大值之间的分差仍然相对较大。国际期刊论文被引量和知识产权使用费收入这两项指标虽然在十年观测期内得分上升，但仍与相应指标 40 个国家的平均值有一定差距。如图 8-78 和图 8-79 所示。

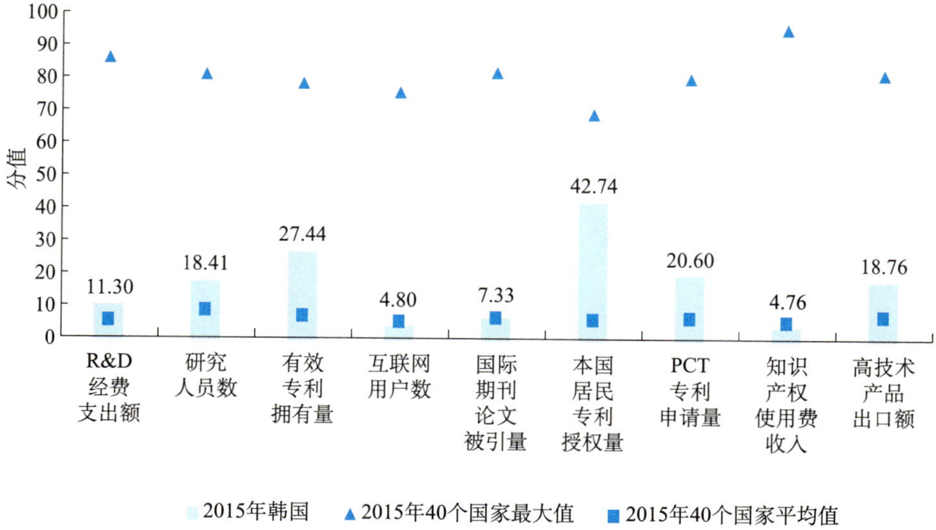

图 8-78 韩国创新实力指数三级指标得分对比（2015 年）

注：图中所显示数据标签为韩国创新实力指数三级指标得分。

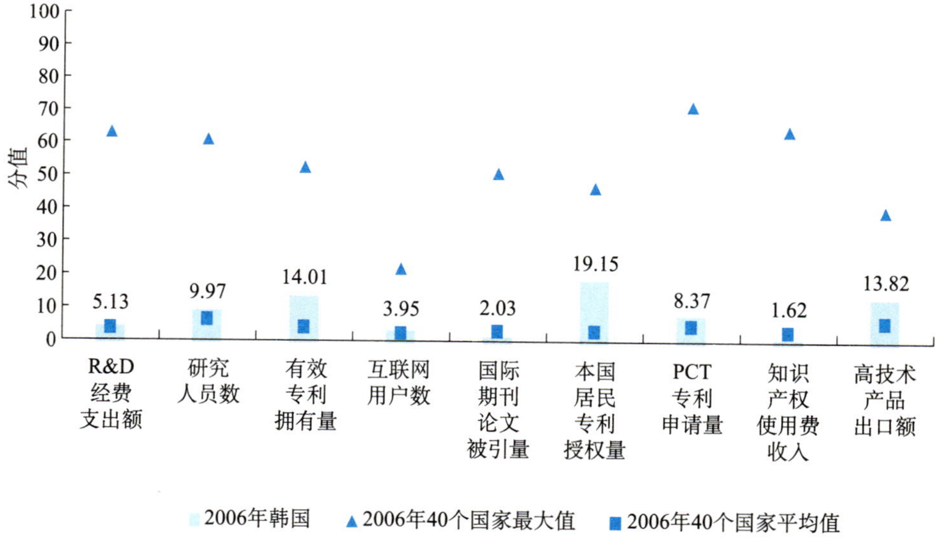

图 8-79 韩国创新实力指数三级指标得分对比（2006 年）

注：图中所显示数据标签为韩国创新实力指数三级指标得分。

（二）创新效力指数

2015 年，韩国创新投入效力指数值为 56.42，高于 40 个国家的平均值（29.21），低于 40 个国家的最大值（63.11），排名第 3 位；相较 2006 年，指数值有大幅提升，排名提升了 7 位，与 40 个国家最大值的差距明显缩小。创新条件效力指数值为 72.07，远高于 40 个国家的平均值（44.35），略低于 40 个国家的最大值（78.49），排名第 3 位；相较 2006 年，指数值明显提升，排名提升了 1 位，与 40 个国家最大值的差距有所缩小。创新产出效力指数值为 41.60，远高于 40 个国家的平均值（20.31），略低于 40 个国家的最大值（42.87），排名第 2 位；相较 2006 年，指数值有小幅提升，排名提升了 1 位，与 40 个国家最大值的差距进一步缩小。创新影响效力指数值为 11.13，低于 40 个国家的平均值（13.99），排名第 24 位；相较 2006 年，指数值略有降低，排名下降了 7 位，与 40 个国家最大值的差距拉大。如图 8-80 和图 8-81 所示。

2015 年，韩国创新效力指数三级指标得分两极分化现象较为严重，R&D 经费强度、每百万研究人员本国居民专利授权量、每百万美元 R&D 经费本国居民专利授权量已达到 40 个国家的最高水平，但每百万研究人员国际期刊论文被引量、每百万美元 R&D 经费国际期刊论文被引量等指标得分仍远

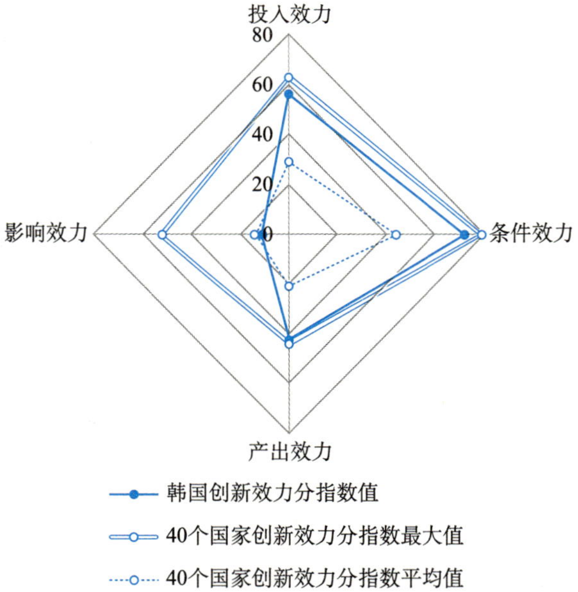

图 8-80　韩国创新效力分指数与 40 个国家的最大值、平均值比较（2015 年）

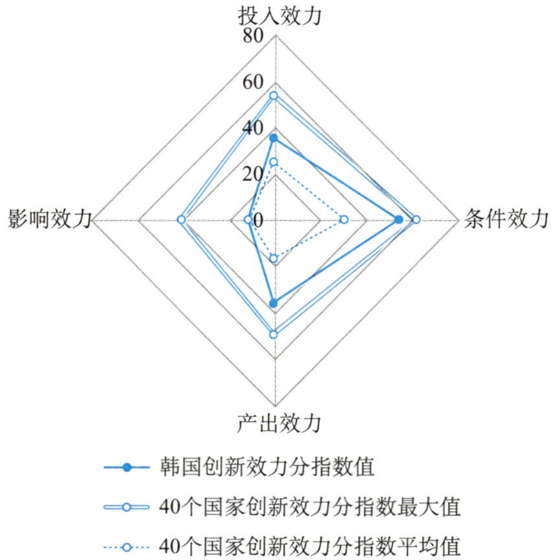

图 8-81 韩国创新效力分指数与 40 个国家的最大值、平均值比较（2006 年）

低于相应指标 40 个国家的平均值。2006 年各指标表现与 2015 年大体一致，其中，每百万研究人员国际期刊论文被引量和每百万美元 R&D 经费国际期刊论文被引量指标得分依然相对较低，与 40 个国家平均值的差距较大。如图 8-82 和图 8-83 所示。

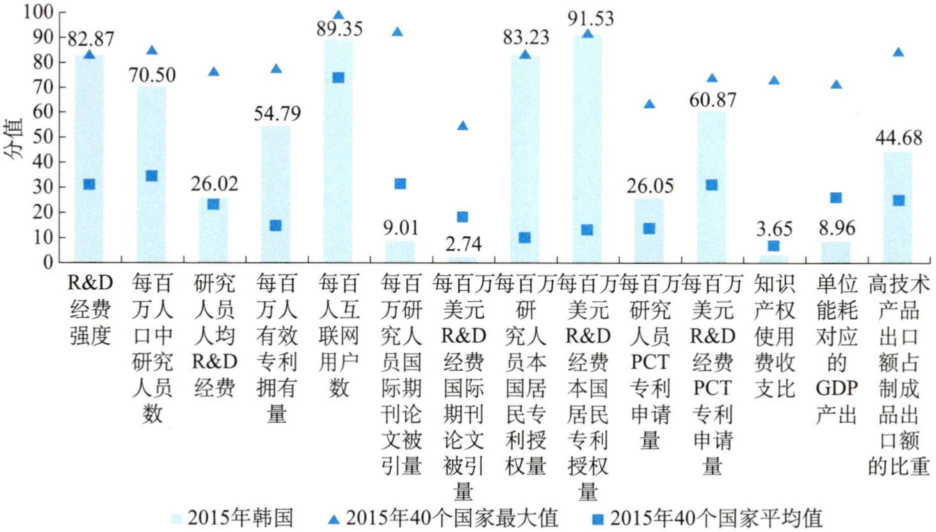

图 8-82 韩国创新效力指数三级指标得分对比（2015 年）

注：图中所显示数据标签为韩国创新效力指数三级指标得分。

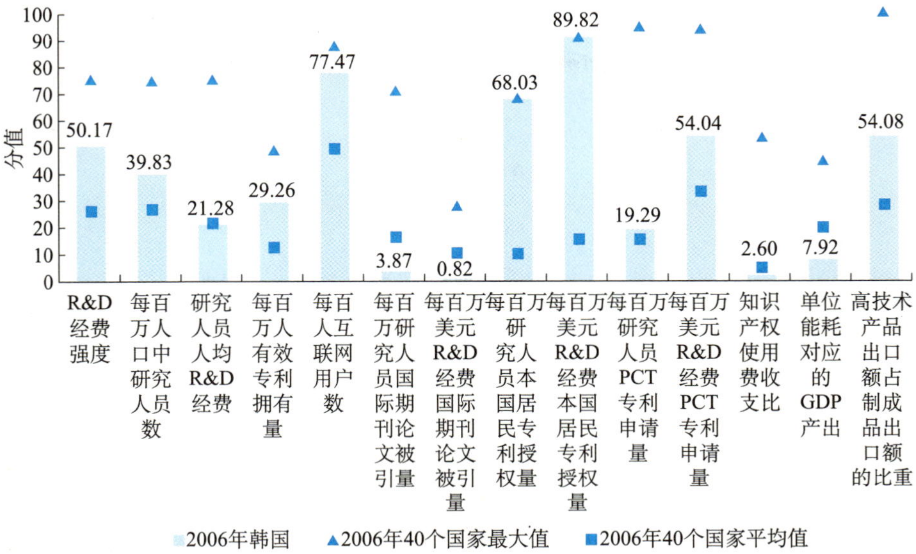

图 8-83　韩国创新效力指数三级指标得分对比（2006 年）

注：图中所显示数据标签为韩国创新效力指数三级指标得分。

（三）创新发展指数

2015 年，韩国科学技术发展指数值为 36.99，高于 40 个国家的平均值（21.86），低于 40 个国家的最大值（62.29），排名第 5 位；相较 2006 年，指数值有大幅提升，排名提升了 4 位，与 40 个国家最大值的差距有所缩小。创新条件发展指数值为 61.90，高于 40 个国家的平均值（43.06），略低于 40 个国家的最大值（69.04），排名第 5 位；相较 2006 年，指数值有小幅提升，排名提升了 3 位，与 40 个国家最大值的差距微弱。产业创新发展指数值为 45.82，高于 40 个国家的平均值（39.24），低于 40 个国家的最大值（83.53），排名第 12 位；相较 2006 年，指数值略有下降，排名下降了 3 位，与 40 个国家最大值的差距变化不明显。社会创新发展指数值为 63.82，高于 40 个国家的平均值（59.80），低于 40 个国家的最大值（78.29），排名第 19 位；相较 2006 年，指数值略有提升，排名下降了 1 位，与 40 个国家最大值的差距变化不明显。环境创新发展指数值为 18.30，低于 40 个国家的平均值（36.87），排名第 36 位；相较 2006 年，指数值略有下降，排名下降了 3 位，与 40 个国家平均值的差距进一步拉大。如图 8-84 和图 8-85 所示。

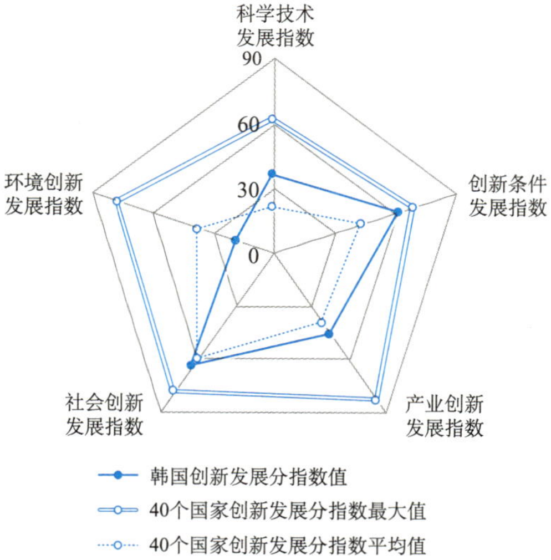

图 8-84 韩国创新发展分指数与 40 个国家的最大值、平均值比较（2015 年）

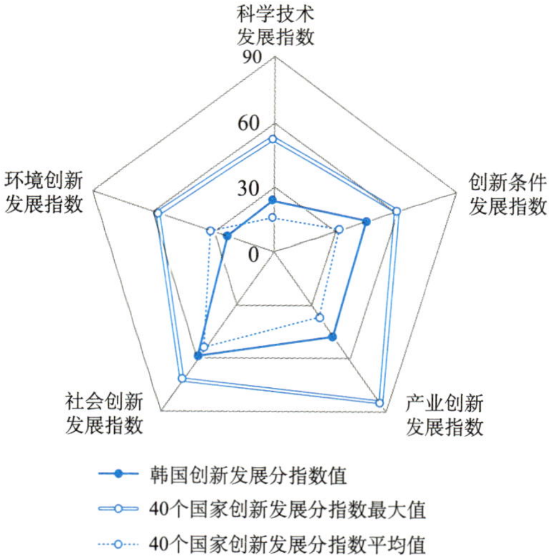

图 8-85 韩国创新发展分指数与 40 个国家的最大值、平均值比较（2006 年）

2015 年，韩国创新发展指数各三级指标表现差距相对较大，其中每百万研究人员本国居民专利授权量得分达到相应指标 40 个国家的最大值，但每百万研究人员国际期刊论文被引量指标得分未超过 10，且低于相应指标 40 个国家的平均值（22.77）。2006～2015 年，韩国单位研发投入的专利产出表现相对较好，但每百万研究人员 PCT 专利申请量得分要低于每百万研究人员本国居民专利授权量，且其每百万研究人员国际期刊论文被引量指标得分在十年间的涨幅也相对较小，值得进一步关注。如图 8-86 和图 8-87 所示。

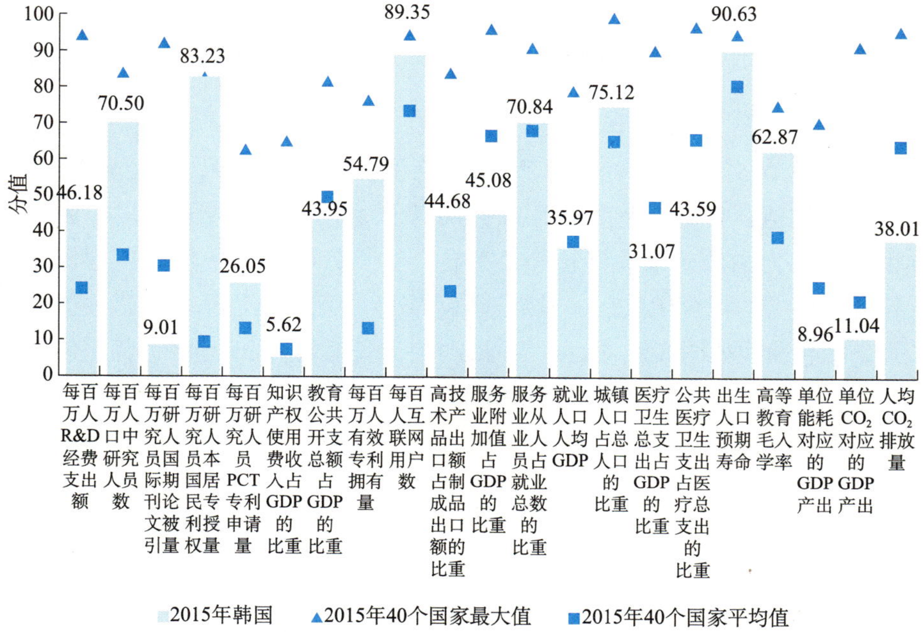

图 8-86 韩国创新发展指数三级指标得分对比（2015 年）

注：图中所显示数据标签为韩国创新发展指数三级指标得分。

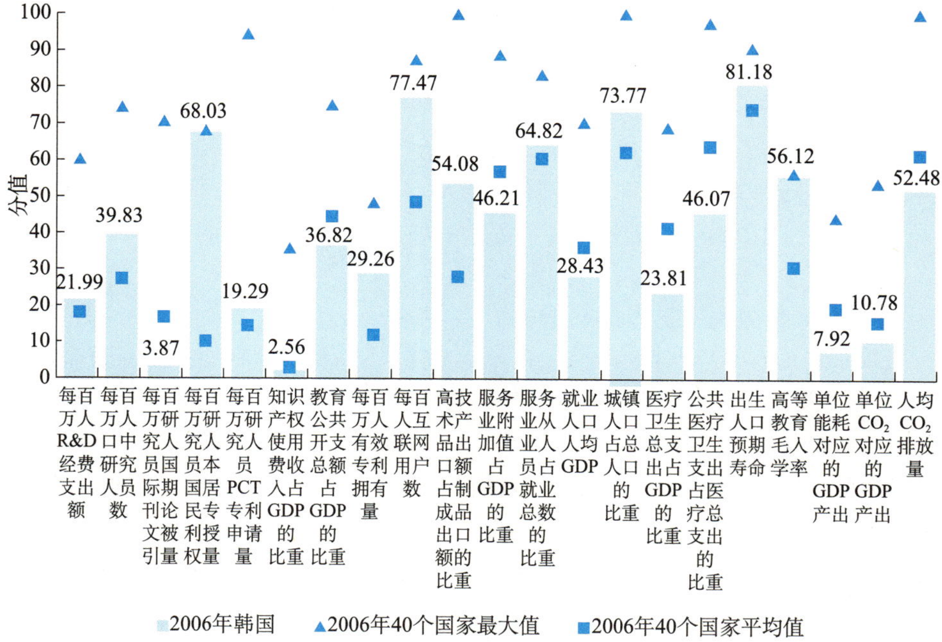

图 8-87 韩国创新发展指数三级指标得分对比（2006 年）

注：图中所显示数据标签为韩国创新发展指数三级指标得分。

三、面向 2020 年的指数发展趋势

（一）创新实力指数发展趋势

2006～2015 年，韩国创新实力指数值呈快速上升趋势，明显高于 40 个国家的平均值，且增长速度显著高于 40 个国家平均值的增长速度。为刻画韩国创新实力指数未来发展趋势，本报告基于 2006～2015 年的指数值，在比较各类模型的拟合优度后，最终选取对数模型对韩国创新实力指数值进行拟合，拟合曲线如图 8-88 所示。如果保持拟合曲线呈现的趋势，韩国创新实力指数值领先 40 个国家平均值的幅度将进一步扩大。根据拟合的公式估算，2020 年韩国创新实力指数值将达到 19.17。

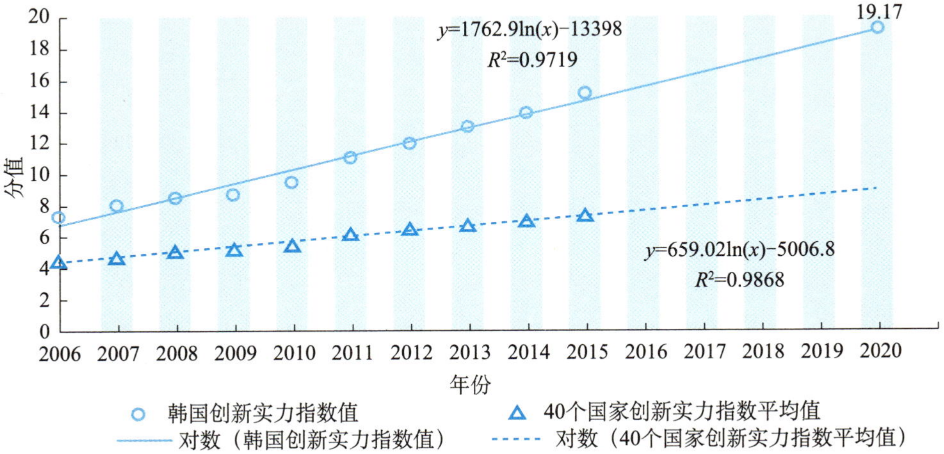

图 8-88 韩国创新实力指数值面向 2020 年的趋势分析

（二）创新效力指数发展趋势

在 2006～2015 年，韩国创新效力指数值呈稳步上升趋势，明显高于 40 个国家的平均值，且增长速度略高于 40 个国家创新效力指数平均值的增长速度。为刻画韩国创新效力指数未来发展趋势，本报告基于 2006～2015 年的指数值，在比较各类模型的拟合优度后，最终选取对数模型对韩国创新效力指数值进行拟合，拟合曲线如图 8-89 所示。如果保持拟合曲线呈现的趋势，韩国创新效力指数值将持续增长，且领先 40 个国家平均值的幅度将进一步扩大。根据拟合的公式估算，2020 年韩国创新效力指数值将达到 45.27。

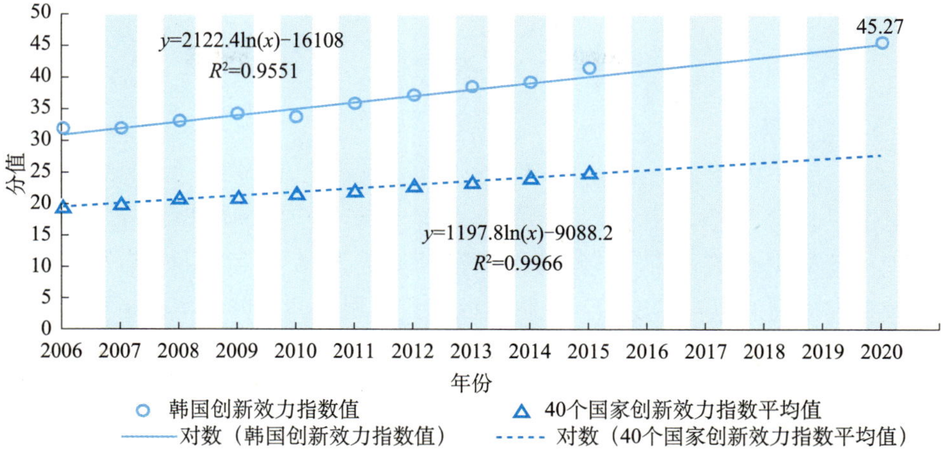

图 8-89 韩国创新效力指数值面向 2020 年的趋势分析

（三）创新发展指数发展趋势

2006～2015 年，韩国创新发展指数值呈平缓上升趋势，略高于 40 个国家平均值，增长速度与 40 个国家平均值的增长速度基本持平。为刻画韩国创新发展指数未来发展趋势，本报告基于 2006～2015 年的指数值，在比较各类模型的拟合优度后，最终采用对数模型对韩国创新发展指数值进行拟合，拟合曲线如图 8-90 所示。如果保持拟合曲线呈现的趋势，韩国创新发展指数值将持续增长，增长曲线与 40 个国家平均值发展基本保持平行。根据拟合的公式估算，2020 年韩国创新发展指数将达到 49.39。

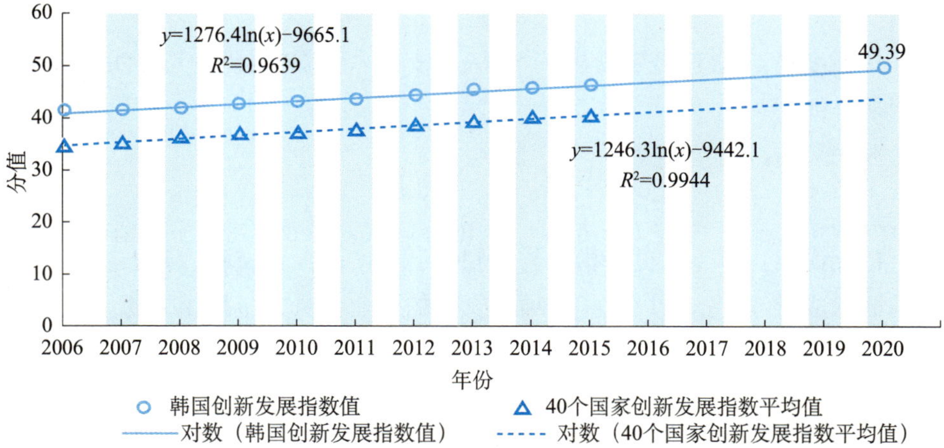

图 8-90 韩国创新发展指数值面向 2020 年的趋势分析

附　录

一、指 标 解 释

1. 创新实力指标解释

1.1　投入实力

1.1.1　R&D 经费支出额

指标说明：R&D 即研究与发展，包括基础研究、应用研究和试验开发。R&D 经费支出额是指系统性创新工作的经常支出和资本支出（国家和私人），其目的在于提升知识水平，包括人文、文化、社会知识，并将知识用于新的应用。

指标度量：R&D 经费支出额用 R&D 支出占 GDP 的比重与 GDP 现价美元相乘得到。

数据来源：世界银行。

1.1.2　研究人员数

指标说明：研究人员是指参与新知识、新产品、新流程、新方法或新系统的概念成形或创造，以及相关项目管理的专业人员，包括相关博士研究生（ISCED97 第 6 级）。

指标度量：研究人员数等于每百万人口中的研究人员与总人口数的乘积。

数据来源：世界银行。

1.2 条件实力

1.2.1 有效专利拥有量

指标说明：有效专利是指专利申请被授权后，仍处于有效状态的专利。

指标度量：有效专利拥有量由世界知识产权组织数据库直接获得。

数据来源：世界知识产权组织。

1.2.2 互联网用户数

指标说明：互联网用户数是指接入国际互联网的人数。

指标度量：互联网用户数等于每百人中的互联网用户数与总人口的乘积。

数据来源：世界银行。

1.3 产出实力

1.3.1 国际期刊论文被引量

指标说明：国际期刊论文被引量是指国际期刊论文的被引用总数。国际期刊论文是 SCI、SSCI 和 A&HCI 三大数据库收录的论文。

指标度量：第 N 年的国际期刊论文被引量是第（N-4）年至第 N 年期间发表的论文在该 5 年期内被引总数的平均值。

数据来源：科睿唯安 InCites 数据库。

1.3.2 本国居民专利授权量

指标说明：本国居民专利授权量是指在一个国家内由在本国长期从事生产和消费的人或法人所递交专利申请后，经中华人民共和国知识产权局审批通过后授权的专利数量。

指标度量：本国居民专利授权量由世界知识产权组织数据库直接获得。

数据来源：世界知识产权组织。

1.3.3 PCT 专利申请量

指标说明：PCT 专利申请是符合《专利合作条约》的专利申请。

指标度量：PCT 专利申请量由世界知识产权组织数据直接获得。

数据来源：世界知识产权组织。

1.4 影响实力

1.4.1 知识产权使用费收入

指标说明：知识产权使用费收入是指国家通过知识产权获得的收益。知识产权指“权利人对其所创作的智力劳动成果所享有的财产权利”。

指标度量：知识产权使用费收入由世界银行“知识产权使用费，接收（国际收支平衡，现价美元）”指标直接获得。

数据来源：世界银行。

1.4.2 高技术产品出口额

指标说明：高技术产品是指具有高研发强度的产品，例如航空航天、计算机、医药、科学仪器、电气机械等产品。

指标度量：高技术产品出口额由世界银行“高技术产品出口（现价美元）”指标直接获得。

数据来源：世界银行。

2. 创新效力指标解释

2.1 投入效力

2.1.1 R&D 经费强度

指标说明：R&D 经费强度是 R&D 经费支出额占 GDP 的比重。

指标度量：R&D 经费强度由世界银行“研发支出（占 GDP 的比重）”指标直接获得。

数据来源：世界银行。

2.1.2 每百万人口中研究人员数

指标说明：研究人员是指参与新知识、新产品、新流程、新方法或新系统的概念成形或创造，以及相关项目管理的专业人员，包括相关博士研究生（ISCED97 第 6 级）。

指标度量：每百万人口中研究人员数由世界银行“研究人员（每百万人）”指标直接获得。

数据来源：世界银行。

2.1.3 研究人员人均 R&D 经费

指标说明：研究人员人均 R&D 经费是平均每单位研究人员支出的 R&D 经费。

指标度量：研究人员人均 R&D 经费由 R&D 经费强度与 GDP 相乘，再除以总研究人员得到。

数据来源：世界银行。

2.2 条件效力

2.2.1 每百万人有效专利拥有量

指标说明：有效专利是指专利申请被授权后，仍处于有效状态的专利。

指标度量：每百万人有效专利拥有量等于一国有效专利拥有量与人口的比值。

数据来源：有效专利数来源于世界知识产权组织；人口数来源于世界银行。

2.2.2 每百人互联网用户数

指标说明：每百人互联网用户数是指每百人中的互联网用户的数量。用户是指接入国际互联网的人数。

指标度量：每百人互联网用户数由世界银行“互联网用户（每百人）”指标直接获得。

数据来源：世界银行。

2.3 产出效力

2.3.1 每百万研究人员国际期刊论文被引量

指标说明：第 N 年的国际期刊论文被引量是（N-4）年至第 N 年期间发表的论文在该 5 年期内被引总数的平均值。国际期刊论文是 SCI、SSCI 和 A&HCI 三大数据库收录的论文。

指标度量：每百万研究人员国际期刊论文被引量是（N-4）年至第 N 年期间发表的论文在该 5 年期内被引总数的平均值与研发人员数相比得到。

数据来源：国际期刊论文来源于科睿唯安 InCites 数据库；研究人员数来源于世界银行。

2.3.2 每百万美元 R&D 经费国际期刊论文被引量

指标说明：第 N 年的国际期刊论文被引量是第（N−4）年至第 N 年期间发表的论文在该 5 年期内被引总数的平均值。国际期刊论文是 SCI、SSCI 和 A&HCI 三大数据库收录的论文。

指标度量：每百万美元 R&D 经费国际期刊论文被引量是（N−4）年至第 N 年期间发表的论文在该 5 年期内被引总数的平均值与 R&D 经费总额相比得到。

数据来源：国际期刊论文来源于科睿唯安 InCites 数据库；R&D 经费总额数来源于世界银行。

2.3.3 每百万研究人员本国居民专利授权量

指标说明：每百万研究人员本国居民专利授权量指平均每百万研究人员取得授权的专利数量。本国居民专利授权量是指在一个国家内由在本国长期从事生产和消费的人或法人所递交专利申请后，经中华人民共和国知识产权局审批通过后授权的专利数量。

指标度量：每百万研究人员本国居民专利授权量由本国居民专利授权量总数与研究人员总数相比得到。

数据来源：本国居民专利授权量来源于世界知识产权组织；研究人员数来源于世界银行。

2.3.4 每百万美元 R&D 经费本国居民专利授权量

指标说明：每百万美元 R&D 经费本国居民专利授权量指平均每百万美元 R&D 经费取得授权的专利数量。本国居民专利申请是指在一个国家内由在本国长期从事生产和消费的人或法人所递交的专利申请。

指标度量：每百万美元 R&D 经费本国居民专利授权量由本国居民专利授权量总数与 R&D 经费总额相比得到。

数据来源：本国居民专利授权量来源于世界知识产权组织；R&D 经费总数来源于世界银行。

2.3.5 每百万研究人员 PCT 专利申请量

指标说明：每百万研究人员 PCT 专利申请量是指平均每百万研究人员申请的 PCT 专利数。PCT 专利是符合《专利合作条约》的专利。

指标度量：每百万研究人员 PCT 专利申请量由 PCT 专利申请量总数与研究人员总数相比得到。

数据来源：PCT 专利数来源于世界知识产权组织；研究人员数来源于世

界银行。

2.3.6 每百万美元 R&D 经费 PCT 专利申请量

指标说明：每百万美元 R&D 经费 PCT 专利申请量指平均每百万美元 R&D 经费所对应的 PCT 专利申请量。PCT 专利是符合《专利合作条约》的专利。

指标度量：每百万美元 R&D 经费 PCT 专利申请量由 PCT 专利申请量总数与 R&D 经费总额相比得到。

数据来源：PCT 专利数来源于世界知识产权组织；R&D 经费数来源于世界银行。

2.4 影响效力

2.4.1 知识产权使用费收支比

指标说明：知识产权使用费收支比是指国家通过知识产权获得的收益与支付的钱款的比值。知识产权指“权利人对其所创作的智力劳动成果所享有的财产权利”。数据按现价美元计。

指标度量：知识产权使用费收支比由世界银行“知识产权使用费，接收（国际收支平衡，现价美元）”指标与世界银行“知识产权使用费，支付（国际收支平衡，现价美元）”相比得到。

数据来源：世界银行。

2.4.2 单位能耗对应的 GDP 产出

指标说明：单位能耗对应的 GDP 产出是指平均每千克石油当量的能源消耗所产生的按购买力平价（PPP）计算的 GDP。按 PPP 计算的 GDP 是指采用购买力平价汇率将 GDP 换算为 2011 年不变价国际元。国际元对 GDP 的购买力相当于美元在美国的购买力。

指标度量：单位能耗对应的 GDP 产出由世界银行“GDP 单位能源消耗（2011 年不变价购买力平价美元 / 千克石油当量）”指标直接获得。

数据来源：世界银行。

2.4.3 高技术产品出口额占制成品出口额的比重

指标说明：高技术产品是指具有高研发强度的产品，例如航空航天、计算机、医药、科学仪器、电气机械等产品。

指标度量：高技术产品出口额占制成品出口额的比重由世界银行“高技

术出口（占制成品出口的百分比）”指标直接获得。

数据来源：世界银行。

3. 创新发展指数指标解释

3.1 科学技术发展指数

3.1.1 每百万人 R&D 经费支出额

指标说明：每百万人 R&D 经费支出额是平均每百万人口支出的 R&D 经费。

指标度量：每百万人 R&D 经费支出额由 R&D 经费占 GDP 的比重与 GDP（现价美元）相乘后除以人口得到。

数据来源：世界银行。

3.1.2 每百万人口中研究人员数

指标说明：研究人员是指参与新知识、新产品、新流程、新方法或新系统的概念成形或创造，以及相关项目管理的专业人员。包括相关博士研究生（ISCED97 第 6 级）。

指标度量：每百万人口中研究人员数由世界银行“研究人员（每百万人）”指标直接获得。

数据来源：世界银行。

3.1.3 每百万研究人员国际期刊论文被引量

指标说明：第 N 年的国际期刊论文被引量是第（N-4）年至第 N 年期间发表的论文在该 5 年期内被引总数的平均值。国际期刊论文是 SCI、SSCI 和 A&HCI 三大数据库收录的论文。

指标度量：每百万研究人员国际期刊论文被引量由第（N-4）年至第 N 年期间发表的论文在该 5 年期内被引总数的平均值与研发人员数相比得到。

数据来源：国际期刊论文来源于科睿唯安 InCites 数据库；研究人员数来源于世界银行。

3.1.4 每百万研究人员本国居民专利授权量

指标说明：每百万研究人员本国居民专利授权量指平均每百万研究人员取得授权的专利数量。本国居民专利授权量是指在一个国家内由在本国长期从事生产和消费的人或法人所递交专利申请后，经中华人民共和国知识产权局审批通过后授权的专利数量。

指标度量：每百万研究人员本国居民专利授权量由本国居民专利授权量总数与研究人员总数相比得到。

数据来源：本国居民专利授权量来源于世界知识产权组织；研究人员数来源于世界银行。

3.1.5　每百万研究人员 PCT 专利申请量

指标说明：每百万研究人员 PCT 专利申请量是指平均每百万研究人员申请的 PCT 专利数目。PCT 专利是符合《专利合作条约》的专利。

指标度量：每百万研究人员 PCT 专利申请量由 PCT 专利申请量总数与研究人员总数相比得到。

数据来源：PCT 专利数来源于世界知识产权组织；研究人员数来源于世界银行。

3.1.6　知识产权使用费收入占 GDP 的比重

指标说明：知识产权使用费收入占 GDP 的比重是指国家通过知识产权获得的收益占 GDP 的比重。知识产权指“权利人对其所创作的智力劳动成果所享有的财产权利”。数据按现价美元计。

指标度量：知识产权使用费收入占 GDP 的比重由世界银行“知识产权使用费，接收（国际收支平衡，现价美元）”指标等于除以 GDP（现价美元）得到。

数据来源：世界银行。

3.2　创新条件发展指数

3.2.1　教育公共开支总额占 GDP 的比重

指标说明：教育公共开支由教育方面的公共经常性支出和资本支出构成，包括政府在教育机构（公立和私立）、教育管理及私人实体（学生 / 家庭和其他私人实体）补贴方面的支出。

指标度量：教育公共开支总额占 GDP 的比重由世界银行“教育公共开支总额，总数（占 GDP 的比重）”指标直接得到。

数据来源：世界银行。

3.2.2　每百万人有效专利拥有量

指标说明：有效专利是指专利申请被授权后，仍处于有效状态的专利。

指标度量：每百万人有效专利拥有量等于一国有效专利拥有量与人口的比。

数据来源：有效专利数来源于世界知识产权组织；人口数来源于世界银行。

3.2.3 每百人互联网用户数

指标说明：每百人互联网用户数是指每百人中的互联网用户的数量。用户是指接入国际互联网的人数。

指标度量：每百人互联网用户数由世界银行“互联网用户（每百人）”指标直接获得。

数据来源：世界银行。

3.3 产业创新发展指数

3.3.1 高技术产品出口额占制成品出口额的比重

指标说明：高技术产品是指具有高研发强度的产品，例如航空航天、计算机、医药、科学仪器、电气机械等产品。

指标度量：高技术产品出口额占制成品出口额的比重由世界银行“高技术出口（占制成品出口的百分比）”指标直接获得。

数据来源：世界银行。

3.3.2 服务业附加值占 GDP 的比重

指标说明：服务业附加值占 GDP 的比重中，服务是与 ISIC（International Standard Industrial Classification）第 50 类到第 99 类相对应的服务，包括产生附加值的批发和零售贸易（包括酒店和饭店），运输、政府、金融、专业和个人服务等。

指标度量：服务业附加值占 GDP 的比重由世界银行“服务等，附加值（占 GDP 的比重）”指标直接获得。

数据来源：世界银行。

3.3.3 服务业从业人员占就业总数的比重

指标说明：就业是指在法定年龄内的有劳动能力和劳动愿望的人们所从事的为获取报酬或经营收入进行的活动；服务是与 ISIC 第 50 类到第 99 类相对应的服务，包括产生附加值的批发和零售贸易（包括酒店和饭店），运输、政府、金融、专业和个人服务等。

指标度量：服务业从业人员占就业总数的比重由世界银行“服务业就业

人员（占就业总数的百分比）”指标直接获得。

数据来源：世界银行。

3.3.4　就业人口人均 GDP

指标说明：就业人口人均 GDP 是 GDP 除以经济体中的就业人口总数。按购买力平价（PPP）计算的 GDP 是指用购买力平价汇率将 GDP 换算为 2011 年不变价国际元。国际元的购买力与美元在美国的购买力相当。

指标度量：就业人口人均GDP由世界银行“就业人口的人均 GDP（2011 年不变价购买力平价美元）”指标直接获得。

数据来源：世界银行。

3.4　社会创新发展指数

3.4.1　城镇人口占总人口的比重

指标说明：城镇人口占总人口的比重是指城镇人口占当地总人口的比重。

指标度量：城镇人口占总人口的比重由世界银行“城镇人口（占总人口比重）”指标直接获得。

数据来源：世界银行。

3.4.2　医疗卫生总支出占 GDP 的比重

指标说明：医疗卫生总支出占 GDP 的比重是指国家医疗卫生支出占 GDP 的比重。医疗卫生总支出为公共医疗卫生支出与私营医疗卫生支出之和。涵盖医疗卫生服务（预防和治疗）、计划生育、营养项目、紧急医疗救助，但是不包括饮用水和卫生设施提供。

指标度量：医疗卫生总支出占 GDP 的比重由世界银行“医疗卫生总支出（占 GDP 的百分比）”指标直接获得。

数据来源：世界银行。

3.4.3　公共医疗卫生支出占医疗总支出的比重

指标说明：公共医疗卫生支出由政府（中央和地方）预算中的经常性支出和资本支出、外部借款和赠款（包括国际机构和非政府组织的捐赠）及社会（或强制）医疗保险基金构成。医疗卫生总支出为公共医疗卫生支出与私营医疗卫生支出之和。涵盖医疗卫生服务（预防和治疗）、计划生育、营养项目、紧急医疗救助，但是不包括饮用水和卫生设施提供。

指标度量：公共医疗卫生支出占医疗总支出的比重由世界银行“公共医疗卫生支出（占医疗总支出的百分比）”指标直接获得。

数据来源：世界银行。

3.4.4 出生人口预期寿命

指标说明：出生人口预期寿命是指假定出生时的死亡率模式在一生中保持不变，一名新生儿可能生存的年数。

指标度量：出生人口预期寿命由世界银行“出生时的预期寿命，总体（岁）”指标直接获得。

数据来源：世界银行。

3.4.5 高等教育毛入学率

指标说明：高等教育毛入学率是指高等教育在学人数与适龄人口之比。

指标度量：高等教育毛入学率由世界经济论坛 Executive Opinion Survey 数据直接获得。

数据来源：世界经济论坛。

3.5 环境创新发展指数

3.5.1 单位能耗对应的 GDP 产出

指标说明：单位能耗对应的 GDP 产出是指平均每千克石油当量的能源消耗所产生的按购买力平价（PPP）计算的 GDP。按 PPP 计算的 GDP 是指采用购买力平价汇率将国内生产总值换算为 2011 年不变价国际元。国际元对 GDP 的购买力相当于美元在美国的购买力。

指标度量：单位能耗对应的 GDP 产出由世界银行“GDP 单位能源消耗（2011 年不变价购买力平价美元 / 千克石油当量）”指标直接获得。

数据来源：世界银行。

3.5.2 单位 CO_2 对应的 GDP 产出

指标说明：单位 CO_2 对应的 GDP 产出是指每排放一单位 CO_2 产出的 GDP（国内生产总值）。CO_2 排放量是化石燃料燃烧和水泥生产过程中产生的排放。它们包括在消费固态、液态和气态燃料及天然气燃除时产生的 CO_2。

指标度量：单位 CO_2 对应的 GDP 产出由 GDP（现价美元）与 CO_2 排放量（千吨）的比值得到。

数据来源：世界银行。

3.5.4　人均 CO_2 排放量

指标说明：人均 CO_2 排放量是指平均每个人的 CO_2 排放量。CO_2 排放量是化石燃料燃烧和水泥生产过程中产生的排放。它们包括在消费固态、液态和气态燃料及天然气燃除时产生的 CO_2。

指标度量：人均 CO_2 排放量由世界银行“CO_2 排放量（人均吨数）”指标直接获得。

数据来源：世界银行。

二、十步骤方法

本报告建立了国家创新发展绩效评估过程，依次包括评估问题界定、评估框架构建、指标体系构建、基础数据收集与样本选择、缺失数据处理、指标度量、数据标准化、权重确定、指数集成、结果分析十个步骤，如附图 2-1 所示。

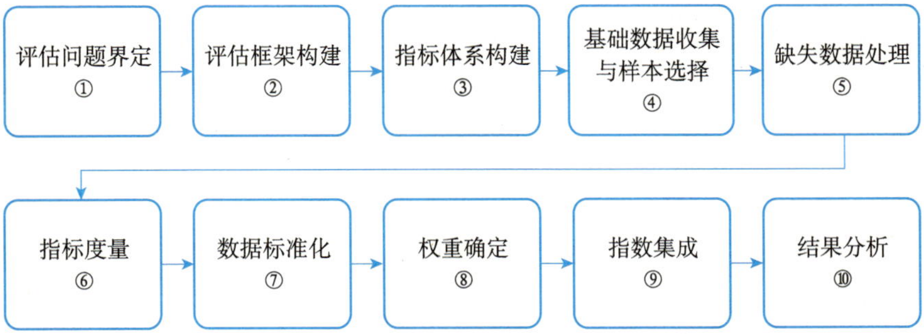

附图 2-1　十步骤方法

1. 评估问题界定

为有效落实作为五大发展理念之首的创新发展，充分发挥创新引领发展的作用，迫切需要对中国与世界主要国家创新发展绩效进行监测与评估，以支撑政策和决策的需要。基于此，在《2009 中国创新发展报告》的基础上，启动《2019 国家创新发展报告》。本报告试图通过国际比较把握中国与世界主要国家的创新发展绩效现状，分析比较中国创新发展绩效各方面的优劣势。结合创新驱动发展的内涵，本报告将专注国家创新发展绩效的整体情况监测与评估。如何有效地、科学地和全面地呈现包括中国在内的世界主要国家的创新发展绩效成为本报告的核心研究问题。

2. 评估框架构建

全面监测评估国家创新发展绩效需要研究比较国家创新能力和国家创新发展水平。本报告在《2009 中国创新发展报告》的国家部分研究基础上，并借鉴国内外关于国家创新活动监测与评估方面的理论和方法，率先从国家创新能力指数和国家创新发展指数综合设计国家创新发展绩效分析框架，其中国家创新能力指数从实力指数和效力指数两个维度度量。

为了对国家创新发展绩效进行全面监测，从投入、条件、产出和影响四个维度对国家创新能力进行评估，从科学技术发展、创新条件发展、产业创新发展、社会创新发展、环境创新发展五个维度对国家创新发展水平进行评估。从实力和效力不同层面设计指标，有利于考虑国家间经济和人口规模的差异性，客观地分析中国的创新发展现状和国际相对水平。从发展层面设计指标，有利于在创新能力评估的基础上评估国家创新活动在改善国家经济社会发展中的成效。

3. 指标体系构建

在评估框架的基础上，根据国家创新能力和国家创新发展各维度的内涵，构建国家创新能力指数和国家创新发展指数的指标体系。在具体指标选择上遵循如下 3 个原则：①相关性原则。选择直接的且关联度高的指标进行计算，从本质上反映各指标的内涵与侧重点；②可比性原则。指标选择上，不仅要考虑能反映各国自身特征的指标，同时要涵盖国际认可度较高、国家间可比性较强的指标，从而符合本报告的分析目的；③操作性原则。所选择的指标易于得到持续性强的可度量数据，便于当期实践操作与后续持续监测。一共选择 44 个可度量的指标（23 个用于测度创新能力指数，21 个用于测度创新发展指数）。

4. 基础数据收集与样本选择

本报告数据均来源权威数据库。专利数据来源于世界知识产权组织；国际期刊论文数来源于科睿唯安 InCites 数据库；高等教育毛入学率来源于世界经济论坛；其他基础数据来源于世界银行。

为了比较各国创新发展绩效并刻画中国在世界创新发展绩效格局中的位置，依据国家经济规模、人口总量、数据可得性等因素筛选出 40 个主要国家。在国家的选取上，参考世界主要经济组织如金砖国家、二十国集团（G20）国家、OECD 国家等，包含了英国、法国、美国、日本等发达国家以及与中国发展阶段相近的发展中国家。去除基础数据不可得的国家后，本报告最终包含阿根廷、澳大利亚、奥地利、比利时、巴西、加拿大、智利、中国、捷克、丹麦、芬兰、法国、德国、希腊、匈牙利、印度、爱尔兰、以色列、意大利、日本、马来西亚、墨西哥、荷兰、新西兰、挪威、波兰、葡萄牙、罗马尼亚、俄罗斯、新加坡、斯洛伐克、南非、韩国、西班牙、瑞典、瑞士、泰国、土耳其、英国、美国等 40 个国家。根据 OECD 数据显示，这 40 个国家的 GDP 总量占世界所有国家 GDP 总量的 87% 以上。

5. 缺失数据处理

对个别国家在某些指标上个别年份数据缺失的情况，采用缺失值两侧相邻年份的平均值代替缺失值。这种方法的优点是可以使相邻年份数值产生承接，使数据不突兀。此外，由于数据统计存在一定的滞后性，并且不同的指标滞后长度和统计结果公布时间不同，导致个别指标数据有整年缺失的情况，根据前五年的数据用趋势外推的方法对该年份进行预测。2016～2020 年指标基础数据（统计直接获得）是基于历史数据预测得到的。

6. 指标度量

（1）直接获得的指标：部分指标如有效专利量、PCT 专利量直接用基础数据度量，即可从国家层面的数据库中直接获取，无须进一步计算。

（2）计算获得的指标：部分指标度量的数据无法从数据库中直接获得，通过其他指标计算获得。

7. 数据标准化

获得指标度量值后，为使不同度量单位的指标间可以相互比较和集成，分别对 40 个国家的 44 个基础指标度量值面向 2020 年进行数值标准化处理。采用直线型无量纲标准化方法，标准化值规定的值域是 [0,100]。用 Z_{ijt} 表示第 i 个国家第 j 项指标在 t 年的度量值（其中：i=1，2，…，35；j=1，2，…，19; $t \in$ [2006，2015]），计算如下：

（1）正效指标

Z_{ijt} 表示第 i 个国家第 j 项指标在 t 年的度量值，其中：i=1，2，…，40；j=1，2，…，44；$t \in$ [2006，2015]；

$\max Z_{ijt}$（i=1，2，…，40；$t \in$ [2006，2020]）表示第 j 项指标 2006～2020 年 40 个国家的最大值；

$\min Z_{ijt}$（i=1，2，…，40；$t \in$ [2006，2020]）表示第 j 项指标 2006～2020 年 40 个国家的最小值。

记$\overline{Z}_{ijt}$（i=1，2，…，40；j=1，2，…，44；$t \in$ [2006，2015]）表示第 i 个国家第 j 项指标在 t 年的标准化值，即指标得分，它的计算公式：

$$\overline{Z}_{ijt}=\frac{Z_{ijt}-\min Z_{ijt}}{\max Z_{ijt}-\min Z_{ijt}}\times 100$$

正效指标是指该指标越大对一国评价越有利，如国内生产总值（GDP）等。

（2）负效指标

负效指标是指该指标越小对一国评价越有利，如人均 CO_2 排放量等。对这类指标的处理方法如下：

$$\overline{Z}_{ijt}=\frac{\max Z_{ijt}-Z_{ijt}}{\max Z_{ijt}-\min Z_{ijt}}\times 100$$

8. 权重确定

指数和指标权重确定依据的基本原则是各指标在国家创新发展中的重要性。权重确定基于两类信息，即专家判断和项目组的认识。首先邀请多个相关领域的专家组进行判断，给出权重，项目执行人员基于各专家的判断，剔除异常的判断，计算出平均意义的权重值，然后结合项目组讨论，最终确定每个指标权重和每个分指数的权重。

9. 指数集成

（1）创新能力指数

创新能力指数是创新实力指数和创新效力指数两个一级指数逐年标准化后按照一定权重进行集成。指数和指标及权重符号如附表 2-1 所示。

其中权重满足：$w_1+w_2=w_{11}+w_{12}+w_{13}+w_{14}=w_{21}+w_{22}+w_{23}+w_{24}=1$，且组成二级指数的各三级指标权重和均为 1。

各指数计算公式为：

创新投入实力指数 $x_{11}=x_{111}\times w_{111}+x_{112}\times w_{112}$

创新条件实力指数 $x_{12}=x_{121}\times w_{121}+x_{122}\times w_{122}$

创新产出实力指数 $x_{13}=x_{131}\times w_{131}+x_{132}\times w_{132}+x_{133}\times w_{133}$

创新影响实力指数 $x_{14}=x_{141}\times w_{141}+x_{142}\times w_{142}$

创新投入效力指数 $x_{21}=x_{221}\times w_{211}+x_{212}\times w_{212}+x_{213}\times w_{213}$

创新条件效力指数 $x_{22}=x_{221}\times w_{221}+x_{222}\times w_{222}$

创新产出效力指数 $x_{23}=x_{231}\times w_{231}+x_{232}\times w_{232}+x_{233}\times w_{233}+x_{234}\times w_{234}+x_{235}\times w_{235}+x_{236}\times w_{236}$

创新影响效力指数 $x_{24}=x_{241}\times w_{241}+x_{242}\times w_{242}+x_{243}\times w_{243}$

创新实力指数 $x_1=x_{11}\times w_{11}+x_{12}\times w_{12}+x_{13}\times w_{13}+x_{14}\times w_{14}$

创新效力指数 $x_2=x_{21}\times w_{21}+x_{22}\times w_{22}+x_{23}\times w_{23}+x_{24}\times w_{24}$

创新实力指数（x_1）和创新效力指数（x_2）值按照逐年进行标准化处理，标准化后的数值按照相应权重进行集成，得到创新能力指数 X。

附表 2-1 国家创新能力指数、指标及权重的符号表示列表

一级指数	权重	二级指数	权重	三级指标	指标	权重
创新实力指数 x_1	w_1	创新投入实力指数 x_{11}	w_{11}	R&D 经费支出额	x_{111}	w_{111}
				研究人员数	x_{112}	w_{112}
		创新条件实力指数 x_{12}	w_{12}	有效专利拥有量	x_{121}	w_{121}
				互联网用户数	x_{122}	w_{122}
		创新产出实力指数 x_{13}	w_{13}	国际期刊论文被引量	x_{131}	w_{131}
				本国居民专利授权量	x_{132}	w_{132}
				PCT 专利申请量	x_{133}	w_{133}
		创新影响实力指数 x_{14}	w_{14}	知识产权使用费收入	x_{141}	w_{141}
				高技术产品出口额	x_{142}	w_{142}
创新效力指数 x_2	w_2	创新投入效力指数 x_{21}	w_{21}	R&D 经费强度	x_{211}	w_{211}
				每百万人口中研究人员数	x_{212}	w_{212}
				研究人员人均 R&D 经费	x_{213}	w_{213}
		创新条件效力指数 x_{22}	w_{22}	每百万人有效专利拥有量	x_{221}	w_{221}
				每百人互联网用户数	x_{222}	w_{222}
		创新产出效力指数 x_{23}	w_{23}	每百万研究人员国际期刊论文被引量	x_{231}	w_{231}
				每百万美元 R&D 经费国际期刊论文被引量	x_{232}	w_{232}
				每百万研究人员本国居民专利授权量	x_{233}	w_{233}
				每百万美元 R&D 经费本国居民专利授权量	x_{234}	w_{234}
				每百万研究人员 PCT 专利申请量	x_{235}	w_{235}
				每百万美元 R&D 经费 PCT 专利申请量	x_{236}	w_{236}
		创新影响效力指数 x_{24}	w_{24}	知识产权使用费收支比	x_{241}	w_{241}
				单位能耗对应的 GDP 产出	x_{242}	w_{242}
				高技术产品出口额占制成品出口额的比重	x_{243}	w_{243}

（2）创新发展指数

创新发展指数由科学技术发展指数、创新条件发展指数、产业创新发展指数、社会创新发展指数、环境创新发展指数构成，指数与指标及权重符号如附表 2-2 所示。

附表 2-2 创新发展指数、指标及权重的符号表示列表

总指数	一级指标	权重表示	二级指标	指标表示	权重表示
创新发展指数 Y	科学技术发展指数 y_1	p_1	每百万人 R&D 经费支出额	y_{11}	p_{11}
			每百万人口中研究人员数	y_{12}	p_{12}
			每百万研究人员国际期刊论文被引量	y_{13}	p_{13}
			每百万研究人员本国居民专利授权量	y_{14}	p_{14}
			每百万研究人员 PCT 专利申请量	y_{15}	p_{15}
			知识产权使用费收入占 GDP 的比重	y_{16}	p_{16}
	创新条件发展指数 y_2	p_2	教育公共开支总额占 GDP 的比重	y_{21}	p_{21}
			每百万人有效专利拥有量	y_{22}	p_{22}
			每百人互联网用户数	y_{23}	p_{23}
	产业创新发展指数 y_3	$p3$	高技术产品出口额占制成品出口额的比重	y_{31}	p_{31}
			服务业附加值占 GDP 的比重	y_{32}	p_{32}
			服务业从业人员占就业总数的比重	y_{33}	p_{33}
			就业人口人均 GDP	y_{34}	p_{34}
	社会创新发展指数 y_4	p_4	城镇人口占总人口的比重	y_{41}	p_{41}
			医疗卫生总支出占 GDP 的比重	y_{42}	p_{42}
			公共医疗卫生支出占医疗总支出的比重	y_{43}	p_{43}
			出生人口预期寿命	y_{44}	p_{44}
			高等教育毛入学率	y_{45}	p_{45}
	环境创新发展指数 y_5	p_5	单位能耗对应的 GDP 产出	y_{51}	p_{51}
			单位 CO_2 对应的 GDP 产出	y_{52}	p_{52}
			人均 CO_2 排放量	y_{53}	p_{53}

其中权重满足：$p_1+p_2+p_3+p_4=1$，且组成二级指数的各三级指标权重和均为 1。

各指数计算公式为：

科学技术发展指数 $y_1=y_{11}\times p_{11}+y_{12}\times p_{12}+y_{13}\times p_{13}+y_{14}\times p_{14}+y_{15}\times p_{15}+y_{16}\times p_{16}$

创新条件发展指数 $y_2=y_{21}\times p_{21}+y_{22}\times p_{22}+y_{23}\times p_{23}$

产业创新发展指数 $y_3=y_{31}\times p_{31}+y_{32}\times p_{32}+y_{33}\times p_{33}+y_{34}\times p_{34}$

社会创新发展指数 $y_4=y_{41}\times p_{41}+y_{42}\times p_{42}+y_{43}\times p_{43}+y_{44}\times p_{44}+y_{45}\times p_{45}$

环境创新发展指数 $y_5=y_{51}\times p_{51}+y_{52}\times p_{52}+y_{53}\times p_{53}$

创新发展指数 $Y=y_1\times p_1+y_2\times p_2+y_3\times p_3+y_4\times p_4+y_5\times p_5$

10. 结果分析

在对中国进行全面分析的基础上，对金砖国家（印度、巴西、俄罗斯和南非）以及主要发达国家（美国、日本、英国、法国、德国和韩国）进行了单独分析，并与 40 个国家的平均水平及最好水平进行了比较，包括趋势分析、比较分析、格局分析和相关分析。

（1）趋势分析

根据各国 2006～2015 年数据对指数进行趋势分析，以及面向 2020 年进行预测分析，旨在刻画创新能力指数和创新发展指数的变化趋势。具体包括中国及各主要发达国家、金砖国家的创新实力指数、创新效力指数和创新发展指数的趋势分析，并与 40 个国家的指数平均值的趋势进行了对比分析。

（2）比较分析

在计算出分指数值的基础上，采用蛛网图等可视化方式以国家为单位，对有代表性国家创新实力指数、创新效力指数和创新发展指数进行了比较分析，旨在探究各国自身创新实力指数、创新效力指数以及创新发展指数的短板。

（3）格局分析

在对各国分指数进行分析的基础上，采用二象限图，探究相关分指数组合国家的相对绩效表现。通过 40 个国家的二象限图分布情况不仅可以反映一国自身分指数的长短板，而且可以在更大范围内探究一国分指数表现的相对优劣势，尤其可为中国在被测国中的格局判断提供依据。格局分析还有助于印证指数之间的相关性，进一步佐证理论框架构建的合理性。

（4）相关分析

利用二象限图关系，讨论国家创新能力指数与国家创新发展指数、创新实力指数与创新效力指数之间的相关关系；并探究国家创新实力指数、国家创新效力指数与主要外部变量（GDP 或人均 GDP）之间的关系，反映指数与外部变量的相关关系。

三、各指数和指标数值及排名列表

附表 3-1　创新能力指数及其分指数值和排名

国家	创新能力指数				创新实力指数				创新效力指数			
	2006 年		2015 年		2006 年		2015 年		2006 年		2015 年	
	值	排名	值	排名	值	排名	值	排名	值	排名	值	排名
阿根廷	4.13	38	6.62	38	0.31	36	0.82	34	7.87	37	12.76	38
澳大利亚	25.59	19	26.93	21	1.99	15	3.32	16	20.94	18	25.22	20
奥地利	28.32	16	31.03	17	0.91	25	1.47	27	23.24	16	28.59	16
比利时	24.85	20	28.57	19	1.21	21	2.23	21	20.84	19	26.70	18
巴西	6.54	34	8.83	37	1.69	17	3.47	15	8.75	35	13.25	37
加拿大	26.17	18	26.57	22	3.72	10	5.18	12	20.46	20	24.30	21
智利	9.12	33	18.59	25	0.10	39	0.31	39	11.21	31	20.83	24
中国	14.86	25	38.09	13	13.56	3	43.06	2	8.31	36	18.05	29
捷克	11.20	30	17.87	26	0.38	33	0.84	32	12.42	28	20.16	25
丹麦	40.63	8	42.87	8	1.02	22	1.68	23	31.15	6	36.30	4
芬兰	40.22	9	38.96	11	1.29	20	1.49	26	30.76	7	33.81	7
法国	35.96	11	37.72	14	8.04	6	11.74	7	24.69	14	29.25	14

续表

国家	创新能力指数				创新实力指数				创新效力指数			
	2006 年		2015 年		2006 年		2015 年		2006 年		2015 年	
	值	排名	值	排名	值	排名	值	排名	值	排名	值	排名
德国	44.44	7	45.33	5	11.74	4	16.43	4	28.36	9	32.54	9
希腊	11.89	28	17.36	27	0.32	35	0.59	36	12.89	26	19.92	26
匈牙利	15.80	24	16.47	29	0.44	31	0.84	33	15.36	23	19.24	28
印度	1.24	40	3.51	39	1.72	16	6.52	9	5.30	40	8.64	40
爱尔兰	33.86	13	43.27	6	0.85	26	2.42	20	26.85	11	36.30	5
以色列	30.20	15	32.06	16	1.01	23	1.56	24	24.41	15	29.24	15
意大利	24.01	21	25.61	23	3.42	11	4.63	13	19.21	21	23.87	22
日本	58.42	3	65.56	2	24.36	2	33.05	3	31.20	5	39.78	3
马来西亚	12.75	26	13.24	32	0.84	27	1.35	28	13.19	25	16.93	32
墨西哥	4.52	37	10.14	35	1.01	24	2.06	22	7.78	38	14.63	36
荷兰	44.69	6	41.26	9	6.24	8	10.46	8	31.22	4	32.04	11
新西兰	27.57	17	27.24	20	0.31	37	0.55	37	23.05	17	26.44	19
挪威	30.54	14	32.10	15	0.53	29	0.87	30	24.86	13	29.52	13
波兰	9.73	32	14.56	31	0.73	28	1.55	25	11.29	30	17.72	30
葡萄牙	11.26	29	16.97	28	0.36	34	0.66	35	12.46	27	19.64	27

续表

国家	创新能力指数				创新实力指数				创新效力指数			
	2006年		2015年		2006年		2015年		2006年		2015年	
	值	排名	值	排名	值	排名	值	排名	值	排名	值	排名
罗马尼亚	5.57	36	13.19	33	0.17	38	0.44	38	8.87	33	17.23	31
俄罗斯	12.09	27	15.42	30	4.15	9	5.66	11	11.14	32	16.79	33
新加坡	35.02	12	38.30	12	1.63	18	3.02	19	27.22	10	32.81	8
斯洛伐克	10.41	31	11.27	34	0.09	40	0.19	40	12.04	29	16.05	34
南非	5.65	35	9.79	36	0.39	32	0.86	31	8.82	34	14.84	35
韩国	46.59	5	58.20	4	7.24	7	15.04	5	31.96	3	41.52	2
西班牙	16.44	23	22.58	24	1.99	14	3.31	17	15.01	24	22.36	23
瑞典	47.95	4	43.09	7	2.64	13	3.97	14	35.09	2	35.62	6
瑞士	62.26	2	63.32	3	3.07	12	6.17	10	44.15	1	48.13	1
泰国	2.86	39	1.47	40	0.47	30	1.12	29	6.97	39	9.27	39
土耳其	19.70	22	30.12	18	1.39	19	3.22	18	17.42	22	27.35	17
英国	37.61	10	39.10	10	9.68	5	12.28	6	24.95	12	29.95	12
美国	78.47	1	76.23	1	52.80	1	72.27	1	30.21	8	32.49	10

附表 3-2 创新实力指数及其分指数值和排名

国家	创新实力指数				创新投入实力指数				创新条件实力指数				创新产出实力指数				创新影响实力指数			
	2006 年		2015 年		2006 年		2015 年		2006 年		2015 年		2006 年		2015 年		2006 年		2015 年	
	值	排名	值	排名	值	排名	值	排名	值	排名	值	排名	值	排名	值	排名	值	排名	值	排名
阿根廷	0.31	36	0.82	34	0.81	27	1.54	26	0.35	32	1.57	22	0.22	35	0.53	34	0.05	38	0.13	36
澳大利亚	1.99	15	3.32	16	3.53	14	5.30	12	2.07	12	2.76	15	2.41	14	5.10	13	0.48	26	0.59	31
奥地利	0.91	25	1.47	27	1.29	22	2.06	22	0.31	34	0.44	37	1.13	21	2.11	19	0.84	20	1.12	23
比利时	1.21	21	2.23	21	1.39	21	2.16	21	0.23	39	0.41	38	1.33	18	2.61	17	1.64	16	3.10	15
巴西	1.69	17	3.47	15	3.67	13	6.30	10	3.33	8	7.22	10	0.65	23	1.95	20	0.32	28	0.60	30
加拿大	3.72	10	5.18	12	5.73	9	6.20	11	2.92	10	4.14	12	3.79	10	6.95	9	2.84	14	3.43	14
智利	0.10	39	0.31	39	0.01	40	0.12	40	0.29	36	0.68	33	0.11	36	0.45	37	0.03	40	0.05	39
中国	13.56	3	43.06	2	34.25	2	62.01	2	12.24	3	60.45	1	5.99	7	44.75	2	8.23	5	17.13	4
捷克	0.38	33	0.84	32	0.67	29	1.17	31	0.30	35	0.45	36	0.27	33	0.85	30	0.36	27	0.89	26
丹麦	1.02	22	1.68	23	1.18	24	1.75	25	0.97	20	0.96	25	1.19	19	2.24	18	0.79	22	1.57	19
芬兰	1.29	20	1.49	26	1.51	19	1.42	27	0.75	24	0.88	27	1.47	16	1.88	21	1.33	18	1.57	20
法国	8.04	6	11.74	7	9.65	7	12.12	7	7.89	7	10.83	7	7.47	6	11.54	7	7.61	7	12.31	7
德国	11.74	4	16.43	4	13.72	4	18.10	4	10.11	4	12.91	6	15.22	3	19.61	5	8.01	6	14.48	5
希腊	0.32	35	0.59	36	0.47	32	0.78	33	0.57	30	0.75	30	0.33	30	0.89	29	0.06	37	0.05	40

续表

国家	创新实力指数				创新投入实力指数				创新条件实力指数				创新产出实力指数				创新影响实力指数			
	2006 年		2015 年		2006 年		2015 年		2006 年		2015 年		2006 年		2015 年		2006 年		2015 年	
	值	排名	值	排名	值	排名	值	排名	值	排名	值	排名	值	排名	值	排名	值	排名	值	排名
匈牙利	0.44	31	0.84	33	0.38	36	0.69	34	0.26	38	0.33	39	0.28	31	0.50	36	0.76	23	1.61	18
印度	1.72	16	6.52	9	4.63	10	7.30	9	1.94	13	19.57	4	1.17	20	3.15	16	0.18	31	0.68	28
爱尔兰	0.85	26	2.42	20	0.39	35	0.68	35	1.02	19	1.85	20	0.39	28	0.93	28	1.50	17	5.44	12
以色列	1.01	23	1.56	24	1.72	17	2.83	19	0.57	29	0.66	34	1.34	17	1.85	22	0.51	25	1.01	25
意大利	3.42	11	4.63	13	3.96	12	5.22	13	2.16	11	3.00	14	4.30	8	7.30	8	3.03	11	2.66	16
日本	24.36	2	33.05	3	31.28	3	31.47	3	22.01	2	35.59	3	29.47	2	40.19	3	16.20	2	25.27	3
马来西亚	0.84	27	1.35	28	0.41	34	1.94	23	0.91	21	1.42	24	0.04	40	0.52	35	1.88	15	1.74	17
墨西哥	1.01	24	2.06	22	1.08	25	1.36	28	1.90	14	5.54	11	0.27	32	0.74	33	1.10	19	1.53	21
荷兰	6.24	8	10.46	8	2.33	16	3.42	15	0.84	22	0.92	26	4.01	9	6.17	10	14.67	3	25.81	2
新西兰	0.31	37	0.55	37	0.30	38	0.49	37	0.54	31	0.71	32	0.40	27	0.83	31	0.08	34	0.19	35
挪威	0.53	29	0.87	30	0.86	26	1.18	30	0.34	33	0.49	35	0.65	22	1.34	26	0.32	29	0.43	32
波兰	0.73	28	1.55	25	1.50	20	2.26	20	1.05	18	2.18	19	0.62	24	1.59	23	0.10	33	0.64	29
葡萄牙	0.36	34	0.66	35	0.64	30	0.99	32	0.63	27	0.79	29	0.22	34	0.93	27	0.12	32	0.08	38
罗马尼亚	0.17	38	0.44	38	0.37	37	0.35	38	0.29	37	0.74	31	0.10	37	0.35	39	0.04	39	0.39	33

续表

国家	创新实力指数				创新投入实力指数				创新条件实力指数				创新产出实力指数				创新影响实力指数			
	2006 年		2015 年		2006 年		2015 年		2006 年		2015 年		2006 年		2015 年		2006 年		2015 年	
	值	排名	值	排名	值	排名	值	排名	值	排名	值	排名	值	排名	值	排名	值	排名	值	排名
俄罗斯	4.15	9	5.66	11	12.54	5	12.54	6	3.17	9	8.79	9	3.09	12	3.92	15	0.26	30	0.72	27
新加坡	1.63	18	3.02	19	0.73	28	1.35	29	0.70	26	0.83	28	0.46	25	1.55	25	4.02	10	7.07	10
斯洛伐克	0.09	40	0.19	40	0.16	39	0.28	39	0.11	40	0.13	40	0.05	39	0.17	40	0.08	35	0.20	34
南非	0.39	32	0.86	31	0.52	31	0.59	36	0.71	25	2.34	18	0.41	26	0.81	32	0.07	36	0.10	37
韩国	7.24	7	15.04	5	7.55	8	14.86	5	8.98	5	16.12	5	9.07	4	21.94	4	4.06	9	7.56	9
西班牙	1.99	14	3.31	17	4.10	11	4.13	14	1.71	17	2.49	17	2.22	15	5.22	12	0.55	24	1.40	22
瑞典	2.64	13	3.97	14	2.58	15	3.08	16	1.89	15	1.75	21	2.85	13	4.15	14	2.98	12	5.86	11
瑞士	3.07	12	6.17	10	1.53	18	2.87	18	1.76	16	2.72	16	3.16	11	5.30	11	4.86	8	11.53	8
泰国	0.47	30	1.12	29	0.41	33	1.92	24	0.63	28	1.54	23	0.06	38	0.37	38	0.81	21	1.06	24
土耳其	1.39	19	3.22	18	1.19	23	3.05	17	0.83	23	3.05	13	0.38	29	1.57	24	2.92	13	5.12	13
英国	9.68	5	12.28	6	10.30	6	11.19	8	8.18	6	10.10	8	8.04	5	12.78	6	11.90	4	13.98	6
美国	52.80	1	72.27	1	60.44	1	76.75	1	38.02	1	52.98	2	52.41	1	73.05	1	57.96	1	81.36	1

附表 3-3 创新效力指数及其分指数值和排名

国家	创新效力指数				创新投入效力指数				创新条件效力指数				创新产出效力指数				创新影响效力指数			
	2006 年		2015 年		2006 年		2015 年		2006 年		2015 年		2006 年		2015 年		2006 年		2015 年	
	值	排名	值	排名	值	排名	值	排名	值	排名	值	排名	值	排名	值	排名	值	排名	值	排名
阿根廷	7.87	37	12.76	38	4.19	39	9.72	35	9.36	33	34.29	30	10.46	31	5.43	39	6.74	31	7.78	35
澳大利亚	20.94	18	25.22	20	34.96	12	39.62	13	39.54	17	49.57	15	13.40	24	16.75	28	6.73	32	7.85	34
奥地利	23.24	16	28.59	16	39.68	8	49.42	8	33.13	18	43.66	18	17.84	15	20.31	22	11.08	20	12.95	20
比利时	20.84	19	26.70	18	31.96	17	41.68	11	29.34	19	42.39	20	18.28	14	21.59	17	10.33	23	11.36	22
巴西	8.75	35	13.25	37	11.41	28	15.82	27	13.28	31	29.17	34	2.87	40	4.61	40	9.83	26	9.58	27
加拿大	20.46	20	24.30	21	33.70	15	30.02	19	41.18	16	51.12	14	12.60	27	20.53	21	5.70	34	6.37	38
智利	11.21	31	20.83	24	6.28	36	9.62	36	16.94	30	32.55	32	14.29	21	32.91	5	7.58	28	8.41	31
中国	8.31	36	18.05	29	10.21	30	22.58	23	5.11	38	26.04	38	10.34	32	19.42	25	7.13	30	8.33	32
捷克	12.42	28	20.16	25	17.01	23	28.05	20	24.72	24	41.35	21	7.98	34	12.21	33	5.58	35	8.73	28
丹麦	31.15	6	36.30	4	42.70	7	52.42	5	58.79	3	62.09	5	19.54	11	23.20	12	16.63	8	21.48	5
芬兰	30.76	7	33.81	7	51.24	3	47.50	9	52.03	5	59.59	6	22.10	9	26.42	9	11.57	19	14.88	15
法国	24.69	14	29.25	14	33.94	14	36.19	16	41.56	15	53.99	12	17.50	16	20.56	20	14.45	12	16.80	10
德国	28.36	9	32.54	9	39.11	9	45.33	10	44.16	11	54.80	11	26.98	4	24.31	10	12.04	16	17.40	9
希腊	12.89	26	19.92	26	11.22	29	15.02	30	19.78	29	37.43	25	11.85	28	21.21	18	10.45	22	10.21	25

续表

国家	创新效力指数				创新投入效力指数				创新条件效力指数				创新产出效力指数				创新影响效力指数			
	2006 年		2015 年		2006 年		2015 年		2006 年		2015 年		2006 年		2015 年		2006 年		2015 年	
	值	排名	值	排名	值	排名	值	排名	值	排名	值	排名	值	排名	值	排名	值	排名	值	排名
匈牙利	15.36	23	19.24	28	12.61	27	18.51	26	24.01	25	36.66	27	14.61	20	13.68	30	12.18	14	13.67	18
印度	5.30	40	8.64	40	5.59	37	7.60	38	0.00	40	11.96	40	9.04	33	9.27	35	4.91	36	6.48	37
爱尔兰	26.85	11	36.30	5	28.13	19	33.34	17	51.01	6	78.49	1	17.03	17	21.67	16	19.71	5	24.79	4
以色列	24.41	15	29.24	15	50.95	4	58.71	2	25.57	23	43.53	19	18.30	13	13.26	31	12.04	15	16.06	12
意大利	19.21	21	23.87	22	24.35	20	24.06	21	19.92	28	33.78	31	22.88	8	27.12	8	11.64	18	13.89	17
日本	31.20	5	39.78	3	47.92	5	49.77	6	47.51	7	68.70	4	25.39	5	34.76	4	15.00	11	18.87	8
马来西亚	13.19	25	16.93	32	6.63	35	15.40	29	26.22	21	36.27	28	4.55	39	6.74	37	17.52	7	15.24	14
墨西哥	7.78	38	14.63	36	7.25	34	12.40	33	9.32	34	29.36	33	4.62	38	8.97	36	10.26	24	11.94	21
荷兰	31.22	4	32.04	11	33.27	16	36.38	15	42.91	14	47.49	17	38.15	2	36.13	3	15.11	10	14.75	16
新西兰	23.05	17	26.44	19	19.93	22	23.12	22	46.49	9	57.42	8	25.25	6	27.16	7	7.29	29	7.27	36
挪威	24.86	13	29.52	13	35.08	11	38.91	14	46.71	8	55.10	10	14.19	22	19.44	24	14.16	13	16.27	11
波兰	11.29	30	17.72	30	7.41	33	13.41	32	22.10	27	35.83	29	14.17	23	17.57	26	3.79	38	8.68	30
葡萄牙	12.46	27	19.64	27	15.30	24	19.36	25	23.31	26	38.97	24	5.95	37	16.87	27	9.85	25	9.70	26
罗马尼亚	8.87	33	17.23	31	4.70	38	4.71	40	11.83	32	28.53	35	12.75	26	21.68	15	5.80	33	13.58	19

续表

国家	创新效力指数				创新投入效力指数				创新条件效力指数				创新产出效力指数				创新影响效力指数			
	2006 年		2015 年		2006 年		2015 年		2006 年		2015 年		2006 年		2015 年		2006 年		2015 年	
	值	排名	值	排名	值	排名	值	排名	值	排名	值	排名	值	排名	值	排名	值	排名	值	排名
俄罗斯	11.14	32	16.79	33	14.75	25	15.74	28	9.12	35	36.91	26	18.74	12	16.17	29	2.47	39	4.69	39
新加坡	27.22	10	32.81	8	34.58	13	40.84	12	44.74	10	53.66	13	13.17	25	20.29	23	24.69	2	26.08	3
斯洛伐克	12.04	29	16.05	34	8.62	31	14.90	31	28.75	20	39.06	23	10.68	30	9.68	34	4.56	37	7.86	33
南非	8.82	34	14.84	35	12.70	26	7.88	37	3.79	39	26.86	37	16.74	18	24.31	11	1.66	40	2.00	40
韩国	31.96	3	41.52	2	35.51	10	56.42	3	53.36	4	72.07	3	35.62	3	41.60	2	11.65	17	11.13	24
西班牙	15.01	24	22.36	23	20.49	21	20.00	24	25.81	22	40.29	22	10.70	29	23.00	13	8.48	27	11.33	23
瑞典	35.09	2	35.62	6	53.31	2	52.45	4	61.22	1	59.52	7	24.55	7	28.19	6	16.08	9	15.89	13
瑞士	44.15	1	48.13	1	53.70	1	63.11	1	58.80	2	73.43	2	48.65	1	42.87	1	23.52	3	26.52	2
泰国	6.97	39	9.27	39	1.42	40	5.69	39	7.56	37	19.03	39	6.53	36	5.73	38	10.70	21	8.69	29
土耳其	17.42	22	27.35	17	7.49	32	12.19	34	8.31	36	27.24	36	7.23	35	13.23	32	40.30	1	51.65	1
英国	24.95	12	29.95	12	30.93	18	31.18	18	43.88	12	56.57	9	15.34	19	20.82	19	17.94	6	20.53	6
美国	30.21	8	32.49	10	44.23	6	49.49	7	43.04	13	49.35	16	20.42	10	22.66	14	22.11	4	19.73	7

附表 3-4 创新发展指数及其分指数值和排名

国家	创新发展指数				科学技术发展指数				创新条件发展指数				产业创新发展指数				社会创新发展指数				环境创新发展指数			
	2006 年		2015 年		2006 年		2015 年		2006 年		2015 年		2006 年		2015 年		2006 年		2015 年		2006 年		2015 年	
	值	排名	值	排名	值	排名	值	排名	值	排名	值	排名	值	排名	值	排名	值	排名	值	排名	值	排名	值	排名
阿根廷	26.22	29	31.54	29	3.26	33	5.20	37	15.71	37	37.19	24	21.05	35	25.88	36	55.48	22	57.57	25	34.45	17	37.83	19
澳大利亚	36.85	19	42.94	19	18.51	18	27.21	16	38.55	16	45.29	15	38.64	21	42.41	16	65.86	9	70.61	9	10.25	38	17.82	38
奥地利	38.59	18	44.78	17	22.53	11	30.78	11	35.22	18	41.88	20	38.85	20	40.56	19	57.93	20	65.00	17	34.88	16	43.62	11
比利时	40.24	15	47.80	11	20.89	13	30.05	12	34.38	19	45.03	16	39.22	18	45.44	13	70.47	4	75.50	5	26.39	29	35.40	22
巴西	25.77	31	30.49	33	2.43	36	4.86	38	21.82	30	35.42	28	26.81	30	32.81	25	40.64	34	45.36	35	44.56	2	42.47	12
加拿大	36.10	21	40.98	21	18.93	17	23.95	18	39.19	15	49.53	12	38.96	19	40.97	18	62.07	13	65.16	15	9.67	39	18.14	37
智利	26.68	28	35.67	25	9.13	24	20.88	22	18.46	32	33.68	32	20.32	36	24.75	37	48.94	29	60.89	24	38.21	10	38.66	17
中国	17.55	38	25.77	38	2.40	37	10.76	29	10.87	39	28.30	37	24.89	32	29.69	30	25.26	38	37.55	38	24.42	32	21.91	34
捷克	29.54	27	35.77	24	7.92	26	14.97	24	26.96	27	38.47	22	30.36	26	32.18	27	57.81	21	63.34	20	17.19	36	26.69	32
丹麦	48.62	4	55.08	2	27.30	6	37.72	4	60.94	1	62.95	4	45.79	10	45.94	11	71.62	3	76.24	3	38.62	9	57.88	3
芬兰	44.82	6	47.75	12	30.29	4	33.96	6	50.78	4	60.72	6	45.29	12	36.70	21	68.99	6	73.13	7	18.67	34	33.67	27
法国	43.96	9	49.28	8	19.73	15	23.85	19	42.29	11	50.07	11	50.25	8	56.79	3	64.92	11	68.43	12	39.58	7	45.99	8
德国	40.96	14	45.08	16	25.46	8	29.38	14	40.19	14	49.22	13	42.79	15	42.92	15	60.66	16	65.85	14	29.63	26	35.10	23

续表

国家	创新发展指数				科学技术发展指数				创新条件发展指数				产业创新发展指数				社会创新发展指数				环境创新发展指数			
	2006 年		2015 年		2006 年		2015 年		2006 年		2015 年		2006 年		2015 年		2006 年		2015 年		2006 年		2015 年	
	值	排名	值	排名	值	排名	值	排名	值	排名	值	排名	值	排名	值	排名	值	排名	值	排名	值	排名	值	排名
希腊	33.66	24	40.39	23	8.81	25	14.39	26	23.95	29	39.45	21	36.67	22	39.43	20	60.49	17	68.73	11	33.38	18	38.55	18
匈牙利	33.68	23	34.12	27	9.19	23	14.05	27	29.88	21	32.82	34	42.06	16	32.75	26	52.17	26	53.23	30	32.68	20	40.06	14
印度	10.12	40	14.70	40	1.85	39	3.95	39	8.37	40	19.25	40	7.43	40	10.51	40	8.87	40	15.87	40	36.32	13	37.64	20
爱尔兰	43.96	8	53.90	5	18.43	19	32.08	10	48.27	5	69.04	1	58.28	4	61.41	2	54.55	24	55.79	28	40.92	6	63.56	2
以色列	39.54	17	45.58	14	23.51	10	28.97	15	33.42	20	44.49	18	41.11	17	48.52	10	61.97	14	64.72	18	29.76	25	35.69	21
意大利	36.85	20	40.58	22	19.44	16	23.48	20	25.10	28	31.55	36	35.49	23	36.62	22	60.95	15	62.38	22	37.90	11	48.15	5
日本	43.92	10	48.78	9	28.05	5	33.47	7	40.73	12	56.42	8	45.00	13	41.88	17	67.55	8	75.76	4	29.45	27	31.60	29
马来西亚	32.05	25	33.90	28	1.87	38	5.97	36	28.58	23	36.13	25	58.93	3	54.47	5	38.93	36	43.76	37	28.36	28	26.67	33
墨西哥	25.87	30	29.80	34	2.65	35	6.58	35	19.17	31	32.87	33	32.44	25	29.98	29	40.13	35	46.19	34	37.35	12	40.05	15
荷兰	48.89	3	52.90	6	35.93	2	43.86	2	40.48	13	44.69	17	55.84	5	50.04	9	68.59	7	78.29	1	29.90	24	34.11	26
新西兰	40.01	16	44.07	18	15.85	21	22.68	21	47.49	7	55.50	9	33.53	24	34.52	24	71.78	2	75.07	6	30.25	23	32.54	28
挪威	44.17	7	49.83	7	21.91	12	29.66	13	47.59	6	56.86	7	45.48	11	51.64	7	69.19	5	72.14	8	32.60	21	34.89	25
波兰	25.51	32	30.90	30	5.58	30	9.97	30	28.28	24	35.45	27	20.11	37	26.45	35	49.91	27	53.84	29	24.58	31	31.22	31
葡萄牙	30.97	26	35.60	26	7.36	28	14.53	25	28.94	22	38.35	23	29.79	29	29.64	31	52.49	25	56.09	27	39.55	8	45.95	9

续表

国家	创新发展指数				科学技术发展指数				创新条件发展指数				产业创新发展指数				社会创新发展指数				环境创新发展指数			
	2006 年		2015 年		2006 年		2015 年		2006 年		2015 年		2006 年		2015 年		2006 年		2015 年		2006 年		2015 年	
	值	排名	值	排名	值	排名	值	排名	值	排名	值	排名	值	排名	值	排名	值	排名	值	排名	值	排名	值	排名
罗马尼亚	21.37	37	27.70	36	3.23	34	8.49	33	17.87	33	22.30	39	13.51	39	20.75	38	43.50	32	48.43	33	32.59	22	43.99	10
俄罗斯	23.00	35	27.90	35	6.85	29	7.61	34	16.47	35	34.88	29	22.36	33	31.03	28	47.65	30	49.51	32	13.85	37	12.07	40
新加坡	48.42	5	55.02	3	18.26	20	32.11	8	37.70	17	42.59	19	85.53	1	83.53	1	49.54	28	62.49	21	43.00	3	41.32	13
斯洛伐克	24.38	33	30.69	31	5.43	31	8.82	32	27.81	25	34.88	30	21.91	34	28.82	32	43.28	33	50.20	31	26.00	30	35.00	24
南非	17.46	39	23.46	39	7.52	27	11.88	28	16.96	34	34.40	31	25.20	31	26.62	34	19.84	39	28.12	39	17.65	35	20.00	35
韩国	41.25	13	46.68	13	23.72	9	36.99	5	45.99	8	61.90	5	48.02	9	45.82	12	59.19	18	63.82	19	22.15	33	18.30	36
西班牙	33.86	22	41.12	20	11.21	22	19.36	23	27.41	26	35.51	26	30.24	27	36.56	23	62.84	12	67.76	13	34.92	15	46.13	7
瑞典	49.94	2	54.47	4	34.17	3	40.05	3	58.74	2	63.19	3	43.05	14	44.07	14	72.08	1	76.85	2	42.17	4	50.64	4
瑞士	53.73	1	62.63	1	52.44	1	62.29	1	53.68	3	64.58	2	52.12	6	55.77	4	55.24	23	62.12	23	56.58	1	76.14	1
泰国	22.75	36	26.35	37	1.51	40	2.92	40	15.87	36	27.90	38	30.01	28	28.09	33	35.15	37	44.81	36	32.76	19	31.28	30
土耳其	23.73	34	30.63	32	5.13	32	8.84	31	12.73	38	31.73	35	18.13	38	20.33	39	44.46	31	57.48	26	41.69	5	40.01	16
英国	43.89	11	48.55	10	20.48	14	25.62	17	43.22	9	52.22	10	50.94	7	50.50	8	64.94	10	68.81	10	35.20	14	46.36	6
美国	42.93	12	45.43	15	26.48	7	32.10	9	43.02	10	45.65	14	60.59	2	53.00	6	59.18	19	65.02	16	7.91	40	17.58	39

附表 3-5 创新投入实力指数各指标得分和排名

国家	R&D经费支出额				研究人员数			
	2006年		2015年		2006年		2015年	
	得分	排名	得分	排名	得分	排名	得分	排名
阿根廷	0.11	36	0.64	31	1.51	22	2.44	22
澳大利亚	2.89	10	4.94	8	4.17	13	5.66	14
奥地利	1.38	17	2.22	18	1.21	24	1.91	25
比利时	1.29	19	2.10	20	1.48	23	2.22	23
巴西	1.92	15	4.03	11	5.42	12	8.57	10
加拿大	4.60	8	4.37	9	6.85	10	8.02	11
智利	0.03	39	0.12	38	0.00	40	0.12	40
中国	6.82	6	42.04	2	61.69	1	81.97	1
捷克	0.29	30	0.68	29	1.06	26	1.65	28
丹麦	1.17	21	1.66	21	1.19	25	1.85	26
芬兰	1.25	20	1.21	23	1.78	20	1.63	29
法国	8.56	4	9.95	6	10.75	7	14.30	7
德国	13.30	3	17.72	4	14.14	5	18.48	5
希腊	0.22	32	0.26	37	0.73	32	1.30	32

续表

国家	R&D 经费支出额				研究人员数			
	2006 年		2015 年		2006 年		2015 年	
	得分	排名	得分	排名	得分	排名	得分	排名
匈牙利	0.14	34	0.26	36	0.62	36	1.12	34
印度	1.31	18	3.03	13	7.95	9	11.56	9
爱尔兰	0.44	27	0.71	28	0.34	38	0.65	37
以色列	1.09	22	2.21	19	2.34	18	3.45	19
意大利	3.76	9	4.32	10	4.15	14	6.12	12
日本	27.93	2	28.79	3	34.64	3	34.15	3
马来西亚	0.12	35	0.64	30	0.70	33	3.24	21
墨西哥	0.59	24	1.06	26	1.57	21	1.67	27
荷兰	2.25	13	2.75	16	2.42	17	4.09	16
新西兰	0.17	33	0.29	34	0.43	37	0.69	36
挪威	0.85	23	1.13	24	0.87	30	1.24	33
波兰	0.28	31	0.80	27	2.72	15	3.71	17
葡萄牙	0.30	29	0.37	32	0.98	28	1.61	31
罗马尼亚	0.04	37	0.06	40	0.69	34	0.65	38

续表

国家	R&D 经费支出额				研究人员数			
	2006 年		2015 年		2006 年		2015 年	
	得分	排名	得分	排名	得分	排名	得分	排名
俄罗斯	1.86	16	2.79	15	23.22	4	22.29	4
新加坡	0.51	25	1.07	25	0.94	29	1.63	30
斯洛伐克	0.00	40	0.09	39	0.33	39	0.47	39
南非	0.38	28	0.29	35	0.66	35	0.90	35
韩国	5.13	7	11.30	5	9.97	8	18.41	6
西班牙	2.62	11	2.53	17	5.58	11	5.73	13
瑞典	2.60	12	2.84	14	2.55	16	3.33	20
瑞士	2.04	14	3.76	12	1.01	27	1.99	24
泰国	0.03	38	0.32	33	0.79	31	3.53	18
土耳其	0.50	26	1.29	22	1.89	19	4.81	15
英国	7.94	5	8.60	7	12.65	6	13.79	8
美国	63.96	1	87.33	1	56.93	2	66.16	2

附表 3-6　创新条件实力指数各指标得分和排名

国家	有效专利拥有量				互联网用户数			
	2006 年		2015 年		2006 年		2015 年	
	得分	排名	得分	排名	得分	排名	得分	排名
阿根廷	0.04	39	0.04	39	0.66	21	3.10	16
澳大利亚	2.88	12	3.54	12	1.26	17	1.98	21
奥地利	0.30	33	0.33	35	0.33	26	0.55	28
比利时	0.01	40	0.02	40	0.44	23	0.81	25
巴西	0.93	25	1.01	26	5.73	5	13.43	4
加拿大	3.47	9	5.01	9	2.37	11	3.27	15
智利	0.21	37	0.33	34	0.36	25	1.02	23
中国	6.83	7	44.28	3	17.66	2	76.62	1
捷克	0.30	32	0.20	36	0.29	28	0.69	27
丹麦	1.68	15	1.57	19	0.26	30	0.35	34
芬兰	1.30	18	1.45	20	0.21	31	0.30	35
法国	11.36	6	15.64	6	4.43	6	6.02	10
德国	13.85	4	18.10	5	6.36	4	7.71	8
希腊	1.01	24	0.96	27	0.14	35	0.54	30

续表

国家	有效专利拥有量				互联网用户数			
	2006 年		2015 年		2006 年		2015 年	
	得分	排名	得分	排名	得分	排名	得分	排名
匈牙利	0.25	36	0.12	37	0.27	29	0.54	31
印度	0.51	29	1.41	21	3.37	9	37.73	2
爱尔兰	2.05	14	3.55	11	0.00	40	0.15	40
以色列	1.12	21	0.86	28	0.03	38	0.46	33
意大利	2.11	13	1.81	15	2.20	13	4.18	13
日本	34.49	2	58.55	2	9.53	3	12.62	5
马来西亚	0.58	26	0.70	29	1.25	18	2.14	20
墨西哥	1.64	16	3.20	13	2.16	14	7.87	7
荷兰	0.42	31	0.35	33	1.26	16	1.50	22
新西兰	1.03	23	1.22	23	0.06	37	0.19	39
挪威	0.52	28	0.69	30	0.17	33	0.30	36
波兰	0.47	30	1.74	17	1.63	15	2.62	19
葡萄牙	1.08	22	1.05	25	0.18	32	0.53	32
罗马尼亚	0.25	35	0.51	31	0.32	27	0.97	24

续表

国家	有效专利拥有量				互联网用户数			
	2006年		2015年		2006年		2015年	
	得分	排名	得分	排名	得分	排名	得分	排名
俄罗斯	3.72	8	6.58	8	2.61	10	11.00	6
新加坡	1.38	17	1.41	22	0.03	39	0.25	37
斯洛伐克	0.14	38	0.06	38	0.07	36	0.21	38
南非	1.28	19	1.76	16	0.15	34	2.92	17
韩国	14.01	3	27.44	4	3.95	8	4.80	11
西班牙	1.19	20	1.16	24	2.23	12	3.81	14
瑞典	3.14	11	2.78	14	0.63	22	0.73	26
瑞士	3.15	10	4.89	10	0.37	24	0.55	29
泰国	0.26	34	0.35	32	1.00	20	2.72	18
土耳其	0.53	27	1.64	18	1.14	19	4.45	12
英国	11.96	5	13.78	7	4.41	7	6.42	9
美国	53.38	1	79.55	1	22.66	1	26.41	3

附表 3-7　创新产出实力指数各指标得分和排名

国家	国际期刊论文被引量				本国居民专利授权量				PCT 专利申请量			
	2006 年		2015 年		2006 年		2015 年		2006 年		2015 年	
	得分	排名	得分	排名	得分	排名	得分	排名	得分	排名	得分	排名
阿根廷	0.40	34	1.26	34	0.17	25	0.06	35	0.02	38	0.03	40
澳大利亚	3.67	11	10.46	10	0.33	20	0.59	18	2.81	13	2.46	13
奥地利	1.32	20	3.21	19	0.72	14	0.80	16	1.28	19	1.97	18
比利时	2.00	15	4.91	16	0.35	19	0.48	20	1.44	18	1.66	20
巴西	1.24	22	4.19	17	0.07	32	0.16	26	0.46	27	0.76	25
加拿大	6.34	6	13.60	6	0.58	17	1.05	12	3.61	12	4.00	12
智利	0.26	36	0.93	37	0.01	40	0.04	37	0.00	39	0.22	33
中国	3.83	9	27.91	2	9.33	5	69.90	1	5.53	8	42.05	3
捷克	0.49	30	1.77	29	0.09	31	0.23	25	0.14	31	0.26	32
丹麦	1.61	17	3.93	18	0.21	22	0.35	21	1.62	17	1.86	19
芬兰	1.29	21	2.60	24	0.58	16	0.57	19	2.59	14	2.23	15
法国	7.84	5	15.30	5	5.65	7	6.12	7	8.81	4	11.93	6
德国	12.08	3	23.08	4	11.07	4	9.13	5	23.57	3	25.46	4
希腊	0.66	25	2.05	28	0.10	30	0.09	34	0.11	33	0.16	36

续表

国家	国际期刊论文被引量				本国居民专利授权量				PCT 专利申请量			
	2006 年		2015 年		2006 年		2015 年		2006 年		2015 年	
	得分	排名	得分	排名	得分	排名	得分	排名	得分	排名	得分	排名
匈牙利	0.52	29	1.07	35	0.05	34	0.05	36	0.19	30	0.20	35
印度	1.54	19	6.16	14	0.69	15	0.29	22	1.16	20	1.99	17
爱尔兰	0.44	33	1.77	30	0.14	28	0.12	30	0.58	25	0.63	26
以色列	1.57	18	2.66	22	0.13	29	0.25	23	2.23	15	2.38	14
意大利	5.76	7	12.56	8	2.87	8	3.27	8	3.79	11	4.33	11
日本	9.68	4	12.71	7	47.26	1	54.69	2	38.07	2	62.33	2
马来西亚	0.00	40	0.94	36	0.05	33	0.11	31	0.07	35	0.37	31
墨西哥	0.49	31	1.43	33	0.03	36	0.14	29	0.22	29	0.44	29
荷兰	4.21	8	9.95	11	1.37	10	1.16	11	6.39	7	6.13	8
新西兰	0.54	28	1.62	31	0.14	27	0.11	31	0.49	26	0.49	28
挪威	0.87	24	2.45	25	0.18	24	0.25	24	0.85	22	0.94	24
波兰	1.14	23	2.81	20	0.41	18	0.94	15	0.13	32	0.61	27
葡萄牙	0.48	32	2.16	27	0.03	38	0.03	38	0.08	34	0.21	34
罗马尼亚	0.08	39	0.78	39	0.18	23	0.10	33	0.03	37	0.04	39

续表

国家	国际期刊论文被引量				本国居民专利授权量				PCT 专利申请量			
	2006 年		2015 年		2006 年		2015 年		2006 年		2015 年	
	得分	排名	得分	排名	得分	排名	得分	排名	得分	排名	得分	排名
俄罗斯	1.62	16	2.63	23	7.16	6	8.47	6	0.97	21	1.10	23
新加坡	0.55	27	2.80	21	0.15	26	0.15	28	0.65	23	1.27	22
斯洛伐克	0.09	38	0.38	40	0.01	39	0.01	40	0.03	36	0.04	38
南非	0.35	35	1.58	32	0.31	21	0.15	27	0.58	24	0.43	30
韩国	2.03	14	7.33	13	19.15	3	42.74	4	8.37	5	20.60	5
西班牙	3.67	10	10.66	9	0.83	13	1.04	13	1.68	16	2.15	16
瑞典	2.87	13	5.58	15	0.99	12	0.98	14	4.68	10	5.42	10
瑞士	3.35	12	7.79	12	1.00	11	1.27	10	5.08	9	6.02	9
泰国	0.14	37	0.86	38	0.03	37	0.01	39	0.00	40	0.08	37
土耳其	0.64	26	2.36	26	0.04	35	0.65	17	0.37	28	1.42	21
英国	13.27	2	24.96	3	1.93	9	1.82	9	7.17	6	7.47	7
美国	51.72	1	82.57	1	33.47	2	52.54	3	72.29	1	80.86	1

附表 3-8　创新影响实力指数各指标得分和排名

国家	知识产权使用费收入				高技术产品出口额			
	2006 年		2015 年		2006 年		2015 年	
	得分	排名	得分	排名	得分	排名	得分	排名
阿根廷	0.04	30	0.12	33	0.10	38	0.16	37
澳大利亚	0.48	18	0.59	23	0.44	29	0.57	31
奥地利	0.53	17	0.82	22	2.07	20	2.31	19
比利时	1.18	13	2.45	14	3.47	17	5.72	13
巴西	0.11	26	0.44	25	1.19	25	1.26	28
加拿大	2.58	11	3.33	13	3.92	15	3.85	17
智利	0.03	33	0.06	36	0.01	40	0.02	40
中国	0.15	25	0.82	21	40.56	1	82.37	1
捷克	0.01	39	0.35	29	1.74	22	3.03	18
丹麦	0.61	16	1.63	17	1.50	23	1.34	27
芬兰	1.15	14	1.84	16	2.02	21	0.48	32
法国	6.50	5	11.52	6	12.07	7	15.46	6
德国	3.96	7	11.22	7	24.21	3	27.54	2
希腊	0.04	32	0.03	39	0.12	37	0.11	38

续表

国家	知识产权使用费收入				高技术产品出口额			
	2006年		2015年		2006年		2015年	
	得分	排名	得分	排名	得分	排名	得分	排名
匈牙利	0.41	20	1.59	18	2.17	19	1.69	25
印度	0.06	28	0.35	28	0.67	27	1.99	22
爱尔兰	0.70	15	5.73	10	4.67	12	4.26	15
以色列	0.45	19	0.83	20	0.77	26	1.70	24
意大利	2.84	10	2.34	15	3.79	16	3.95	16
日本	15.46	3	28.19	3	19.16	4	13.55	7
马来西亚	0.01	40	0.06	35	9.38	10	8.46	10
墨西哥	0.05	29	0.23	31	5.28	11	6.75	12
荷兰	15.76	2	30.08	2	10.28	8	8.73	9
新西兰	0.09	27	0.22	32	0.03	39	0.03	39
挪威	0.29	23	0.38	26	0.44	30	0.63	30
波兰	0.02	37	0.31	30	0.42	31	1.94	23
葡萄牙	0.04	31	0.04	38	0.40	32	0.22	36
罗马尼亚	0.02	38	0.37	27	0.13	36	0.47	33

续表

国家	知识产权使用费收入				高技术产品出口额			
	2006 年		2015 年		2006 年		2015 年	
	得分	排名	得分	排名	得分	排名	得分	排名
俄罗斯	0.20	24	0.55	24	0.52	28	1.38	26
新加坡	0.40	21	3.98	12	18.49	5	19.42	4
斯洛伐克	0.03	35	0.01	40	0.29	33	0.96	29
南非	0.03	34	0.07	34	0.21	34	0.23	35
韩国	1.62	12	4.76	11	13.82	6	18.76	5
西班牙	0.32	22	1.23	19	1.48	24	2.06	21
瑞典	3.06	9	6.79	8	2.67	18	2.16	20
瑞士	4.94	6	12.45	5	4.57	13	7.86	11
泰国	0.03	36	0.05	37	3.96	14	5.08	14
土耳其	3.61	8	6.33	9	0.13	35	0.29	34
英国	12.43	4	14.90	4	9.75	9	10.26	8
美国	64.32	1	95.98	1	32.51	2	22.89	3

附表 3-9 创新投入效力指数各指标得分和排名

国家	R&D 经费强度				每百万人口中研究人员数				研究人员人均 R&D 经费			
	2006 年		2015 年		2006 年		2015 年		2006 年		2015 年	
	得分	排名	得分	排名	得分	排名	得分	排名	得分	排名	得分	排名
阿根廷	3.99	37	8.87	35	7.36	32	10.79	32	1.97	38	9.55	31
澳大利亚	37.86	11	35.53	17	40.39	9	47.14	12	28.71	14	37.05	6
奥地利	41.44	10	55.00	7	33.47	13	47.77	11	43.01	3	46.47	3
比利时	30.85	15	46.23	11	31.00	18	41.65	15	33.52	13	38.30	5
巴西	15.15	26	20.19	25	4.44	35	6.91	36	13.84	24	19.22	23
加拿大	33.54	14	26.32	20	41.19	8	43.66	13	28.20	15	22.58	21
智利	2.28	39	4.06	39	1.85	37	2.82	37	12.61	26	18.89	24
中国	22.60	19	36.28	15	7.82	30	10.30	33	2.72	35	21.51	22
捷克	19.82	20	38.54	13	23.86	23	34.01	22	9.77	29	15.72	26
丹麦	42.03	9	56.13	6	50.95	6	71.40	2	37.01	8	35.39	9
芬兰	59.80	4	53.71	8	74.35	1	66.20	5	27.48	16	28.83	14
法国	35.24	13	39.76	12	32.36	15	41.25	16	34.15	12	29.71	12
德国	43.05	8	51.82	9	32.70	14	43.31	14	40.96	5	41.97	4
希腊	7.05	33	13.68	33	16.33	26	26.92	24	10.51	28	7.09	36

续表

国家	R&D 经费强度				每百万人口中研究人员数				研究人员人均 R&D 经费			
	2006 年		2015 年		2006 年		2015 年		2006 年		2015 年	
	得分	排名	得分	排名	得分	排名	得分	排名	得分	排名	得分	排名
匈牙利	15.11	27	24.33	22	15.81	27	26.04	25	8.33	31	8.49	32
印度	11.53	30	11.92	34	0.00	40	0.38	40	5.33	33	9.78	30
爱尔兰	19.16	21	24.88	21	26.60	21	37.28	20	36.01	9	36.72	8
以色列	74.82	1	75.87	2	70.64	2	84.95	1	18.28	22	26.15	17
意大利	17.03	24	21.59	23	13.44	29	19.11	29	38.04	6	29.64	13
日本	61.16	3	65.42	3	51.79	5	51.42	9	35.09	10	36.80	7
马来西亚	7.99	31	21.08	24	5.81	33	21.13	28	6.22	32	6.84	37
墨西哥	3.47	38	6.70	37	1.84	38	1.59	39	14.15	23	24.78	20
荷兰	29.76	16	35.62	16	30.61	19	48.75	10	37.89	7	27.69	15
新西兰	18.03	23	17.86	29	31.12	17	39.42	18	12.97	25	14.84	27
挪威	24.05	18	28.61	18	46.37	7	55.13	7	34.89	11	34.48	11
波兰	6.89	34	15.40	31	13.90	28	19.01	30	2.93	34	7.71	34
葡萄牙	14.52	28	19.34	26	21.76	24	34.05	21	11.04	27	8.36	33
罗马尼亚	4.96	36	3.34	40	7.48	31	7.68	35	2.43	36	3.52	38

续表

国家	R&D 经费强度				每百万人口中研究人员数				研究人员人均 R&D 经费			
	2006 年		2015 年		2006 年		2015 年		2006 年		2015 年	
	得分	排名	得分	排名	得分	排名	得分	排名	得分	排名	得分	排名
俄罗斯	16.77	25	18.80	28	30.60	20	29.11	23	1.35	40	3.43	39
新加坡	36.92	12	36.83	14	52.16	4	65.50	6	19.64	20	25.35	19
斯洛伐克	5.45	35	14.82	32	20.19	25	25.18	26	2.32	37	7.24	35
南非	13.45	29	8.08	36	2.36	36	2.76	38	19.89	19	11.58	28
韩国	50.17	5	82.87	1	39.83	11	70.50	3	21.28	18	26.02	18
西班牙	18.65	22	19.19	27	24.28	22	23.78	27	19.03	21	17.78	25
瑞典	62.89	2	57.69	4	59.15	3	70.13	4	41.75	4	35.26	10
瑞士	47.74	6	56.14	5	31.91	16	51.68	8	74.51	1	76.92	1
泰国	0.80	40	6.50	38	1.75	39	9.51	34	1.64	39	2.22	40
土耳其	7.41	32	16.13	30	4.75	34	11.21	31	9.61	30	9.98	29
英国	27.73	17	28.12	19	39.96	10	40.65	17	26.56	17	26.38	16
美国	44.84	7	47.19	10	35.95	12	38.87	19	49.98	2	59.18	2

附表 3-10　创新条件效力指数各指标得分和排名

国家	每百万人有效专利拥有量				每百人互联网用户数			
	2006 年		2015 年		2006 年		2015 年	
	得分	排名	得分	排名	得分	排名	得分	排名
阿根廷	0.08	39	0.06	40	18.64	33	68.52	27
澳大利亚	14.05	15	15.03	14	65.02	15	84.11	15
奥地利	3.72	20	3.85	22	62.55	16	83.46	16
比利时	0.11	38	0.15	38	58.56	17	84.62	13
巴西	0.45	36	0.45	37	26.11	31	57.90	33
加拿大	10.75	17	14.11	15	71.60	8	88.14	9
智利	1.28	31	1.85	33	32.61	29	63.26	32
中国	0.48	35	3.22	23	9.73	38	48.87	38
捷克	3.01	22	1.93	32	46.43	23	80.76	18
丹麦	31.31	5	27.96	6	86.26	2	96.22	2
芬兰	24.99	8	26.73	8	79.07	5	92.44	4
法国	18.02	12	23.73	11	65.11	14	84.25	14
德国	16.96	13	22.37	12	71.36	9	87.23	11
希腊	9.27	19	8.98	19	30.29	30	65.88	30

续表

国家	每百万人有效专利拥有量				每百人互联网用户数			
	2006年		2015年		2006年		2015年	
	得分	排名	得分	排名	得分	排名	得分	排名
匈牙利	2.49	28	1.28	34	45.53	24	72.05	24
印度	0.00	40	0.06	39	0.00	40	23.86	40
爱尔兰	48.50	1	77.42	1	53.52	20	79.55	19
以色列	16.10	14	10.36	17	35.04	28	76.70	22
意大利	3.63	21	2.98	25	36.20	27	64.58	31
日本	27.24	7	46.59	4	67.78	13	90.80	6
马来西亚	2.19	29	2.32	29	50.24	21	70.23	25
墨西哥	1.45	30	2.51	27	17.20	34	56.20	34
荷兰	2.60	26	2.08	30	83.23	3	92.90	3
新西兰	24.88	9	26.96	7	68.11	10	87.88	10
挪威	11.37	16	13.49	16	82.05	4	96.72	1
波兰	1.22	32	4.60	20	42.98	25	67.07	29
葡萄牙	10.40	18	10.21	18	36.22	26	67.73	28
罗马尼亚	1.17	33	2.58	26	22.49	32	54.49	35

续表

国家	每百万人有效专利拥有量				每百人互联网用户数			
	2006 年		2015 年		2006 年		2015 年	
	得分	排名	得分	排名	得分	排名	得分	排名
俄罗斯	2.59	27	4.58	21	15.66	36	69.24	26
新加坡	31.67	4	25.73	9	57.82	18	81.59	17
斯洛伐克	2.69	23	1.13	35	54.81	19	76.99	21
南非	2.65	25	3.20	24	4.94	39	50.53	37
韩国	29.26	6	54.79	3	77.47	6	89.35	8
西班牙	2.68	24	2.50	28	48.94	22	78.07	20
瑞典	35.03	3	28.70	5	87.41	1	90.34	7
瑞士	42.60	2	59.74	2	75.00	7	87.12	12
泰国	0.36	37	0.49	36	14.77	37	37.56	39
土耳其	0.75	34	2.07	31	15.88	35	52.41	36
英国	19.84	10	21.36	13	67.92	12	91.77	5
美国	18.05	11	24.98	10	68.03	11	73.71	23

附表 3-11　创新产出效力指数各指标得分和排名

国家	每百万研究人员国际期刊论文被引量				每百万美元 R&D 经费国际期刊论文被引量				每百万研究人员本国居民专利授权量				每百万美元 R&D 经费本国居民专利授权量				每百万研究人员 PCT 专利申请量				每百万美元 R&D 经费 PCT 专利申请量			
	2006 年		2015 年		2006 年		2015 年		2006 年		2015 年		2006 年		2015 年		2006 年		2015 年		2006 年		2015 年	
	得分	排名	得分	排名	得分	排名	得分	排名	得分	排名	得分	排名	得分	排名	得分	排名	得分	排名	得分	排名	得分	排名	得分	排名
阿根廷	5.67	32	11.64	32	20.13	4	12.69	27	3.66	26	0.81	36	27.10	7	2.19	36	0.24	39	0.20	40	4.35	39	0.55	40
澳大利亚	21.11	14	46.32	10	7.57	22	14.14	23	2.57	31	3.44	28	2.24	37	2.33	34	14.93	19	9.75	23	31.36	19	15.56	32
奥地利	23.98	9	39.12	16	5.30	29	8.96	31	17.96	9	13.34	10	11.99	16	8.12	17	20.52	10	21.40	9	29.40	22	28.43	20
比利时	30.28	5	52.49	5	9.70	15	15.68	20	7.37	16	7.08	15	6.05	29	5.05	24	19.50	13	15.81	15	35.60	15	25.11	25
巴西	4.55	33	11.34	33	2.84	36	5.80	35	0.30	40	0.45	39	0.46	40	0.41	40	1.82	32	1.93	35	6.73	37	5.07	39
加拿大	22.66	11	42.84	13	8.42	19	21.78	11	2.77	28	4.43	25	2.50	34	5.27	23	11.95	22	11.35	22	25.32	25	29.69	19
智利	32.22	4	68.89	2	28.15	1	42.48	3	2.66	29	5.02	19	5.47	30	7.15	22	1.35	35	14.31	18	5.28	38	44.42	9
中国	0.00	40	7.48	37	2.09	37	2.84	38	5.25	21	30.75	3	32.66	5	40.05	4	1.98	30	12.00	21	26.24	24	32.91	16
捷克	10.03	26	24.44	24	10.65	11	17.15	16	2.66	30	4.35	26	6.88	26	7.36	20	2.56	29	3.19	31	13.53	31	11.02	36
丹麦	29.51	6	49.25	7	8.37	20	15.91	19	5.40	19	6.11	18	3.89	33	4.68	26	26.37	7	20.84	10	44.11	11	36.15	13

续表

国家	每百万研究人员国际期刊论文被引量				每百万美元 R&D 经费国际期刊论文被引量				每百万研究人员本国居民专利授权量				每百万美元 R&D 经费本国居民专利授权量				每百万研究人员 PCT 专利申请量				每百万美元 R&D 经费 PCT 专利申请量			
	2006 年		2015 年		2006 年		2015 年		2006 年		2015 年		2006 年		2015 年		2006 年		2015 年		2006 年		2015 年	
	得分	排名	得分	排名	得分	排名	得分	排名	得分	排名	得分	排名	得分	排名	得分	排名	得分	排名	得分	排名	得分	排名	得分	排名
芬兰	16.37	20	36.40	18	5.83	26	14.16	22	10.38	13	10.95	11	10.56	20	10.65	13	29.99	5	27.87	7	66.77	4	59.24	5
法国	17.69	18	26.80	23	4.83	31	9.66	29	18.49	8	15.12	8	15.49	12	14.41	8	18.87	15	19.32	11	33.78	16	39.59	11
德国	21.08	15	31.66	21	4.76	32	7.83	33	27.79	4	17.54	7	19.70	8	11.98	10	38.69	4	32.11	5	59.20	6	47.78	7
希腊	18.20	17	34.91	19	18.43	7	49.54	2	4.11	25	2.14	32	9.96	21	7.25	21	2.70	28	2.45	33	13.41	32	16.97	30
匈牙利	16.61	19	20.77	26	20.63	3	25.46	9	2.42	32	1.37	33	7.18	24	4.06	28	5.32	24	3.43	30	32.82	17	20.68	28
印度	3.62	36	12.53	31	6.90	23	13.40	25	2.90	27	0.69	37	12.08	15	1.81	37	3.25	26	3.88	28	28.00	23	20.86	27
爱尔兰	21.31	13	52.63	4	5.76	28	16.46	18	8.76	14	5.01	21	6.75	27	3.61	30	22.85	9	16.44	12	39.09	12	27.28	22
以色列	15.39	22	18.23	28	8.82	17	7.09	34	1.73	34	2.39	31	2.39	35	2.29	35	20.29	11	15.15	16	65.29	5	34.80	15
意大利	33.97	3	51.69	6	9.59	16	20.21	14	23.51	5	18.49	6	17.84	9	17.75	7	20.29	12	16.00	13	32.78	18	32.67	17
日本	5.84	31	8.33	36	0.37	40	1.11	40	49.14	2	57.72	2	40.76	4	45.82	3	25.75	8	42.85	2	45.33	9	72.78	2

续表

国家	每百万研究人员国际期刊论文被引量				每百万美元 R&D 经费国际期刊论文被引量				每百万研究人员本国居民专利授权量				每百万美元 R&D 经费本国居民专利授权量				每百万研究人员 PCT 专利申请量				每百万美元 R&D 经费 PCT 专利申请量			
	2006 年		2015 年		2006 年		2015 年		2006 年		2015 年		2006 年		2015 年		2006 年		2015 年		2006 年		2015 年	
	得分	排名	得分	排名	得分	排名	得分	排名	得分	排名	得分	排名	得分	排名	得分	排名	得分	排名	得分	排名	得分	排名	得分	排名
马来西亚	0.60	38	6.17	38	1.24	38	9.10	30	2.36	33	1.08	34	8.86	22	3.89	29	1.93	31	2.42	34	14.72	30	17.19	29
墨西哥	6.65	29	19.40	27	4.46	34	8.15	32	0.74	38	2.62	30	1.27	39	2.71	33	2.92	27	5.39	27	11.07	35	12.36	34
荷兰	41.45	2	60.38	3	12.15	9	25.58	8	18.61	7	9.61	13	14.09	13	9.68	14	56.48	2	33.28	4	93.68	1	73.70	1
新西兰	22.35	12	46.12	11	18.77	6	35.13	5	7.84	15	4.60	22	15.87	11	8.21	16	16.81	17	12.36	20	72.96	3	47.55	8
挪威	20.75	16	43.68	12	5.80	27	14.31	21	5.90	18	6.22	16	4.57	32	4.90	25	17.71	16	14.94	17	30.99	20	26.26	24
波兰	9.36	27	17.90	29	25.41	2	23.75	10	4.92	23	8.47	14	29.47	6	26.33	5	0.99	36	3.56	29	12.75	33	23.21	26
葡萄牙	10.42	25	30.37	22	9.81	14	37.82	4	1.00	37	0.57	38	2.32	36	1.79	38	1.68	33	2.72	32	7.73	36	16.48	31
罗马尼亚	2.96	37	23.50	25	10.52	12	54.63	1	7.18	17	4.17	27	47.03	3	22.59	6	0.83	38	1.09	37	12.02	34	12.54	33
俄罗斯	0.25	39	1.55	40	4.57	33	5.10	36	10.88	12	13.46	9	90.66	1	72.38	2	0.85	37	1.03	38	16.11	29	12.07	35
新加坡	12.51	23	39.28	15	6.36	24	17.63	15	4.66	24	2.93	29	6.38	28	2.99	32	12.93	21	15.87	14	38.67	13	37.60	12

续表

国家	每百万研究人员国际期刊论文被引量				每百万美元 R&D 经费国际期刊论文被引量				每百万研究人员本国居民专利授权量				每百万美元 R&D 经费本国居民专利授权量				每百万研究人员 PCT 专利申请量				每百万美元 R&D 经费 PCT 专利申请量			
	2006 年		2015 年		2006 年		2015 年		2006 年		2015 年		2006 年		2015 年		2006 年		2015 年		2006 年		2015 年	
	得分	排名	得分	排名	得分	排名	得分	排名	得分	排名	得分	排名	得分	排名	得分	排名	得分	排名	得分	排名	得分	排名	得分	排名
斯洛伐克	5.92	30	15.06	30	19.19	5	21.06	12	1.57	35	0.94	35	11.36	17	3.25	31	1.60	34	1.58	36	23.19	26	10.59	37
南非	10.91	24	36.66	17	5.30	30	34.66	6	12.49	11	5.01	20	17.31	10	11.18	12	15.17	18	8.85	24	45.01	10	41.91	10
韩国	3.87	35	9.01	35	0.82	39	2.74	39	68.03	1	83.23	1	89.82	2	91.53	1	19.29	14	26.05	8	54.04	8	60.87	4
西班牙	15.62	21	46.61	8	8.57	18	30.01	7	5.00	22	6.15	17	7.08	25	9.33	15	6.73	23	8.43	25	20.26	28	27.27	23
瑞典	26.50	7	40.77	14	6.30	25	12.92	26	12.77	10	9.82	12	8.65	23	7.79	18	39.36	3	35.72	3	59.14	7	63.01	3
瑞士	70.75	1	92.47	1	10.42	13	13.74	24	28.73	3	20.51	5	11.23	18	7.62	19	94.34	1	63.31	1	81.79	2	52.78	6
泰国	3.93	34	4.99	39	16.21	8	16.97	17	1.25	36	0.04	40	10.91	19	1.37	39	0.21	40	0.44	39	4.30	40	7.03	38
土耳其	7.28	28	11.28	34	7.73	21	11.79	28	0.61	39	4.52	23	1.64	38	11.44	11	4.02	25	6.54	26	21.93	27	34.97	14
英国	26.20	8	46.40	9	10.68	10	20.26	13	5.25	20	4.51	24	5.35	31	4.59	27	13.06	20	12.50	19	29.41	21	28.30	21
美国	22.74	10	31.88	20	3.97	35	5.03	37	21.10	6	28.60	4	12.20	14	14.11	9	29.87	6	28.76	6	37.38	14	30.38	18

附表 3-12 创新影响效力指数各指标得分和排名

国家	知识产权使用费收支比				单位能耗对应的 GDP 产出				高技术产品出口额占制成品出口额的比重			
	2006 年		2015 年		2006 年		2015 年		2006 年		2015 年	
	得分	排名	得分	排名	得分	排名	得分	排名	得分	排名	得分	排名
阿根廷	0.46	31	0.47	34	20.06	19	22.13	24	9.63	32	13.09	30
澳大利亚	1.73	20	1.27	26	11.40	31	15.69	30	18.96	24	21.07	23
奥地利	2.60	19	3.64	19	25.64	13	30.59	12	20.76	23	20.79	24
比利时	8.57	6	5.72	13	13.54	28	19.60	27	12.02	29	20.20	25
巴西	0.48	30	0.60	30	27.07	10	25.50	20	18.53	25	18.93	26
加拿大	2.79	16	2.58	20	3.62	37	6.31	38	20.78	22	21.64	20
智利	0.80	27	0.27	37	23.33	14	28.42	16	8.45	35	7.59	37
中国	0.12	37	0.23	39	0.47	40	7.10	37	46.31	7	42.76	7
捷克	0.28	32	2.27	21	8.15	34	15.38	32	22.50	21	23.54	17
丹麦	6.16	10	8.92	8	33.85	4	49.28	4	29.81	16	25.41	16
芬兰	7.42	8	17.44	3	6.49	36	10.10	35	36.65	12	12.60	32
法国	7.19	9	6.40	11	19.44	21	25.04	21	35.15	14	44.69	3
德国	4.33	14	9.80	6	21.27	17	30.11	14	27.49	18	26.65	15
希腊	0.92	25	1.05	27	29.64	7	28.36	17	16.56	26	16.60	27

续表

国家	知识产权使用费收支比				单位能耗对应的 GDP 产出				高技术产品出口额占制成品出口额的比重			
	2006 年		2015 年		2006 年		2015 年		2006 年		2015 年	
	得分	排名	得分	排名	得分	排名	得分	排名	得分	排名	得分	排名
匈牙利	2.77	17	7.04	10	18.17	22	24.95	22	39.86	9	21.42	22
印度	0.62	29	0.49	33	13.43	29	18.46	28	7.89	37	10.45	33
爱尔兰	0.18	36	0.53	32	43.43	2	71.18	1	58.30	3	44.55	6
以色列	5.18	11	6.16	12	22.03	16	30.28	13	22.83	20	31.97	11
意大利	3.35	15	4.18	17	32.46	6	39.61	6	10.13	31	9.88	35
日本	7.75	7	12.94	4	19.65	20	28.32	18	36.21	13	26.86	14
马来西亚	0.10	39	0.37	35	14.33	27	16.29	29	92.51	2	72.95	2
墨西哥	0.19	34	2.06	24	22.12	15	28.93	15	30.76	15	23.15	18
荷兰	4.51	13	4.94	16	20.53	18	27.99	19	48.49	6	31.92	12
新西兰	1.54	22	2.10	22	16.23	24	15.54	31	15.42	27	14.17	29
挪威	5.03	12	5.33	14	27.99	9	32.21	10	27.64	17	33.48	10
波兰	0.11	38	0.96	28	12.63	30	24.79	23	3.76	39	12.68	31
葡萄牙	0.97	24	0.57	31	29.33	8	34.15	9	12.91	28	5.49	39
罗马尼亚	0.85	26	5.21	15	17.76	23	35.57	7	5.69	38	10.42	34

续表

国家	知识产权使用费收支比				单位能耗对应的 GDP 产出				高技术产品出口额占制成品出口额的比重			
	2006 年		2015 年		2006 年		2015 年		2006 年		2015 年	
	得分	排名	得分	排名	得分	排名	得分	排名	得分	排名	得分	排名
俄罗斯	0.78	28	0.71	29	1.46	38	4.17	39	10.91	30	21.51	21
新加坡	0.26	33	1.60	25	38.13	3	49.83	3	100.00	1	84.42	1
斯洛伐克	1.68	21	0.23	38	8.77	33	21.67	25	9.04	33	15.36	28
南非	0.19	35	0.30	36	1.03	39	2.74	40	8.58	34	7.55	38
韩国	2.60	18	3.65	18	7.92	35	8.96	36	54.08	4	44.68	4
西班牙	1.04	23	2.08	23	26.35	11	34.46	8	8.44	36	9.79	36
瑞典	14.16	3	12.69	5	14.93	26	19.65	26	25.66	19	22.39	19
瑞士	10.84	4	7.48	9	44.37	1	61.33	2	39.48	10	44.68	5
泰国	0.07	40	0.06	40	15.25	25	13.57	34	45.66	8	35.12	8
土耳其	53.41	1	72.72	1	32.74	5	31.49	11	0.42	40	0.96	40
英国	9.50	5	8.96	7	25.90	12	40.20	5	38.43	11	34.00	9
美国	20.06	2	18.97	2	10.06	32	14.93	33	50.38	5	30.78	13

附表 3-13　科学技术发展指数各指标得分和排名

国家	每百万人 R&D 经费支出额				每百万人口中研究人员数				每百万研究人员国际期刊论文被引量				每百万研究人员本国居民专利授权量				每百万研究人员 PCT 专利申请量				知识产权使用费收入占 GDP 的比重			
	2006 年		2015 年		2006 年		2015 年		2006 年		2015 年		2006 年		2015 年		2006 年		2015 年		2006 年		2015 年	
	得分	排名	得分	排名	得分	排名	得分	排名	得分	排名	得分	排名	得分	排名	得分	排名	得分	排名	得分	排名	得分	排名	得分	排名
阿根廷	0.73	38	3.16	34	7.36	32	10.79	32	5.67	32	11.64	32	3.66	26	0.81	36	0.24	39	0.20	40	0.30	28	0.28	35
澳大利亚	29.30	12	43.21	12	40.39	9	47.14	12	21.11	14	46.32	10	2.57	31	3.44	28	14.93	19	9.75	23	1.00	23	0.65	27
奥地利	35.69	8	54.25	6	33.47	13	47.77	11	23.98	9	39.12	16	17.96	9	13.34	10	20.52	10	21.40	9	2.59	17	3.27	20
比利时	26.21	17	39.53	14	31.00	18	41.65	15	30.28	5	52.49	5	7.37	16	7.08	15	19.50	13	15.81	15	4.69	12	8.82	11
巴西	2.00	29	3.92	32	4.44	35	6.91	36	4.55	33	11.34	33	0.30	40	0.45	39	1.82	32	1.93	35	0.08	36	0.31	32
加拿大	29.38	11	25.37	19	41.19	8	43.66	13	22.66	11	42.84	13	2.77	28	4.43	25	11.95	22	11.35	22	3.15	16	3.46	18
智利	0.95	35	1.88	35	1.85	37	2.82	37	32.22	4	68.89	2	2.66	29	5.02	19	1.35	35	14.31	18	0.36	25	0.37	29
中国	0.93	36	6.19	26	7.82	30	10.30	33	0.00	40	7.48	37	5.25	21	30.75	3	1.98	30	12.00	21	0.00	40	0.03	40
捷克	6.84	24	14.42	22	23.86	23	34.01	22	10.03	26	24.44	24	2.66	30	4.35	26	2.56	29	3.19	31	0.17	33	3.10	21
丹麦	46.58	4	62.17	2	50.95	6	71.40	2	29.51	6	49.25	7	5.40	19	6.11	18	26.37	7	20.84	10	3.54	15	8.88	10
芬兰	51.16	3	47.68	7	74.35	1	66.20	5	16.37	20	36.40	18	10.38	13	10.95	11	29.99	5	27.87	7	8.76	5	13.02	8

续表

国家	每百万人 R&D 经费支出额				每百万人口中研究人员数				每百万研究人员国际期刊论文被引量				每百万研究人员本国居民专利授权量				每百万研究人员 PCT 专利申请量				知识产权使用费收入占 GDP 的比重			
	2006 年		2015 年		2006 年		2015 年		2006 年		2015 年		2006 年		2015 年		2006 年		2015 年		2006 年		2015 年	
	得分	排名	得分	排名	得分	排名	得分	排名	得分	排名	得分	排名	得分	排名	得分	排名	得分	排名	得分	排名	得分	排名	得分	排名
法国	27.80	14	30.88	17	32.36	15	41.25	16	17.69	18	26.80	23	18.49	8	15.12	8	18.87	15	19.32	11	4.53	13	7.77	14
德国	33.32	10	44.77	11	32.70	14	43.31	14	21.08	15	31.66	21	27.79	4	17.54	7	38.69	4	32.11	5	2.09	20	5.41	16
希腊	5.06	25	5.98	27	16.33	26	26.92	24	18.20	17	34.91	19	4.11	25	2.14	32	2.70	28	2.45	33	0.22	31	0.26	36
匈牙利	4.05	26	6.65	25	15.81	27	26.04	25	16.61	19	20.77	26	2.42	32	1.37	33	5.32	24	3.43	30	5.99	8	21.57	6
印度	0.10	40	0.34	40	0.00	40	0.38	40	3.62	36	12.53	31	2.90	27	0.69	37	3.25	26	3.88	28	0.04	38	0.19	38
爱尔兰	24.20	18	34.11	15	26.60	21	37.28	20	21.31	13	52.63	4	8.76	14	5.01	21	22.85	9	16.44	12	4.97	10	33.29	2
以色列	33.66	9	55.74	5	70.64	2	84.95	1	15.39	22	18.23	28	1.73	34	2.39	31	20.29	11	15.15	16	4.78	11	4.56	17
意大利	13.42	20	14.73	21	13.44	29	19.11	29	33.97	3	51.69	6	23.51	5	18.49	6	20.29	12	16.00	13	2.33	19	2.03	23
日本	45.01	5	46.75	9	51.79	5	51.42	9	5.84	31	8.33	36	49.14	2	57.72	2	25.75	8	42.85	2	5.54	9	10.52	9
马来西亚	1.27	33	4.60	29	5.81	33	21.13	28	0.60	38	6.17	38	2.36	33	1.08	34	1.93	31	2.42	34	0.11	35	0.30	33
墨西哥	1.06	34	1.68	36	1.84	38	1.59	39	6.65	29	19.40	27	0.74	38	2.62	30	2.92	27	5.39	27	0.01	39	0.25	37

续表

国家	每百万人 R&D 经费支出额				每百万人口中研究人员数				每百万研究人员国际期刊论文被引量				每百万研究人员本国居民专利授权量				每百万研究人员PCT 专利申请量				知识产权使用费收入占 GDP 的比重			
	2006 年		2015 年		2006 年		2015 年		2006 年		2015 年		2006 年		2015 年		2006 年		2015 年		2006 年		2015 年	
	得分	排名	得分	排名	得分	排名	得分	排名	得分	排名	得分	排名	得分	排名	得分	排名	得分	排名	得分	排名	得分	排名	得分	排名
荷兰	29.05	13	34.04	16	30.61	19	48.75	10	41.45	2	60.38	3	18.61	7	9.61	13	56.48	2	33.28	4	35.71	1	66.07	1
新西兰	11.21	22	15.83	20	31.12	17	39.42	18	22.35	12	46.12	11	7.84	15	4.60	22	16.81	17	12.36	20	1.42	21	2.13	22
挪威	40.20	7	47.08	8	46.37	7	55.13	7	20.75	16	43.68	12	5.90	18	6.22	16	17.71	16	14.94	17	1.32	22	1.58	25
波兰	1.72	31	4.55	30	13.90	28	19.01	30	9.36	27	17.90	29	4.92	23	8.47	14	0.99	36	3.56	29	0.05	37	1.01	26
葡萄牙	6.93	23	8.53	24	21.76	24	34.05	21	10.42	25	30.37	22	1.00	37	0.57	38	1.68	33	2.72	32	0.33	26	0.36	30
罗马尼亚	0.83	37	1.08	38	7.48	31	7.68	35	2.96	37	23.50	25	7.18	17	4.17	27	0.83	38	1.09	37	0.27	29	3.39	19
俄罗斯	2.63	27	3.93	31	30.60	20	29.11	23	0.25	39	1.55	40	10.88	12	13.46	9	0.85	37	1.03	38	0.26	30	0.60	28
新加坡	26.63	16	41.94	13	52.16	4	65.50	6	12.51	23	39.28	15	4.66	24	2.93	29	12.93	21	15.87	14	4.46	14	22.38	5
斯洛伐克	2.19	28	5.69	28	20.19	25	25.18	26	5.92	30	15.06	30	1.57	35	0.94	35	1.60	34	1.58	36	0.79	24	0.29	34
南非	1.74	30	1.17	37	2.36	36	2.76	38	10.91	24	36.66	17	12.49	11	5.01	20	15.17	18	8.85	24	0.16	34	0.32	31

续表

国家	每百万人 R&D 经费支出额				每百万人口中研究人员数				每百万研究人员国际期刊论文被引量				每百万研究人员本国居民专利授权量				每百万研究人员 PCT 专利申请量				知识产权使用费收入占 GDP 的比重			
	2006 年		2015 年		2006 年		2015 年		2006 年		2015 年		2006 年		2015 年		2006 年		2015 年		2006 年		2015 年	
	得分	排名	得分	排名	得分	排名	得分	排名	得分	排名	得分	排名	得分	排名	得分	排名	得分	排名	得分	排名	得分	排名	得分	排名
韩国	21.99	19	46.18	10	39.83	11	70.50	3	3.87	35	9.01	35	68.03	1	83.23	1	19.29	14	26.05	8	2.56	18	5.62	15
西班牙	12.33	21	11.38	23	24.28	22	23.78	27	15.62	21	46.61	8	5.00	22	6.15	17	6.73	23	8.43	25	0.33	27	1.62	24
瑞典	60.39	1	60.87	3	59.15	3	70.13	4	26.50	7	40.77	14	12.77	10	9.82	12	39.36	3	35.72	3	11.97	3	22.53	4
瑞士	57.80	2	95.10	1	31.91	16	51.68	8	70.75	1	92.47	1	28.73	3	20.51	5	94.34	1	63.31	1	18.92	2	30.54	3
泰国	0.14	39	1.01	39	1.75	39	9.51	34	3.93	34	4.99	39	1.25	36	0.04	40	0.21	40	0.44	39	0.17	32	0.18	39
土耳其	1.53	32	3.40	33	4.75	34	11.21	31	7.28	28	11.28	34	0.61	39	4.52	23	4.02	25	6.54	26	11.17	4	14.47	7
英国	27.00	15	27.28	18	39.96	10	40.65	17	26.20	8	46.40	9	5.25	20	4.51	24	13.06	20	12.50	19	7.57	6	8.51	13
美国	44.12	6	55.95	4	35.95	12	38.87	19	22.74	10	31.88	20	21.10	6	28.60	4	29.87	6	28.76	6	7.57	7	8.69	12

附表 3-14　创新条件发展指数各指标得分和排名

国家	教育公共开支总额占 GDP 的比重				每百万人有效专利拥有量				每百人互联网用户数			
	2006 年		2015 年		2006 年		2015 年		2006 年		2015 年	
	得分	排名	得分	排名	得分	排名	得分	排名	得分	排名	得分	排名
阿根廷	33.64	34	55.36	11	0.08	39	0.06	40	18.64	33	68.52	27
澳大利亚	44.73	20	46.82	24	14.05	15	15.03	14	65.02	15	84.11	15
奥地利	49.90	11	50.99	17	3.72	20	3.85	22	62.55	16	83.46	16
比利时	55.89	6	65.27	5	0.11	38	0.15	38	58.56	17	84.62	13
巴西	46.01	18	59.57	8	0.45	36	0.45	37	26.11	31	57.90	33
加拿大	44.70	21	58.15	9	10.75	17	14.11	15	71.60	8	88.14	9
智利	27.21	37	46.54	25	1.28	31	1.85	33	32.61	29	63.26	32
中国	25.88	38	41.17	31	0.48	35	3.22	23	9.73	38	48.87	38
捷克	39.43	26	44.90	29	3.01	22	1.93	32	46.43	23	80.76	18
丹麦	75.10	1	76.33	2	31.31	5	27.96	6	86.26	2	96.22	2
芬兰	56.88	5	74.31	4	24.99	8	26.73	8	79.07	5	92.44	4
法国	51.83	8	51.02	16	18.02	12	23.73	11	65.11	14	84.25	14
德国	39.99	25	47.01	23	16.96	13	22.37	12	71.36	9	87.23	11

续表

国家	教育公共开支总额占 GDP 的比重				每百万人有效专利拥有量				每百人互联网用户数			
	2006 年		2015 年		2006 年		2015 年		2006 年		2015 年	
	得分	排名	得分	排名	得分	排名	得分	排名	得分	排名	得分	排名
希腊	37.17	29	53.66	14	9.27	19	8.98	19	30.29	30	65.88	30
匈牙利	50.74	10	35.66	37	2.49	28	1.28	34	45.53	24	72.05	24
印度	27.89	36	40.23	33	0.00	40	0.06	39	0.00	40	23.86	40
爱尔兰	42.72	22	47.35	21	48.50	1	77.42	1	53.52	20	79.55	19
以色列	54.89	7	57.79	10	16.10	14	10.36	17	35.04	28	76.70	22
意大利	42.62	23	36.63	36	3.63	21	2.98	25	36.20	27	64.58	31
日本	31.68	35	35.16	38	27.24	7	46.59	4	67.78	13	90.80	6
马来西亚	42.09	24	47.12	22	2.19	29	2.32	29	50.24	21	70.23	25
墨西哥	44.78	19	50.02	19	1.45	30	2.51	27	17.20	34	56.20	34
荷兰	48.25	14	53.28	15	2.60	26	2.08	30	83.23	3	92.90	3
新西兰	57.03	4	61.16	6	24.88	9	26.96	7	68.11	10	87.88	10
挪威	61.44	3	74.83	3	11.37	16	13.49	16	82.05	4	96.72	1
波兰	49.65	13	44.98	28	1.22	32	4.60	20	42.98	25	67.07	29

续表

国家	教育公共开支总额占 GDP 的比重				每百万人有效专利拥有量				每百人互联网用户数			
	2006 年		2015 年		2006 年		2015 年		2006 年		2015 年	
	得分	排名	得分	排名	得分	排名	得分	排名	得分	排名	得分	排名
葡萄牙	46.39	17	46.50	26	10.40	18	10.21	18	36.22	26	67.73	28
罗马尼亚	35.52	32	16.40	40	1.17	33	2.58	26	22.49	32	54.49	35
俄罗斯	35.79	31	40.93	32	2.59	27	4.58	21	15.66	36	69.24	26
新加坡	25.62	39	26.07	39	31.67	4	25.73	9	57.82	18	81.59	17
斯洛伐克	34.31	33	37.76	34	2.69	23	1.13	35	54.81	19	76.99	21
南非	48.07	15	59.88	7	2.65	25	3.20	24	4.94	39	50.53	37
韩国	36.82	30	43.95	30	29.26	6	54.79	3	77.47	6	89.35	8
西班牙	38.85	27	36.94	35	2.68	24	2.50	28	48.94	22	78.07	20
瑞典	61.69	2	82.03	1	35.03	3	28.70	5	87.41	1	90.34	7
瑞士	47.14	16	48.49	20	42.60	2	59.74	2	75.00	7	87.12	12
泰国	37.66	28	54.78	12	0.36	37	0.49	36	14.77	37	37.56	39
土耳其	25.57	40	50.61	18	0.75	34	2.07	31	15.88	35	52.41	36
英国	49.69	12	53.81	13	19.84	10	21.36	13	67.92	12	91.77	5
美国	51.29	9	45.14	27	18.05	11	24.98	10	68.03	11	73.71	23

附表 3-15 产业创新发展指数各指标得分和排名

国家	高技术产品出口额占制成品出口额的比重				服务业附加值占 GDP 的比重				服务业从业人员占就业总数的比重				就业人口人均 GDP			
	2006 年		2015 年		2006 年		2015 年		2006 年		2015 年		2006 年		2015 年	
	得分	排名	得分	排名	得分	排名	得分	排名	得分	排名	得分	排名	得分	排名	得分	排名
阿根廷	9.63	32	13.09	30	39.34	33	60.67	25	79.59	8	77.75	17	5.48	38	8.13	39
澳大利亚	18.96	24	21.07	23	68.84	14	75.93	17	79.25	9	84.02	7	42.58	15	47.52	14
奥地利	20.76	23	20.79	24	66.08	18	71.95	21	65.83	19	70.77	24	47.93	10	49.32	11
比利时	12.02	29	20.20	25	81.20	5	88.85	7	76.56	11	83.01	10	53.94	5	55.42	5
巴西	18.53	25	18.93	26	63.92	20	77.78	15	53.88	30	82.93	11	11.28	36	13.02	36
加拿大	20.78	22	21.64	20	63.17	22	66.82	24	80.45	6	84.66	6	42.50	16	44.85	17
智利	8.45	35	7.59	37	23.72	38	54.17	30	61.50	26	66.94	28	21.78	31	23.30	31
中国	46.31	7	42.76	7	0.00	40	21.22	40	11.12	39	27.34	39	1.37	39	8.96	38
捷克	22.50	21	23.54	17	44.68	30	45.08	36	49.39	33	53.82	34	29.40	24	32.21	24
丹麦	29.81	16	25.41	16	75.45	11	85.75	8	76.80	10	83.93	8	47.42	12	48.10	12
芬兰	36.65	12	12.60	32	53.27	26	72.56	20	70.31	16	77.31	18	46.06	14	46.69	15
法国	35.15	14	44.69	3	88.79	2	93.09	4	74.96	14	80.68	13	48.82	8	50.90	8
德国	27.49	18	26.65	15	68.74	15	68.19	22	68.20	17	72.71	21	47.72	11	47.93	13

续表

国家	高技术产品出口额占制成品出口额的比重				服务业附加值占 GDP 的比重				服务业从业人员占就业总数的比重				就业人口人均 GDP			
	2006 年		2015 年		2006 年		2015 年		2006 年		2015 年		2006 年		2015 年	
	得分	排名	得分	排名	得分	排名	得分	排名	得分	排名	得分	排名	得分	排名	得分	排名
希腊	16.56	26	16.60	27	80.67	6	96.70	1	65.30	20	74.69	19	40.57	18	38.82	20
匈牙利	39.86	9	21.42	22	57.57	24	55.82	27	59.99	27	62.77	30	29.76	23	28.88	27
印度	7.89	37	10.45	33	27.86	36	28.11	39	0.00	40	6.16	40	0.00	40	4.02	40
爱尔兰	58.30	3	44.55	6	57.65	23	74.00	19	65.11	21	79.35	14	55.13	4	79.88	1
以色列	22.83	20	31.97	11	82.36	4	93.70	3	80.51	5	86.82	3	37.34	20	39.88	19
意大利	10.13	31	9.88	35	75.25	12	81.67	10	64.38	24	70.69	25	51.89	7	50.56	9
日本	36.21	13	26.86	14	75.78	10	81.21	11	66.56	18	70.22	26	36.40	21	38.06	21
马来西亚	92.51	2	72.95	2	8.77	39	33.52	38	47.56	34	55.34	33	22.53	29	27.53	30
墨西哥	30.76	15	23.15	18	46.77	28	54.93	28	54.04	29	57.03	31	17.85	34	17.64	35
荷兰	48.49	6	31.92	12	80.52	7	91.60	5	76.29	12	79.11	15	47.99	9	50.97	7
新西兰	15.42	27	14.17	29	70.29	13	74.66	18	71.31	15	73.61	20	32.48	22	35.60	23
挪威	27.64	17	33.48	10	30.57	35	54.74	29	80.62	4	83.48	9	71.04	1	70.47	3
波兰	3.76	39	12.68	31	55.48	25	54.02	31	46.13	35	51.76	35	22.12	30	27.54	29

续表

国家	高技术产品出口额占制成品出口额的比重				服务业附加值占GDP的比重				服务业从业人员占就业总数的比重				就业人口人均GDP			
	2006年		2015年		2006年		2015年		2006年		2015年		2006年		2015年	
	得分	排名	得分	排名	得分	排名	得分	排名	得分	排名	得分	排名	得分	排名	得分	排名
葡萄牙	12.91	28	5.49	39	78.36	8	84.67	9	51.81	31	68.26	27	28.24	26	31.11	26
罗马尼亚	5.69	38	10.42	34	31.70	34	46.68	34	21.44	37	33.01	37	16.10	35	22.29	32
俄罗斯	10.91	30	21.51	21	41.41	31	52.79	32	56.46	28	65.06	29	18.68	32	22.17	33
新加坡	100.00	1	84.42	1	66.57	17	80.00	14	81.85	2	91.41	1	67.92	2	79.59	2
斯洛伐克	9.04	33	15.36	28	40.29	32	49.65	33	50.17	32	56.44	32	24.32	28	31.50	25
南非	8.58	34	7.55	38	65.99	19	67.82	23	64.31	25	72.11	22	18.48	33	21.40	34
韩国	54.08	4	44.68	4	46.21	29	45.08	35	64.82	22	70.84	23	28.43	25	35.97	22
西班牙	8.44	36	9.79	36	63.62	21	80.60	13	64.55	23	80.75	12	39.99	19	45.98	16
瑞典	25.66	19	22.39	19	67.20	16	77.07	16	80.22	7	85.82	5	47.18	13	50.05	10
瑞士	39.48	10	44.68	5	76.50	9	80.60	12	76.17	13	79.03	16	53.17	6	53.93	6
泰国	45.66	8	35.12	8	23.96	37	33.58	37	18.83	38	29.68	38	7.33	37	10.48	37
土耳其	0.42	40	0.96	40	51.96	27	58.32	26	38.11	36	43.20	36	26.65	27	28.62	28
英国	38.43	11	34.00	9	89.49	1	96.07	2	81.38	3	86.60	4	41.45	17	42.65	18
美国	50.38	5	30.78	13	87.67	3	90.69	6	83.50	1	87.03	2	56.04	3	61.58	4

附表 3-16　社会创新发展指数各指标得分和排名

国家	城镇人口占总人口的比重				医疗卫生总支出占GDP的比重				公共医疗卫生支出占医疗总支出的比重				出生人口预期寿命				高等教育毛入学率			
	2006年		2015年		2006年		2015年		2006年		2015年		2006年		2015年		2006年		2015年	
	得分	排名	得分	排名	得分	排名	得分	排名	得分	排名	得分	排名	得分	排名	得分	排名	得分	排名	得分	排名
阿根廷	86.18	4	88.29	5	28.19	29	14.30	39	46.17	31	41.46	34	68.95	29	73.36	30	35.97	14	49.87	8
澳大利亚	83.18	5	84.98	8	45.46	21	51.52	17	65.43	25	65.20	23	87.33	4	91.51	8	43.89	9	54.20	5
奥地利	51.48	31	51.68	31	63.33	5	71.33	7	78.44	16	82.61	14	83.88	13	89.71	13	28.06	25	44.20	16
比利时	96.38	2	96.96	2	56.66	8	68.96	9	80.32	13	83.64	11	82.40	16	88.06	22	37.41	12	43.05	18
巴西	76.07	12	79.68	12	26.79	30	29.71	32	25.40	36	31.23	38	60.89	37	68.44	36	6.48	37	10.45	38
加拿大	71.91	15	74.20	16	55.16	12	59.79	15	70.18	21	72.74	19	85.11	10	90.58	10	33.10	20	34.45	29
智利	82.52	6	85.13	7	18.40	36	30.66	31	23.68	37	38.00	35	81.21	21	89.54	14	23.02	29	45.61	13
中国	20.30	38	36.98	36	12.56	38	24.49	36	23.56	38	48.92	29	66.64	31	72.33	31	5.76	38	11.30	37
捷克	62.42	23	61.65	28	46.70	19	51.09	18	97.72	1	94.42	5	73.92	26	82.67	25	23.02	29	38.26	23
丹麦	80.26	8	82.50	9	69.03	1	76.84	3	94.35	3	94.99	3	78.58	24	87.50	23	45.33	8	49.36	10
芬兰	75.92	13	77.60	13	50.78	16	61.04	14	78.71	15	80.18	16	81.91	19	88.35	21	56.84	1	59.52	4
法国	67.88	20	70.92	20	67.08	2	75.02	5	83.07	10	83.40	12	86.65	6	92.16	5	32.38	22	34.04	30

续表

国家	城镇人口占总人口的比重				医疗卫生总支出占GDP的比重				公共医疗卫生支出占医疗总支出的比重				出生人口预期寿命				高等教育毛入学率			
	2006年		2015年		2006年		2015年		2006年		2015年		2006年		2015年		2006年		2015年	
	得分	排名	得分	排名	得分	排名	得分	排名	得分	排名	得分	排名	得分	排名	得分	排名	得分	排名	得分	排名
德国	62.37	26	64.93	23	64.37	4	71.22	8	80.44	12	82.21	15	81.66	20	87.47	24	28.06	25	36.44	26
希腊	64.26	22	68.77	22	46.57	20	40.81	22	57.97	28	57.54	27	82.57	15	88.95	17	48.93	7	75.99	1
匈牙利	52.95	30	59.15	29	45.37	22	37.97	25	70.42	20	63.66	24	63.75	33	72.25	32	35.26	16	34.99	28
印度	0.00	40	4.51	40	6.29	39	8.99	40	0.22	40	6.52	40	39.45	39	49.66	39	0.00	40	9.93	39
爱尔兰	44.27	33	47.81	34	43.59	23	39.00	23	79.43	14	62.77	25	81.99	18	88.70	19	34.54	18	43.34	17
以色列	88.05	3	88.84	4	37.21	25	38.88	24	60.69	26	55.84	28	85.88	8	90.32	12	32.38	22	40.93	22
意大利	54.36	28	55.93	30	54.78	13	55.92	16	81.21	11	78.89	17	88.04	3	94.59	2	37.41	12	37.03	24
日本	81.62	7	90.77	3	53.51	14	72.56	6	87.70	7	93.22	6	91.13	1	95.64	1	30.94	24	36.30	27
马来西亚	53.83	29	64.09	24	14.05	37	16.16	37	46.74	30	45.35	30	65.58	32	69.03	35	12.95	34	18.85	35
墨西哥	66.80	21	70.53	21	18.77	34	25.31	34	28.79	35	43.38	32	70.70	27	75.10	29	8.63	36	12.95	36
荷兰	76.77	11	86.51	6	65.37	3	80.72	2	95.30	2	98.38	1	83.34	14	89.30	15	34.54	18	47.73	11
新西兰	80.23	9	80.53	10	56.32	9	75.34	4	87.00	8	90.39	8	84.38	12	88.56	20	53.40	3	49.48	9

续表

国家	城镇人口占总人口的比重				医疗卫生总支出占GDP的比重				公共医疗卫生支出占医疗总支出的比重				出生人口预期寿命				高等教育毛入学率			
	2006年		2015年		2006年		2015年		2006年		2015年		2006年		2015年		2006年		2015年	
	得分	排名	得分	排名	得分	排名	得分	排名	得分	排名	得分	排名	得分	排名	得分	排名	得分	排名	得分	排名
挪威	68.61	18	72.27	18	57.52	7	68.15	10	92.97	4	96.01	2	85.26	9	90.47	11	49.64	6	45.40	14
波兰	45.11	32	43.97	35	33.86	26	34.23	27	70.63	19	71.61	20	69.83	28	78.91	27	35.97	14	44.75	15
葡萄牙	40.56	35	48.13	33	53.40	15	46.24	21	67.68	24	59.75	26	79.55	23	88.75	18	33.10	20	41.63	21
罗马尼亚	33.70	37	35.49	37	31.43	27	34.66	26	86.35	9	88.03	9	60.98	36	69.28	34	20.87	32	29.21	33
俄罗斯	62.39	25	63.10	25	25.60	32	28.82	33	59.90	27	41.61	33	44.85	38	57.26	38	41.01	10	46.87	12
新加坡	100.00	1	100.00	1	5.35	40	15.05	38	2.20	39	26.34	39	84.66	11	91.94	6	25.90	27	51.59	7
斯洛伐克	36.69	36	34.12	38	39.94	24	46.81	20	68.10	23	76.85	18	67.04	30	75.96	28	17.99	33	31.74	32
南非	43.32	34	50.02	32	25.66	31	34.11	28	29.61	34	36.52	36	0.00	40	17.29	40	2.88	39	6.26	40
韩国	73.77	14	75.12	15	23.81	33	31.07	30	46.07	32	43.59	31	81.18	22	90.63	9	56.12	2	62.87	2
西班牙	68.06	19	71.01	19	48.42	18	49.66	19	75.54	17	69.80	21	86.68	5	94.27	3	39.57	11	52.93	6
瑞典	77.89	10	79.86	11	59.22	6	91.05	1	88.71	6	94.97	4	86.46	7	91.81	7	52.52	4	42.47	19
瑞士	62.39	24	62.96	26	49.60	17	65.28	12	53.29	29	65.49	22	88.66	2	93.73	4	25.90	27	32.06	31

续表

国家	城镇人口占总人口的比重				医疗卫生总支出占GDP的比重				公共医疗卫生支出占医疗总支出的比重				出生人口预期寿命				高等教育毛入学率			
	2006年		2015年		2006年		2015年		2006年		2015年		2006年		2015年		2006年		2015年	
	得分	排名	得分	排名	得分	排名	得分	排名	得分	排名	得分	排名	得分	排名	得分	排名	得分	排名	得分	排名
泰国	13.11	39	29.54	39	18.59	35	25.20	35	75.15	18	85.10	10	62.06	35	68.22	37	21.58	31	28.95	34
土耳其	55.11	27	62.23	27	30.91	28	32.13	29	68.12	22	83.11	13	62.96	34	70.66	33	12.95	34	42.01	20
英国	71.89	16	75.28	14	55.49	11	61.81	13	89.51	5	91.76	7	82.01	17	89.00	16	35.26	16	36.61	25
美国	71.74	17	73.90	17	55.97	10	67.44	11	30.67	33	35.66	37	77.38	25	80.50	26	51.08	5	59.92	3

附表 3-17　环境创新发展指数各指标得分和排名

国家	单位能耗对应的 GDP 产出				单位 CO_2 对应的 GDP 产出				人均 CO_2 排放量			
	2006 年		2015 年		2006 年		2015 年		2006 年		2015 年	
	得分	排名	得分	排名	得分	排名	得分	排名	得分	排名	得分	排名
阿根廷	20.06	19	22.13	24	6.37	31	15.27	26	81.71	7	81.32	8
澳大利亚	11.40	31	15.69	30	10.21	27	18.46	20	8.76	39	20.01	40
奥地利	25.64	13	30.59	12	24.05	9	35.79	6	58.02	22	68.82	20
比利时	13.54	28	19.60	27	19.75	12	28.19	11	50.16	32	63.67	23
巴西	27.07	10	25.50	20	16.32	19	16.39	24	96.13	2	91.15	2
加拿大	3.62	37	6.31	38	12.36	22	17.14	22	15.05	38	34.93	37
智利	23.33	14	28.42	16	12.04	24	13.26	28	84.22	5	77.73	14
中国	0.47	40	7.10	37	1.57	40	4.37	37	79.18	9	59.18	28
捷克	8.15	34	15.38	32	6.08	32	10.10	33	40.36	35	58.37	29
丹麦	33.85	4	49.28	4	26.79	6	51.17	3	56.81	26	76.06	16
芬兰	6.49	36	10.10	35	16.77	18	31.34	9	36.80	37	67.44	21
法国	19.44	21	25.04	21	32.38	3	40.00	5	73.61	14	79.91	13
德国	21.27	17	30.11	14	18.94	14	23.08	17	51.48	30	53.78	31
希腊	29.64	7	28.36	17	14.30	20	16.04	25	57.46	23	74.63	17

续表

国家	单位能耗对应的GDP产出				单位CO_2对应的GDP产出				人均CO_2排放量			
	2006年		2015年		2006年		2015年		2006年		2015年	
	得分	排名	得分	排名	得分	排名	得分	排名	得分	排名	得分	排名
匈牙利	18.17	22	24.95	22	9.98	29	16.79	23	74.74	13	83.50	5
印度	13.43	29	18.46	28	3.17	37	4.22	38	100.00	1	96.64	1
爱尔兰	43.43	2	71.18	1	28.04	5	47.89	4	50.44	31	69.07	19
以色列	22.03	16	30.28	13	12.51	21	21.05	18	57.30	24	57.56	30
意大利	32.46	6	39.61	6	21.41	11	30.15	10	61.63	20	77.53	15
日本	19.65	20	28.32	18	18.95	13	17.16	21	53.02	28	50.41	33
马来西亚	14.33	27	16.29	29	4.47	35	5.73	36	70.94	15	61.45	26
墨西哥	22.12	15	28.93	15	10.87	25	11.14	30	84.12	6	83.77	4
荷兰	20.53	18	27.99	19	22.53	10	23.68	16	49.76	33	52.69	32
新西兰	16.23	24	15.54	31	17.12	17	25.31	13	62.07	19	62.43	25
挪威	27.99	9	32.21	10	32.04	4	32.74	8	39.32	36	40.62	35
波兰	12.63	30	24.79	23	5.06	34	7.88	34	60.03	21	63.13	24
葡萄牙	29.33	8	34.15	9	17.92	16	24.16	15	74.81	12	83.47	6
罗马尼亚	17.76	23	35.57	7	5.67	33	12.74	29	79.27	8	86.46	3

续表

国家	单位能耗对应的 GDP 产出				单位 CO_2 对应的 GDP 产出				人均 CO_2 排放量			
	2006 年		2015 年		2006 年		2015 年		2006 年		2015 年	
	得分	排名	得分	排名	得分	排名	得分	排名	得分	排名	得分	排名
俄罗斯	1.46	38	4.17	39	2.45	39	2.95	39	41.78	34	31.73	38
新加坡	38.13	3	49.83	3	24.94	8	25.18	14	67.57	16	46.12	34
斯洛伐克	8.77	33	21.67	25	8.93	30	13.94	27	66.02	17	73.83	18
南非	1.03	39	2.74	40	2.52	38	2.93	40	54.93	27	60.08	27
韩国	7.92	35	8.96	36	10.78	26	11.04	31	52.48	29	38.01	36
西班牙	26.35	11	34.46	8	18.60	15	27.89	12	62.67	18	79.93	12
瑞典	14.93	26	19.65	26	44.59	2	60.76	2	76.06	10	81.83	7
瑞士	44.37	1	61.33	2	54.12	1	91.69	1	75.32	11	80.33	10
泰国	15.25	25	13.57	34	3.93	36	6.12	35	84.92	4	80.07	11
土耳其	32.74	5	31.49	11	10.13	28	10.13	32	85.17	3	81.27	9
英国	25.90	12	40.20	5	25.73	7	33.82	7	57.07	25	67.11	22
美国	10.06	32	14.93	33	12.27	23	18.51	19	0.67	40	20.17	39